THE ILLUSTRATED BOOK OF
HERALDRY
AN INTERNATIONAL HISTORY AND ITS CONTEMPORARY

【図説】
紋章学事典

THE ILLUSTRATED BOOK OF
HERALDRY
AN INTERNATIONAL HISTORY AND ITS CONTEMPORARY USES

【図説】
紋章学事典

スティーヴン・スレイター［著］

朝治啓三［監訳］

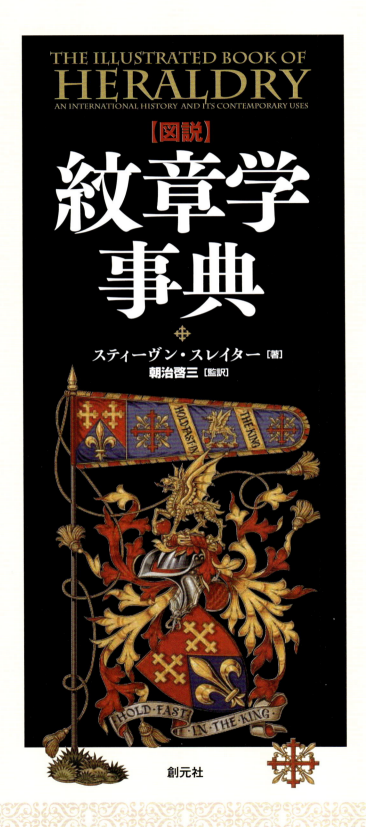

創元社

Original Title: The Illustrated Book of Heraldry
Copyright in design, text and images © Anness Publishing Limited, U.K. 2013
Copyright © JAPANESE translation, Sogensha Inc., 2019

Japanese translation rights arranged with Anness Publishing Limited London
through Tuttle-Mori Agency, Inc., Tokyo

【図説】紋章学事典

2019年9月30日　第1版第1刷　発行

著　者	スティーヴン・スレイター
監　訳	朝治啓三
発行者	矢部敬一
発行所	株式会社 創元社 https://www.sogensha.co.jp/ 本社　〒541-0047 大阪市中央区淡路町4-3-6 Tel.06-6231-9010　Fax.06-6233-3111 東京支店　〒101-0051　東京都千代田区神田神保町1-2 田辺ビル Tel.03-6811-0662
印刷所	図書印刷株式会社 © 2019 Keizo Asaji ISBN978-4-422-21532-7 C1622

〔検印廃止〕
落丁・乱丁のときはお取り替えいたします。定価はカバーに表示してあります。

JCOPY 〈出版者著作権管理機構 委託出版物〉
本書の無断複製は著作権法上での例外を除き禁じられています。複製される場合は、そのつど事前に、出版者著作権管理機構（電話 03-5244-5088、FAX03-5244-5089、e-mail: info@jcopy.or.jp）の許諾を得てください。

本書の感想をお寄せください
投稿フォームはこちらから ▶▶▶

目次

はじめに ……………………………………………………………………………………………… 6

第 I 部　紋章の歴史と用語　9

第 1 章　紋章の起源と発展 …………………………………………… 11
紋章の誕生 / 中世社会における紋章 / 騎士道と紋章 / 中世の軍装 / トーナメント /
副紋章と仕着せ / 紋章旗

第 2 章　紋章官と紋章規則 ……………………………………………… 35
中世の紋章官 / 紋章官の役職 / 紋章官服と標章 / 紋章に関する権利 / 葬儀におけ
る紋章 / 忌中紋章（ハッチメント）と葬儀装飾

第 3 章　紋章の構成要素 …………………………………………………… 51
完全な紋章一式（アチーブメント） / 盾（シールド） / 兜飾（クレスト） / 兜と宝冠（コ
ロネット） / 盾持（サポーター） / 標語（モットー）と刻銘（インスクリプション）

第 4 章　紋章学の用語 …………………………………………………… 71
基本色、金属色、毛皮模様 / 盾の紋地の分割 / オーディナリー / サブオーディナ
リー / 分割線（パーティション） / 紋章説明（ブレイズンリー） / 紋章の動物 /
紋章の人物、身体 / 紋章の鳥、魚、植物 / 怪物と空想上の動物 / 無生物の図柄 /
言葉あそびのある紋章

第 5 章　紋章のメッセージと宣言 …………………………………… 101
加増紋（オーグメンテイション） / 不名誉の標と格下げ / 物語のなかの紋章 / つ
ながり / 女性の紋章 / 合わせ紋（インペイルメント）と結婚 / 女相続人と単純な
紋地分割（クォータリング） / 複雑な紋地分割（クォータリング） / 識別標章と
続柄標章（ケイデンシー） / 非嫡出子 / 中世における紋章の使用 / 紋章の特権

第 II 部　紋章の応用　133

第 6 章　王家の紋章と貴族 …………………………………………… 135
王家の紋章 / イングランド貴族 / ガーター騎士団 / 金羊毛騎士団 / 教会の紋章 /
宗教騎士団

第 7 章　都市と国家の紋章 …………………………………………… 155
市章と国章 / ガーター騎士団の叙任式 / 議会の開会式 / 陸軍の紋章 / 海軍の紋章
/ 空軍の標章 / 警察と秘密情報機関 / 職務標章 / 大学および学校の紋章 / 医療機
関の紋章 / ギルドと同業組合

第 8 章　世界の紋章 ……………………………………………………… 183
スコットランドの紋章 / スコットランドのクラン制度 / ウェールズの紋章 / アイルラン
ドの紋章 / フランスの紋章 / イタリアの紋章 / スペインおよびポルトガルの紋章 / ドイ
ツ語圏の紋章 / ナチスの紋章 / ロシアの紋章 / 共産主義の紋章 / ポーランドの紋章 /
アメリカの紋章 / スカンジナビアの紋章 / アフリカの紋章 / カナダの紋章 / 日本の紋 /
対立する紋章

第 9 章　紋章の継続性 …………………………………………………… 237
紋章の過去と未来 / 現代の紋章授与

訳者あとがき ………………………………………………………………………… 250
用語集 …………………………………………………………………………………… 251
索　引 …………………………………………………………………………………… 252
参考文献 / 図版出典 ……………………………………………………………… 254

はじめに

中世の戦場やトーナメント（馬上槍試合）の産物である紋章学は、「速記された歴史」とも「貴族の学問」とも呼ばれてきました。紋章学は、個人を同定するために中世の戦闘用の盾に描かれた、色と表象による世襲的体系である、というのが最適の定義でしょう。本書の第1部ではその体系の歴史と発展の経緯を辿り、理由を尋ねます。第2部では、世界中の個人および組織による様々な紋章の使用例を概観します。

紋章がいつどこで生まれたのかは正確には知られていませんが、通常、その起源は低地地方やフランス周辺の北ヨーロッパのどこかで、12世紀半ばに現れたものと言われています。紋章の発展の経緯を知るためには、紋章を生み出した中世社会の構造、とりわけ中世の軍隊について知る必要があります。すると、軍隊の編制や戦闘の方法、訓練のしかた、さらにその実態がわかります。

新たな戦闘様式や武具の出現により、紋章は戦場における本来の機能を失うことになりましたが、以降の時代の慣習や美の様式に合うものとして使われ続け、今も使われています。本書の後半では、世界各地における今日までの紋章の使用例を通覧し、国王、政治家、軍隊、警察、会社、教育および医療機関、さらには個人による使用例を通して、様々な紋章の様式を比較しています。

紋章は長きにわたって想像力を刺激し、今なお敬意や嫉妬あるいは嘲笑を呼び起こしています。その用語の難解さゆえ、紋章学は捉えがたいものと思われるかもしれません。しかも、紋章学で使用される用語は（本書巻末の用語集でも説明していますが）、厳密である一方、議論の分かれるものもあります。紋章学を古臭い趣味とみなす人もいれば、紳士気取りの時代錯誤とみなす人もいます。しかし紋章は現に生きながらえており、今日でもなお気高い過去を呼び起こす力を保っているのです。

▶紋章入りの盾を持った騎士が、トーナメントの女王から
トロフィーを受け取っている場面。

第 I 部
紋章の歴史と用語

紋章は、戦士が甲冑に身を包み、

敵味方の区別がつかなくなるに至って登場した。

敵味方を見分ける方法は盾に見いだされた。

指紋よろしく1人ひとり異なり、

遠くから確認することができたからであろう。

武具に描かれた紋章は世代を経て

引き継がれていったため、

個人を同定すると同時に家系をも示すようになった。

紋章はもともとの機能から発展して

家系の継承を解明する学問となり、

紋章を規定する規則体系、

および紋章を正確に記録するために

独特の用語を備えるに至ったのである。

◀中世のトーナメントに見られる一騎打ち競技の様子。
騎士の槍が折れている。

第1章
紋章の起源と発展

　紋章の発達と完成については、多くの学説が提唱されている。紋章の誕生は、ヨーロッパ社会自体の性格変容と時を同じくしている。世代を越えて多くの財産が受け継がれ、ヨーロッパ社会はより洗練されていった。ヨーロッパ全体を通じて、暗黒時代を特徴づけていた民族移動の全般的動きも終息した。親族も、農村の形成とともにしっかりと根を張るようになったが、農村の中心にいたのは2つの身分である。つまり、皆のために祈る聖職者と、皆のために闘う騎士あるいは領主である。13世紀までには、領主階級のなかで生まれの良さという概念が確立され、彼らは結婚という方法で、同等の生まれ良き家系との結合を求めた。不変かつ由緒ある、他と区別される血統が強調されるようになった。そして、盾の発達により、血統の継承を裏付ける格好のシンボルが誕生したのである。

◀紋章入りの盾を持つフランス王が描かれた中世のステンドグラス。

紋章の誕生

1066年、ノルマンディ公ウィリアム1世がヘースティングズの戦いで勝利したことを記録するために製作されたバイユーのタペストリーは、11世紀の戦争の様子を鮮明かつ詳細に伝えている。戦闘場面に描かれたノルマン騎士の盾には標章(エンブレム)があるが、これは紋章の意匠とはいえない。というのも、同じ騎士が別の場面では違う標章を用いているからである。

紋章学では通常、紋章のはじまりは、ヘースティングズの戦いから100年ほどのちのことと考えられている。もっとも、かつては、ヘースティングズの戦闘場面に紋章の意匠が描かれているという見方もあった。ただし、その意匠はノルマン騎士の盾ではなく、ノルマンディ公軍フランドル人部隊の上級指揮官が掲げる軍旗(スタンダード)と三角旗(ペノン)に描かれた意匠のことである。また、ヘースティングズの戦いより250年ほど前、814年に没したカール大帝の後継者たちによって初めて紋章がつくられたという説もある。

ところで、ヘースティングズの戦いでのウィリアム公の勝利の30年後、ビザンツ皇帝の娘アンナ・コムネナ（1083-1148年頃）は、第1回十字軍に合流するためビザンティウムにやってきたフランク人騎士の持つ盾を注意深く興味津々で見ている。彼女は自著『アレクシアード』のなかで過ぎ去った日々を回顧しながら、フランク人騎士たちの盾は表面が非常になめらかで輝いており、溶けた真鍮で浮き彫りが施されていると記している。しかしながら、彼女の報告で興味深い点は、我々が紋章学で扱うところの個人を示す標章や紋様に関する言及や示唆がまったくないことである。

初期の紋章具象図形

イングランドにおける紋章の誕生は、ヘンリ1世（1068-1135）の長く波乱に満ちた治世と密接に関わっている。ヘンリ1世の治世は、権力をめぐって王家の者たちが互いに闘争を繰り広げたことで知られている。12世紀末に製作された、ジョン・オブ・ウースターの年代記の写本に描かれた挿絵は、この時代の様子を浮き彫りにしている。ヘンリ1世は眠りについているが、彼に危害を加えようと押し入ってきた騎士たちに囲まれるという悪夢を見ている。騎士たちは剣を振り上げ、この時代に使われた凧型の盾を持っている。盾には斜帯(ベンド)、山形帯(シェブロン)、およびその他の幾何学紋様が図案化されており、これらは初期の紋章と関連づけることができる。

12世紀後半には、ヨーロッパの貴族の男性たちは自らの盾に、彼らの家系と関連のあるの意匠、すなわち「具象図形(チャージ)」を表現しはじめた。山形帯やライオンのようなシンボルは、彼らの印章や軍装にも見られる。この時代から伝わる印章には、紋章盾を持って馬に乗る騎士が描かれたものや、盾自体が主要な意匠となっているものもある。

▲十字軍時代のアラブの円形標章。キリスト教的ヨーロッパの初期の紋章との類似性が見られる。

▲印章には、紋章入りの衣服を着た騎手や馬が描かれることが多い。1162年の文書に付されたサン＝ポル伯の印章断片。

▼バイユーのタペストリーに登場する騎士の盾には空想上の動物が描かれている。紋章誕生の先駆けといえよう。

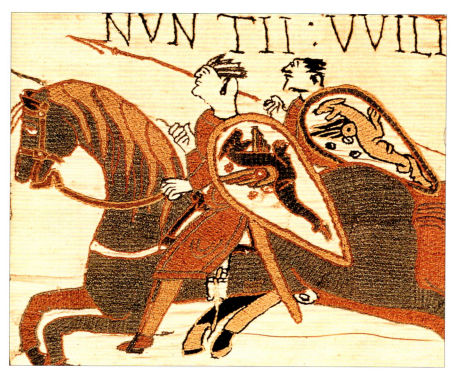

▲悪夢のなかで騎士に囲まれたヘンリ1世。騎士の盾には、のちに紋章盾に採用されることになる紋様が見える。

▲アンジュー伯ジョフロワの墓石板。図中の盾は、彼の孫ウィリアム長槍伯がのちに使った盾とよく似ている。

ウィリアム長槍伯の盾

1127〜28年に、ヘンリ1世は、娘婿であるアンジュー伯ジョフロワ・プランタジュネを騎士として叙任した。さらにマルムチエのジョン（1170年頃に書かれたヘンリ1世治世の年代記の作者）によれば、この時、ジョフロワに風変わりな黄金のライオンがあしらわれた青色の盾が下賜されたという。たしかにル・マンにあるジョフロワの墓所にあったエナメル仕上げの立派な墓石にはそのような盾が描かれているが（現在は同所のテセ博物館に所蔵）、墓石も年代記も、騎士叙任から30年後に作られたものである。

しかしながら、はっきりしていることもある。ソールズベリ大聖堂にある、ジョフロワの非嫡出孫であるウィリアム長槍伯（ソールズベリ伯にしてリチャード獅子心王およびジョン王の異母兄弟）の墓石には盾が彫刻されている。この盾は祖父アンジュー伯ジョフロワの盾とまったく同じではないにせよ、よく似ているのである。ジョフロワは1151年、ウィリアムは1226年にそれぞれ亡くなっているが、通説では、彼らの盾に描かれた2つの図案は、紋章が相続によって別の人間に継承されたことを示しているとされる。

紋章鑑

紋章出現の理由が何であれ——印章や旗に描かれた古代の記号、12世紀ヨーロッパの封建システム、トーナメント（馬上槍試合）、甲冑の発展——13世紀初めまでには、このようなシンボルの利用法は紋章学体系へと深化した。紋章学（ヘラルドリー）の語源となった紋章官は、紋章を使用するすべての者たちの紋章を記録しはじめた。これこそ「紋章鑑」（ロール・オブ・アームズ）として知られる素晴らしい資料である。紋章鑑はたいてい挿絵付きで、大領主の配下まで記録され、すべての家臣の紋章を同定している。

挿絵のないものもあるが、多くの紋章鑑は、戦闘やトーナメントといった特別な行事に参加した人々の盾に描かれた紋章をリストアップしている。別の紋章鑑では、騎士たちを複数の項目に分類している。歴史家はこうした文書によって、ヨーロッパの多くの地域が国民国家のネットワークへと編成されていく時代にあって、社会がどのように形成されたかを知ることができるのである。現存する素晴らしい代表例としては、1370年頃にクレ・エナンによって編集された紋章鑑がある。クレはゲルデルンの紋章官（ヘラルド）としてゲルダーランド公（現在オランダの一部）に仕える紋章役人（オフィサー・オブ・アームズ）であった。この紋章鑑では、封建的大主君の紋章が大きく描かれ、その周囲に家臣たちの紋章が小さく描かれている。

▼ウィリアム長槍伯の横臥像。盾の意匠は、彼の祖父のものとほぼ同じである。

第1章 紋章の起源と発展 13

中世社会における紋章

1150年から1250年にかけて紋章の意匠が急激に発展したが、それには2つの大きな理由がある。トーナメント（馬上槍試合）の出現と甲冑製造技術の向上である。このため、完全武装した騎士たちは大きな鉄兜によって顔面を防御するようになったのである。トーナメントと甲冑の発達はまた、中世の騎士たちに虚栄心と自惚れの格好のはけ口をもたらした。

もちろん戦争は別として、騎士的な勇猛さを誇示する主要な機会として発展したトーナメントは、直接的な影響があるわけではないとしても、紋章の誇示という性格を有していた。トーナメントと紋章が密接に結びついていたことは、次の事実からもわかる。兜の頂点に飾られた兜飾（クレスト）は、紋章一式（アチーブメント）において2番目に重要な装飾であった。この兜飾は国によってはトーナメントに出場できる位階の者たち、すなわち騎士階級のなかでも最も富裕かつ有力な者たちにのみ許されていたのである。

封建的システム

封建制は中世ラテン語のフェオドゥム（「騎士の保有」の意）に由来し、中世初期フランスで発展したが、決して目新しいものではなく、紛争に満ちた時代に対応して、いつでもどこでも発展するものである。9世紀以降の西欧は、北方のヴァイキング、東方のムスリムやスラヴ人、マジャール人たちの襲来を蒙（こうむ）っていた。馬を操ることに長けた者、すなわち騎士は、西欧側の攻防の要（かなめ）であり、王は戦闘に必要な武装軍団を組織するため、多かれ少なかれ、騎士たちに頼らざるを得なくなった。

上級領主たちは王への奉仕と引き換えに土地の譲渡を受けたが、彼らは彼らで自らの所領を分割して、それぞれの騎士を養うに足るようにした。騎士はその見返りに主君への忠誠を誓い、求めがあればいつでも主君のため、ひいては王のために戦うことを約束した。それぞれの領主は上級領主から土地を「封」として保有する一方、家臣としてその主君に臣従礼の儀式を行い、彼の領地保有は彼の奉仕の条件であることを誓約によって承認したのである。

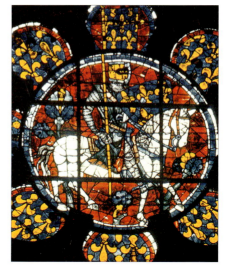

▲フランス、シャルトル大聖堂のステンドグラス。紋章が描かれた盾を持つ王が、戦争に向かおうとしている。

中世の戦争

軍隊が平原に布陣する場合、実際に戦闘が生じる機会はかなり少なかった。都市は攻囲され、農村は略奪されたが、多くの場合、対峙する両軍の規模は小さかった。国を順調に運営するうえで最も重要なのは何より人手であって、交渉がうまくいけば、それに越したことはなかった。クレ

▼中世の乱闘における混乱状態。ルネ・ダンジュー王（1409-80）に献呈された書物から。

▲『ブルースからエドワード１世までの系譜的歴史』の挿絵。中央の盾にはカーバンクル柄が見える。そのはじまりは盾中央部の凸面装飾であろう。

◀ヘースティングズの戦いにおいて、ウィリアム１世が、顔を見せるために兜をずらしたところ。

シー（1346）、アザンクール（1415）、タウトン（1461）のような大きな戦闘はまったく例外であった。ちなみに、３万人が死んだタウトンの戦いは薔薇戦争中に生じたものだが、紛争の全期間、すなわちセント・オールバンズの戦い（1461）からボズワースでのリチャード３世の死（1485）までに行われた戦闘は、実際にはわずか数週間にすぎない。

いざ実戦になると中世の戦闘は怖気をふるう血なまぐさいもので、武器を手にしての掴み合いとなった。長剣は四肢全体を断ち切り、戦闘斧は強力な一撃によって、頭部に致命的な打撃を与えた。こうした武器は騎士だけのものであり、通常の歩兵には高価で手が出ないため、彼らは在地の鍛冶屋が作った、屠殺用の斧や鉈鎌に頼った。とはいえ、そうした武器でも完全武装の騎士を馬から引きずり落としたり、馬の内臓を破壊することはできた。

甲冑により騎士の防御力はかなり高くなったが、不利な点もあった。１時間ぶっ通しで戦えば誰でも重労働だが、重い甲冑を着用した騎士の場合、死活問題になりえた。さらに思い起こす必要があるのは、戦闘中の死亡よりも行軍中の病死のほうが多かったことである。

戦闘中に敵味方を識別する

騎士が甲冑に身を包んだ場合、紋章の意匠が、敵味方双方にとって非常に有用であったことは疑いない。バイユーのタペストリーには、ウィリアム１世が自身を識別してもらうために兜をずらして顔を見せざるを得なかった場面がある。1066年においてすら、ヨーロッパの騎士が被っていた兜は、着用者の顔がよく見えないものだったのである。12世紀中葉、アングロ＝ノルマンの詩人ロバート・ワースは、ヘースティングズの戦いにおいてノルマン人たちが「互いに認識しあうために合図を用いていた」と書いている。加えてノルマン＝フランス語のconnoissanesとcognitionesはともに12世紀に紋章の意匠を表現するために使われた用語であり、紋章が識別のしるしとして機能していたことは明らかである。しかしながら、ワースの記述を読むときに想起すべき重要な事実がある。ヘースティングズの戦いから１世紀のちのワースの時代には、完全武装の騎士は大兜（グレートヘルム）を被りはじめていたという事実である。大兜は目を除いて頭をすっぽり覆うため、ノルマン・コンクエスト時代よりもいっそう識別が困難であった。

『ブルースからエドワード１世までの系譜的歴史』は、1264年から1300年頃に製作された写本である。同書では中世の騎士同士の戦闘が描かれており、騎士たちが持つ盾は単純な幾何学的模様で装飾されている。当頁上段の挿絵では、騎士、馬ともに「紋章」をまとっているほか、右上にバナレット騎士（旗騎士）が描かれている。バナレット騎士自身は見えないが、方形旗（バナー）があるので、彼が戦場にいたことは明らかである。

▼完全武装したルイ12世とその馬（1502年）。

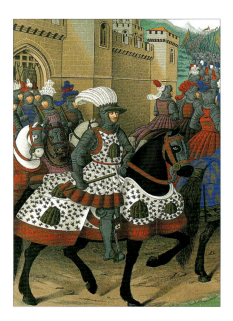

第１章　紋章の起源と発展　15

騎士道と紋章

▲戦闘中の馬と騎士が描かれた中世の挿絵。盾の紋章によって2人の騎士が兄弟関係であることがわかる。

紋章は、騎士道というすぐれて中世的な現象と密接に関係しているため、両者の関係を調べることは有益である。騎士道とは、字義通りには、馬に乗る兵士の知恵という意味だが、より正確には、馬と馬飾り、馬上用の武器（とりわけ槍）を維持できる者こそが騎士であった。紋章はその誕生からすぐれて騎士の領分であり、戦争の遂行や勝利は、このような人間の忠誠によって可能だったのである。

騎士道の規則

甲冑に身を包んだ騎士とその軍団は、中世ヨーロッパの軍隊の根幹をなした。訓練を積んだ騎士たちによって戦争の帰趨が決することもあったが、戦闘に入る前に勝敗が決することも多かった。武装した騎兵を見せるだけで敵軍が逃亡するのである。

戦闘を伴わずに敵を降伏させた場合、血気盛んな騎士たちは力を持て余し、支配者や領民、教会にとって負担となった。略奪を行う騎士たちの、半ば合法的な蛮勇を防止するある種の規則が必要となり、そうした漠然とした倫理綱領が発展して今日いうところの騎士道になったのである。つまり、高貴な生まれの者たちを文明化するための一群の規則が、洗練の度を加えていったのである。騎士道は、ラモン・リュイ、オノレ・ボネ、クリスティーヌ・ド・ピザンといった同時代の著作家たちの主題となった。

アラゴンの貴族出身のリュイ（1232頃-1315頃）は、騎士的な振る舞いをよく詩で表現したが、特に南フランスの吟遊詩人(トルバドゥール)のスタイルで、愛や愛の追究について論じた。リュイはもともと好色で浮気を重ねていたが、ある時、十字架上にキリストを幻視し、それを生き方を変えろという啓示と解釈した。以来、彼の仕事は、祈りや説教、さらに本の執筆を通して異教徒をキリスト教に改宗させることとなったが、彼の著作のうち後世に最も大きな影響を遺したのは1275年に書かれた『騎士道規則の書』であった。同書はその後数世紀にわたって騎士道規則の定評あるテキストとされ、様々な言語に翻訳された。

オノレ・ボネ（1380年頃に活躍）の弟子、クリスティーヌ・ド・ピザン（1364頃-1430頃）は、1408-09年頃に書かれた『武勲と騎士道の書』において、中世人の心の仕組みについて魅力的な洞察を行っている。同書はキリスト教徒による毒矢使用の断罪や、戦士の魂の救済など多様なテーマを扱っている。ド・ピザンは15世紀初めの戦争に関する最新の思想動向によく通じていた。例えば「皇帝は教皇に戦いを挑むことができるか」「狂人を捕囚することは法的に正しいか」といった問題が論じられている。ちなみに、2番目の問題に対する彼女の答えは「否」であり、当時他には見られないヒューマニズムのレベルの高さを示している。

リュイやド・ピザン、その他の著作家たちは、ローマの軍事戦略や、ドイツやフランスの吟遊詩人の恋の歌や武勲詩などの多様な文献を利用して、ヨーロッパ

▼クリスティーヌ・ド・ピザンが『武勲と騎士道の書』をフランス王妃イザボーへ献呈している。

16　第Ⅰ部　紋章の歴史と用語

◀閲兵式用の盾。フランドル地方、15世紀。宮廷風恋愛の特質を強調することによって、戦士を飼いならそうとする試みの1つ。典雅な騎士が奥方に向かって「貴女か、さもなくば死か」と語りかけている。槍を安定させられるように、盾の左上部がえぐれていることに注目。

中の支配者たちの関心を引きつけた。彼らは、自分たちの宮廷を、騎士道教育と事業の拠点にしようとしていたのである。彼らはまた、宮廷風恋愛、トーナメント（馬上槍試合）、騎士道などを追究することで宮廷に集う無規律な宮廷人たちを抑え込み、彼らを均質な軍事集団へと結合させようとした。宮廷人にとってもまた、支配者への忠誠は、支障どころか利益となるというわけである。

騎士道規則のうち最も単純なタイプは、従属者が上級者を尊敬し、教会を守り（可能であれば、武器を持って異教徒に立ち向かうことを含む）、弱者や貧者、女性を保護することを求めている。

よく言われるように、騎士道規則を最も体現したのは、実はキリスト教徒の騎士ではない。エジプトとシリアのスルタン、すなわち異教徒の支配者サラディン（1137-93）であり、彼はパレスチナで十字軍兵士に対抗してムスリムの軍団を率いた。最もキリスト教的な君主といえばリチャード獅子心王であるが、騎士道規則を厳格に遵守したとはいえない。1191年、アッコンの要塞に捕囚されていた2500人以上の囚人を刃にかけたが、その理由はといえば、サラディンがリチャードとの間で結んだ条約を「一字一句」守らなかったためという。

愛と紋章

紋章は、騎士道の理念において大きな役割を担っている。愛と勇ましい冒険を通じて、よき奥方の愛を勝ち得るというのはよく見られるテーマであるが、この種の本には寓意のある紋章が数多く描かれている。中世の年代記作者たちは、しばしば城を奥方の徳の象徴として用いており、愛と情熱に燃えた騎士が襲撃したり、捕らえられたりするのはまさにこの城なのである。

最も愉快な盾の描写は、1300年頃に作成されたマネッス・コーデックス（ハイデルベルク大学所蔵）という資料に唯一現れるものである。この歌のコレクションは少なくとも140は下らない挿絵で飾られている。挿絵は騎士のトルバドゥールを表現しており、彼らはトーナメントの準備をしたり、愛を求めてため息をついたり、奥方に求愛したりしているのである。

▲マネッス・コーデックスの一シーン。勝者がトーナメントの女王から褒賞（宝石がちりばめられた花冠）を受け取っている。

▲愛の城を襲う騎士の描写。象牙製。

第1章 紋章の起源と発展 17

中世の軍装

紋章は、軍装が根本的に変化した時代に発展した。軍装の変化に伴い、紋章の性格、より正確には使用法も大きく変化したのである。当時、紋章は戦士の軍装の一部をなす武器とも考えられるようになっていたが、事実、戦闘の帰趨を左右したのである。紋章と甲冑の関係は非常に重要であったため、紋章（armory）と甲冑（armour）という言葉が結びついた。さらに甲冑のパーツは盾や兜飾（クレスト）に描かれ、紋章の副紋章（バッジ）にも用いられた。

鎖帷子

紋章が戦場に出現した12世紀末、上級の戦士たちは身体の大部分を鎖帷子（くさりかたびら）で覆っていた。鎖帷子はすでにローマ人が用いており、当時は網やメッシュを意味するマクラと呼ばれていた。中世の鎖帷子は、鉄

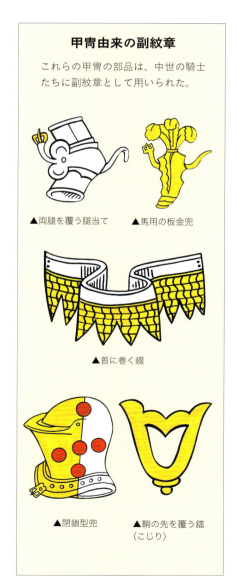

◀ウィリアム長槍伯の墓にある横臥像の挿絵。騎士風の装いだが、盾とチュニック以外はこれといった特徴がない。

線でリングを作り、端部をハンマーで平らにして別の4つのリングと結びつけたのち、リベット留めしたものである。現存する15世紀の鎖帷子の重さは約9kgである。

のちに鉄や鋼鉄の板（プレート）が使用されるようになると、戦闘用ハンマーや剣による打撃への防御力はさらに高まった。とはいえ鎖帷子も、普通の矢に対しては驚くべき防御力を発揮した。第3回十字軍のアルスフの戦い（1191）ではリチャード獅子心王の鎖帷子に、大量の矢が突き刺さり鳥の羽根のようになったにもかかわらず、王は生き延びたという。

鎖帷子はメインの鎧として使われなくなった後も、柔軟性のある防具として長きにわたって用いられた。膝の裏側や脇など、可動性が求められ、板金鎧（プレートアーマー）で覆えない部分に用いられた。鎖帷子の下には、「ギャンベゾン」と呼ばれるキルティングの下着を身につけたが、これには詰め物が入っていた。詰め物は古いぼろ、馬の毛、干し草の束などで、着用者を厳しい気候や敵の一撃から守った。

▲1250年頃の典型的な中世十字軍兵士の軍装。ゆったりしたチュニックは、紋章を誇示するのに打ってつけであった。

▶15世紀の鎖帷子。防御力がきわめて高かった。

板金鎧

やがて騎士たちは鎖帷子の代わりに、鉄または鋼鉄製の板金鎧を採用するようになった。甲冑職人たちも様々なやり方でより複雑で複合型の甲冑を製作するようになり、各パーツは固有の名前を持つようになった。胸と背中を守る「鎧」、「腿当て」、「肘当て」（フィッツジェラルド家の副紋章）、両手に着ける「籠手」、首の部分は「錣」（しころ）（モンタギュー卿の副紋章）、肩は「エレット」という具合である。

甲冑の素材は鉄や鋼鉄ばかりではなかった。「キュイール・ブイイ」（油で煮た皮革）や骨、牛の角といった「プラスチック」（型に成型する素材の総称）も用いられた。牛の角は温めると半透明のシートにほつ

甲冑由来の副紋章

これらの甲冑の部品は、中世の騎士たちに副紋章として用いられた。

▲両腿を覆う腿当て　▲馬用の板金兜

▲首に巻く錣

▲閉鎖型兜　▲鞘の先を覆う鐺（こじり）

れるため、ステンドグラスの安価な代用品としても用いられることもあった。中世末期の職人の知恵である。「グリーヴズ」と呼ばれる脛当てや肩当てもこうした素材で製作された。リネン製のサーコート［鎧の上にまとう外衣。仏語ではシュルコ］は14世紀中頃には「ジュポン」というキルト製のコートに取って代わられた。鎧にぴったりフィットする外衣で、たいてい着用者の紋章が描かれていた。

15～16世紀の甲冑製作の中心地域は、北イタリア（特にミラノ）やニュルンベルク、低地地方であった。こうした地方に住んでいない戦士が最上級の鎧を求める場合、いくつかの選択肢があった。もし彼らが非常に裕福であったなら、自身で甲冑職人を雇ったかもしれない。これが無理なら、主要な取引拠点で商品を仕入れた商人から甲冑を購入することができた。

第三の選択肢は、甲冑職人が採寸とフィッティングができるように、蠟または木材で作った自分の四肢模型を甲冑職人に送付する方法である。この慣行は、王や貴族たちのアーカイブズに記録が残っている。1520年3月16日付のフランス王フランソワ1世の書簡は、イングランド王ヘンリ8世の「戦闘用胴着（アーミング・ダブレット）」の送付を依頼するものだが、これはフランソワがイングランド王へ寄贈する新しい鎧のサイズを知るためであった。

▼陣羽織を着用した祈禱中の騎士。1403年製作のイングランドのステンドグラス。

▲15世紀末になると、自身の甲冑を誇示するため、紋章があしらわれたサーコートは着用しなくなった。

◀このニュルンベルクの紋章は、15世紀の甲冑職人のしるしとして使われていた。

15世紀末には、完全武装した騎士はほとんど全身を鋼鉄の板で覆われることとなり、その輝きゆえに「全白（alwyte）」と呼ばれた。甲冑は、専門家がその輪郭や溝彫り、曲線部および縁取りを見れば、それがどこで誰によって作られたかがわかったという。なお、職人は鉄板に自分の銘を入れたが、職人の紋章が入っているものもある。15世紀末には、サーコート、陣羽織、ジュポンは過去のものとなった。というのも、甲冑そのものが見せびらかすべきものとなったからである。

甲冑を着用しての戦闘

言うまでもなく、鎖帷子であれ、板金鎧であれ、甲冑の着心地はよくない。暑いときは文字通り身を焼かれ、冬は凍りつくほど寒い。指揮官は、部下が戦いの最中に暑さをしのぐために甲冑を脱ぐので、たびたび譴責しなければならなかった。戦争について述べた多数の中世の著作では、騎士階級に次のように警告している。凍るように寒いかもしれない、耐

第1章　紋章の起源と発展　19

▲12世紀から15世紀にかけての甲冑や武装身具のスタイルの変化や改変を示した図。

え難いほど暑いかもしれない（特にパレスチナでは）。しかし、どんなに無能でも甲冑は脱いではならない、不快でも死ぬよりもはるかにましである、と。

胴着（丈が尻まである、袖付きのチュニック）や、タイツのような長靴下を着れば、いくらかましであった。柔軟性と防御性を兼ね備えるため、鎖帷子は胴着に取り付けられた。甲冑の下は柔らかな素材で裏打ちされていたのである。

甲冑の重量について言えば、1470年頃の板金鎧一式は、第一次世界大戦中の大英帝国軍の歩兵の軍装一式ほど重くはなかった。さらに言えば、完全武装の騎士は容易に馬にまたがっていたのであり、古い映画にあるように起重機の助けを借りることはなかった。

兜の流行

身体のなかで最も脆弱な頭部は、長らく金属製の被り物で防御されていた。紋章が出現する頃までは、ブリテン島やその他ヨーロッパの諸地域では、頭頂部が尖った、鼻当て付きの円錐型の鉄製兜が最もよく着用され、バイューのタペストリーにも同様の兜が描かれている。このデザインなら、装着者の顔がほとんど見える。やがて円錐型の先端はなくなり、鉄製の平板が頭頂部で鋲止めされるようになった。顔のますます多くの部分が鉄の装甲に防御されることになった。こ

▶15～16世紀の傾斜兜。「蛙顔」とも呼ばれる。

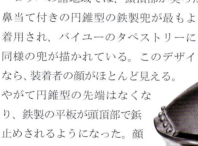

の種の兜は「ポット型兜」と呼ばれている。

1200年頃には、身体の大部分は鎖帷子で防御されており、首や髪、顔の両側まで覆われていた。詰め物を裏打ちして着用したと思われる。頭を覆う鎖帷子の上には、同じく詰め物をされた布製の頭巾を被った。兜は、この「戦闘用頭巾」の上から着用した。頭巾のおかげでいくぶん被り心地がよくなり、兜への打撃が緩和された。兜の側面に空気穴があれば、さらに快適であった。

早くも1250年には兜に何らかの紋章図形が見られるが、紋章の兜飾が一般的になるのは、もう1世紀ほどのちである。ポット型兜はやがて「大兜（グレート・ヘルム）」へと発展した。これは何枚かの板金で構成され、ゆるやかなカーブで頭頂が築かれた。

次に、大兜の下に着用するものとして頭にぴったり合う兜が作られた。つまり騎士は鉄板を二重に被ることになる。この結果、目庇の有無による、異なった展開が生じた。「バシネット」と呼ばれる流線型の兜は中世の騎士たちに大人気で、1330年頃から1550年頃にかけて様々な形式が現れた。これは頭頂部と顔の両側のみを覆うもので、下端が紐で鎖帷子にくくりつけられていた。大兜はトーナメントでのみ用いられるようになり、バシネットの上から着用された（間に詰め物を挟んで衝撃を緩和した）。

大兜は、紋章の兜飾を飾る

▲1370年頃のイングランドの大兜　　▲トーナメント用の兜。16世紀。

▲ホーエンクリンゲンにあるヴァルターの墓の横臥像。死装束として、トーナメント用の兜や紋章盾など、騎士であることを示す装身具一式を身につけている。

格好の舞台であった。兜飾はたいてい軽い素材で作られた。中が空洞の木材、厚紙、硬い布または皮革（木製ないし鉄製の枠で引き延ばし、亜麻糸、おがくず、海綿などを詰め込む）などである。ホーエンクリンゲンのヴァルターの墓（スイス国立博物館所蔵）には、バシネットと大兜が描かれている。

馬の甲冑と馬飾り

騎士とは馬に乗った戦士である。騎士にとって馬は価値あるモノであり、それ自体守るべきものであった。このため軍馬は頭巾(チャムフロン)および胸板金(ペイトレル)を身につけた。当時流行していた、所有者の紋章を描いた「馬用外被(トラッパー)」を着用して全身を着飾ることもあった。これは蹴爪に達するほどの大きな刺繍入りの布で、目・耳・鼻以外は布で

覆われた。現在なら2万ポンドくらいの価値がある。

14世紀半ばまでには、甲冑職人と刺繍職人の熟練の技が巧みに組み合わされた。その様は、サー・ジェフリ・リュトレルが紋章を誇示する飾り付けを身につけて、トーナメントに参戦しようとしている様子からわかる。そこには彼の紋章が17ヵ所以上に使われている。

紋章は弾に耐える

伝来する当時の馬具の多くは、目立たない場所に検印がある。着弾痕である。これは板金が短銃の弾に耐えるという甲冑職人による保証である。

火器は15世紀末頃にかけて急速に普及したが、地位や人物に関係なく遠方から発射されるため、紋章による人物同定は意味を失った。1500年までには、戦場における紋章の黄金時代は過去のものとなった。それ以降、紋章はもっぱら、血のつながり、婚姻関係、身分を示すものとなったのである。

▼トーナメントの準備をするサー・ジェフリ・リュトレル（14世紀、リュトレル詩篇集）。ジェフリの紋章は17回登場する。

第1章　紋章の起源と発展　21

トーナメント

▲トーナメントの矢来に立つ参加者と観衆。フロワサールの年代記(15世紀末)の挿絵。

紋章が最盛期にあった頃、戦争は日常茶飯事であり、戦争に備えた訓練を必要とした。射手は標的を相手に訓練したのに対し、軍事指揮官たちはトーナメント(馬上槍試合)で互いに技術を磨いた。ある種の軍事的競技はかなり早い時代から存在していた。ギリシア人やローマ人は模擬戦闘や、力や勇気を試すコンテストをしょっちゅう実施していたし、中世においてもことは同様であった。荒っぽい軍事「競技」は、ほとんど実際の戦闘状態になることも度々あり、結果として死者が出ることもあった。中世のトーナメントにおける乱闘と戦争に違いがあるとすれば、1つは審判者の介入である。審判者は雑然とした状況に秩序らしきものをもたらす者である。もう1つの違いは武器で、実際の戦闘で使用されるものより、いくぶん殺傷性が低かった。

秩序ある争乱

中世のトーナメントというと、近代の祭りとスポーツイベントを合わせたものと想像しがちである。トーナメントが組織的に行われるようになった頃はそうであるが、初期のトーナメントは延々と続く決闘のようなものであった。騎士やその取り巻きたちは都市や農村の街頭で激しく闘ったため、競技者ばかりか、何の罪もない現地の人々に重傷を与えかねなかった。騎士たちにとって、現地の民衆など消耗品にすぎなかったのである。

トーナメント──「この悪魔が差配する遊戯」──は、はるか昔から聖職者たちの激しい非難を浴びてきた。早くも9世紀には、教皇エウゲニウスがトーナメント参加者を破門している。その後も何人かの教皇がトーナメントを非難し、参加者を破門し続けたが、彼らの説教はほとんど、あるいはまったく効果がなかった。ローマ教皇はなぜトーナメントを悪魔の仕業とみなしたのか。理由は明白である。キリスト教世界最高の軍事指導者が夢中になっていたからである。聖職者が考えるに、彼らが同

▼16世紀のトーナメント。フィールドには折れた槍が散らばっている。この頃には、トーナメントはより厳格に規制されていた。

22　第Ⅰ部　紋章の歴史と用語

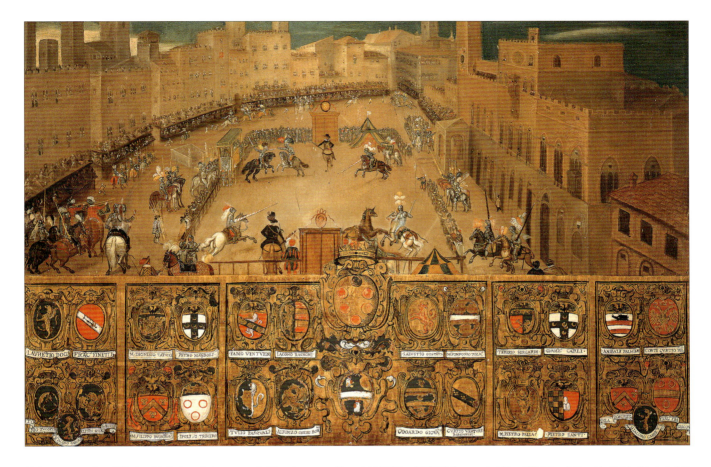

僚と死に至るまで闘わねばならないとしても、本来、聖地において異教徒と闘うべき者たちであった。

1223年のトーナメントではエノー伯フロランとブーローニュ伯フィリップが死に、1559年にはフランス王アンリ2世が一騎打ち競技（ジャウスティング）でガブリエル・ド・モンモランシの槍によって目庇（まびさし）を貫かれ、致命傷を負った。アンリ2世は、トーナメントが形式化、規律化されたイベントとなったはずの時代に死んだのである。1240年にケルン近郊のニュイスで開催されたトーナメントに比べれば、16世紀のトーナメントはいくらかましであった。なにしろニュイスでは60人の騎士と従者が馬に蹴散らされ、甲冑を着込んで土埃で息が詰まったり、体力を消耗させたりしたのであるから。

トーナメントのイベント

トーナメントは様々な戦争のタイプを反映する一連のコンテストからなるが、これらは上級の軍事貴族階層によって実施された。「乱闘（melée）」は、実際の戦闘に最も近いもので、他の上流階級の模擬試合と比べると、ラグビーのスクラムに似ている。ぶつかり合いにおいて、馬上の戦士たちは、剣や矛その他の手に持てる武器でとことん闘った。

一騎打ち競技は、トーナメント競技のなかで最も貴族的で気高い競技であった。2人の騎士が馬にまたがって槍を構え、矢

▲メディチ家のフェルディナンドのためにシエナで開かれたトーナメントの模様。参加者の紋章が添えられ、貴族であることが強調されている。

▼1559年のフランス王アンリ2世の死の描写では、一騎打ち競技の危険が明白に示されている。このトーナメントはスペイン王フェリペ2世のために開催された。

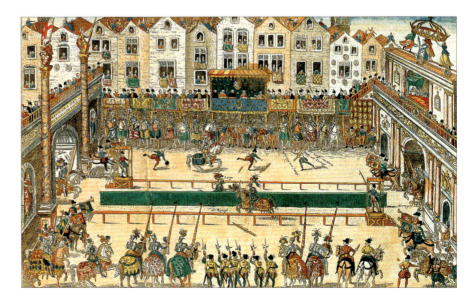

第1章　紋章の起源と発展　23

来、つまりフェンスで囲まれた競技場を相手に向かって突進するのである。15世紀初めには、次第に長く重くなっていた槍が危険度を増したことから、コースを分けるために木製の柵（ティルト）が導入された。対戦者はその両側に分かれて駆けるのである。

一騎打ち競技が行われるフィールドの端に沿って、観衆の囲い領域や参加者陣地のテントが並んでいたが、これらはすべて紋章で飾られていた。参加者は皆、互いにみてくれの素晴らしさを競い合った。紋章官は参加者の名と肩書を読み上げ、怪物や天使、古代の英雄や巨人に扮した男（男の子の場合もある）は参加者の紋章を示し、彼の存在を知らしめた。彼らこそ、のちの時代に現れる紋章の盾持(サポーター)の起源である。トランペットの吹鳴とともに、2人の騎士が相手をめがけて馬を走らせ、フィールド内を可能な限りの速さで駆ける。矢来

▲ぶつかり合いで槍が折れたところ。トーナメント用に「平和的に」製作された槍先に注目。

で囲まれたフィールドの長さは200mほどである。騎士と槍がぶつかり合う瞬間はドラマティックである。背もたれのある鞍に跨っていても、相手の槍を受けた騎

▼16世紀のトーナメントはまさに壮観であった。1565年、ローマのヴァティカン宮殿で開催。

24　第Ⅰ部　紋章の歴史と用語

士は空中に放り上げられた。

一騎打ち競技は通常、コロネルと呼ばれる先端を鈍くした槍を用いて「平和裏に（à la plaisance）」に行われた。槍はたいてい木製で中は空洞になっており、衝撃で粉々になることもあった。しかしながら、遺恨試合、あるいは「徹底的に（à outrance）」戦うことを命じられたときは、すべてが実戦そのままで、先の尖った槍が用いられた。競技は、どちらかが致命傷を負うか、死ぬまで続けられた。

対戦は審判者の厳重な監視下で行われ、壊れた槍の記録がとられた。競技が終わると勝者は褒賞を受けた。褒賞は指輪、金の鎖、宝石から「トーナメントの女王」（当日観覧する既婚女性の中から選ばれ、行事全体を差配する）の口づけまで様々であった。表彰式は形式に則って豪華に執り行われ、褒賞は、紋章官からこの日の女王に手渡された。勝者は儀礼の前面に押し出され、女王から褒賞と、敬意の優雅なお言葉を受け取るのである。

トーナメントの運営費用

トーナメントは参加者たちの人生を左右した。教皇や高位聖職者たちがトーナメントに対して不満であったのは、（多くの素晴らしい人間が傷を負ったり死んだりしたという理由以外に）参加費用が膨大な

▼トーナメントに臨む騎士の豪華な装束、馬もとてつもなく高価であった。

金額にのぼり、多数の貧しい騎士が破産に瀕したからである。貧しい騎士は出場費用を確保するために、全財産や領地でさえもしばしば借金のかたにしたのである。しかし騎士にリスクを負う覚悟があれば、より大きな褒賞を得られる可能性があった。実際、トーナメントで金を稼ぐことができたのである。

このような職業騎士の1人に、ウィリアム・マーシャル（1146-1219）がいる。彼は4人のイングランド王に助言者として仕え、ペンブルック伯となった。ウィリアムはよい家柄の生まれであったが、マーシャルの領地は兄たちのものとなったため、彼は自分で道を切り拓かねばならなかったのであるが、大成功を収めた。

ノルマンディはタンカルヴィルのウィリ

▲ウィリアム・マーシャルの横臥像。「かつて存在したなかで最も素晴らしい騎士の死後の姿をみよ」と書かれている。

アム家で修行したウィリアム・マーシャルは、中世の軍人たちの作法をすぐに習得した。メーヌ地方で行われたトーナメントの乱闘では、若きウィリアムは武勇を発揮して3人の騎士を捕虜にした。この時、彼は自分が進むべき道を自覚した。実際の戦いでも、身代金によって財産を得たり失ったりするのである。ウィリアムはこの日に得た金と馬で、ヨーロッパのトーナメントを渡り歩く騎士の一行に加わった。彼らは自らの戦闘技術を活かして財産をなし、名声を高めた。放浪の騎士たちは同類の士を集めて1つの職業的軍人集団を形成した。この集団こそが、中世ヨーロッパの多くの

第1章　紋章の起源と発展　25

▲トーナメント用の盛装。戦闘には不向きで、人物を同定し、その地位や財産を誇示するためのものであった。

軍隊の根幹をなしていたのである。

1167年、ウィリアムは、フランドルの騎士、ガウギのロジェとチームを組み、できる限り多くのトーナメントに参加して、身代金を山分けにすることにした。1183年まで出場し続け、16年間に一度も負けなかった。後年、死の床についたウィリアムは、この間に500人以上の騎士を捕虜にしたと回想している。まさにトーナメント尽くめの一生であった。

錦襴平野の会見

トーナメントは、ヨーロッパの王侯貴族にとって自らの富と気前のよさを誇示する場でもあった。15世紀までには、王たちはこぞって、こうした絢爛豪華なショーの保護者(パトロン)となった。結婚式、成人式、休戦協定、条約、同盟など、何でもトーナメント開催の口実となりえた。いわば、中世における最上の会合である。なかでも最も壮大だったのは、1520年にギーヌで行われた、錦襴平野の会見(フィールド・オブ・クロス・オブ・ゴールド)とトーナメントである。

1520年6月、フランス王フランソワ1世とイングランド王ヘンリ8世が、両国間の平和を約束するためにギーヌで会見した。珍しいことであったが、この時2人の王は、儀礼的ショーとして、闘いはしなかったが、少なくともその振りをして見せた。この時、他にも行事が催されたが、トーナメントが最も大きな興奮を呼んだ。参加者は2つの野営地に分かれた。それぞれの野営地には豪華に飾られた天幕が1000以上あり、野営地の間には騎士道の樹が建てられた。このとてつもなく大きな構造物には、2人の君主の盾紋章が造形され、緑色の絹の花飾りで結ばれていた。幹は黄金の布で覆われ、木の下には両王国の紋章官が絶妙な調和をもって立っていた。

ロマン主義的リバイバル

17世紀前半にはトーナメントはほとんど開催されなくなり、1650年代までに自然に消滅したようであるが、短期間ながら19世紀前半に復活した。ヨーロッパの貴族たちは、サー・ウォルター・スコットの歴史小説などの中世趣味のロマン主義的リバイバルに影響を受け、自らをパルジファル、白鳥の騎士、アーサー王や円卓の騎士たちの誇り高き真の後継者とみなしたのである。

中世の騎士道の理想を再現しようとする最後のトーナメントは、1837年、スコッ

▼錦襴平野の会見の模様を描いた絵画。イングランド王ヘンリ8世の大掛かりな入場(1520年6月7日)。

26　第Ⅰ部　紋章の歴史と用語

▲エグリントン伯のトーナメントの様子。同時代に作成された挿絵の１つ。エグリントン伯と参加者たちが行進している。

トの故郷スコットランドで行われた。ヴィクトリア女王の戴冠式を祝うためである。戴冠式は、緊縮派のホイッグ党政権が豪華な装飾品を大幅にカットしたため質素なものとなったが、このことはスコットランドの若き貴族、第13代エグリントン伯アーチボルド・モンゴメリーの怒りをかった。彼の継父はトーリー党のジェントルマンであったが、たとえ小規模であろうと戴冠式儀礼に参加するという自分たちが持つ正当な権利を、倹約に勤しむホイッグ党に奪われたと考えたのである。騎士道の愛好者として、エグリントン伯は自身と家族に対してなされた無礼を糾そうと決心した。そこで彼は、自らの血統に相応しい騎士道的なイベントを企画しようとした。これこそトーナメントの復活であった。

一大イベントは、グラスゴー南方のエグリントン伯の領地で行われた。エグリントン伯の熱狂は、自分の家系の誉れの再生を願う多くの貴族の魂も焚きつけた。もっとも、（その情熱が続いたのは）実際にかかる費用と、試合に必要な訓練や熟達度がわかるまでのことであった。

参加予定150名のうち、トーナメント会場に現れたのはわずか13名であった。しかし、それでも群衆はこの一大イベントを観戦しようと押し寄せた。推計10万人の観衆がやってきたが、イギリスではよくあるように、天候不順のために中止となった。雨が激しく降り、矢来が泥沼と化したのである。

当時、多くの人々は、実際にはありもしなかった、古き良き時代を再現するというバカげた試みをあざ笑った。しかしながら驚いたことに、エグリントン伯のトーナメントは、15世紀のトーナメントの光景を忠実に再現していたのである。

▼エグリントン伯のトーナメントの一場面。一騎打ち競技で槍が折れている。

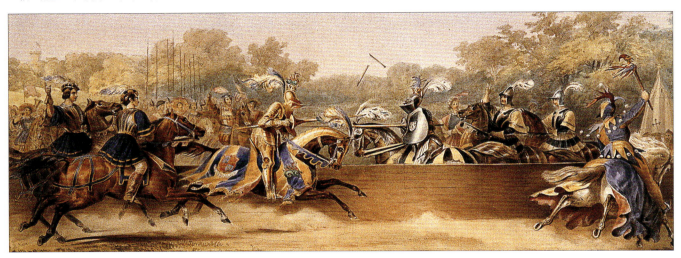

第１章　紋章の起源と発展　27

副紋章と仕着せ

中世のイギリスでは、大衆の大半は、大貴族の紋章ですら知らなかったであろうが、主要な貴族を区別する副紋章(バッジ)、あるいは貴族の家来が着用する仕着せ(リヴァリー)は見分けることができたであろう。

副紋章（バッジ）

副紋章は、とりわけイギリスの紋章によく見られるものであるが、イタリアの紋章にもあり、「インプレーザ」と呼ばれる意匠によって貴族であることが示される。イングランドにおける副紋章の流行は14世紀末になってからであった。使用された標章(エンブレム)は、紋章所有者の紋章から採った単独の具象図形(チャージ)か、あるいはしばしば見られるように、まったく関係のない意匠が使われることもあった。つまり、副紋章とは非常に個人的なもので、大きな家系の一員は、一族の他の者とは異なる、自分だけの副紋章を持ち得たのである。家系によっては非常に多くの副紋章が使用されていた。例えば、イングランドで人気のあるリチャード2世の副紋章は、白い心臓とエニシダの種(たね)の鞘（当時の表現では「エニシダの肉」）である。エニシダの小枝こそ、彼が属するプランタジネット家の語源である。

副紋章は、のちに薔薇戦争（1455-85）と呼ばれることになる、2つの王家の権力闘争ととりわけ深く結びついていた。この戦争の名は、競合する2つの王家、つまりヨーク家（白薔薇）とランカスター家（赤薔薇）の副紋章にちなんだものである。内戦の間、主要な貴族の従者たちは私的な軍団を形成し、それぞれ主人の副紋章や頸飾(カラー)、仕着せを着用して、自分たちがどちらに与しているかを示した。農民は副紋章を見て、安堵あるいは恐怖した。自分の領主の軍隊なのか、敵なのかがわかるからである。軍隊の一群は悪事をはたらきながら国中を動き回ったが、この時代にはよくあることであった。こうした雰囲気のなかでは、特定の領主の副紋章を身につけていれば、在地の裁判権の追及から免れることもできた。というのも、裁判官もまた同じ貴族のもとで働く者であったからである。

▲14世紀末から15世紀初めに製作された、しろめ製の副紋章。稀少な伝世品である。イングランド王リチャード2世の「エニシダの肉(broom cod)」の意匠が表現されたもの。

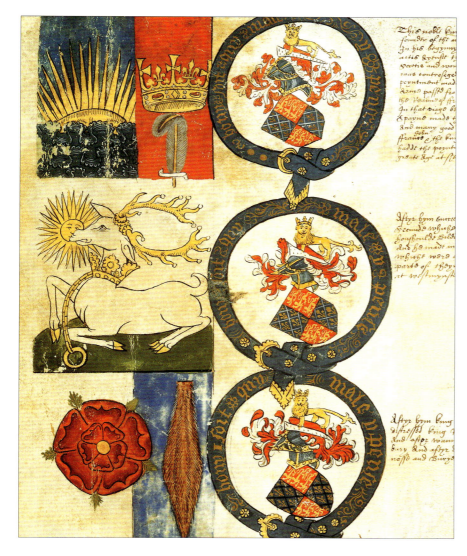

◀エドワード3世、リチャード2世およびヘンリ4世の副紋章と仕着せ(上から下へ)。ライトのガーター勲章本より。

▼フランス王フランソワ1世(1515-47)の副紋章である、サラマンダーの彫刻。

28　第Ⅰ部　紋章の歴史と用語

▲ノーサンバーランド公パーシー家の銀製の三日月型副紋章。稀少な伝世品で、15世紀初めの例。

▲ヘンリ8世(テューダー家の薔薇と落とし格子門)とアラゴン家のキャサリン(ザクロ)の組み合わせ副紋章が、彼らの結婚を司った聖職者の上祭服に縫い込まれているもの。

バーネットの戦い

白い星(マレット)を紋章とするヴェール家は、部分的ではあれ、薔薇戦争におけるある大敗の責任を負っている。1471年、ウォリック伯リチャード・ネヴィルは、ヨーク家の王エドワード4世の友人でその支持者であったにもかかわらず、そのライバルであるランカスター家のヘンリ6世に与して、エドワードと戦った。両軍はバーネットで相まみえた。王の軍勢は、ヨーク家の昇る太陽の図柄を身につけていた。他方、ウォリックの軍隊は、白いギザギザの棒(ランカスター家の熊とギザギザの棒はもともと別々の副紋章だったが、のちに合体した)があしらわれた衣服やチュニックを着ていた。

当日、ウォリックの軍隊にはオックスフォード伯ジョン・ド・ヴィアの軍勢が加わっていた。濃霧のなかでの戦闘の最中、ドゥ・ヴェールの軍勢はヨーク家の軍勢を後退させ、ランカスター軍の主部隊に戻ろうとした。彼らが友軍の近くまでやってきた時、突然霧が晴れた。ウォリック軍の射手はオックスフォード伯の副紋章をヨーク家の太陽と見誤り、エドワード王の軍勢によって攻撃されていると思い込んで一斉に矢を放ったのである。オックスフォード側はといえば、仲間が裏切ったと思い込んだ。結果、ランカスター側の勝利は間違いなかったはずが、大敗北となってしまったのである。ウォリックは戦死し、エドワード王はテュークスベリーまで進軍してヘンリ王を完膚なきまでに打ち破ったのである。

仕着せ(リヴァリー)

仕着せは、主君の色の衣服(紋章で使われている色とは限らない)、1つないし複数の副紋章、より高位の貴族にあっては頸飾の形を採用している。頸飾に使われる金属の種類は、着用者の身分によって若干異なっていた。ランカスター家の

▶サー・リチャード・ハーバートの墓を飾る横臥像。ヨーク家を表す太陽と薔薇の頸章を着用している。

第1章 紋章の起源と発展　29

Ｓ字が連なった頸飾はヘンリ４世が用いた。彼は家臣たちに、自らの寵愛の証として頸章を着用することを許した。イングランドでは今日もなお、紋章官(ヘラルド)と紋章官頭(キング・オブ・アームズ)によって着用されている。

　王たちは、ライバルの貴族たちの力を抑えようとして、仕着せの着用や私兵の維持を禁止する規則を定めた。1390年にリチャード２世が制定した禁則は、以下のような者を念頭に置いていた。「主君の副紋章をまとう者たち、彼らは、それを非常に誇りとしており、自分たちが治める地方で法外な強奪を行うことをためらわない」。

　同じ頃、同様の不平不満が、次のような者たちに対してあった。「仕着せをまとい、貧者を襲って強奪する大貴族の役人たち」、「(彼らへの)帽子や仕着せの授与によって、理があろうがなかろうが、自分が関係するあらゆる紛争を有利に運ぶために、隣人たちを誘導する者たち」。リチャード２世は王令により領主たちに以下のことを禁じた。「仕着せは、誰であれ、彼が家中に居住する家の奉仕者でなければ、与えてはならない」と。何人かの領主には例外が認められたが、王たちはこの後も貴族の権力を抑えるために、仕着せの着用やその維持を禁じる王令を発し続けた。

　ヘンリ７世の治世になっても、王はこの種の規則を命じており（1495年と1504年）、それは自分の最も信頼できる友人や取り巻きに対しても同様であった。例えば、ヘンリがジョン・ド・ヴィアをヘデ

▲スイスのベルン市およびベルン州の熊をあしらった方形旗を描いたステンドグラス。16世紀前半。

ィンハム城に訪ねた際のことである。ヘンリは、ド・ヴィアの従者多数が２列に立ち並ぶなかを軍隊に先導されて城へ向かった。従者たちは皆、仕着せの上着を着用していた。王は、家中の従者の数が限度を超えているとしてジョンを叱責した。「殿よ、貴方のもてなしについてはよく聞き及んでいる。しかし、人が言うよりずっと大層なものであることがわかった。私は、自分の目の前で、自分が決めた法が破られるのを見たくはない。裁判の場で話すことになろう」。まもなくド・ヴィアに高額の罰金が科せられた。

法制化された制服

　仕着せの着用を制限しようという法的な試みと同様、民衆が毛皮や宝石を身につけたり、制服を着ることを制限する法がヨーロッパ中で制定された。多くの国では、特定の集団は、それぞれの社会的ステータス

▼ウィルトンの二連祭壇画に描かれたリチャード２世の横顔。個人の副紋章である白い心臓とエニシダを身につけている。

▼イングランドの紋章官の頸飾。ランカスター家の仕着せの一部であった頸飾がその後継承されたもの。

30　第Ⅰ部　紋章の歴史と用語

▲図柄と標語が組み合わされた多くの副紋章の1つ。15世紀に、ミラノ公ヴィスコンティ家が使用したもの。

▲リュスコニ家のインプレーゼ。アイゼンを表現しており、北イタリアの山がちな地方を領していた一族にとってふさわしい図柄である。

を表現するために、何らかの衣服の部品を着用したり、特定のしるしを身につけることが定められていた。

15世紀のドイツでは、俗人家系の女性は黄色いヴェールをまとわねばならなかった。ヨーロッパのユダヤ人は、しばしば黄色の当て布を着用せねばならなかったが、これは5世紀後にナチスにも採用された。また売春婦は、年齢や居住する地方によって様々ではあったが、一定のドレスコードによって区別できた。フランスでは、シャルル5世の治世期（1364-80）には、売春婦はドレスと異なる色のリボンを腕に着用せねばならなかった。

インプレーザ

北イタリアでは、14世紀以降、大貴族がインプレーザを持つことが一般的となった。これは、通常、個人的な標語あるいは成句が書かれた副紋章である。例えばヴァルテリッナのリュスコニ家はインプレーザとしてアイゼンを用いていた。国を治める家系となれば、多くのインプレーザを使用した。イタリア流の個人のインプレーザの主題は、のちにフランスやイングランドの一騎打ち競技愛好団体にも採用された。詩人や寓話作家たちに依頼して、副紋章と標語のふさわしい組み合わせを考案してもらったのである。こうした紋章の合成は1回のトーナメントまたはページェントのために行われることも多く、保持者によっては直ちに廃棄されることもあった。貴族の戦士の場合、もし何らかの機会に新しく人目をひく図柄を手に入れたければ、当然ながら機転が必要であったが、ただ珍奇な思いつきに溢れた紋章作者の本を手に取ればよかった。新しいインプレーゼの考案はいつも高額な仕事であったが、17世紀にトーナメントが衰退すると、次第に消滅していった。

近代の副紋章（バッジ）

イングランドでは、副紋章は1906年に復活を遂げた。軍旗ともども、紋章官による承認が再開されたのである。近代の紋章所有者にとって、副紋章と軍旗の結合は理屈に合わないものであったように思える。というのも、それは中世のやり方に沿うものであったからである。この点から言えば、軍旗と副紋章は、学校や学寮のような組織にのみ承認されるべきものであった。しかしながら、個人に対する新しい紋章および副紋章の承認は、20世紀末のイングランドの紋章院においては当たり前のことになった。

▼既製品のインプレーザ・デザインを提示する本の1つに描かれた挿絵。

第1章　紋章の起源と発展　31

紋章旗

旗あるいは軍旗ほど、帰属を示す直感的なシンボルはない。この種の注意を引きつける物体は、歴史のはじまりから存在したろう。紋章もまた、そのはじまりの時期からすでに旗に描かれていた。紋章的な意匠は、早くもバイユーのタペストリーに見られるという指摘もある。ウィリアム公軍のフランドル人部隊の旗や、三角旗、部隊旗の意匠がそれである。イングランド軍を見ると、ハロルド王の旗手によって、ワイバーンすなわちウェセックスの二本脚のドラゴンが描かれた軍旗が高々と掲げられている。ヘースティングズにおいて、ノルマン人およびフランドル人が掲げていた三角旗は明らかに布製であったが、ウェセックスの軍旗は木ないし金属に彫刻されていた。両軍はこの運命的な日に何らかの「しるし」を掲げていたのであり、それらは、個人にとっても、軍団全体にとっても、崇拝の対象であった。

▶ローマ軍の旗手を表現したルネサンス時代の絵画。旗の持つ奮起させる効果を図像的に再現している。

▼中世のポーウェル紋章鑑の一部。1345年頃に製作されたもので、イングランドの高位の軍事指揮官たちの方形旗の模様を描写している。

バナレット騎士

バナレット騎士は、旗の一種である方形旗に由来する。高位の軍事指揮官は、自身の方形旗を掲げて兵を引き連れて闘った。その軍旗は正方形（または長方形）で、騎士の紋章が描かれていた（12〜13世紀には、横幅が縦の3分の1ほどの長方形であったが、中世末期には正方形になった）。方形旗は、その軍事指揮官の軍団が戦場にいることを示す最も重要なしるしであった。バナレット騎士の頭上に高く掲げられた方形旗は、常に軍事指揮官についてまわり、両者は不可分であった。ただし、旗の所有者が死んだときは別である。

バナレット騎士の身分は、その勇猛さを

▲聖ヨハネ騎士団、テンプル騎士団の方形旗とフランス軍旗オリフラム。

▶スイスのトッゲンブルク伯の葬送用方形旗（トーテンファーネ）。1436年頃。

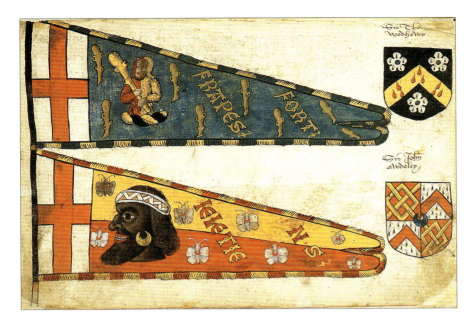

▲16世紀前半のイングランドの貴族の軍旗。いずれの旗にも聖ジョージの十字架が配されている。

称えて、戦場で授与されることもあった。それ以前には、この騎士は、おそらく見習いの下級騎士で、自分のランクを示すものとして、三角形の尻尾をもった長い三角旗を槍の上に掲げた。その竿頭に近い部分には彼の紋章が描かれていた。この日、全軍の指揮を司る者、すなわち王、領邦君主、その他の軍事指揮官は、騎士に三角旗を差し出させ、その尻尾を切って方形旗とすることで彼の武勇を称賛したのである。

バナレット騎士は、いくらか侮蔑的なニュアンスが込められた言葉である。フランスでは、彼らは自分の城に方形旗の形をした風見鶏を置き、また自身の鬨（とき）の声を定めることができた。ネーデルラントでは、兜飾り（クレスト）の部分に彼の身分を表す宝冠（コロネット）を付けていた。

三角旗（ペノン）と軍旗（スタンダード）

貴族層に人気があった、紋章が描かれた旗には、さらに2種類あった。1つは、槍の上に掲げる三角旗で、紋章あるいは副紋章（バッジ）が描かれた。いま1つは、軍旗と呼ばれる、三角旗よりずっと長く、次第に先が細くなり、先は割れているか丸くなっていた。軍旗では、紋章の代わりに副紋章、あるいは所有者を示す何らかの図柄が描かれることが多かった。軍旗は、戦場で一度ないし何度も掲げられ、しばしば鬨の声とともに示された。軍旗の旗竿側上部の「ホイスト」と呼ばれる部分は、国民的な図柄で飾られるようになった。軍旗の地をなすメインの色は、所有者の紋章基調色（リヴァリー・カラー）から採られた。見習い騎士が軍旗を掲げることはあっても方形旗を持つことはないが、バナレット騎士はいずれの旗も掲げる権利があった。

吹き流し

むろん、旗は貴族の独占物ではなかった。軍人は軍団の色に大きな重要性を認めたが、カトリック教会においては、教会の吹き流し、あるいは軍旗を捧げる係の者が、教皇が授与できる最も威信高き官職であった。

吹き流し持ち官職の名前は、もう1つ別の旗で、中世において、都市国家他で人気があったもの、つまり吹き流し（ゴンファロン）に由来する。この種の旗は、しばしば非常に大きく、沢山の尻尾で飾られていた。これらは、大きな梁から吊り下げられて運ばれ、船の帆のようにも見えた。吹き流しは、戦争が始まる前に聖職者による祝福を受けており、これを失うことは大変恥ずべきことであった。というのも、いくつかの旗は、奇蹟を起こす力を持っていると考えられていたからである。吹き流しは大きく、しばしば台車で運ばれた。この台車は、特定の家系のメンバーによって操縦され、その職は代々相続された。

この種の旗で最も有名なものは、フランスの軍旗オリフラムである。この旗は何世紀にもわたってサン=ドニ修道院（フランス王家の菩提寺）に保管されていた。フランス軍旗が出現した正確な背景については、様々な仮説がある。この旗は、赤の絹製で、金の飾りが付いており、金メッキの木材あるいは金属製の旗竿から吊り下げられていた。つまり、この名前は「金のフレーム」に由来するものであろう。いくつかの会計簿によると、フランス軍旗（オリフラム）が最後に使用されたのは、1415年のアザンクールの戦いにおいてであり、旗持ちであったバックヴィルの領主ウィリアム・マルテルは、軍旗を守るために命を失った。

▲吹き流しの特徴的な形状は、紋章の具象図形になった。おそらく、その先祖が代々用いていた家系が採用したのであろう。

▼グルッリ家の紋章に見られる旗車。都市フィレンツェの代々続く旗車運転者の家系である。

第1章　紋章の起源と発展　33

第2章
紋章官と紋章規則

　15世紀までには、紋章官(ヘラルド)は、紋章に関するあらゆる事柄について公認の専門家となった。そしてこの頃から「紋章の高貴な学問研究」は、紋章学(ヘラルドリー)と呼ばれるようになった。紋章学全般と同じく、紋章規則も時代と場所によってかなり異なる。中世の著作家の間でも、誰が紋章を保持し得るか、できないかについて、意見が異なるほどである。貴族のみがこの種の権利を持っているという意見もあれば、誰でも紋章を持ち得るという意見もある。この問題については、紋章学者たちのあいだで現在も議論が続いているが、ほとんどの政府は現在、この問題にはあまり関心を抱いていない。紋章の自由採用は人民の法的権利であるとどこでも考えられているからである。今日、紋章学者の議論が重要なのは、姓と同じように、自分たちの紋章を守ろうとする人々にとってである。

◀美しく修復されたドイツの葬送盾。ネルトリンゲンのイェルク家のもの。

中世の紋章官

「紋章官（herald）」という用語は、おそらく古ドイツ語のbeerwald、すなわち軍事行動の告知役に由来する。確かなことは、フランス中世の騎士道物語によれば、彼らは吟遊詩人（ミンストレル）や貴族の家中の使者たちと同じレベルの祖先を持つようである。12～13世紀に書かれた別の著作では、ヨーロッパを股にかけてトーナメント（馬上槍試合）という、新しい流行のスポーツについて回った、フリーランスの個人がいたことに言及している。彼らは騎士たちの名前を呼び上げ、その家系や勇猛な行為について解説するために雇われていたのである。

紋章官（ヘラルド）は紋章の事項についても関心を寄せた。トーナメントや戦争において、紋章官は参加者たちの紋章を識別し、記憶している必要があった。このため、彼らは紋章所有の状況について絵入りの巻物を作成した（紋章鑑（ロール・オブ・アームズ）は、当初は、獣皮紙あるいは仔牛皮（ヴェラム）の巻物であったが、この用語はのちに書冊型の紋章記録にも使用されるようになった）。「オーディナリーズ」とも呼ばれる紋章鑑は、具象図形（チャージ）ごとの分類になっているものもある。

家中のメンバー

13世紀末までには、紋章官は貴族の家中の一員となった。彼は主人の代理とし

▲ブルターニュ公の紋章官。主人を表すアーミン紋の紋章官服を身にまとっている。ブルボン公に、トーナメントの戦闘者たちの紋章を見せているところ。

て、来るトーナメントでの一戦を申し込む使者の役割を果たした。紋章官は家中から遠く離れてかなり長い期間旅に出ることを許されており、この間、トーナメントや騎士道に関するあらゆる事柄についての情報を集めていたと考えられる。というのも、主人が上流階級の人間であるとみなされたければ、この種の事柄によく通じている必要があったのである。

そもそもフリーランスの紋章官というのは自分でそう名乗っているだけなのだが、貴族の家中の一員になると、彼らは主人の肩書や副紋章（バッジ）、すなわち紋章のなかの具象図形にちなんだ役職名を持つようになった。トワゾン・ドール（「金羊毛」）は、この名前を持つブルゴーニュの騎士団の紋章官のことである。モンジョワは、フランス王の騎士たちが戦場で放った鬨（とき）の声、「サン＝ドニのモンジョワ」に由来する。ブラン・サングリエ（白い猪）は、のちのリチャード3世、グロスター公リチャードが個人的に使用していた副紋章である。

紋章官の姿が家門の紋章に描かれることはまずないが、カスティーリャ王の紋章頭ジュアン・ネグリンを先祖とするスペインのデ・アルマス家の紋章には、カスティーリャ・レオン王国の紋章入りの方形旗（バナー）を持つ紋章官の腕が描かれている。

紋章官についての初期の言及には、賞

▼15世紀の紋章官。トーナメントを監督する審判者の方形旗を手にしている。

▼デ・アルマス家の紋章。滅多にないことだが、祖先が王家の紋章官頭であったことを示す具象図形を含んでいる。

36　第Ⅰ部　紋章の歴史と用語

賛するものはほとんどない。おそらく彼らを描いた吟遊詩人たちは、紋章官を、主人の寵愛をめぐる脅威と感じていたのであろう。13世紀末頃の詩人アンリ・ド・ランによれば、紋章官は怠惰な職業であり、貪欲な人間にのみ適しているという。「なんと言うことであろうか。主人たちは、このろくでなし4人に住まいを与えたのである。彼らは他の職業の者よりもずっと多くしゃべるが、同じ時間でほとんど何もしない」。

14世紀末までには、紋章官は、王家や大貴族の家中で不可欠の存在となった。トーナメントを企画するのを手伝ったり、個人的な使者を務めたのである。身分の低い貴族の場合、紋章官は1人だけであったが、支配階級の君主や王の家中には、最高位の紋章官頭（キング・オブ・アームズ）が率いる格式ある紋章官の一団がいた。「紋章官補」（パーシヴァント）（「従者」の意）は見習いの紋章官のことである。

どの紋章官も自らの主人の紋章のほか、自身の正確な身分を示す標章（インシグニア）を付けていた。15世紀までには、はじめの頃よりも

▼15世紀の紋章鑑。ノルマン騎士たちの盾を示している。

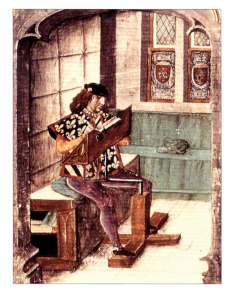

▲金羊毛騎士団の紋章官頭ジャン・ル・フェーヴル、1431年画。主人であるブルゴーニュ公の紋章官服を着用している。

ずっと尊敬される役割を演じるようになったのである。

紋章官と戦争

中世の戦場では、戦略や戦術よりも貴族間の序列が重要な意味を持っていたため、紋章官は軍事指揮官の従者として、戦場

▲シュルーズベリー伯ジョン・タルボットの肖像画の複製。紋章入りのきらびやかな陣羽織を身にまとっている。

はもちろん野営地や行軍中も軍隊の整列に助力していた。

紋章官は現代の外交官特権のようなものを享受しており、自分の国と戦争中の国を安全に訪れることができた。彼らは国および王家の重要な任務に忙しく、敵側と交渉して囚人の交換や騎士の身代金の支払いに尽力した。当時、紋章官たちは国際的な友好関係で結ばれ、互いの言語で話し合った。紋章官同士の親交の程度が、戦場での評定の維持や、死者記録の交換の成り行きを決めていたのである。

1453年、フランスとイングランドが、フランスのカスティヨンで闘った際の報告は、中世の戦争の様子や、紋章官と主人の関係について多くのことを教えてくれる。戦死者のなかにイングランド側の指揮官シュルーズベリー伯ジョン・タルボットがいた。死体の損傷が激しく、タルボットの私的な紋章官でさえも、主人を見分けることができなかった。紋章官は伯の口にあたる、血まみれの開口部に指を突っ込み、歯の隙間を測った。死体が主人であることを確認すると、彼は紋章官の制服を脱ぎ捨てて自分の仕事が終わったことを示し、崩れ落ちて主人の死を嘆き悲しんだ。

紋章官の役職

今日、何らかの公的な紋章機関を持ち続けている国は少ない。とはいえ、各国はそれぞれ独自の紋章の様式、規則、習慣を有しており、数世紀の歴史がある。ロンドンにあるイングランド紋章院は、今なお最も活動的かつ最も長い歴史を誇る紋章専門団体であり、最初の団体認可状はリチャード3世治世の1484年に遡る。

主要な紋章官職

中世以来、紋章官の役職は3つのランクに分かれている。すなわち、紋章官頭、紋章官、紋章官補である。イングランドにおいて紋章および儀礼に関するすべてを統括する国家の役職は、ノーフォーク公が務めるイングランド紋章院総裁であり、これは世襲である。

イングランドでは少なくとも1300年（おそらくもっと早く）から、紋章に関する職務は地域ごとに区別されていた。トレント河以北は北の紋章官頭が統括し、トレント河以南はクラレンス紋章官頭の所管である。後者の名はおそらく中世にクラレンス公に私的に仕えていた紋章官に由来する。

1415年、ウィリアム・ブルージュは最初の「ガーター紋章官頭」に任命された。2年後、紋章官頭筆頭に昇進したが、これは自身の権力を失いたくない地方の紋章官頭たちの恨みをかうことになった。ガーターの任務の中には、ガーター騎士団に関する紋章はもちろん、紋章に関するすべての特権の監督があったばかりか（ガーター騎士団はブリテンで最も古い騎士団である）、貴族院の議場へ新しい同僚議員を導く役割も果たしていた。

近代のイングランドの紋章官

彼らの先祖が中世において行っていたのと同様に、今日の紋章官たちは、日常業務として個人や団体に紋章を認可する役目を負っている。しばしば歴史に関する見識をかわれて、様々な諮問を受けることもある。由緒ある家系から、テレビのドキュメンタリー番組や映画で使用するためとして、背景となる素材の提供を依頼されることもある。より公式的な場では、彼らは国王の戴冠式や議会の開会などのような国家的重要行事において、紋章院総裁を補助したり、助言

▲紋章で使用される具象図形のリスト。左後脚立ちのライオンとその組み合わせが描かれている。

を与えたりしている。フルタイムで、あるいは「通常の」原則で働く役職者に加えて、自身の実績によって、紋章院総裁から「臨時の」紋章官補あるいは紋章官として選抜される者もいる。臨時に儀礼的な任務を遂行する名誉的な紋章官である。臨時の紋章官は、紋章院総裁によって様々な貴族たちのなかから選ばれた。

イングランド紋章院は最大の紋章専門団体であり、毎年約200の紋章を認可している。紋章専門団体が存在する国としては、イングランドのほか、スコットランド、アイルランド、南アフリカ、カナダがある。

イングランド紋章院の本拠

リチャード3世は紋章官たちに、ロンドンにあるコールドハーバーと呼ばれる館を与えたが、次のヘンリ7世（1485-1509）は、この館をすぐさま彼の母マーガレット・ボーフォートに譲ってしまった。紋章官たちが再び仮住まいではない本拠を得たのは1558年のことで、メアリ・テューダーからの譲渡であった。ダービー館と呼ばれた最初の建物は1666年のロンドン大火で焼失したが、紋章院はその後もテムズ河沿いの同じ場所を本拠とした。紋章院の正面入り口には、ダービー伯スタンリー家の紋章の飾り額が掲げられているが、この一族こそ、ロンドン大火で焼失した館の元々の所有者である。この紋章にはスタンリー家の副紋章「大腿部がもがれた鷲の脚」がある。

▶1805年頃のイングランドの紋章官頭。役職を表す冠を身につけている。

38　第Ⅰ部　紋章の歴史と用語

イングランドの紋章官職の紋章と副紋章

ガーター紋章官頭の紋章：役職名は、ガーター騎士団に奉仕していたことに由来する。

クラレンス紋章官頭の紋章：役職名は、エドワード3世の3人目の息子クラレンス公の紋章官に由来すると思われる。彼はトレント河以南を所管。

ノロイ・アルスター紋章官頭の紋章：「北の紋章官頭」であり、トレント河以北を所管。この職は1943年にアルスターと合併した。

紋章官の副紋章

すべての紋章官は王家の領地にちなんだ名を有する。ただし、サマセットという名称はボーフォート家の領地にちなむ。

チェスター

ランカスター

リッチモンド

サマセット

ウィンザー

ヨーク

紋章官補の副紋章

ブルーマントル：フランス王の紋章である青地にちなむ

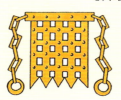
ポートクリス：チューダー／ボーフォール家の副紋章にちなむ

ルージュ・クロワ（赤十字）：聖ジョージの赤い十字架にちなむ

ルージュ・ドラゴン（赤い竜）：テューダー家の紋章の盾持にちなむ

臨時紋章官の副紋章

ボーモン紋章官補

マトラヴァー紋章官補

サリー紋章官補

ハワード紋章官補

ウェールズ臨時紋章官

紋章官服と標章

かつて紋章官は皆、一種の正装を着用していたが、この習慣は第一次世界大戦以降、ほとんどの国で廃れた。現在、イングランドとスコットランドの紋章役人のみが、儀礼で使用する服装の着用規則を守っている。君主の戴冠式などの国家行事では、紋章で飾られた礼服と半ズボンを着用し、役職を表す棒を手に持つ。かくして、7世紀以上にわたって続いている伝統が継承されている。

紋章官服

紋章官が主人の使者を務めていた13世紀には、おそらく主君が着ていた陣羽織、すなわち丈の短い外衣を着ていたと思われる。それは、流行遅れになった、主人のおさがりであったかもしれない。この当時の紋章官服は何枚もの布地を重ねたもので、幅広のTの字のような形をしていた。前後の身頃と両袖には、主人の紋章が刺繍されていた。紋章官補(パーシヴァント)の場合、これを水平方向に90度回転させて着用し、高位の紋章官と区別された。胸側と背中側に、紋章入りの丈の短い飾り布を、腕には長い飾り布をまとった。この習慣はイングランドで15世紀から17世紀末まで続き、紋章官補が職に任じられる時、紋章院総裁(アール・マーシャル)によって、このように整えられる決まりであった。紋章官補がのちに紋章官に昇進するときには、この紋章官服は通常の位置まで戻された。

紋章官は、自らの主君以外、つまり別の主君の紋章服を着る機会もあった。とりわけ大貴族の葬儀では、故人の紋章がついた制服を着用した。またトーナメントの際には、列席する他の主君、騎士、審判者の紋章で飾られた紋章官服を着用した。その様子は、王ルネ・ダンジュー(1409-80)が製作を命じた『トーナメントの書』という紋章芸術作品の傑作に描かれている。ルネ王は1448年にクレセント騎士団を創設し、数え切れないほどのトーナメントを催したが、1450年に同書の製作を命じ、挿絵を描かせたのである。

16世紀以降、様々な位の紋章役人たち(キング・オブ・アームズ)(紋章官頭、紋章官、紋章官補)は、それぞれの位に応じた素材で作られた紋章官服を身にまとった。フランスでは、それぞれの衣服は、素材の名前によって区別された。この慣習はイングランドやスコットランドでは今なお維持されており、

◀ジョン・アスティス兄の紋章官服。彼はガーター紋章官頭を1718年から1744年にわたって務めた。

▶神聖ローマ帝国のゲンティル・オワゾ紋章官補。紋章官では前後の身頃である布地が、両腕に掛かっている(1450年頃)。

▼カール5世の葬列における神聖ローマ帝国の紋章官(1558年)。

▲ニコライ2世の戴冠式(1896年)の行列の先頭を歩くロシアの紋章官。

40　第Ⅰ部　紋章の歴史と用語

紋章官頭はヴェルヴェット、紋章官はサテン、紋章官補は絹のダマスク織の紋章官服を着用した。紋章官服はどれも重く、儀式の際には専門家によって着せてもらわねばならないほどであった。

最近行われた国家的な祝祭ではこんなことがあった。その時、イングランドの紋章官たちは、横に並んで座らねばならなかった。空間が狭かったので、彼らは互いに窮屈に寄り添うことになったが、このことは不都合な結果を招いた。イングランド王家のライオンとアイルランドの堅琴が黄金の針金で1つにまとめられてしまい、儀式の後、王家の紋章官たちが座った座席ごと取り外さねばならなかったのである。

◀イングランド王エドワード8世と、完全正装の紋章官（1936年、イギリス議会開会式）。

王冠と杖

　紋章官頭は、15世紀以降、冠を被っていることが知られている。当時は小さな盾と菱形紋（ロズンジ）を飾っていたようである。イングランドの紋章官頭は、今日も正装の際には冠を被っている。この王冠は18世紀初めにデザインされたもので、外周に葉飾りが立っている。

　様々な国の紋章役人たちは、長らくその職を表す副紋章で身を飾り、位階に応じて細部が異なる杖ないし棒を手にしていた。ガーター紋章官頭は副紋章と杖を持っており、いずれもガーター騎士団の紋章が付いている。杖には、王家の紋章も付いている。

　1906年、イングランドの地方紋章官頭、紋章官、紋章官補たちは、両端に金メッキが施された黒いバトンを下賜された。このバトンの先端には、それぞれの職に対応する副紋章が取り付けられている。これらは1953年、初期の様式（バトンの先には青い鳥ないしマートレットが付いていた）を踏襲した白いバトンに置き換えられた。現在使用されているバトンにも青い鳥があり、これはイングランド紋章院の紋章に描かれているものによく似ている。通常の紋章役人は金の冠を被るが、臨時の紋章役人は被らない。

▼イングランドの紋章役人が襟からぶら下げる記章。現在も使用されている。

▼ガーター筆頭紋章官頭の副紋章と杖。

▼クラレンス紋章官頭の古いタイプのバトン。

第2章　紋章官と紋章規則　41

紋章に関する権利

紋章作者たちは、紋章の正確な性質について長らく論じてきた。誰が紋章を持つことができるのか、それはいつ、なぜなのか、また、紋章が高貴な性格を持つのかどうかといった問いである。紋章の起こりを説明する手がかりは、中世ヨーロッパ社会の封建的構造にのみ見いだせる。主君、家臣の双方にとって都合がよかったのである。14世紀までには、紋章は、騎士やその主君だけではなく、騎士の奥方も使用するようになった。修道院やその院長、都市共同体や都市民たちもまた、高貴なる芸術の利用に熱心であった。

紋章の普及

紋章は、その気分を高揚させるような色と象徴体系によって、ヨーロッパの多くの貴族に採用され、貴族の要求に沿って変化することになった。ヨーロッパの辺境地帯であるロシア、リトアニア、ポーランド、ハンガリーの軍事的エリートも、この新しい象徴体系に魅せられた。ポーランドでは、貴族の部族連合が社会の最も重要なユニットを構成していたが、古くからの部族の象徴が紋章に対応するものとして採用された。他のヨーロッパ諸国とは異なり、1つの盾紋章が部族全体で共有され、他国のように各家系を同定する識別記号はポーランドの紋章学体系には実質的にない。ハンガリーの貴族たちは家系ごとの紋章を採用した。彼らの3分の1は、イスラム勢力による「トルコの脅威」に対抗する長期の戦争に関係していた。イスラム勢力は何世紀にもわたってキリスト教世界の東の端に進出しようとしており、死んだトルコ人の引き裂かれた四肢は、多くのハンガリーの紋章に取り上げられた。

紋章の絵画的な性格は、大小を問わず、館や城、大聖堂や市庁舎ホールなどを装飾するのにもってこいであった。紋章は、彩色された宛名の見出しを豪華に飾り立てた

▲16世紀初めのハンガリーにおける紋章の授与。ハンガリー人とトルコ人との間の大昔の戦闘風景を描いている。

▶ランバート家の家系図。架空の紋章が描かれているページ（1565年に製作されたウィルシャーの紋章巡察記録から）。

▼フランドルの紋章鑑に描かれたデブル家の家系図（1590年頃）。

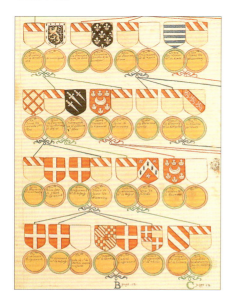

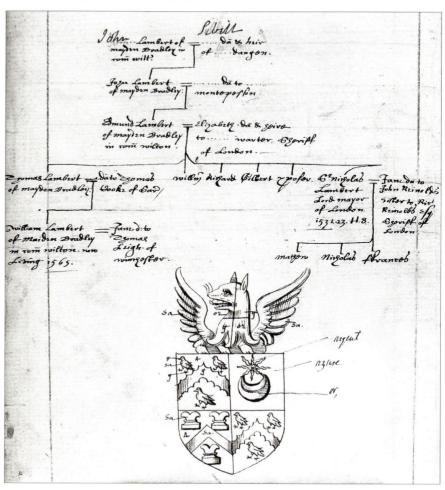

42　第Ⅰ部　紋章の歴史と用語

▲クリスティーヌ・ド・ピザンが、騎士道を論じた著名かつ浩瀚な自著をフランス王シャルル6世に献じているところ。

り、印章指輪のデザインとして機能したり、豪華に着飾った新郎新婦を迎えるために、忠臣たちが入念に建造した婚礼のアーチを飾ることにも役立った。

紋章によって自身を同定してもらいたいという欲望は様々な階層に浸透していき、金持ちの成り上がりが、自らとその後継者たちのために盾や兜飾(クレスト)を手に入れようとした。たいていの場合、適当なデザインを提供することを旨とする仲介者たちがいた。デザインが規則に合致していなくても、見かけがよいことが重要であった。商人その他の成り上がりたちが、自分たちが独占していた特典に参入してくると、貴族たちはこれに対抗して家系図作りに励んだ。彼らの真正な紋章は、その高貴な血統の証であり、宮廷への伺候や古くからある騎士団に加入する権利を保障するものなのであった。

紋章学の規則化

クリスティーヌ・ド・ピザンは自著『武勇と騎士道の書』のなかで、彼女の精神的な助言者であり、騎士道についての著名な著作家でもあったオノレ・ボネ師との架空の対話篇を書いている(ボネ師はずっと以前に死んでいる)。クリスティーヌの質問は、例えば以下のようなものである。「もしある者が、すでに他の者によって採用されている紋章を採用しようとするとき、彼にはそれが可能か」。この質問に対する答えは「否」である。あるいは「もしドイツの騎士がフランスにやってきて、そこでフランス人が自分と同じ紋章を使用しているのを見つけたとき、ドイツ人はその使用禁止を求めて訴えることができるか」。ここでも、ボネの答えは「否」である。なぜなら彼らは、異なる国や君主の臣下だからである。

個人と団体のどちらが、紋章を持つことができるか。この質問に対する答えは単純ではなく、関係者の年齢や国によって対応が異なるという。ある国では、紋章は貴族のみが保持できるが、17世紀のフランスでは、規定の料金を支払いさえすれば、農民でさえも紋章を保持し得た。多くの国では、個人の紋章も随意に採用できる。例えばスウェーデンでは、紋章は商標と法的には同じ扱いで保護される。ただし民間および軍隊の紋章は、より強く保護される傾向がある。

イングランドとスコットランドでは、紋章の保護について、厳格かつ長期にわたって遵守されてきた規則があり、ヘンリ8世治世のイングランドの紋章官は、地方に赴いて、正当な理由なく紋章を保持する偽貴族を摘発するように王から命じられている。こうした紋章調査は「巡察」と呼ばれている。神聖ローマ帝国では、紋章授与の権利は宮廷伯に委ねられていた。

騎士道法廷

イングランドとウェールズでは、紋章規則上、誰であれ、適法な権威によってのみ紋章を所持、使用できることになっている。また、紋章の保持は、規則上および慣習的に世襲であり、譲り渡すことができない権利とされている。紋章役人がこれらの規則が侵犯されたとみなした場合、権利を侵害された側は、騎士道法廷に訴えることができる。近年では1954年に、マンチェスター市民で市会議員でもあったメイヤー卿が、マンチェスター寄席会社を訴えた事件を同法廷が裁いている。原告側の主張は、被告がマンチェスター同業組合の紋章を不正に自分の会社の印章にしようとしたというもので、原告の勝訴となった。

イングランド騎士道法廷の起源の1つは軍事法廷にあり、これは14世紀前半に遡る。紋章の事項は軍事階級に結びついていたことから、軍事指揮官が判決にあたったのである。

▼ロンドンにある紋章院(ヘラルド)内で開廷中の騎士道法廷(1800年)。

第2章 紋章官と紋章規則 43

葬儀における紋章

社会的に富と地位を得ている者には、その地位に応じた葬送が必要である。「よく死ぬ」技法は、中世末期のヨーロッパの貴族たちの心を捕らえていたが、これは主として貧者への喜捨や、死者の魂の天国行きを確保するためになされる葬儀ミサの代金支払いからなっていた。

しかしながら、神や天使たちにこの故人が正確には誰なのかを知ってもらうため、葬儀中および埋葬場所で遺体が公開されている間、地位に応じて豪華に飾り立てられた。

14世紀までには、王家や貴族の葬儀における紋章の豪勢な飾り立ては、葬儀の式典に組み込まれるようになった。葬儀の際の紋章は、次第に故人の社会的地位や富を入念に象徴し、提示する道具となったのである。

葬儀の装飾

葬送中、棺はおそらく故人の紋章が入った布で覆われていたと思われる。高位の貴族や王族にとって、棺は、地位にふさわしい衣装に身を包み、宝冠を被った故人を忠実に表現したものを載せるものであった。

▼イングランド王ジェームズ1世の王妃、デンマークのアンヌの霊柩台のデザイン（1619年）。

▲神聖ローマ皇帝カール5世の「盛儀の船」（1558年）。ルネサンス期のヨーロッパにおける王の葬儀の見世物を構成する一部。

棺の両脇を、故人の紋章一式を構成する諸要素（兜、兜飾[クレスト]、盾、紋章官服[タバード]、手袋、拍車、剣）で着飾った紋章官[ヘラルド]が歩いた。

教会内の飾りの中心をなすのは霊柩台であった。大きなもので、しばしば木材、金属、布を使ったその場限りの精巧な飾りが作られた。より高い位の者の場合、やがて故人が埋葬される礼拝堂を模して念入りに製作されることもあった。霊柩台には蠟燭台[ろうしょくだい]が備えられており、さらに通常バックラム［膠[にかわ]で固めた布］で作られた故人の紋章がセットされていた。

教会の中に入ると、棺は霊柩台のレールの上に安置されたが、そこには主要な会葬者が陣取っていた。高位の貴族の葬儀には、家族をはじめとする関係の会葬者だけではなく、主人の紋章飾りをまとった、故人の軍馬も参列した。

イタリアやスペインでは、20世紀に入ってもなお、よき生まれの者たちは葬儀の前に家に安置された。正装を着せられた遺骸は地位にふさわしい棺またはベッドに横たえられたが、ベッドそのものも、家系の紋章が刺繍された金色の布で覆われていた。最も高位の者の場合、家中の従者が、紋章で飾られた哀悼の方形旗[バナー]を捧げ持った。霊柩台はまた、一定数の方形旗、軍旗[スタンダード]、部隊旗[ガイドン]、その他の旗で飾られたが、その数は地位に応じて定められていた。これらの旗や紋章一式は、その間、死者の埋葬場所近くに吊り下げられ、儀式の荘厳な仕掛けをなしていた。

▼騎士ランクの展示。イングランドのカンタベリー大聖堂にある黒太子の墓には騎士の盛装一式が飾られている。

紋章官の役割

イギリスで葬儀における紋章の重要性が際立ったのは、1500年から1700年にかけてのことである。葬儀の差配は紋章役人の責任であり、彼らは「葬儀料」と呼ばれた手数料収入のために、やっかまれながらもこの権利を守ってきた。この経費は故人の財産から支払われるもので、その金額は故人の地位や紋章官の位階にもよるが、かなりの額にのぼった。

イングランドの紋章官は、誰であれ（特に画家や版画家）、自分たちの職を侵害する者には注意の目を向けたが、時に利害対立者の間で手数料をめぐる諍いが生じたこともある。貴族の遺骸が最後の休息に向かおうとする、教会の扉口においてさえもである。

貴族の葬儀は、何から何まで紋章官によって差配され、会葬者の人数および彼らの地位や引きすそのサイズの指示から、旗の数およびその形状サイズの指示にまで及んだ。1586～1606年にガーター紋章官頭（キング・オブ・アームズ）を務めたデチック宛ての手紙から、その細部が窺える。

> ガーター殿。貴方のご都合がよろしい時で結構ですので、以下の事柄について正確なご助言をお願いいたします。生まれながらの子爵夫人という私の身分にふさわしい会葬者の数、私自身の侍女の数についてです。主たる会葬者を含め、女性の会葬者は10名の予定で、このなかには、侍女、小姓、貴族の祈り人は含まれておりません。それから、私はお尋ねします。領主、騎士、そしてジェントルマンの主な会葬者の数は何人がよいかを。ガーター殿、正確なお答えをお願いいたします。というのも、つるはしなどを提供するようにと私に警告する者もいるのです。敬具。貴方の古い友人である、ドウェイジャーのエリザベス・ルッセルより

ガーター紋章官頭の返事に非常に長く、葬儀の行列について、以下のように詳しく述べている。

▲ブランシュワイク＝ベヴェルン公妃クリスティーヌの棺。彼女の母方の家系であるプファルツ＝ツヴァイブリュッケン家の紋章。

▲チャムリー伯の寡婦の棺にあしらわれた紋章（イングランド、チェシャーのマルパス教会蔵、18世紀）。

> 4つのバヌロール（家系の結婚関係を表す、紋章入りの三角旗の一種）が必要です。大三角旗は、1人の騎士または従者、1人の説教師、1人のガーター紋章官頭、そして2人の紋章官が掲げます。女性の主賓参列者は、ガウン、マント、引き裾、フード、頭巾、そして長さ11ヤードの黒い服をまとわねばなりません。ガーター紋章官頭は、騎士としての紋章官服の着用が許されますが、それは6ヤードの服からなります。紋章官服の長さは5ヤードです……

ロシズ家の葬儀

初代ロシズ公で後継者を持たなかったジョンの葬儀は、紋章で飾られた大規模な葬儀がどのようなものであったかを教えてくれる。公は1681年7月27日に亡くなり、葬儀は約1ヵ月後の8月23日に執

▼紋章一式の構成要素。盾、剣、兜、兜飾などからなる。1422年のフランス王シャルル6世の葬儀に参列した会葬者たちが運んでいる。

◀ダービー伯妃、ドウェイジャーのアリスのための記念碑。紋章型の霊柩台を再現したものとして考えられている。

り行われた。スコットランドの大法官職にあったジョンには、完全なる国葬が提供されたのである。あらん限りの紋章入りの葬儀装飾が飾られ、砲兵連隊2個隊も参列した。

隊列が、帽子に黒い喪章、両肩に黒い板を付けた2人の指揮官の後を行列したのち、2つの「小さな吹き流し」(ゴンファノンまたは方形旗)が通った。1つは、故人の頭部と「死を思え」という標語が、いま1つには、砂時計と「時は飛び去る」という言葉が書かれていた。そのあとに喪服を着た貧者の一群が続いた。彼らは公の名前の組み合わせ文字が付された服と宝冠を着用していた。次はトランペット吹きで、彼の方形旗には公の紋章一式が描かれていた。そのあとに馬に乗った騎士1人が続いた。次に、公の紋章色あるいは仕着せの方形旗が、1人のジェントルマンによって捧げ持たれた。彼のあとにはロシズ公の奉公人たちが続いた。

次に、栄誉旗、すなわち父方の完全な紋章一式が描かれた燕尾型の旗、続いて栄誉軍旗(栄誉旗に似ているが、先は方形)が進んだ。その後、軍馬が2人の無帽の「ラッキー(lacquies)」によって導かれた。2人のトランペット吹きが続き、その後、ビュートおよびカーリック紋章官補が、喪服のガウンと紋章官服を着用して歩いた。その後、別の紋章旗グループが2つ続いた。1つは大きな吹き流しで、アバネシーの紋章があしらわれ「喪の花飾り」がデザインされたもの、もう1つは小喪軍旗であった。

喪服のガウンと帽子を被ったジェントルマンたちの一群に続いて、キンタイアおよびディングウォール紋章官補が行進した。その後、拍車、籠手、胸当て、盾、兜、花輪、剣が続いた。さらに2人の家臣が故人の荷馬を先導し、あとにエディンバラの役人や顧問官の大行列が続いた。彼らは司法と政府のメンバーであるとともに、貴族代表でもあった。その後、ユニコーンおよびオーモンド紋章官補が続いた。そして2人のトランペット吹きが親族の方形旗を掲げる8人の者たちの登場を告げる。父型(右側)にはロックスバラ伯、エヴァンダルのハミルトン家、パース伯、およびロス伯関係者、左側には母方の親族であるアントラニュ公、チュリバルダイン伯、レノックス公、マール伯である。

次に喪服をまとった馬が続いた。それぞれロシズ公の紋章が描かれたパネルで飾られた外被いで覆われていた。紋章旗として最後を飾るのは大喪方形旗で、公の紋章一式と標語が描かれていた。さらに2人のトランペット吹きが6名の紋章官の登場を告げた。レスリー家の紋章を捧げるイスレイ、アバネシーのそれを持つアルバニ、兜飾、標語および花輪を持つロスゼイ、剣を持つソノードン、丸盾を捧げるロスである。

ロシズ公の奉仕者たちと家中役人たちが、これに続いた。その後、議会へ赴くために乗っていた公の馬が、豪華に刺繍を施された布で鞍を覆われて登場した。次に公の宝冠を被った1人のジェントルマンが現れ、続いて2人の大主教およびリヨン卿(スコットランドの首席紋章役人)が続いた。後者は紋章官服と喪のガウンを着用していた。ガウンには、公の完全な紋章一式が飾られた、菱形の「忌中紋章」が描かれていた。

▼1603年のイングランド王エリザベス1世の葬儀。会葬者は女王の祖先たちの方形旗を運んでいる。

さらに、議会を表す装飾が続いたが、そのなかには大法官の巾着も含まれていた。その後、このとてつもない式典のなかでも最も驚くべき光景が繰り広げられる。棺衣で覆われた公の棺の登場である。棺衣には公やその親族の紋章が描かれていたが、そのほかにも故人の頭部、名前の組み合わせ文字、そして銀色の涙形の紋がちりばめられていた。近親者が寄り添った棺衣の上にはロシズ公の宝冠が置かれていた。棺自体は衣のように飾られた巨大な天蓋を上にして運ばれ、天蓋のポールは貴族の子息たちが支えていた。最後に主要な会葬者および霊柩車が続き、葬送の殿(しんがり)は王の親衛隊が務めた。

行列の長さは8kmに達したという。経費の総額は約3万ポンド（現代の300万ポンドに相当）に達した。経費はさしあたり政府が立て替えたろうが、最終的には大半を一族が負担した。

17世紀末以降、プロテスタントとなったイギリスは、紋章に溢れた葬儀の経費を浪費とみなして、最も富裕な一族に対してさえもこれを禁じたので、「貴族の反乱」が引き起こされた。甲冑をはじめとして、こうした葬儀で適用された慣習や飾り付けの多くは廃れて久しく、稀少なものとなっ

てしまった。とはいえ、この頃までは、特別な「葬儀用甲冑」を製作する専門の職人がいたのであった。

▲典型的な紋章に溢れた葬儀。ロシズ公の棺は、その紋章と涙模様が描かれた棺衣で覆われている。棺の上の宝冠に注目。

▼公の葬儀行列のごく一部。公の「騎士」（法廷決闘代理人）や、公の地位に相応しい様々なタイプの葬儀用旗が見られる。

第2章　紋章官と紋章規則　47

忌中紋章(ハッチメント)と葬儀装飾

中世からつい最近まで、貴族が死去すると、一連の祈念碑が作られた。その時限りのものもあれば、恒久的なものもあり、それらは主として地位や身分の現状維持を確保するためのものであった。そして、現状を維持する武具のなかでも、主要な役割を果たすものこそ紋章であった。

墓と紋章

初期の祈念碑（石製、真鍮製、エナメル釉製、彫刻など何でも）では、紋章は所有者個人の盾と兜飾(クレスト)しか表現されていなかった。しかし、やがて埋葬地は、貴族が自らの家系のみならず、婚姻によって結ばれた家系の紋章を見せびらかす場所になった。ルネサンス期までには、特権階級の大きな祈念碑には、婚姻関係を示す一連の紋章が描かれ、しばしば天使などの空想的図像を伴った。故人の子供が描かれることも多く、男の子は盾、女の子は菱形紋を持って跪いている。墓の天蓋や両側、横臥像の衣装、最も手の込んだ装飾部分までもが、紋章を誇示する場となった。死神を盾持(サポーター)として用いたり、故人の盾を上下さかさまにしたものもある。

イタリアでは、墓石に故人の紋章が彩色されて描かれた。これは「貴石細工(ピエットラ・デューラ)」、すなわち様々な色の石を切りはめて細工する技法によるものであったが、大半の国々では、地元の石や色付きでない石の彫刻で済ませることが普通であった。イギリスでは、故人の紋章のみが描かれた平石が小教区教会の床にセットされたが、ドイツやネーデルラントでは、墓石の両側横に一連の盾が置かれることが多かった。この場合、左側には父方、右側には母方の紋章が置かれた。

紋章陳列棚

中世の間、騎士の装束は葬列で運ばれたあと、故人の墓の近くにある教会に安置された。ネーデルラントでは16世紀に新しい慣習が生まれ、甲冑の部品、剣、籠手、兜および陣羽織は、彩色の木製模型に置き換えられた。これらは父方および母方の祖先の盾とともに枠の中に配置された。飾り付けの地は、喪を表す黒で塗られていた。このような枠付けされた飾り棚のことを「紋章陳列棚(キャビネ・ダルム)」あるいは「栄誉の陳列棚(キャビネ・ド・ノール)」と呼んでいる。この慣習が、忌中紋章(ハッチメント)（紋章一式(アチーブメント)の転訛）使用の起源である。これは菱形の服喪板で、その多くは現在でもイングランドの小教区教会で見られる。忌中紋章は、故人の家

▲紋章陳列棚の好例。1637年に死んだブリュージュのシテル家の一員のもの。

の外にも、喪中の間、つまり1年と1日の間掲げられ、訪れる者たちにこの家で死者が出たことを示す。この慣習はイギリスでは稀になったが、現在でも存続している。

忌中紋章（ハッチメント）の解読

忌中紋章の紋地や紋章の構成から、故人の性や婚姻関係を解読することができる。独身者（独身男子、未婚女性、寡夫または

▲オールバニ公、皇太子レオポルド（ヴィクトリア女王の末息子）の忌中紋章。

▲市長を務めたハンス・ヨルクのための忌中紋章。

▲スウェーデンの服喪の紋章パネル。1680年に死んだペル・ブラへのためのもの。

寡婦）の場合、地はすべて黒である。結婚したことがまったくなければ、盾（男性）または菱形紋（女性）の上に家の紋章が描かれる。独身男性の場合、さらに兜と兜飾が付加される。菱形紋は無地の場合もあれば、青い蝶結びのリボンの装飾で飾られていることもある。

　結婚の経験がある場合、事はより複雑であった。夫婦の一方が存命の場合、忌中紋章の地は垂直に黒と白に分割された。この際、喪の色である黒は故人の側に置かれ、生きている者の側は白とする。妻が先に亡くなった場合、妻の忌中紋章は兜飾を付けず（しばしば蝶結びのリボンで置き換えられる）、地の右側半分が黒とされる。夫が先に亡くなった場合は、紋章の構成要素はすべて提示した上で、左半分の地を黒とする。寡夫の場合、紋地はすべて黒で、盾、兜飾、婚姻によって生じた紋章を配する。寡婦の場合は、結婚によって編成された紋章が菱形紋の上に描かれる。以上は単純なケースだが、見る者に力量を要求し、配置の解釈が困難な忌中紋章も多い。例えば、複数回結婚した男の場合、すべての妻の紋章が、それぞれ別々に表現されることもありえた。

　男性の忌中紋章にはしばしば一族の標語が添えられたが、代わりに死や復活に関するラテン語の慣用句が添えられることもあった。例えば「私は蘇るであろう（resurgam）」、「天国における休息（In coelo quis）」、「死は生に隣り合っている（mors janua vitae）」などである。

　イングランドの多くの小教区教会には、荘園領主やその代官のための忌中紋章が1つか2つ存在するものであるが、なかには一族全員の分が揃い、コレクションの体をなしているものもある。例えば、ハンプシャーにあるブレモアのハルス家の場合がそうである。ここでは、教会内に18世紀初めから1990年代に至るまでの忌中紋章一式が飾られている。

忌中紋章のデザイン

葬儀の忌中紋章のデザインの例。それぞれ死者たちの地位や身分を示している。上から（左から右）、1）結婚した男性、2）結婚した女性（蝶結びのリボンに注目）、3）寡夫、4）未婚の男性、5）寡婦、6）未婚の女性、7-10）2人の妻に先立たれた寡夫

第2章　紋章官と紋章規則　49

第3章
紋章の構成要素

　「紋章（coat of arms）」という表現は「甲冑外衣（coat armour）」より古い用語に由来する言葉の1つである。後者は、紋章が付された主な装身具、例えばサーコート（シュルコ）や陣羽織（タバード）など、中世末期に戦士が甲冑の上にまとった外衣の一種を示す用語である。したがって、紋章を表す言葉として「武器の外衣（coat of arms）」を用いるのは誤りともいえる。というのも、この用語はもともと紋章図柄が入った衣服を意味していたが、現在では衣服の意味はなくなり、個人の紋章一式（アチーブメント）に含まれる武具一式（盾、兜、兜飾（クレスト）、マント、標語（モットー）、盾持（サポーター））を表す用語となっている。紋章一式の様式は数世紀の間に、単純なものから、ロココ時代の装飾過多な芸術表現、さらには19世紀の噴飯ものの様式に至るまで様々に変化してきた。噴飯ものというのは、例えば兜飾が兜に結びついていなかったり、マントが布というより葉っぱに見えたりすることを指す。紋章を記述する際に覚えておくべき重要な要素として、紋章の盾についての説明は、盾を持つ者の視点であるということがある。紋章学上の右はデクスター、左はシニスターというが、これらは通常の左右とは逆なのである。

◀ スペインのマンリク・デ・ララ家の紋章と誇り高き標語

完全な紋章一式（アチーブメント）

紋章一式とは、複数の構成要素からなる荘厳な象徴である。第一の要素は盾に描かれる紋章そのものであり、その上に兜が載る。兜は紋章所有者の地位を示すために細部が変えられることもある。兜の上には、紋章学上の重要な装飾である兜飾が鎮座する。兜の頂点からは、マントと呼ばれる布製の飾りがバラバラにぶら下がっている。この布は兜の後部を防御するためのものであったと思われる。紋章学では、通常、当該の紋章の主だった金属色と基本色を用いて描かれる。

マントと兜は、花輪または飾り房と呼ばれる撚紐で結ばれている。マント同様、この撚紐も紋章の色と同じであることが多い。兜飾に宝冠か飾り環がある場合には、これが花輪の代わりとなることもあるが、2つの部品が積み重ねられることもある。標語がある場合、イングランドでは盾の下に、スコットランドでは盾の上に置かれる。副紋章がある場合には、ここに見

▶イングランド紋章院が承認した、近代の典型的な紋章一式。

▼右側の紋章一式をモノクロで描いたもの。色は線と点で表されている。

紋章基調色（リヴァリー・カラーズ）
方形旗（バナー）
兜飾（クレスト）
マント
飾り環（サークレット）
兜（ヘルメット）
盾（シールド・オブ・アームズ）
標語（モットー）

52　第Ⅰ部　紋章の歴史と用語

- 天幕（パビリオン）またはマント
- 王冠（クラウン）または宝冠（コロネット）
- 花冠、花輪（リース）
- 兜飾（クレスト）
- 副紋章旗（バッジ・バナー）
- 盾持（サポーター）
- 盾（シールド・オブ・アームズ）
- 台座（コンパートメント）
- 吊飾（デコレーション）

▲精緻に描かれた貴族の紋章一式。これはドイツ皇帝のもので、王冠と盾持が描かれている。

士団であることを示す飾り環か頸飾（カラー）が盾を取り巻くように配される。特権階級で肩書を有する者の場合、紋章の背後に外套ないしマントが配される。君主の場合、マントの代わりに天幕が配され、その上に王冠が鎮座する。

このように紋章一式は複雑かつ高価な構成で、紋章所有者は好んでこれを所有権のしるしとして用いている。ブックカバーやプライベートジェット機などに兜飾または兜飾と標語の組み合わせを描かせているのである。いったん紋章所有が認められれば、どこにでも飾ることができるのである。

られるように、方形旗（バナー）上の紋章一式に描かれることもあるが、これは珍しいケースである。

盾、兜、兜飾、マント、花輪が組み合わさったものが紋章一式である。高貴な家系の紋章一式はより荘厳で、男性または動物が盾を支えている。紋章所有者が伯や公などの爵位を有している場合は、その地位を表す宝冠（コロネット）が描かれた。宝冠は、イギリスでは盾の上、盾と兜の間に置かれるが、他の国では兜の上に置かれることもある。

紋章所有者が騎士団の一員であれば、騎

▶女王エリザベス2世の紋章。盾の上に、君主であることを示す金色の兜が配されている。

第3章　紋章の構成要素　53

盾（シールド）

紋章はその誕生以来、その主要な掲示場所として盾を利用してきた。紋章一式の他の要素（兜飾、マント、花輪、盾持など）は、盾に付属する形で配された。多くの場合、盾形の紋章は誰からの承認なく所有されてきたが、例えば兜飾は、その一族がもともと盾形の紋章を所有していなければ、使用が許されなかった。紋章は、しばしば方形旗やサーコート（シュルコ）など様々なものに描かれるが、紋章の舞台といえば何よりも盾である。

初期の盾

組織的な戦闘が始まった、まさにその時から、盾は主要な防具の1つであり、剣や斧、矢を防ぐために用いられた。攻撃こそ最上の防御とみなされていた時代には、兵士を守るものといえば、甲冑と自らの戦闘技術だけであった。

古代のギリシア人は丸い盾を、ローマ人は丸みを帯びた大きな三角形の盾を用いた。各国の兵士たちは様々な図柄で盾を飾った。民族、軍団、部族ごとの図柄の場合もあるが、それが個人的な図柄、つまり相続されない図柄であれば、真の意味で紋章とはいえない。

▶稀少な中世の戦闘用盾。13～14世紀になっても、紋章の理想的なキャンバスであった。

盾の構成

12世紀後半、紋章が誕生した頃、盾はかなり長く、兵士の身体のほとんど半分を覆い、胴体の形に合わせて曲線を描いていた。ヘースティングズの戦いで使用された盾は凧のような形で、このタイプの盾は1200年代初頭まで使用された。その頃には盾の天辺は水平になっている。板金鎧の着用が一般的になると、盾のサイズは次第に小さくなり、兵士の身長の3分の1ほどに縮小した。

現在まで遺る中世の盾を見ると、たいていは複数の木板を接着した合板のようなものでできている。ブナやライムなどの目の粗い木板に溝を付け、「マルッフル」と呼ばれる強力な接着剤の一種で接着した。

木材は戦闘に役立つ素材であった。というのも、敵の剣をそらすのではなく、食い込ませたからである。このことが盾の所持者に一瞬の優位を与え、生死を分けたのである。盾は、馬・ロバ・鹿の皮や羊皮紙、亜麻布などで覆われていた。皮はまず油で煮られて、なめし革となるが、これは防御材として役に立った。外側にはしばしばゲッソという上質な石膏を塗り、ダマスク織の文様のような菱形模様が入れられた。石膏の表面には、盾使用者の紋章が付されたが、これらは表面に

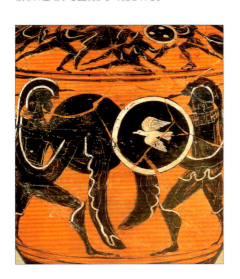

▼ギリシアの兵士が好んだ丸形の盾。数世紀のちの紋章に登場する図柄が多く見られる。

▼エッティンゲン伯コンラート2世の印章、1229年頃。盾に由来する紋章図柄が確認できる。

▼ヘースティングズの戦いにおけるイングランド軍。長い凧型の盾を用いている。数百年後、この盾の形が紋章に採用された。

▲中世の盾の構成に由来することがほぼ間違いない紋章の例。左上から時計回りに、ヴァルトール、ナヴァル、マンデヴィル、ホルシュタインの盾形紋章。

直接描かれるか、浅い浮き彫りで表現された。

盾の組み立て

　盾は、金属製の鋲や帯、その他の補強材を鋲打ちすることで強度を増したのだが、こうした補強材の一部も紋章の具象図形(チャージ)になったと思われる。この種の部品が使われている紋章の例としては、アングロノルマンの偉大な家系、マンデヴィル家の紋章がある。その「カーバンクル」(盾中央に描かれた車輪のような図柄)はおそらく金属の鋲に由来する(当頁上段左図参照)。

　エッティンゲン伯コンラート2世の紋章(1229年頃)は斜十字紋(サルタイア)だが、これもそもそもは金属製の強化帯に由来するものであろう(前頁下段中央図参照)。

　またコーンウォール地方ヴァルトールのレギナルド家の紋章はジョン王の治世にまで遡るが、おそらく木製の平面部だけでなく、鋲で補強した縁(へり)も表現されている。ホルシュタイン家のイラクサの葉は、ギザギザの金属製の縁を表したものであろう(以上、上段左図参照)。

　盾の内側には、皮から当て布に至るまで様々な素材が用いられ、ここにストラップを縫い付けて、クッションを詰め込んだ。クッションは使い心地を良くするだけでなく、剣や斧による打撃を吸収するのにも役立った。ほとんどの中世の盾は身体にフィットするように製作された。盾は常時掲げられていたわけではなく、使用しないときは「ギッジ」と呼ばれる革製のストラップを使って背負っていた。

　以上のことから、同時代の盾は、盾を持つ人間の視点に立ち、実戦を想定して考え抜かれたものであったことがわかる。中世の甲冑職人は非常に巧みであった。中世末期の甲冑全般と同様、盾もその大きさのわりに驚くほど軽く頑丈に作られていた。

　現存する中世の盾の最も大きなコレクションは、現在ドイツのヘッセン州にあるマールブルク大学博物館が所蔵している。もともとマールブルクのエリザベート教会にあり、ドイツ騎士団の騎士たちが盾を安置した。このおかげで歴史家たちは、盾の構造について非常に多くのことを知ることができるのである。

　13世紀までには盾は非常に小さくなり、いわゆる「アイロン」と呼ばれる形になった。この呼称は、盾の輪郭がアイロンのような形をしていたからである。ヒーター型盾は驚くほど人気を博し、概して14世紀以降の紋章の盾は、まさにこの形である。

▲14世紀のドイツとイタリアの騎士による戦闘場面。アイロン型ないしヒーター型の盾を手にしている。これらの盾は、のちに紋章学者にとっても最も一般的なプラットフォームとなる。

トーナメント用の盾

　14世紀末以降、新しいタイプの盾が登場した。とりわけトーナメント(馬上槍試合)用の盾である。これは端が曲線を描いた長方形で、両側と頭部が若干へこんでいる一方、下部は突き出た形をしていた。戦争用の盾は数世紀にわたってアイロン型であったが、トーナメント用の盾はだんだん装飾的になっていき、縁もホタテ貝のように波打ったり、溝が彫られたりした。この種の盾には、しばしば精緻な図柄が描かれ(紋章的なものもあったが、大半はそうではなかった)、愛と勇猛さを力強く伝えるメッセージとなった。愛はアリーナ周囲の見物席に座る奥方のため、勇猛さは対戦相手に向けられた。

　一騎打ち競技(ジャウスティング)用の盾もまた上部の隅に特別な切れ込みが入っていて、槍を容易に据えられるようになっていた。15世紀末には甲冑職人の技術はさらに向上し、特別な鋲やボルトが胴部分に装着され、槍を安定させ、防御力を高めた。実質的に胸当てに

第3章　紋章の構成要素　55

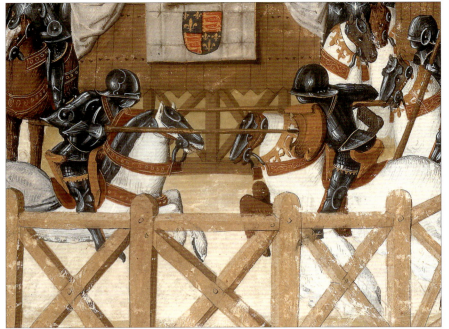

▲トーナメントに参加する騎士たち(15世紀)。一騎打ち競技用の特製の盾を持っている。

固定できるトーナメント用の盾は、同時に隅に槍を据えるものでもあったのである。

紋章学における盾

厳密にいえば、紋章で使われる盾は、2つの形式をとる。1つは男性の紋章をのせる盾そのもので、もう1つは菱形紋(ロズンジ)やダイヤモンド型の図柄で、女性の紋章を提示するためのものである。実際のところ、紋章の盾の形は何世紀にもわたってかなり変化しており、形によって、それがいつ、どこで使われたのかを推測することができるほどである(次頁囲み記事参照)。トーナメント用盾も紋章に使われるが、アイロン型盾と同じく、やや傾いた形で描かれることが多い。このこと自体は紋章学的には意味はない。文書や建築などに現れる空想的な形の盾と同じく、その時代の芸術様式が反映されているに過ぎない。

紋章芸術の流行

12世紀から16世紀にかけて、紋章の盾の形は、実戦で使用された盾の流行に左右された。しかしルネサンス以降、芸術家の恣意が装飾全般にわたって優位になり、紋章もまたそうであった。芸術家や版画家たちは、紋章とそれを取り巻く紋章学上の要素を、装飾の格好の対象とみなしたのである。紋章は華美な額の中に置かれ、ケルビム(智天使)が持ち上げ、花輪で飾り立てられた。多くの場合、実際の紋章は、装飾全体のなかでは付け足しに見えるほどである。

◀ヘルフォード伯のための1621年に建てられたこの祈念碑。盾の外観が戦争とは無関係になってきているのがわかる。

▶単純なアイロン型盾(13世紀末)。

▲芸術様式の変容とともに、紋章もまた精緻かつ華美なものになった。ただし、ここに挙げた紋章には、依然として槍を据えるための切り込みがある。

▼ルネサンス期になると、マントと兜のデザインはより複雑になった。下の紋章は16世紀中葉のもの。

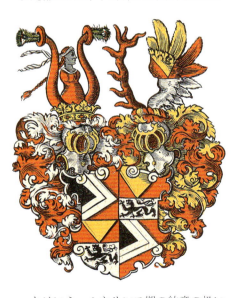

とはいえ、ルネサンス期の紋章の扱いは18世紀のロココ様式に比べれば何ほどのこともない。この時期の盾は貝殻の内側を思わせる、渦巻き状で曲線的な芸術的創造物と化した。中世の騎士なら、ぽかんと口をあけてびっくりして眺めるような形に化けたのである。戦場でこのような盾を使用すれば、渦巻き状の縁や幻想的な彫りは、役立つどころかむしろ害になったことであろう。というのも、このような盾は、中世の盾のように巧みな曲線によって槍をそらすどころか、格好の的を提供するであろうからである。

56　第Ⅰ部　紋章の歴史と用語

ロココ様式は、芸術的および建築上の偉業、つまりバロックののちにやってきた。ローマを訪れた者は誰でも、この時代の教皇たちが都市にその使用を許していた、とてつもないサイズの紋章装飾に驚かずにはいられないであろう。各教皇は前任者を凌駕しようと、自身の紋章を門や凱旋門、オベリスクの上に飾り立てたのである。

紋章誇示の最たるものは、ローマのサンティーヴォ・アッラ・サピエンツァ教会の設計で間違いない。ローマ教皇ウルバヌス8世（在位1623-44）は、バルベリーニ家出身であったが、建築家フランチェスコ・ボッロミーニは、バルベリーニ家の紋章に現れる蜂から建築プランを構想したと言われている。

複雑さとごまかし

仮に紋章がロココ様式のねじ曲がった形に合わせて堕落したとしても、少なくとも一定の様式を保っていた。18世紀末から19世紀にかけては、紋章の沈滞期としか言いようがない。盾はでっぷりとして魅力に欠けるし、盾の上には特大の兜飾と超特大の花輪を付けた小さな兜が載るようになった。おそらく盾は、肥え太っている必要があったのである。装飾デザインの複雑さゆえであり、時に風景全体や、歴史上の事件の完璧な報告にすらなっていたからである。

◀18世紀の蔵書票に描かれたロココ時代の精緻な紋章様式。

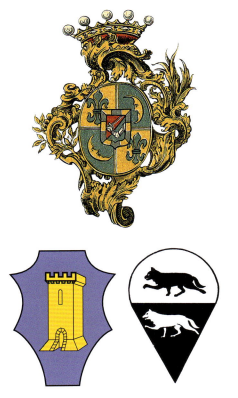

▼紋章のデザインは、幻想的なロココ時代に最高潮に達した。紋章は、フレームを華美に飾り立てるための口実に過ぎなくなった。

▲特徴的な形をした盾。馬頭型（左）と涙滴型。いずれも、特にイタリアにおいて、紋章の背景として好まれた。

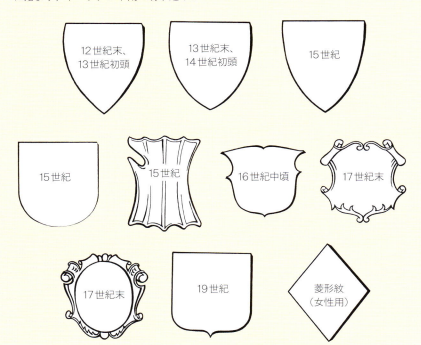

様々な盾のタイプ

以下の図は紋章盾がいかに発展してきたかを示している。伝統的なアイロン型に始まり、トーナメント用の切り込みが入った盾が生まれ、華美なルネサンスおよびロココ期を経て、近代では紋章、女性用の菱形紋（ロズンジ）ともにシンプルなデザインに戻った。

第3章　紋章の構成要素　57

兜飾（クレスト）

紋章一式のうち、盾に次いで重要な構成要素は、兜飾である。これは兜の頂を飾る立体的な飾りである。近代の著作家の多くは、真の紋章の最初の例としてアンジュー伯ジョフロワの墓石に描かれた盾を挙げるが、たいてい伯の帽子を飾る小さなライオンを見落としている。おそらく、これこそ紋章学の兜飾の先駆けであろう。もっとも、兜はずっと昔から様々な意匠で飾られていた。例えば、古代ローマの軍団の兜にはブラシのような飾りが載っていた。

兜と展示

真の「紋章学上の」兜飾が形をなしたのは、紋章の出現から1世紀ほど経ってからのようである。13世紀の手書き写本を見ると、紋章的な図柄が騎士の兜の両側面に描かれていることがあるが、その塗料は錆止めの役割を果たしていたと考えられている。13世紀初め以降、兜の頂は平らになり、扇形の兜飾で飾られるようになった。これらは絵画的モチーフを表現するうってつけの場となったが、たいていは盾から転写されたものであった。

さらに言えば、兜飾はその草創期からトーナメント（馬上槍試合）に出場できる身分、すなわち上級貴族と関連づけられていたように思われる。のちの時代になっても、いくつかの国々では、トーナメント参加者以外には兜飾を用いることが禁じられていたのである。

トーナメントは、非常に経費がかかるスポーツで、参加者は、実際にわくわくさせるような個性と虚勢の誇示が期待されていた。いくつかの顕著な例は13〜14世紀のドイツの騎士たちの印章に見られる。印章には、風鈴のような、または先端に孔雀の羽根が付いた回転式の飾り額のようなものが描かれている。なかには着用者が敵に突撃すると笛が鳴ったり、回転したりするものもあり、紋章のモジュールのように見える。このような飾り立ては、例えば17〜18世紀のポーランドの槍騎兵の兜に付いていた翼のように（これにも笛が付いていた）、おそらく敵に畏怖や恐れを抱かせるためのものであったが、着用者の虚栄心を満足させるものでもあったであろう。

14世紀には、「パナッシュ（羽根飾り）」と呼ばれるタイプの兜飾が、特にイングランドの騎士たちに流行した。これは、頂上が尖った兜を飾る羽が幾層にもなっているもので、羽はしばしばバシネット（頬当て付きの兜）の輪郭に沿うように飾られていた。当時、ドーム型の兜が非常に流行していたのである。

ドイツの兜飾

15世紀以降、兜飾は非常に複雑化した。ドイツでは、兜飾職人は特筆すべき職業であった。

ドイツの兜の上部には、水牛の角や一対

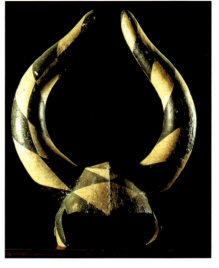

▲水牛の角を使った兜飾の稀少な現存例。中世ドイツの一族に愛用された。

▼アンジュー伯ジョフロワの墓石。角型の帽子には、歩き姿のライオンが描かれている。実際のところ、初期の兜飾ではないか。

▼これらの手の込んだ兜飾は、14世紀末から15世紀初めのドイツの騎士の個人印章に彫られていた。風鈴やモビールが、トーナメントの場への勇壮な大入場行進にぴったりであった。

▲スウェーデンのフォルクンガ家の紋章。兜の上の水牛の角は、小さな旗で飾られている。

の翼が飾られることが多かった（ほとんどの場合、紋章の図形があしらわれた）。これらの装飾が曲線的な輪郭を持つのは、剣の一撃をそらすためでもあっただろう。これら典型的なドイツの兜飾の縁部分は、小さな葉や鐘によって魅力が高められたが、最も人気があった装飾は孔雀の羽根で、兜飾の半分はこの装飾で占められていた。

羽根や角がない部分は、さらに大きな装飾が取り付けられた。トーナメントで聴衆の賞賛を得るため、角型の帽子や塔、人間の姿などが付加された。時には2つの家系の兜飾が結合された。人間の姿をした飾りは腕がないことが多く、衣服あるいは皮膚が兜を覆うマントとなっている（兜の後ろと両側を守る素材でもあった）。古いドイツ語では、このような手足のない人間の姿は「人間のトルソ」と呼ばれていた。イングランドやフランスの兜飾は、ドイツとは異なって、マントとは切り離されているのが普通であった。その代わり、兜飾は、花輪あるいは飾り房と呼ば

◀「人間のトルソ」は、中世末期のドイツの紋章で人気の兜飾であった。

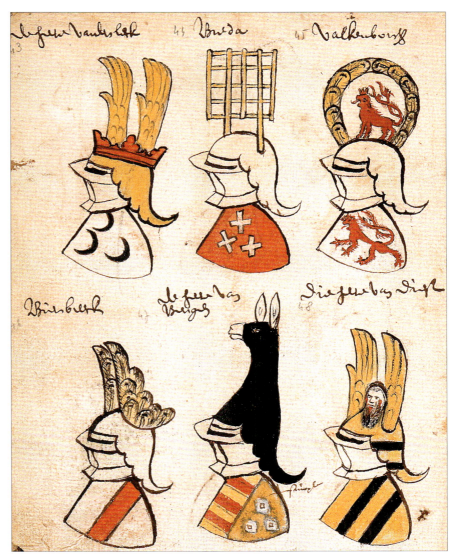

▲フルデンベルク紋章鑑。15世紀末のフランドルの紋章鑑で、北ヨーロッパの紋章によく使われた羽根飾りや孔雀の羽根が見られる。

れる素材で作られた編んだ紐のなかに置かれた。

多数の兜飾

イギリス、フランス、イタリアおよびスペインの兜飾は、ドイツほど複雑なことは滅多にない。これらの国々では、一族は2つ以上の兜飾を使用しなかったが、ドイツの貴族や王族は、6つ以上の兜飾が載った兜を盾の上に置いた。それぞれの兜飾が表現しているのは、1つの家系というより、1つの領地であった。イギリスでは、水牛の角や孔雀の羽根はまず見られないし、人間の頭部や半人半獣は兜飾の宝冠（コロネット）を除けば存在しない。スペインの紋章では、兜飾そのものがないわけではなかったが、非常に稀であった（使用したのは、ごく少数の古くからの貴族家系のみ）。スペインの紋章の兜の飾りは、駝鳥の羽根が最も多かった。

イングランドの家系が婚姻を通じて、紋章を継承する名字を新たに得た場合、2つ目の兜飾が採用された。2つ目の兜飾は、何らかの特別な機会に授与、承認されることもあった。これは通常「加増紋」（オーグメンテイション）と呼ばれる紋章の追加であり、授与者（たいていは王）の好意を反映するものである。

おぞましい図柄

紋章に描かれた最もおぞましい生き物は、何といっても、中世ミラノの支配者で

第3章　紋章の構成要素　59

▲19世紀末のリッペ君公の紋章。ドイツでは、上級貴族の紋章に複数の兜飾が付くのが普通であった。

あったヴィスコンティ家の兜飾（および紋章盾）の毒蛇であろう。この毒蛇の起源については諸説あるが、きっと多くのイタリアの聞かん坊を大人しくさせたであろう。ある話によると、昔この地方を襲っていた巨大な蛇がいて、人はこれをなだめるために、定期的に生まれたばかりの赤子を犠牲に捧げていたという。この蛇は、最後にはヴィスコンティ家の先祖がこらしめることになる。別の話はオットーネ・ヴィスコンティが関係するもので、彼は第1回十字軍の際、ヴォリューチェというムスリムの君主をイェルサレムの城壁の下で破った人物とされる。オットーネは、ヴォリューチェの兜飾（子供をむさぼり食う獰猛なドラゴンまたは蛇）を自分の兜飾としたのである。ヴィスコンティ家のような紋章を持つ家系は他にはない。ここでは、毒蛇に特別な地位が与えられており、何世紀にもわたってできる限り完璧に描かれてきた。今日でも、アルファロメオ製の自動車のエンブレムに描かれ、世界中で見られる。

様々な人種の人間の頭部は、過去の紛争を思い出させるものである。例えばムスリムの頭部は最もよく見られるものだが、これは十字軍騎士たちの冒険を反映している。レスターシャーはノズレイのハゼルリッグス家は、スコット人の頭の兜飾を所持しているが、これは、エドワード3世（1327-77）が率いたスコットランド討伐にこの一族が参戦したことを記念したものである。兜飾として使用されているわけではないが、ここで、ウェールズのバークレイ＝ウィリアムズ家系の紋章に現れる3人のイングランド人の頭部を指摘しておこう。この一族は、他の多くのウェールズの家系と同様、自分たちの先祖が13世紀のウェールズの族長であったエディンフェド・ヴィチャンであると主張している。これらの頭部は、イングランドとウェールズの紛争で生じたある出来事を記念するものである。つまり、この族長はチェスター伯ラヌルフの家中に属する兵士の一群を急襲したことがあり、これに続く行動のなかで、ラヌルフ軍の主要な指揮官が3人殺されたのである。この物語は、エディンフェド・ヴィチャンの子孫であると主張するテューダー家が、同じく紋章の具象図形（チャージ）として3つの頭部を採用していたことにつながるが、この家系がイングランドの宮廷にやってくるや否や、分別のあることに、3つの頭は3つの兜に置き換わったのである。

ワイト島の今は途絶えたハモンド＝グレーム男爵家は、よりおぞましい兜飾を持っていた。雲から出た2本の腕が、人間の頭蓋骨を長釘から取りはずそうとしている図案である。頭蓋骨の上には、侯爵の冠が2本のパルムの枝の間に置かれている。全体

▼ヴィスコンティ家の兜飾。おぞましく、きわめて獰猛な毒蛇が子供を食っているところ。

60　第Ⅰ部　紋章の歴史と用語

は「名ばかりの兜飾」、つまり実際には中世の兜を飾ることがなかったデザインの典型例である。

この兜飾をめぐる物語は、グレーム家のある人物にまつわるものである。彼は、死んだチャールズ1世の復讐を企んで、1650年にエディンバラで処刑されたモントローズ候の従者であった。候の頭部は、監獄であったトルブースの屋根にさらされたが、グレーム家の関係者はこれを取り戻し、モントローズ家の地下埋葬所のしかるべき墓に納められるまで、これを隠したのである。

▼ハモンド＝グレーム家の非常におぞましい兜飾。長釘から頭蓋骨が引き抜かれている。17世紀の先祖の冒険を記念したものである。

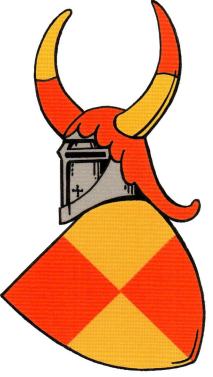

▲初期のスカンジナビア貴族の紋章。ドイツで好まれていた様式を模倣している。ここに取り上げたのは、スウェーデンのトート家（左側）およびランゲル家（右側）の紋章である。ランゲル家の兜飾は、その

起源を思い起こさせる形のマント、すなわち十字軍兵士が着用した、間に合わせの日除けで飾られている。

マントと花輪（リース）

兜飾で飾られた兜は、入念に仕上げられたもので、さらに大きな布で飾られた。布は兜の頂点に紐ないし固定具で留められた。イギリスの紋章では、この布の兜カバーはマントと呼ばれている。通常、マントは2色で、上側に紋章の主たる基本色、下側に主たる金属色が配された。このほかスペインやポルトガルの紋章のように、3色ないし4色が使われることもあった。

初期の兜飾の描写では、マントの布は全く単純なもので、兜の側面の大部分を覆う大きな布が1枚垂れ下がっているだけである。のちの時代、特に17～18世紀の紋章の衰退期には、マントは多数の複雑な小片に切り分けられ、布というより葉飾りを思わせるものとなった。古くからの家柄の場合、このような退廃的な描写をきらい、14～15世紀頃の単純な様式を維持した。

◀マナッセ・コデックス（1300年頃）の挿絵。ハルヴァルトなる者が熊と戦っている。熊の頭の上にある兜飾は初期の扇型様式である。

マントと兜飾を兜に付ける留め具は、たいていマントと同色の布をねじった花輪または飾り房で覆われていた。スペインやポルトガルの紋章では、マントは兜に留められておらず、むしろその背景として描かれた。

マントと花輪は十字軍に起源を持つと、様々な紋章専門家たちが示唆してきた。中東の太陽がもたらす暑さのなかで、密着した甲冑を身につけることは、どう考えても快適ではなかった。武具一式で調理をしたという騎士の話があるくらいである。地方ごとにあった頭飾りを付けたり、兜の頂上を覆うことによって、暑さもいくらかはましになったと思われる。確かなことは、単純なマントや花輪は、伝統的なアラブの被り物に非常によく似ているということである。

第3章　紋章の構成要素　61

兜と宝冠（コロネット）

◀ ルネ王のトーナメントの書に描かれた兜。奥方を怒らせた騎士の兜飾が引きずり落とされている。

　早くも12世紀には、戦士の兜は、紋章の基本色（カラー）や具象図形（チャージ）が配される場所となった。これらはしばしば兜の両側に描かれており、表面を保護するのに役立ったのかもしれない。しかしながら、紋章学の観点からいえば、かなり前から兜そのものが真の紋章の飾りとなっていた。15世紀末には、紋章の中の兜は兜飾（クレスト）の単なる台座となった。紋章を描いた初期の写本や記念像に描かれた兜は、その当時の流行はなんであれ取り入れていた。兜が地位を示すために使われたことはあまりなく、紋章を見る限り、騎士から王に至るまで、あらゆる身分の者が同じタイプの兜を着用していた。

兜と地位

　おおよそ1500年以降、王家の者たちの兜の上に王冠（クラウン）や宝冠（コロネット）が載るようになった。同時期に「ページェント用兜」と呼ばれる格子入りの兜が現れた。顔の前を数枚の装飾的な棒で覆った兜である。ルネサンス期を通じて、この格子や兜は、地位に応じてますます仰々しく描かれた。兜は早くも「名ばかりの紋章」となり、大げさな模様、金や銀の縁取りで飾られ、所有者の地位に応じて棒の数も定められた。下級貴族の紋章も閉じた兜で、堅固な目庇（まびさし）があり、顔全体を蛙の顔のように顔面部が開くトーナメント用の兜であった。

　紋章の他の構成要素と同じく、兜の表現法で流行をリードしたのはフランスであった。フランスの紋章官（ヘラルド）は、様々な地位の兜のデザインを描いただけではなく（全金製で開いた目庇のある君主用から、3本の棒が入った簡素な鉄製の新興騎士用まで）、兜が描かれる場所まで決めるようになっ

▼ フランスの王や貴族たちの儀礼用兜（18世紀後半）。

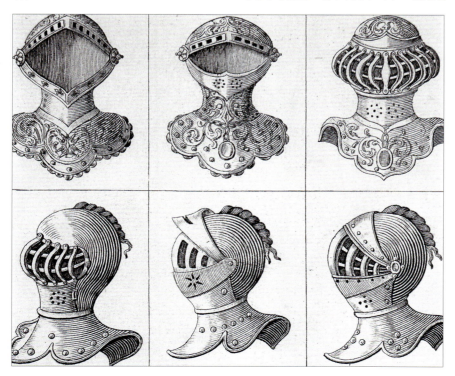

▼ イタリアの飾り兜。兜飾と花輪は1450～70年頃のものだが、他は後年に加えたものである。

▲紋章の兜飾には、当時流行していた兜のあらゆる様式が加えられた。上図はバイエルンのヴィッテルスバッハ公の兜飾で、細長い目庇の付いた兜(サレット)に載せられている。

▲1953年にウェストミンスター修道院で行われたエリザベス2世の戴冠式。戴冠式は、すべての貴族が銘々の地位に応じた宝冠を被る唯一の機会である。

た。ほとんどの場合、兜はデクスター（盾を持つ方から見て右向き）である。反対向きの兜、すなわちシニスター（盾を持つ方から見て左向き）は庶子であることを意味した。

スペインやポルトガルでも、同様に入念に作られた兜が使用されたが、神聖ローマ帝国では（ドイツ語が話される地域を中心として）、このように創意工夫が施された兜は発展しなかった。ドイツの爵位貴族は網入りの兜を使用したが、棒の数は特に決まっていなかった。ちなみに新興貴族（3代しか遡れない）は、閉じた兜を用いることになっていた。しかし19世紀末になると、ドイツとスカンジナビアの古い家系は、新興貴族に対する優越を誇示しようとして、自分たちの紋章を14〜15世紀の様式で飾りはじめた。つまり、その当時の大兜のような兜の使用である。

イングランドの貴族が用いていた兜は2種類だけであった。金や銀の棒がついた兜は、貴族年鑑に掲載される者、すなわち上級貴族の者だけに使用が許された。騎士、准貴族（バロネット）およびジェントルマンは簡素な鋼製の閉じた兜を用い、騎士と准貴族の兜は目庇が開いており、ジェントルマンの場合は閉じていた。

宝冠（コロネット）と王冠（クラウン）

14世紀以降、王冠や宝石をちりばめた飾り環（サークレット）が、王家のほか、数多くの家系の紋章に見られるようになった。一方で当時の資料には、王家を特徴づける被り物を伴わない、兜飾付きの兜が描かれた支配者の紋章も見られる。王冠と宝冠は紋章でよく使われ、いずれかが盾または兜の上方に配置される。具象図形としても使われる。

初期の紋章における宝冠は、王や君主が被っていた宝冠を簡素化したものであった。宝石がちりばめられた飾り環から葉を模した飾りが生じ、のちに百合紋や苺の葉のほか標準的な意匠として様式化された。特権階級の宝冠の様式は16〜17世紀に定まった。

ルネサンスになると、宝冠の様式はいっそう整えられ、宝冠の上部は、所有者の地位に応じて、決まった数の葉や真珠で飾られた。ほとんどの場合、これは紋章上の慣例にすぎず、実際にこうした意匠の宝冠が被られたわけではない。南ヨーロッパの国々はフランスの紋章を範とし、北ヨーロッパの国々は神聖ローマ帝国の様式や模様を模倣した。

貴族のみが（王家は別だが）、自分たちの冠を実際に着用できた。そして今もそうなのは、イギリスである。イギリスで貴族階級に宝冠の着用が許されるのは君主の戴冠式のみで、貴族たちは戴冠式で銘々の宝冠を被る。近年では、市議会のために紋章で使う宝冠がデザインされている。ヨーロッパのみならず、西アフリカのガボンのようなはるか遠方の例もある。

▲近代の紋章上の宝冠。ガボン共和国のオグエ＝イヴォンド地方。

第3章　紋章の構成要素　63

盾持（サポーター）

盾持とは、その名のとおり、盾を支える図柄である。人間の姿をしていることもあれば、動物や神話上の怪物のこともある。非常に稀だが、無生物の場合もある。盾持は、盾や兜飾、兜ほど一般的ではない。主として最高位の貴族や王族と関連づけられている。盾持の起源については、多くの仮説が提示されてきた。とある説では、あまたの中世の教会の屋根を飾った空を飛ぶ天使に関係するという。天使はたいてい、聖人や受難を象徴するものを手

▲中世の教会の屋根で盾を持つ天使の像。多くの紋章の盾持の起源ともいえる。

にしているが、教会への寄進者の盾を支えていることがある。おそらく最初の盾持にはこの図柄が影響したと思われる。

盾持の出現に関する別の説によると、盾持は、もともと中世の紋章入り印章の空白を埋めるものであったという。この説では、盾持は、印字できない部分が大きくなるのを避けるために、印章職人が考案した愉快な思いつきということになろう。その例の1つはトラツェニのジャイルズの印章で、1匹の熊が肩から下げた革紐で盾を吊るしている様子が描かれている。この印章は1195年に使用されたもので、紋章の盾持に関する最古の例の1つである。

1300〜01年に書かれた教皇宛ての書簡に付されたイングランド貴族の印章の約半分は、ゴシック様式のアーチと穿孔を持つ複雑なデザインを持っている。これらの図柄と盾の間には、ドラゴンやライオン、その他の具象図形（チャージ）で埋められている。

▲トラツェニのジャイルズの印章（1195年頃）。熊の盾持が見える。

▼帝国とニュルンベルクの紋章を支える天使たち。アルブレヒト・デューラー画（1521年）。

▼プロイセン王国の野蛮人の盾持。伝統的にオークの葉を身にまとい、衣服や帽子を着用していない。

対になった生物が盾に寄りかかるように描かれていることが多いが、これは1世紀ないし2世紀のちの盾持の特徴である。

怪物の姿をした盾持は、たいてい巨人や森の野蛮人など恐ろしい人間の姿をしていた。これらは、貴族によって提供されたトーナメント（馬上槍試合）やペイジェントで披露された幻想的な展示に由来する。騎士は従者による名乗りを受けて登場したが、この時とばかり、奇抜な衣装で着飾ったことであろう。

人間の姿

ヨーロッパの貴族のほとんどは、自分たちの祖先を戦士にまで遡らせようとしていたので、多くの貴族家系の盾持が軍人の姿をしていても不思議ではない。人間の盾持は、紋章所有者の生きていた時代や職業に対応した形で採用されたが、なかでも最も奇妙な戦士の盾持は2人のアウグスティヌス会修道士であろう。いずれもモナコ公の剣を持っているが、これはフランチェスコ・グリマルディとその仲間たちによる1297年の伝説的なモナコの占領を記念したものである。彼らはアウグスティヌス会修道士に変装して、完全に守備隊の虚をついたのである。

兵士もまた盾持として登場することが多い。これは、祖先が参加した戦闘や軍事

▼フランチェスコ・グリマルディとその相棒。アウスグティヌス修道会士を装い、モナコ公の盾を支えている。

64　第Ⅰ部　紋章の歴史と用語

行動を記念するものである。このような盾持はブリテン島やロシアの紋章でよく見られ、ハンガリーの騎兵隊は、様々なハンガリーの伯の盾持となっている。18世紀さらに19世紀初めになっても、甲冑をまとった騎士は非常に人気があったのである。

その他の盾持

神聖ローマ帝国では、自由な通商の権利と何らかの免税特権を得た都市は、皇帝の「双頭の鷲」の上に自身の紋章を配した。上級の貴族家系（神聖ローマ帝国の伯や公たち）も、この鷲の胸部に紋章を配した。紋章で用いられるあらゆる動物のなかで最も印象的な具象図形の1つに違いない。双頭の鷲はカトリック君主と関連づけられていたため、皇帝の鷲を使う権利を与えられたイングランドの家系はほとんどないが、マールバラ公やクーパー伯（いずれも神聖ローマ帝国の領邦の君主）、ヴォーダーのアランデル家は、イギリスの王の許可を得て、双頭の鷲を用いた。

紋章の生物で最も偉大なものは「四の鷲（Quaternionenadler）」であり、15世紀から17世紀にかけて神聖ローマ帝国の標章（エンブレム）として用いられた。双頭の鷲が画面いっぱいに描かれ、左右の翼の風切羽根には、それぞれ帝国の領土を象徴する盾が4枚ずつ描かれている。

怪物と人間が奇妙に混じった図像も用いられた。フランスのグラーヴ家の人面の孔雀の盾持ほどエキゾティックなものはないはずである。

ほとんどの盾持は対で描かれるが、これも絶対の規則であるわけではない。盾持が1人しかいない初期の例としては、ツィーゲンハイン伯ゴットフリート（ツィーゲはドイツ語で「山羊」）の山羊の頭をした鷲がある（14世紀末）。

スコットランドのキャンベル家の分家は、スコットランドの紋章図形である「リンファド」という船の前に同家の紋章を置いており、これは類例がない。おそらくローン家の紋章に見られるような大型の船から取られたものであろう。この家系もまた、4分の1はキャンベル家の血筋なのである。

単独の盾持よりも珍しいのは、盾持が3つ以上の場合である。最も興味深い例は、かつてフランス軍最高司令官であったダルベール家の紋章に見られる。盾持は2匹のライオンで、それぞれが兜を被り、1羽の鷲を支えているのである。3つ以上の盾持を採用した近年の例としては、空軍大将サー・ジョン・デイヴィスに授与されたバース騎士団最高十字勲章がある。盾持として2匹の黒い鷲が描かれ、うち1匹の翼下には若い鷲がいる。これは同氏のかつての地位、空軍の監査首席将校を示している。

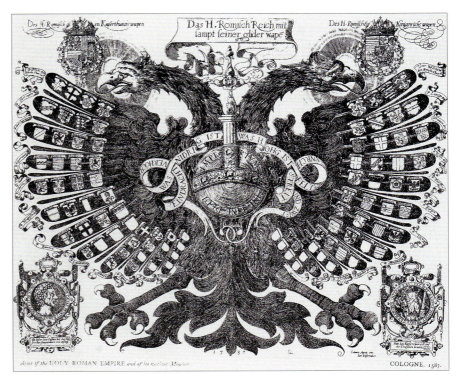

▲神聖ローマ帝国の双頭の鷲（1587年）。左右の翼に紋章が配されている。

▶グレイストックの紋章を支える鮭の像。ダクレ卿トマス（1467-1526）のもの。

近代の動向

現在、イングランドとウェールズでは、盾持は以下の紋章にのみ許されている。連合王国の貴族、ガーター騎士団、さらにバース、聖マイケル・聖ジョージ、大英帝国および王立ヴィクトリアの各騎士団の大十字章である。スコットランドでは、盾持はタイスル騎士および古い封建的な肩書の所有者にのみ許される。

最近、イギリスの貴族院は、世襲貴族に代わって一代貴族が増えている。こうした変化は「一代貴族」に授与される紋章上の盾持の性格にも反映される。彼らはライオンやワイバーン（飛竜）、ドラゴンやグリフォンとい

▼グラーヴ伯の奇妙な盾持。人面の孔雀である。

▲単独の盾持の例であまり見られないもの。クリニッシュのキャンベル家の紋章は船をあしらっている。

▼紋章における均衡維持の試み。ダルベール家の盾持。

▼鷲の母親が、飛び立ちはじめた子鷲を守っている。後の空軍大将サー・ジョン・デイヴィスのバース騎士団最高十字を構成するもので、盾持の一種ともいえる。

▲盾持のイギリスのブルドッグと、アメリカの白頭鷲は、イングランド人ハンソン卿がアメリカ人の妻と結婚したことを寿いでいる。

った伝統的な図柄を意識的に避けることが多く、代わりに家族のペットなど個人的な図像を配置している。というのも、一代貴族の逝去とともに盾持も消滅するからである。

犯罪小説家のP. D. ジェームズは、現在ホランド・パークのジェームズ准男爵だが、彼女の菱形紋(ロズンジ)を支えるのは2匹の虎猫である。同じく猫愛好家であるペリー・オブ・ソウスウォーク准男爵も2匹の猫を盾持として採用した。雄の虎猫と雌のペルシア猫であるが、ペルシア猫は虎猫ほど大きくないので、積み上げられた本の上に立っている。犬の盾持も流行っている。コボルド卿は盾持に2匹の金色のラブラドール犬を採用したが、これは自分のペットがモデルである。コボルド卿は世襲貴族であったので、彼の犬の盾持は、珍しいことに彼の家系が続く限り、その男系に引き継がれることになった。

▶伝統的な盾持であるライオンと鹿が、退廃的なロココ様式で描かれている。いずれも全般的に無関心で、結果として盾はまったく支えられていない。

66　第Ⅰ部　紋章の歴史と用語

▲ベリー准男爵の紋章。彼女が飼っている猫が盾持となっている。

台座（コンパートメント）

　盾の下方にある盾持の足場のようなものは、台座（コンパートメント）と呼ばれている。動物や人間の盾持が広場や小山に立っている例は中世末期から知られていたが、台座は主としてルネサンス期の産物である。紋章芸術家たちは、その当時に流行した芸術的なモチーフを表すために、複雑な構造の紋章を描いた。そして盾と盾持を、仮面や葉飾り、革製品といった古典的なモチーフで装飾され

▼ベオグラードの旧都市の紋章。盾持は、胸壁を模した台座に立っている。

た台の上に配置したのである。のちになると、盾の盾持と台座は同じような芸術様式で表現されるようになった。

　19世紀までには台座は大幅に小さくなり、古いガス灯を支える腕木のようなものになった。紋章の盾持は、かなり危ういバランスで立つことになった。より一般的なものでは、台座として紙の巻物が使用されており、その上に馬やグリフォンはおろか、象まで載っている。

　スコットランドの自治都市は、紋章の盾持を特別な台座に配置する権利を持っていた。台座は、小塔付きの防御施設を模しており、台座の板に標語が書かれていることが多い。ベオグラードの旧都市の紋章にも同じようなものがある。

　最近ではカナダ紋章局が、民間および地方団体に紋章の使用を認めており、当該地方の地理や植物、魚類を反映した台座が造形されている。例えばホワイトロック市の盾持は2つの砦がある白い岩の上に立っているが、カナダ紋章局の紋章はカエデの葉があしらわれた台座に配置されている。カナダ紋章局が断行した最も興味深い革新は、台座と単独の盾持を1つに合成し、

▲オーストラリアのノーザンテリトリーの盾持のカンガルーは、砂の台座の上に立っている。

司教の椅子に盾を載せたことである。

　イングランドの紋章官は、1978年、オーストラリアのノーザンテリトリー（準州）に対して、非常に奇妙な台座を一時的に認めたことがある。紋章授与では「草で覆われた砂の土塁」と表現された。盾の色は砂の色を示す茶色で、アボリジニの岩の絵、様式化された女性の人体構造が含まれている。

▼カナダの司教座教会の紋章は、単独の盾持と台座が不思議な形で合成されている。

第3章　紋章の構成要素　67

標語(モットー)と刻銘(インスクリプション)

紋章にはしばしば単語または短いフレーズが含まれており、これらは標語と呼ばれている。標語が置かれる場所は、盾や兜飾の場所と同様、やや曖昧である。イングランドでは盾の下に置かれるが、紋章授与の際には言及がなく、意のままに配置を変えることができる。ほとんどの標語の起源は比較的新しい。一方、スコットランドでは、標語は、盾や兜飾のように世襲されるものと考えられており、紋章授与や登録の際に必ず言及される。

古代の戦場における鬨の声

標語の起源は、おそらく中世の戦場で響き渡った鬨の声と思われる。これにより軍勢を集結させ、兵士に忠誠心の誇りと勇猛さを植え付けたのである。偉大なアイルランドの家系であるバトラー家やフィッツジェラルド家の標語はこの典型で、「バトラー、ブー」とか、「クロム、ブー」のような叫びによって、それぞれ指導者のもとに軍勢を終結させた。「ブー」とはアース語で勝利を意味する言葉であり、クロム城はフィッツジェラルド家の主要な財産であった。

スコットランドの標語は兜飾の上に置かれるが、古の鬨の声に相応しいものである。最もよく知られたものとして、パース

▼レスター公の有名な鬨の声「クロム、ブー」は、のちに紋章の標語として採用された。

▲ハミルトン家の「やり尽くせ」というシンプルな標語は、スコットランドの典型的な様式にならって、兜飾の上に置かれている。

伯家の「ご用心」、ハミルトン家の「やり尽くせ」がある。なじみは薄いが非常に興味深いものに、インナージェリのラムスデン家の「間に合うように注意せよ」、カニンガムヘッドのカニンガム家の「私の手で十分」などがある。カニンガム家の標語は、錨の上部を握る手を表現した兜飾の上に置かれている。同家の分家では「フォークは終わった」という標語を用い、その紋章には有名な「シェイクフォーク」(先端が尖ったY字型の図形)の図柄が用いられた。かつて一族の者が敵から逃げる時、干し草をフォークで扱う農民に変装したことに由来するとされる。彼は敵がすぐ近くにいるために身をすくめていた。仲間がこの標語を囁いてくれなければ、ボロを出すところであった。似たような面白い話は数多く伝わっているが、ほとんど間違いなく、ごく普通の図形の起源を高貴

なものに見せかけるためのものであろう。

スコットランドの貴族家系の紋章には、この地の王冠をめぐる血なまぐさい歴史に関する表現がきわめて多い。代表的なものにカークパトリック家の兜飾と標語がある。血塗れの短剣を握った手の形をした兜飾と、「気をつける」という標語は、ロバート・ブルースとレッド・コマンの私闘の結果に由来するとされる。ロバートは、コマンを疲労困憊させるのに成功したが、決着は、ブルースの従者であったカークパトリックによってつけられた。

ストランのロバートソン家の標語は「栄光は勇気の報酬」である。王冠をつかむ手の形をした兜飾と同じく、この標語は、1437年、国王ジェームズ1世の殺害者を、ドナケディス一門の首領であったロバートソンが逮捕した事件に関係している。

「狙いを定めて、強く撃て」という標語には、ある奇妙な事件が関係している。今日まで、スタフォードシャーのキリングトンのジファードという旧家が所持しているもので、黒豹の頭と矢筒と引いた弓からなる2つの兜飾が見える。これらは、サー・ジョン・ジファードが息子に弓を教えていた時に同家の領地で生じたある事件を記念したものである。ジョンへの贈り物であった黒豹が逃げだし、ある女性とその赤子を襲おうとした。ジョンは息子に弓矢の狙いを定めるように命じ、息子はそのとおりに試みたが、恐怖に震えていた。そこでジョンは息子の耳に、のちに一族の標語となる

▼弓の射手と黒豹の2つの兜飾。キリングトンのジファード家のもの。

▲スペインのマンリク・デ・ララ家の誇り高き標語。

▲紋章における愛の告白。リミニの領主ジギスモンド・マラテスタと、その妻アッティのイソッタの頭文字が組み合わされている。

言葉をささやいた。息子は狙いを定め、強く矢を放った。伝説によれば、一撃で黒豹を殺すことに成功したという。

信心と確言

多くの標語のなかには、見る者と着用する者双方にキリスト教的な徳を奉じるように仕向けるものや、フランスの大貴族であるモンモランシ家のように、神に一族への助力を懇願するものさえあった。カスティーリャの大家系であるマンリク・デ・ララ家の標語は「我々は王家の出身ではない、王が我々の一族から出たのだ」である。

盾の刻銘

盾の上に具象図形として置かれた文字や単語もまたよく見られるものであったが、紋章学の世界では、真正なものではないとして非難の対象となってきた。しかしながら、文字や単語はしばしば最も誇り高き理由で使用される。一番有名なのは、ローマ帝国が使用した「ローマの元老院と人民SPQR」であろう。ルネサンス期を通じて、北イタリアの支配者たちはしばしば家系の紋章に自身の判じ言葉を組み合わせたが、偉大な傭兵隊長であったシギスモンド・マラテスタは、もっといい方法を思いついた。彼は自分の紋章を四分割し、自身の名の頭文字と、彼の妻イゾッタ・デリ・アッティの頭文字を組み合わせたのである。

注目に値する文字が示された盾としては、エストニアのサーレマー島のかつての紋章にあった盾がある。16世紀前半、同島の支配者であった司教ヨハネス・キーヴェルは、ルターの保護者として知られるザクセン公フリードリヒ3世の信奉者であった。そこで彼はサーレマーに対してDWGBE、すなわちフリードリヒ公の個人的な標語「神の言葉は永遠に続く（De wort Gottes blist ewig）」の頭文字を盾に記したのである。

▲主権の確言。サビオネッタ公ヴェスパシウス・ゴンザーガは、親族のマントヴァ公家から自身の小さな国家が独立していることを高らかに宣言している。

▲司教ヨハネス・キーヴェル4世は、忠誠のしるしとして、ザクセン公フリードリヒ3世の標語をサーレマー島の盾に記した。

第3章 紋章の構成要素　69

第4章
紋章学の用語

　英語圏では、紋章学者が用いる用語に戸惑う人が多い。多くの国の紋章学の用語は、ウィリアム征服王が話していた言葉、すなわちアングロノルマン語に由来するものが多い。つまり、紋章が発達した時代にヨーロッパの大部分で貴族階級が使っていた言葉である。一例を挙げると、"Vert three estoiles Or"は、緑色の盾に金色の星3つと波形の光線が描かれていることを表す正式な表現であるが、数詞以外は英語ではない。ドイツなど他の国では、紋章の用語は現代の語法にずっと近い。

　紋章の用語は、英語圏では「紋章説明(ブレイズンリー)」といい、古ドイツ語で角笛を吹くことを意味する *blasen* に由来する。トーナメント（馬上槍試合）において、参加する騎士の氏名と称号、家系、紋章をファンファーレとともに大声で告げることは中世の紋章官(ヘラルド)の任務であり、かくしてその用語は人々に告げ知らせることも意味するようになった。

◀イングランド、ケイプスソーンのダヴェンポート家の奇抜な兜飾。処刑中の名も無き悪党を表している。

基本色、金属色、毛皮模様

紋章で用いられる、色合いのはっきりした基本色（カラー）やきらびやかな金属色（メタル）と同じく、紋章学用語は、中世の貴族の豪華な装具を言葉によって生き生きと記述する。紋章学の用語は、当時知られていた世界の果てからもたらされた異国風の高価な品々――例えば、はるか彼方のモスクワ大公国から商人が持ってきたセイブル（テンの滑らかな黒い毛皮）や、ペルシアやトルコで作られたギュールズ（薔薇色の赤い染料）――を連想させる。紋章で使われるあらゆる色や模様を定義する用語もまたイメージを喚起し、想像力をかきたてる。すなわち、基本色、金属色、毛皮模様であり、紋章色（ティンクチャー）と総称される。いずれの用語もかつては染料または毛髪用染料を意味していた。

基本色と金属色

紋章を紋章学の用語で説明するにあたっては、「基本色」について説明しなければならない。というのも、盾の紋地（フィールド）の色を

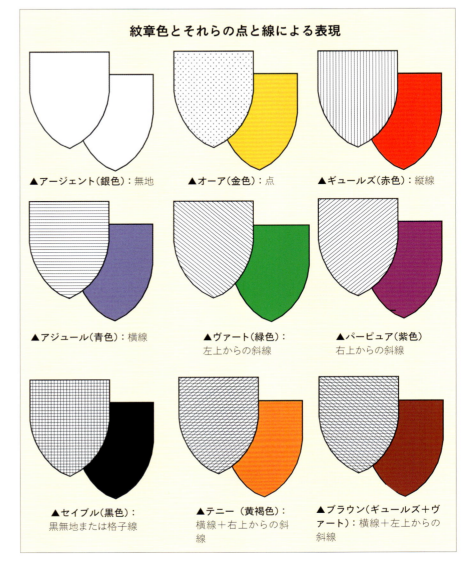

▲基本色の上に基本色を重ねてはならないという規則の理由を如実に示す2つの例。遠くから識別するのは非常に困難であろう。

説明するときに最初に使われる用語だからである。国によって微妙に異なるが、紋章では主に5種類の色が使われる。すなわち赤色（ギュールズ）、青色（アジュール）、黒色（セイブル）、緑色（ヴァート）および紫色（パーピュア）である。不浄色（ステイン）と呼ばれる数種の混合色が使われることもある。2つの金属色、金色と銀色は、たいてい黄色と白で描かれる。イギリスの紋章学では、基本色と金属色にはアングロノルマン語の名称が用いられるが、紋章説明では「金色（オーア）」と「銀色（アージェント）」の代わりに「ゴールド」「シルバー」という表記もまれに使われる。

緑色は何世紀ものあいだ紋章作者の興味をかきたててきた。実際、初期の紋章では珍しいのだが、最も初期の紋章集成の1つである『イングランド史』（1250～59年にイングランド人の聖職者マシュー・パリスによって著された）の挿画は、騎士道において最も偉大な人物の1人ウィリアム・マーシャルの盾を、はっきりと金色と緑色の地で示しているのである。

紋章の色の規則

基本色および金属色は、紋章学の重要原則に従って使われる。すなわち、「決して基本色の上に基本色、金属色の上に金属色を配置してはならない」のである。紋章のそもそもの用途が、戦場ですばや

く身元を識別することにあったことを想起するなら、これは非常に実用的な規則である。命がかかっている場合もある。例えば黒色の紋地に青色の図柄、または金色の紋地に銀色の図柄は、中世の戦争で混戦になると、識別が難しかったかもしれない。しかし、金色と青色の紋地の上に赤いライオンを載せるなど、そこに配置される図柄が反対色である限り、これは規則を破ったとはみなされない。

紋章の色の規則が厳格に遵守されていない国もある。ブルーノ・ハイムは自著『金色と銀色』（1994年）において、白地に金色の図柄を配した例を多数紹介している。最も有名なものはイェルサレムの紋章である。しかし、紋章作者のなかでは、この盾の上の金色の十字はもともと赤色だったが、中世の彩色方法や色材ゆえに赤色が酸化して、のちに紋章学者が本来の色と取り違えたのだという指摘もある。

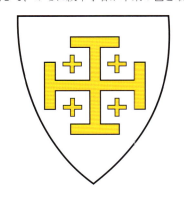

▲イェルサレムの紋章。金属色の上に金属色を重ねてはならないという規則に反する例外（ここでは白地は銀色）。イェルサレムの聖性ゆえに許容されているのであろう。

毛皮模様

紋章学では、基本色と金属色に加えて「毛皮模様」が用いられる。中世の貴族が身にまとった高価な毛皮を示す図柄である。よく使われる毛皮模様はアーミン紋とヴェア紋の2つ、それぞれいくつか派生した模様がある。毛皮模様は、基本色の紋地と同じく、その上にどんな種類の図柄を配置することも可能であり、金属色ないし基本色の代わりに使うこともできる。

アーミンは、非常に貴重なオコジョの白い冬毛のことである。オコジョの毛は夏は栗色で冬には白色に変わるが、尻尾の先端だけは黒色のままである。紋章のアーミン紋は、白地に小さな黒色の尻尾の先端が散らされていて、たいてい3つの黒い斑点がある。これらの斑点は毛皮を衣服に縫い付けていた留め金を表している。アーミン紋だけでブルターニュ公の紋章とみなされ、ナポリ王ルネ・ダンジューの『トーナメントの書』では、簡素だが素晴らしい体裁をとっている。

ヴェア紋は白色と青色からなる模様で、リスの一種の毛皮を表しているとされる。背中側の青灰色の毛皮と下腹部の白っぽい

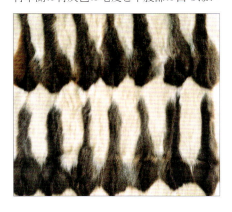

▲本物の毛皮を使ったヴェア紋。リスの背中と腹の毛皮で作られており、暖かくて立派な敷物に縫い付けられている。これが紋章の毛皮の由来である。

毛皮が交互に配される。ヴェア紋はイングランド、サマセットのビーチャム家の紋章であり、しばしばヘンリ8世の妻ジェーン・シーモアの紋章の一部に使われている。

ハッチングとトリッキング

もちろん、紋章を描く際に常に彩色を用いることができるとは限らないので、紋章の色を白黒で識別する様々な方法が用いられてきた。最もよく知られている方法は「ハッチング」と「トリッキング」である。

紋章の単純な描写はトリッキングによっても行うことができる。下の例のように、これにはそれぞれの色の略語を用いて注釈がつけられた紋章の下書きが含まれる。この方法では青色はaz、赤色はguなどになる。

▲兜飾のトリッキングの例。それぞれの基本色が紋章色の文字で示されている。

盾の紋地の分割

盾の表面全体は紋地(フィールド)と呼ばれ、紋地の色(ブレイズンリー)は、紋章説明で常に最初に説明される。最も単純な紋章が最も良いといわれており、実際、古い家系が紋章として、単色無地の盾形の紋章を所有していた。最も著名な例は、おそらくフランス貴族のダルブレ家であり、盾は赤色(ギュールズ)一色であった。一方、イングランドの騎士トマス・ホランド卿（1320-60）は、古い家紋を棄てて、黒色(セイブル)無地の盾を選んだ。

もちろん、それぞれの盾の独自性を確保するためには、非常に多くのヴァリエーションが必要であり、一般により複雑な体系が求められる。紋地の上には、基本的な幾何学模様から生物・無生物の表象に至るまで、いくつもの図柄を配置することができる。図柄の有無にかかわらず、紋地を複数の区画に分割して、区画ごとに色を変えることもできる。

分割の記述

盾がいくつかの単純な区画に分割されている場合は「パーティ・パー（party per）」またはもっと単純に「パー（per）」と表現される。そしてこのあとに区分の種類――「パーティ・パー・シェブロン」（山形帯(シェブロン)による分割）や、「パーティ・パー・ペイル」（縦二分割）など――が続く。紋地の分割を表現する際には、対応するオーディナリー（基本的な幾何学図形。次項参照）の名称を用いる。盾が偶数個に分割されている場合、分割の数は「斜六分割(ベンディ・オブ・シックス)」や「縦八分割(ペイル・オブ・エイト)」、「横十分割(バリー・オブ・テン)」のように明記される。分割された紋地には、1つないし複数の図柄を配置することができるが、金属色(メタル)の上に金属色、あるいは基本色(カラー)の上に基本色を重ねてはならないという規則は守られなければならない。

盾の分割は単純な方法ではあるが、こうした基本的な分割によって、家系の紋章を形成することは十分に可能である。イングランドの旧家ウォルドグレイヴ家は、少なくとも650年間、単純な盾形の紋章（縦二分割、銀色と赤色で構成）を用いてきた。キャンベル氏族の首長、スコットランドのアーガイル公爵の紋章は、金色と黒色の八分割からなる。ロンドンのキャンベル家の紋章はアーミン紋と黒色の八分割であり、スウェーデンのナット・オ・ダーグ家（「昼と夜」の意）の名は、同家の盾形の紋章（横二分割、一方が夜を表す青色、他方が昼を表す金色）にちなんでいる。

ダイアパリング

盾の紋地に大きなスペースがある場合、紋章作者はしばしばスペース全体に薄い地模様を描き込む。この技法は「ダイアパリング」と呼ばれ、その模様が他の図柄と齟齬をきたさなければ、最も美しい紋章の芸術形式となりうる。

▲ダルブレ家の紋章の後期バージョン。第2・第3区画（向かって右上と左下の区画）は最初の紋章（ここでは赤色がハッチングによって横縞で表されている）で、第1・第4区画（向かって左上と右下の区画）はフランス王によって加増された。

▼ランカシャーのフィッシャー家の紋地は小魚の地模様になっている。

74　第Ⅰ部　紋章の歴史と用語

盾の分割

他とまったく異なる紋章を考案する際に最もシンプルな方法は、盾の表面に線を引いて二分割して、一方に金属色（金色または銀色）、他方に基本色を配するのである。分割線を増やしてさらに分割し、線の縁をいろいろに変化させれば、さらなるヴァリエーションを作ることが可能になる。これに毛皮模様を加えれば、新しいけれど単純な幾何学図形をほとんど無限に生み出せる。

▲（パーティ）縦二分割（パー・ペイル）

▲（パーティ）横二分割（パー・フェス）

▲（パーティ）斜二分割（パー・ベンド）

▲（パーティ）逆斜二分割（パー・ベンド・シニスター）

▲（パーティ）山形分割（パー・シェブロン）

▲（パーティ）斜十字分割（パー・サルタイア）

▲縦三分割（ティアスト・パー・ペイル）

▲横三分割（ティアスト・パー・フェス）

▲四分割（クォータリー）

▲三角紋分割（ジャイロニー）

▲横縞分割（バリー）（6本）

▲斜縞分割（ベンディ）（6本）

▲逆斜縞分割（ベンディ・シニスター）

▲縦縞分割（ペイリー）

▲山形縞分割（シェブロニー）

▲格子分割（チェッキー）

▲菱形分割（ロズンジー）

▲細菱形分割（バリー・ベンディ）

▲斜細菱形分割（ペイリー・ベンディ）

▲十二三角紋分割（ジャイロニー・オブ・トウェルブ）

▲鋸歯分割（パイリー）

▲斜鋸歯分割（パイリー・ベンディ）

▲逆斜鋸歯分割（パイリー・ベンディ・シニスター）

第4章　紋章学の用語　75

オーディナリー

盾の上に置く図柄のうち、最も単純なのはオーディナリーと呼ばれる幾何学模様である。オーディナリーは紋章学において長らく特別な地位を占めると考えられてきた。それゆえ、「高貴な」という修飾を伴うこともある。オーディナリーは通常、盾の3分の1ほどを占め、単独もしくは他の図柄と一緒に描かれる。オーディナリーの上に他の図柄を配置することも可能である。紋章説明では、オーディナリーは常に紋地の直後に記述される。

オーディナリーの起源については様々な説が唱えられており、例えば山形帯は一門の者たちに庇護を与える家長にふさわしい、といった根拠のない説もある。フランスのリヨンの円形闘技場を描いたローマ時代のモザイク画（リヨン市立博物館所蔵）には、興味深いが、説明のつかない図柄がある。このモザイク画には、闘技場の周囲に建てられた矢来が描かれており、紋章には多数のオーディナリーおよびサブオーディナリーが描き込まれている。ローマ時代の幾何学的な奇抜な表現と紋章説明に関連があるのか、それとも単なる奇妙な一致であるのか、いまも論争中である。

オーディナリーのヴァリエーション

オーディナリーのなかには、帯線のように小ぶりの図柄を2つまたは3つ以上組み合わせたものもある。これら小ぶりのオーディナリーには固有の名前があり、細山形帯、細縦帯という（斜帯が2本以上の場合、帯の幅が狭くなる）。いずれのオーディナリーも、その中央部を切り抜き、そこに紋地や紋章色を加えることができる。また、別の紋章色を使った細帯で縁取りを加えることもできる。

十字紋（クロス）

十字紋は「横帯」と「縦帯」を組み合わせたものである。単純なものは、盾の中央に配置され、十字の各腕が縁に向かって伸びている。十字紋は他のどの図形よりも多

くの異型がある。30以上あるという紋章学者もいれば、50以上あるという学者もおり、19世紀のある学者は450も挙げている。単純な十字紋を除けば、一番よく見かけるのはクロス・パティ（またはクロス・フォーミー）で、4本の腕の先端は幅広で、中央の接合部に向かって幅が狭くなっている。マルチーズは先端が8つある十字紋で、腕の先端にV字の切れ込みが入っているこ

とを除けば、クロス・パティと似ている。十字紋の下端が先端に向かって細くなっているものは「フィッチド」と言う。クロス・パティと「クロスレット」は、この異型とともによく見られ、「クロス・パティ・フィッチー」または「クロス・クロスレット」と記述される（77頁上段図参照）。

▶オーディナリーと紋地の分割線を示す1560年頃のフランドルの紋章鑑。

オーディナリー

様々な紋章学者がオーディナリーの正確な数について議論しているが、以下で選ばれたものは、確実にオーディナリーと考えられている。

▲上帯　▲縦帯および細縦帯

▲横帯　▲横帯二本　▲細横帯　▲斜帯　▲細斜帯三本　▲極細斜帯

▲逆斜帯　▲逆細斜帯二本　▲山形帯　▲山形帯三本　▲斜十字帯　▲細斜十字帯

▲二股帯　▲細二股帯　▲十字帯　▲細十字帯　▲杭形帯　▲杭形帯三分割

十字紋のヴァリエーション

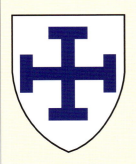   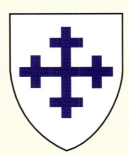 

▲クロス・ポテント：杖に似たT字型の腕

▲クロス・ペイトンス：各先端が3つに割れた、くぼみのある先細の腕

▲クロス・フルーリーまたはフローリー：先端が百合の形になっている

▲クロス・クロスレット：各腕の先端が十字形になっている

▲クロス・ボトニー：各腕の先端に3つの円形紋ないしボタンがついている

▲フォーミー（パティ）　　▲マルチーズ　　▲モーリン　　▲ポメイ　　▲フルーレティ

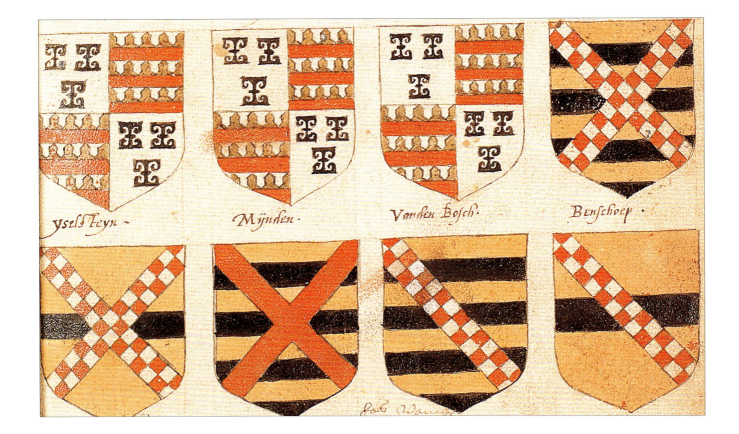

サブオーディナリー

　小ぶりの幾何学的図形は、「サブオーディナリー」と呼ばれる。種類によって単独または複数で用いられる。サブオーディナリーは頻繁に用いられるわけではないが、多くのオーディナリー同様、中世の盾の構造に起源を持つ。

　最も異論のないサブオーディナリーは「方形紋」（クォーターと似ているが、クォーターより小さい）、「外縁紋」「小盾形紋」「小縁紋」「内縁紋」である。方形紋以外は中世の盾に使われた金属製の補強部材の名残と思われる。人によっては、サブオーディナリーにさらに多くの図柄を含める。例えば「菱形紋」とその派生形である「菱形丸抜紋」や、「菱形中抜紋」「細菱形紋」「三角紋」「二又帯」「長方形紋」「両円弧紋」である（下図参照）。

　外縁紋は、盾の外縁を飾る単純な図柄である。スコットランドの紋章では、外縁紋はしばしば下位の分家を識別するために用いられ、外縁紋は母方の紋章の図柄を伴う。同様の慣習はスペインとポルトガルの紋章にも見られ、外縁紋に近親者の小さな盾が描かれていることもある。

　小盾形紋は図柄として組み込まれた小型の盾形の紋章である。無地または別の図柄を伴ったり、複数で使われることもある。グウィディア男爵バレル家の紋章では、他のサブオーディナリー（緑色の紋地、3つの銀色の盾形紋に金色の鋸歯状の縁帯）が描かれている。一方、エロル伯爵・スコットランド軍総司令官のヘイ家の紋章は、銀色の紋地、3つの赤色の盾形紋が描かれている。

　小縁紋は盾の真ん中と縁の中間に配される内側の縁取りである。フランスの紋章学者はフォ（フォールス）、盾形紋もしくは中抜きの盾形紋とも呼ぶ。

　内縁紋は帯幅の狭い小盾形紋のようなもので、スコットランドの紋章では二重になっていることが多く、百合紋があしらわれている。通常、この内縁紋はスコットランド王家および王家と縁戚関係にある家門と関連づけられている。

　方形紋は盾を持つ方から見て右上の角に置かれる。事例の少ないクォーターよりも小さい。方形紋にはしばしば他の図柄が描かれ、国によっては特定の関係を表すために用いられることがある。

　両円弧紋は常に2つ1組で描かれ、盾の両側の上隅から下方両側に向かって弧が伸びている。

　菱形紋にはいくつかの異型がある。最もよく見られるのは、中抜きによって紋地が見える菱形中抜紋である。菱形丸抜紋は菱形に丸穴があいたもので、細菱形紋は細長い菱形紋である。全体が菱形模様の紋地は「菱形分割」、全体が正方形の模様であれば「格子分割」である。

　長方形紋は小型の細長い長方形である。多数の長方形紋が紋地全体にちりばめられることも多く、これは「小長方形紋柄」と

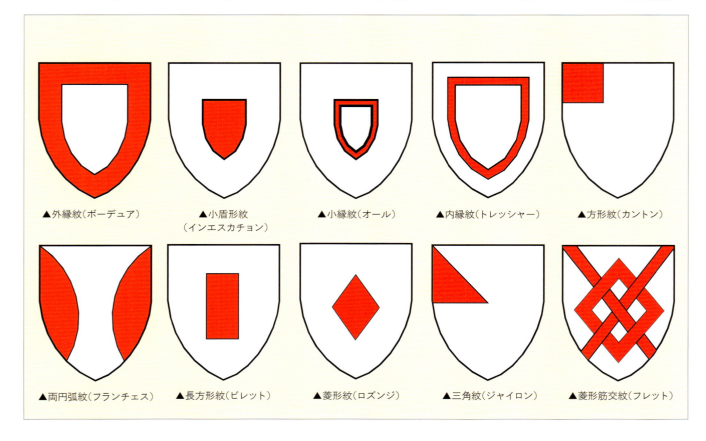

▲外縁紋（ボーデュア）　▲小盾形紋（インエスカチョン）　▲小縁紋（オール）　▲内縁紋（トレッシャー）　▲方形紋（カントン）

▲両円弧紋（フランチェス）　▲長方形紋（ビレット）　▲菱形紋（ロズンジ）　▲三角紋（ジャイロン）　▲菱形筋交紋（フレット）

いう。

三角紋は単体で用いられることは滅多にない。たいてい風車の翼のように配され、紋章説明では「三角紋何枚」と記述される。最も有名な三角紋入りの紋章はスコットランドのキャンベル家のもので、金色と黒色の三角紋が8つある。

「菱形筋交紋」は細斜帯と逆細斜帯に菱形中抜紋を組み合わせたものである。単独でも用いられるが、しばしば組み合わせて紋地全体に敷かれる。庭の格子垣に似ており、「小菱形筋交紋柄」と呼ばれる。

盾全体を覆う紋様

図柄が反復されている場合、総じて図柄は10個未満であることが多く、紋章説明で明記される。加えてこうした図柄は、通常、図柄全体が見えるように盾の内周に配される。しかし、図柄の種類によらず、小さな図柄が盾全体に多数配されていることもある。これは「紋柄」という。

特定の図柄をちりばめることを表す専門用語もある。例えば、長方形紋がちりばめられた盾は小長方形紋柄であり、百合の花がちりばめられたものは小百合紋柄である。その図柄がどんなに粗末ないし奇妙なものであろうと、紋柄にすることができる。例えばガボン（アフリカ中西部の国）のオートオゴヴェ州の紋章には、コーヒー豆の紋柄が使われている。

円形紋（ラウンデル）

「円形紋」と呼ばれる単純な円形は、基本色と金属色で描かれる。多くの場合、紋章説明では円形紋そのものの色が述べられるが、イングランドの紋章説明では色ごとに固有の名称がある。「金円紋」はビザンツの金貨にちなんで名付けられたといわれる。「赤円紋」は小さなタルトに似ている。「青円紋」は打ち身、あるいはハートルベリー（ブルーベリー）を指しているのかもしれない。

滴紋は円形紋の異型でオタマジャクシのように見え、「グットゥ」と呼ばれる。イングランドの紋章説明なのに、またもやアングロノルマン語が用いられる。赤色の血滴紋、金滴紋である。

青色と白色の波型の横帯を帯びた円形紋はしばしば水を表し、「水泉紋」と呼ばれる。サイクス家の紋章に見られる。というのも「サイク」とは、天然ないし人工の泉だからである。

イングランドのストートン家は、自らの古来の所領にまつわる逸話を示すため、水泉紋と斜帯を用いている。6つの泉がストアヘッドに源を発し、ストア川の源になっている。うち3つはもともと地所の境界内にあり、残りの3つは外にある。ストートンの紋章は、黒色の紋地に6つの水泉紋の間に金色の斜帯があり、地所の地理と歴史を適切に説明している。

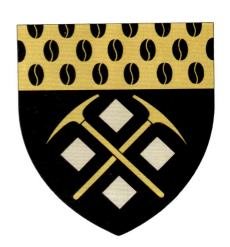

▲ポーランデン、ヴィンター家の紋章にある9つのビレットとフィドル。

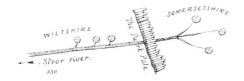

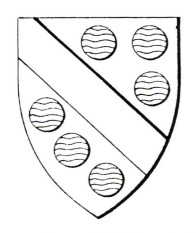

▲ストートン家の6つの水泉紋と斜帯は、一族の地所の6つの泉の場所を表している。上の地図のスケッチが図柄を証明している。

▲紋柄の奇抜な使用例。ガボン、オートオゴウェ州の盾の上帯はコーヒー豆の紋柄である。

第4章　紋章学の用語　79

分割線（パーティション）

もし独創性に欠けるなら、紋章は無価値である。紋章官(ヘラルド)たちは何世紀にもわたって、あらゆる方法を駆使して、紋章の固有性を確保してきた。このことは、とりわけ盾を分割する方法が多数あることからわかる。紋章のヴァリエーションを増やすため、分割線(パーティション)には様々なスタイルが生み出された。

分割線はオーディナリーの縁を無駄なく利用するもので、血縁関係のない家門が同一の色とオーディナリーからなる紋章を持っていても、分割線の縁の違いで十分に区別できるのである。

例えば白色の紋地に、縁がまっすぐの緑色の十字を配した紋章を有する家門は、白い紋地に縁が波形で緑色の十字を配した紋章を有する家門とは親族関係にないかもしれない。実際、直線でない場合にのみ、線は紋章説明に含まれる。

分割線は、ここで紹介したスタイルのほかにも、近年、スカンジナビアや南アフリカ、カナダの紋章作家によって考案されている。

カウンターチェンジング

紋章における非常に面白い意匠の1つに、カウンターチェンジングが施された盾

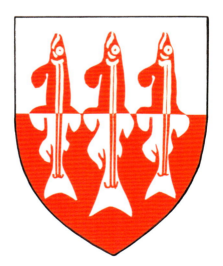

▲グリーンランドのある自治体の盾に施されたカウンターチェンジング。この紋章では、盾は横に二分割されている。

よく使われる分割線

以下の盾は、紋章の分割を多彩にする多くの方法のなかから選んだものである。

▲エングレイル：ギザギザの縁取りで先端が外向き

▲インベクト：エングレイルに似ているが、切れ込みが内向きになっている

▲ダンセッティ：大型の鋸のような形

▲インデント：小型の鋸のような形

▲ウェイビー：波のような形

▲エンバトル／クレネリー：胸壁のような形

▲ネビュリー：雲のような形

▲レグイ：角材のような形

▲ダヴテイル：ハトの尾のような形

▲レイヨネ：炎のような形

▲アーディ：歯状

形の紋章がある。カウンターチェンジングとは、金属色(メタル)の部分と基本色(カラー)の部分に分割して、次にそれらが対照的に基本色と金属色になるように図柄を配置することによって盾を分割することである。複雑な感じがするが、カウンターチェンジングは実際のところ、きわめて単純な盾形の紋章を他とは異なるものにする、簡単で最も効果的な方法である。

アングロノルマンのダビト家の紋章は、カウンターチェンジングがいかに印象的な意匠を生み出すかを示している。ダビト家の紋章は「金色(オーア)と赤色(ギュールズ)の縦二分割、2色が対照的に入れ替わった3つの円形紋(ラウンデル)」である。その紋章は、コートニー家の紋章(金色の紋地に3つの赤円紋(トゥルトー))やその反対のディナム家の紋章(赤色の紋地に3つの金円紋(ベザント))のように、カウンターチェンジングではない、色が相互に入れ替わったものと比較されるべきである。

コートニー家の紋章の場合、いかに紋章説明(ブレイズンリー)が正確であるかがわかる。例えば、赤色の円形紋は赤円紋というように、円形紋には色ごとに名称がある。ディナム家の紋章の場合、金円紋である。ダビト家の紋章はこれら2つの意匠の組み合わせであるが、紋地と珍しい3つ目の円形紋の色が入れ替わって非常に特徴的な紋章となっている。

よく使われる分割線

具象図形と盾分割、分割線などは、ある地域または国に特有のものもある。ロバート・ジェンキンズは自著『イングランドと外国の紋章』(1886年)で以下の異型の例を挙げている。オーディナリーのなかには、イングランドの紋章ではまず見かけない名称もある。

家紋

▲ファン・ジルン　▲ダルポ　▲フロンベルク　▲フォン・ターレ

▲カウフンゲン　▲グライゼンタール　▲リンデック　▲クーニゲ

フランスの異型オーディナリー

▲シュヴロン・ファイイ　▲シュヴロン・プロワイエ　▲シュヴロン・アンラセ　▲バンド・アンシェ

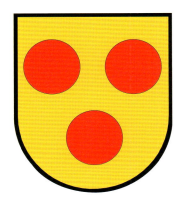

▲コートニー家の盾。金色の紋地に3つの赤円紋。

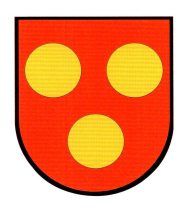

▲ディナム家の盾。コートニー家の盾と円形紋の色が入れ替わっている。赤色の紋地に3つの金円紋。

▲ダビト家の盾。金色と赤色の縦二分割紋地に、色が入れ替わった3つの円形紋。

紋章説明（ブレイズンリー）

紋章説明の用語は、紋章の特徴を記述する際に用いられるもので、特殊かつ独特である。紋章学をちょっと覗いただけの人は、紋章説明の特殊さに嫌気がさしてしまうかもしれない。しかし実際はとても使い勝手の良い言葉で、その表現法はとても厳密である。いったん覚えてしまえば、紋章学者同士であれば、任意の紋章について正確かつ完全な描写を伝えられるのである。紋章説明は厳密であり、実際そうあるべきである。というのも、紋章そのものの性質は、個々の紋章の独自性に拠っているからである。

盾を描写する

盾形の紋章は、様々な図柄をいろいろな方法で組み合わせて作ることができる。多くの場合、古い紋章ほど、意匠はより単純になる。図柄がまったくない盾形の紋章もありうる。ダルブレ家の紋章は、もともと単純な赤一色の盾だったが、1389年にフランス王家の紋章が「加増」された結果、盾は四分割され、第1・第4区画は青色の紋地に3つの金色の百合紋、第2・第3区画は旧来の赤色のままとなった。

紋章説明で用いられる主要な図柄を見てきたが、次に、それらがどのように「説明」されるかを見てみよう。紋章説明は、紋章芸術家が紋章を正確に再現するために必要とする紋章色と図形の数など、あらゆる詳細な情報が求められ、その記述には一定の形式がある。

1　紋地の記述。任意の分割を含む。
2　オーディナリーの記述。
3　紋地上の主要な図柄の記述。続けて下位の図柄の記述。
4　オーディナリー上の図柄の記述。
5　サブオーディナリーの記述。
6　サブオーディナリー上の任意の図柄。

さらに詳しく説明する場合は、図柄の位置を正確に述べる。場所の名称は、囲み記事を参照。

盾の各所の名称

紋章を正確に記述するため、盾は様々な区域に分割されている。

盾のデクスター（右側の意）とシニスター（左側の意）は、盾を持つ者の視点である。したがって、読み解く者の視点では、右は左、左は右となる。たいていの紋章の図柄、特に動物の図柄はデクスターのほうを向いて描かれる。というのは、デクスターのほうが高位だからである。盾を見る者の視点では、盾に描かれたライオンは、通常、左側を向いている。

ＡＢＣ：チーフ（盾の上部）。さらに以下のように区別される。
　Ａ：デクスター・チーフ・ポイント
　Ｂ：ミドル・チーフ・ポイント
　Ｃ：シニスター・チーフ・ポイント
Ｄ：オナー・ポイント
Ｅ：フェスまたはハート・ポイント
Ｆ：ノンブリルまたはネイベル・ポイント
ＧＨＩ：ベース（盾の下部）。さらに以下のように区別される。
　Ｇ：デクスター・ベース・ポイント
　Ｈ：ミドル・ベース・ポイント
　Ｉ：シニスター・ベース・ポイント

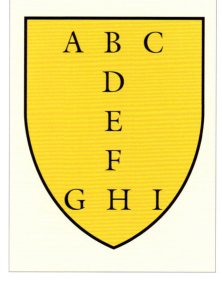

ここでは、紋章説明の例を3つ挙げる。最初の例はヴィンネベルク家の紋章である。すなわち「赤色の紋地に6つの金色の十字紋、その間に銀色の鋸歯状の斜帯」。

1　紋地の記述：赤色無地。

2　オーディナリーの記述：銀色の斜帯。どのような分割線でもよく、ここでは鋸歯状である。

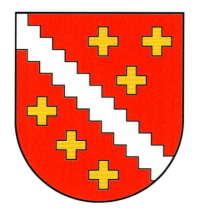

3　下位の図柄の記述：6つの金色の十字紋。

フランス、セーヌ＝マリティム県の都市ジェルヴィルの紋章。「銀色の紋地、赤色のフリジア帽2つの間に青色の斜帯。斜帯上には先端が6つある金色の星3つ」。

サフォークのジョンソン家の紋章はもっと複雑である。：黒色の紋地、2つの両手枷のあいだの銀色の横帯に赤色の鏃3つ、金色の上帯に青色の菱形紋2つとその間に1頭のライオンの半身。

1　紋地は銀色、オーディナリーは「青色の斜帯上に」（「上に」は下記3の記述につながる。分割線は直線のため言及されない）。

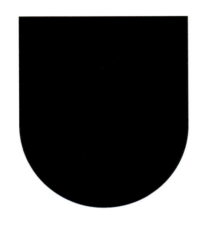

1　紋地の記述：黒色。

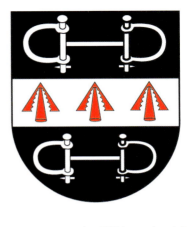

4　オーディナリー上の図柄とその色：赤色の鏃3つ。

2　紋地上の下位の図柄：赤色のフリジア帽2つの中間。

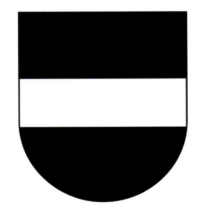

2　オーディナリーの記述：横帯。

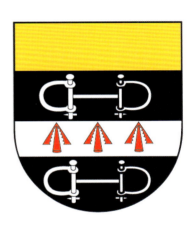

5　上帯にオーディナリーがある場合：金色の上帯。

3　オーディナリーの上に図柄が伴う場合、次に言及される：青色の斜帯上に先端が6つある金色の星3つ。

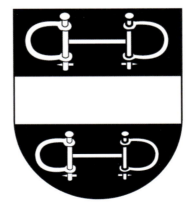

3　紋地上の下位の図柄：［2つの銀色の両手枷のあいだ］（横帯と手枷は両方銀色だが、基本色は一度だけ言及される）。

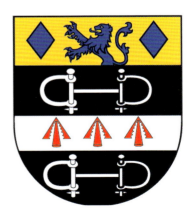

6　上帯の図柄の記述：ライオンの上半身、その両端に青色の菱形紋2つ。

第4章　紋章学の用語　83

紋章の動物

最初期の紋章は遠くから視認しやすいようにたいてい幾何学模様で構成されていたが、紋章ができるはるか前から、獣や鳥、怪物が標章(エンブレム)として盾や旗に描かれていた。古代ギリシアでは、アテナイ人は自分たちの都市の象徴としてフクロウを用いていた。古代エジプトでは、神々はジャッカル、コブラ、鷲など、人間に身近な動物の一部または全身像で描かれた。聖書は「イスラエルの人々は、それぞれ家系の標を描いた旗を掲げて宿営する。臨在の幕屋の周りに、距離を置いて宿営する」(「民数記」2章2節)と記し、イスラエル12部族の半数が標章に動物を用いていた。

ライオン

ライオンの図柄は、紋章が誕生した頃からあったことは間違いない。最初の図柄であった可能性さえある。1227年、義父のイングランド王ヘンリ1世によって騎士叙任されたアンジュー伯ジョフロワは、奇抜な金色のライオンが描かれた盾を下賜された。ライオンは百獣の王と考えられ、中世ヨーロッパの戦士たちにきわめて人気のある表象で、中世の紋章の動物のなかにあってとりわけ異国風であった。

紋章の図柄のあらゆる姿勢や傾きは「姿態(アティチュード)」と呼ばれ、これはとりわけ生物に関係する。当然ながら、ライオンは最も多くの姿態がある――60もの異なる姿勢があるとする紋章作者もいる。ライオンその他の動物は、姿態に加えて様態(アトリビュート)で区別される。例えば歩き姿(パッサント)のライオンは紋章色の赤色(通常の赤色とは異なる)の「舌」、さらに「歯と鉤爪のある」という表現を伴うことがある。

紋章学は厳密な学問である。紋章の固有性を保つためにはそうある必要があり、したがって様態と姿態は重要である。ある家系の青色の盾形の紋章では「左後脚立ち(ランパント)」の金色のライオン、別の家系の紋章では「左後脚立ちで顔は正面向き(ガーダント)」金色のライオン、3つ目の家系の紋章では「左後脚立ちで、顔は後ろ向き(リガーダント)」の金色のライオンというように差別化できる。3種の紋章を区別するには、頭の位置が異なれば十分なのである。ライオンに二股の尻尾を付け足せば、さらに3種の紋章ができる。

他の動物

初期のライオンの紋章の所有者は、自身の獰猛さや勇敢さを表すためにライオンを選んだはずである。熊や狼、その他の捕食動物を選んだ場合も同じことが言えるかもしれない。強さは他の動物でも示せる。

モラヴィアの貴族ペルンシュタイン家は、白色の盾に黒色で「首がまったく見えず、見る者を見つめる(クープド・アフロンティ)」のヨーロッパ・バイソンの頭が描かれている。一族の伝承によると、ペルンシュタイン家の始祖はヴェナヴァという怪力の炭焼き人であった。彼は野生のヨーロッパ・バイソンを巧みに捕らえてブルノにある王の宮廷に連れて行き、そこでその哀れな獣の首を斧の一振りで切り落とした。王はいたく感じ入って、ヴェナヴァに

▼百獣の王ライオン。オランダのオーディナリーのページに描かれた、左後脚立ちのライオン入りの紋章(1570年)。

▲1823年にペーター・クロイサー男爵に授与されたバイエルンの紋章には、様々な動物が含まれている。

ライオンか、豹か

1235年、ドイツ皇帝フリードリヒ2世は、イングランドのヘンリ3世に生ける紋章として3頭の豹を贈った。これは当時のイングランドの紋章を表したものだったのであろうか。もしそうなら、イングランドの紋章動物は豹であったということか。混乱の原因は、ライオンの姿態を説明する紋章用語の解釈である。イングランドの紋章学では、動物が後脚の1本を上げて、前足の鉤爪で殴ろうとしている姿がよく見られる。これはランパントと呼ばれる。一方、盾を横方向に悠然と歩く姿はパッサントという。イングランドの紋章では、3頭のライオンは「歩きながら[紋章を]見る者を見つめている」。フランスの紋章では、ライオンは「左後脚立ち」が当然とされており、「歩きながら見つめる」のは豹と決まっている。加えてフランスの紋章では「見る者を見つめる後ろ向きのライオン」は「豹のようなライオン」、歩き姿のライオンは「ライオンのような豹」と呼ばれているのである!

84　第Ⅰ部　紋章の歴史と用語

よく見られるライオンの姿態

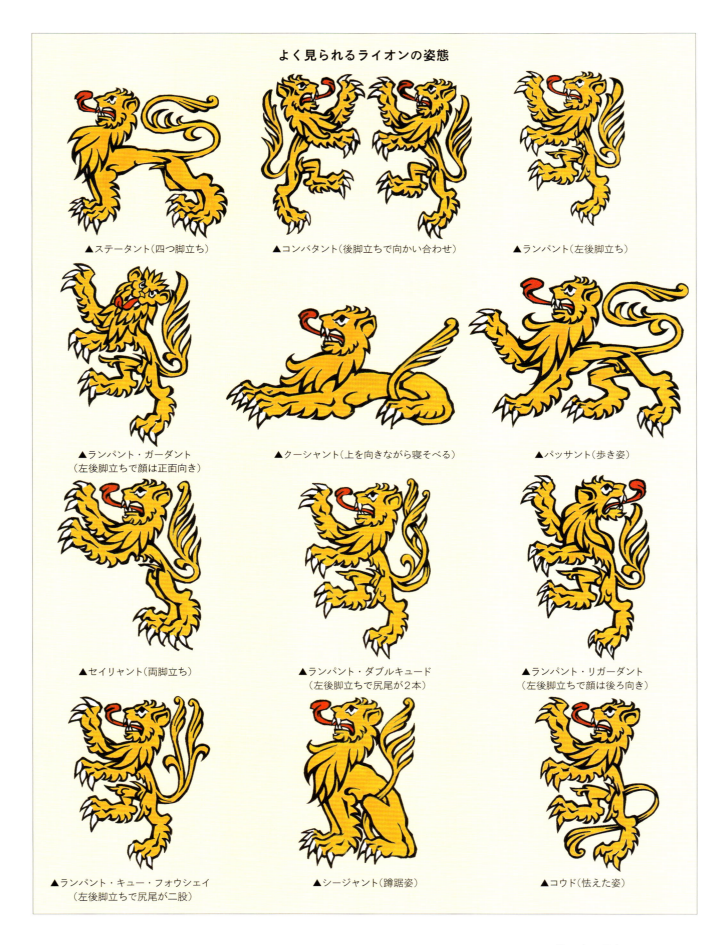

▲ステータント（四つ脚立ち）　▲コンバタント（後脚立ちで向かい合わせ）　▲ランパント（左後脚立ち）

▲ランパント・ガーダント（左後脚立ちで顔は正面向き）　▲クーシャント（上を向きながら寝そべる）　▲パッサント（歩き姿）

▲セイリャント（両脚立ち）　▲ランパント・ダブルキュード（左後脚立ちで尻尾が2本）　▲ランパント・リガーダント（左後脚立ちで顔は後ろ向き）

▲ランパント・キュー・フォウシェイ（左後脚立ちで尻尾が二股）　▲シージャント（蹲踞姿）　▲コウド（怯えた姿）

▲バルト諸国の各地方の動植物。左から、エストニアのポルヴァ、ラトビアのバロジ、右：ラトビアのアウツェ。

▲ヘルフェンシュタイン伯の紋章に描かれた象。紋章の動物としては珍しい。家名の愉快な語呂合わせとして選ばれた。

広大な所領と、彼の偉業を盾に表す権利を与えたという。

多くの紋章の逸話のように、ヨーロッパ・バイソンがペルンシュタイン家の紋章に現れたのが伝説の出来事の前か後かを知ることはできないが、くだんのバイソンはパルドゥビツェにある一族のかつての城に彫刻されている。

好戦的な気質の者の多くは、雄牛を象徴とすることに頓着しないであろうが、去勢された雄牛を象徴として選ぶ者はほとんどいなかったに違いない。しかし、15世紀の紋章作者ニコラス・アプトンは、不幸にも槍の一突きで睾丸を傷つけられたジェントルマンに対して、去勢牛の頭3つを持つ紋章を授与するのに一役買ったと信じられている。

アプトンがこの依頼主に同じくらいふさわしいと考えたもう1つの動物は、ビーバーであろう。その臀部付近にある麝香分泌線は、様々な医学的な治療で需要が多かった。アプトンは、他の中世の紋章作者同様、この麝香分泌線はビーバーの睾丸であり、人間が麝香を求めていると知るや、賢明にも自らの歯で去勢すると信じていた。ビーバーは、かつてヨーロッパ北部の大半でよく見られたが、今ではスカンジナビアとバルト諸国の森でしか見かけられない。エストニアのポルヴァ地方の紋章にはビーバーが描かれている。

紋章学では、大小にかかわらずあらゆる動物に象徴的なお墨付きが与えられており、それゆえ戦士はライオン、熊、狼のような好戦的な動物を選び、地方自治体はしばしば比較的おとなしい動物を選ぶ。

ラトビアの地方自治体の紋章では、川や森林の代わりに野生生物が用いられる。アウツェ市の紋章（赤色の紋地に黒色のザリガニ）は、面白いことに基本色の上に基本色を重ねないという規則を破っている。バロジ市の紋章では、睡蓮の葉があしらわれた上帯の下に1匹のカエルが座している。他方、バルドネ市はリス、ヴィラカ市はハリネズミというように、公園で見られる動物が使われることもある。

▼フランス王ルイ12世の墓石に彫られたヤマアラシの副紋章。1498～1515年、ブロワ城。

◀モラヴィアのペルンシュタイン家の紋章。盾だけでなく兜飾にも雄牛の頭が使われている。

▲ペルンシュタイン家の所領、パルドゥビツェ城に刻まれたレリーフ。ヴェナヴァがヨーロッパ・バイソンを屠っている。

86　第Ⅰ部　紋章の歴史と用語

▲東西の十字路にある、昔のロシア帝国の都市ペトロパヴロフスクの紋章に描かれた駱駝。

異国の動物

風変わりな動物のなかでも、象は中世の紋章作者たちに比較的よく知られていた（1254年、イングランドのヘンリ3世は自らの動物園用にフランス王ルイ9世から象1頭をもらい受けている）。象は力と信頼の象徴として用いられ、イングランドの都市コヴェントリでもそういうものとして紋章の図柄に選ばれている。

紋章に記された異国の動物は他にもある。ロシア帝国の東部諸地域と諸都市（ペトロパヴロフスクなど）は、都市の紋章に好んで駱駝を用いている。ヨークシャー、ソルテアの准男爵タイタス・ソルト卿は兜飾としてアルパカを選んだ。彼はその極上の毛織物で財を成したのである。

動物の身体の一部

紋章に用いられるのは動物の全身だけではない。動物の様々な部分が使われている。ボヘミアのキンスキー家の紋章の狼の牙が有名であるが、魚の骨や様々なタイプの切断面もある。紋章によく使われる動物の部分としては、首元からもぎ取られたか、すっぱり切断された頭部、多種多様の角や枝角、熊およびライオンの前脚（こちらももぎ取られたり、切断されている）などがある。

家畜

猫、犬、馬はいずれも紋章に使われている。狩猟の対象となった憐れな犠牲者たち、すなわち猪、鹿、兎も同様である。雄鹿狩りは何世紀もの間、貴族だけの気晴らしであった。したがって、紋章にライオンに次いで鹿が多く使われたり、ライオンに次いで姿態（アティチュード）の種類が多いのも不思議ではない。イングランドのコッティントン家の紋章では、2頭の鹿がそれぞれ反対のほうを向いている。オシツオサレツ［児童文学のドリトル先生シリーズに登場する双頭動物の名］のように見えて幾分滑稽である。

イタリアの紋章でグレーハウンドが好まれるのに対し、イギリスの紋章ではタルボット（大型で力の強い昔ながらの猟犬）がよく見られる。しかし、ロンドンのキャヴェンディッシュ広場にある、フィリップス氏の兜飾（クレスト）の犬よりも忠実な、人間の最良の友はいないであろう。氏は19世紀初めにポーツマス沖の海で泳いでいた時に、強い潮流に巻き込まれて溺れ死にそうになったが、1匹の賢いニューファンドランドハウンドが彼の窮地を見て、水に飛び込んで彼を安全な場所に引っ張っていった。フィリップス氏は救い主が野良犬だと知ると、その勇敢な犬を家に連れ帰り、犬が受けるにたる、あらゆる優しい思いやりを示した。さらに、フィリップス家はこの幸福な結末を新しい紋章の兜飾と標語（モットー）に記した（当頁下段右側の図を参照）。標語は「我を導く者たる神よ、我は彼を海から連れ出したり」。

▼イングランドのサイベル家の紋章。鏡に映った自分を見つめる雌の虎（第3区画）。虎が自分の姿に惑わされているあいだに仔が無防備になっている。

▼チェコのキンスキー伯爵の紋章にある狼の牙。錬鉄の門にあしらわれた見事な装飾である。牙は様式化されている。

▼フィリップス氏の命を救った忠実な友は兜飾になった。

紋章の人物、身体

紋章に人ないし人体の一部が描かれることは多く、たいていの場合、それは中世における敵方である。人物はきちんと着衣しているか、きわめて着心地の悪い「葉っぱで作られた衣服」を腰に巻いている。また、スコットランドのビン氏族のディーエル准男爵の紋章には逞しい裸体の男性が、イギリスのドッジ家の紋章には、乳を滴らせる乳房のようなものが描かれている。

ハンガリーの紋章には、人物の動作が描かれていることが多い。血なまぐさいものでは、不運な鹿の喉を切り裂いているものやトルコ兵を撃っているものがあり、穏やかなものでは、パイプオルガンを演奏していたり、穀物を収穫したりしている。

王や女王

紋章に王や女王の姿があれば、当然最高の栄誉とみなされる。ほとんどの場合、記念される君主は匿名であることが多い。ただし、カスティーリャのアヴィラ家の場合は違う。同家の紋章には、鎖でつながれた囚われの王が描かれている。これは1528年のパヴィアの戦いでドン・ディエゴに捕らえられたフランス王フランソワ1世を表している。サヴォイアのアモレート家の紋章には、鎖で山形帯（シェブロン）につながれたムーア人の王が描かれている。

アイルランドのラーヘンデリー准男爵のウェルドン家は、処女女王ことイングランドのエリザベス1世の半身像を兜飾（クレスト）としている。一族の記録は、ウェルドン家の者が女王のために行った偉大な功績により、女王自らが与えた栄誉のしるしとだけ伝えている。

犠牲者と悪党

スペインのミランダ家の紋章は、ある有名な伝説を記念したものである。紋章には5人の乙女の半身像がある。サンティアゴ・デ・コンポステラへの巡礼中に凌辱され殺されそうになった彼女たちをアルヴァール・フェルナンデス・デ・ミランダが救ったことを表している。イングランドの都市リッチフィールドの紋章には、アルヴァールの乙女たちよりもよからぬ運命が記されている。都市参事会の古い印章に描かれた盾には「様々な方法で虐殺され、大地に横たわる殉教者たち」の姿がある。

イングランド、チェシャーのケイプスゾーン・ホールのダヴェンポート家の兜飾は独特で、絞首刑に処されんとする男の頭部に輪縄がかかっている。これは、北東イングランドの広大な森林地帯におけるダヴェンポート家の「即時かつ最終的な」生殺与奪権を表している。

心臓と他の臓器

人間の心臓が描かれることも多い。スコットランドのダグラス家の紋章では主要な図柄になっている。ジェームズ・ダグラス卿はスコットランド王ロバート・ブルース（1306-29）の近しい仲間であった。晩

▲ウッド家の紋章に描かれた野蛮人。伝統に則ってオークの葉を身につけている。

▼非常に写実的なハンガリーの紋章。1636年に授与されたもの。

▼アヴィラ家の紋章。フランス王フランソワ1世が鎖につながれて立っている。

▼ミランダ家の者によって「死よりも悪い運命」から救われた乙女たち。

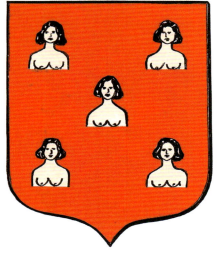

88　第Ⅰ部　紋章の歴史と用語

▲ケイプスソーンのダヴェンポート家の兜飾。刑に処される名も無き悪党が描かれている。

年、長らく十字軍に参加したいと願っていた王は、自身の心臓に防腐処置を施してイェルサレムに運び、聖墳墓教会に埋葬するように、ジェームズ卿に約束を取り付けた。1329年に王が没し、あとはジェームズ卿が約束を果たすべく出立するのみであったが、旅の途上で戦死してしまった。卿が、死の道連れにする前にロバート王の心臓を戦いに投じたと言う者もいる。ダグラス家は紋章に赤色の心臓を加え、のちに王冠を被せた。

▼北イタリア、ベルガモ近郊のマルパーガ城の天井を飾る、コレオーニ家の3つの睾丸。

北イタリアのコレオーニ家の紋章には、3つの睾丸がある。男性的できわめて人間味のあった中世において、これはまったく不名誉ではなかった。しかし19世紀末のうさんくさい上品さによって、この生き生きとした図柄は、3つの心臓をさかさまにしたようなオーディナリーになった。

女性の生殖器は、中世イタリアのコナーティ家の紋章に描かれている。しかし、紋章に見られる「活気」の最も奇妙な事例は、ハンガリーのイシュトヴァーン・ヴァーラリアイの紋章であろう。彼は1599年、槌を握った片腕の下に男性性器が描かれた紋章を授与された。ハンガリーの家系の紋章には死んだトルコ人の切断された局部が生々しく描かれていることが多いので、この紋章は、戦闘で捕虜になったトルコ兵に降りかかった、非常に不幸な運命を表すために用いられたとも考えられる。しかし実は、この局部は種馬のものである——ヴァーラリアイはハンガリー軍の馬の蹄鉄工兼去勢係で、素早く巧みに馬を去勢することに誇りをもっており、そのことを紋章に記したかったのである。

インドのワンカナー州の紋章にはヒンドゥー教徒が崇拝するシヴァ神を示すものとして、男根崇拝の象徴であるリンガムが描かれている。紋章には、蛇が巻きついたシヴァ神のトリシュルすなわち三叉の矛と、リンガ、すなわち生殖力を表す、先端が丸みを帯びて屹立する石が含まれている。

四肢

人体の一部もよく用いられる。最も一般的なものは四肢である。マン島の紋章は「赤色の紋地、盾の中央で結合した自然色の鎧を着用した3本の下肢である。これはいにしえのマン島の王の紋章で、のちにマン島の領主となったモンタギュー家、スタンリー家、マリ家の紋章の紋地分割(クォータリング)に見られる。下肢はおそらく古代スカンジナビアの幸運の象徴で、マン島を侵略したヴァイキングによってもたらされたものであろう。

奇妙な人間の下肢といえば、スウェーデン人パル・ローションの木製の義足である。彼は三十年戦争の戦闘で下肢を切断された。

最後に授爵した時、彼はストルテンヒエルム（ストルトは「竹馬」の意）と名乗り、木製の脚は彼の紋章の大きな特徴となった。

▲イシュトヴァーン・ヴァーラリアイの紋章。実は彼の職業である馬の蹄鉄工兼去勢係を記念したものである。

▲インドのワンカナー州の紋章。ヒンドゥー教のシヴァ神崇拝が織り込まれている。

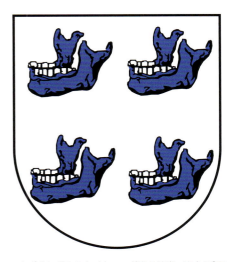

▲ポルトガルのケイシャーダ家の紋章。家名は「下顎骨」を意味する。

第4章　紋章学の用語　89

紋章の鳥、魚、植物

　動物に次いで人気のある図柄は鳥である。最もよく用いられるのは鷲だが、高貴さにおいて劣る種でもある。様々な種類の魚が用いられることもある。花や樹木はおろか野菜までもが紋章の逸話に登場する。花については、薔薇と百合が最も多いが、それぞれ様式化された型——5枚の花弁からなる薔薇と百合の紋章がある。

紋章の鳥

　ライオンが百獣の王なら、中世の紋章作者にとって、鷲は鳥類の女王であった。ローマ時代、鷲は帝国と結びつけられ、黒鷲は最も勇敢であるとされた。ビザンツ帝国と神聖ローマ帝国の皇帝は、双方ともに鷲を自らの標章と捉えていた。

　紋章に描かれる鳥は、実在・空想上を含め、鷲以外にも多数いる。とりわけマートレット（メルレッテン）はよく用いられる。マートレットはヨーロッパアマツバメに似た鳥で、紋章では脚が描かれていない（メルレッテンはさらに嘴がない）。中世の紋章作者は、この鳥が地面に降りないと信じていたのである。マートレットを聖地で見たという十字軍戦士もいた。マートレットの図柄は、しばしばイングランド貴族の年少の子息に「汝の足ではなく勇気と勲功の翼に対する信頼、汝の足を置くための汝自身の所領を持たぬ」ことを思い出させるものとして与えられた。

　ペリカンも実在と創造がごちゃまぜになっている。紋章では、嘴を使って自らの胸を傷つけ、その血を用いて雛に給餌するところがよく描かれる。こうした自己犠牲の表象は宗教に関係する紋章によく見られる。

水生生物

　イルカは紋章のなかで最も身近な水の生き物であるが、鯨と同様、紋章作者たちによって魚に分類されている（どちらも哺乳類であるが）。あらゆる種類の魚が様々な図柄となって登場するが、中世の紋章官(ヘラルド)にとっては、大きさと獰猛さが最も重要だったようである。それゆえ、ポルトガルのルシオ家やチェコの都市ドルニ・ブレゾフのように、カワカマスを持つ紋章が多い。

▲ハンガリー、テーチョのバーリント家の紋章に描かれた寝ずの番をするコウノトリ。もし眠ると石が落ちて起こされる

▼直臣アランデル家の紋章は鳥づくしである。盾の背後の肩白鷲、盾を支える梟、盾の上にはツバメが6羽いる。

▲チェコの都市ドルニ・ブレゾフの紋章。獰猛かつ非常に写実的なカワカマスが小さな魚を貪っている。

花

　紋章作者は薔薇に多くの意味を与えてきた。薔薇は秘密、善なるもの、温和さ、甘い香りの象徴とみなされるが、その棘を示すことで、悪に取り巻かれた象徴ともみなされる。中世イングランドでは、薔薇は王家を含め人気のある表象で、その人気はテューダー家の治世に最高潮に達した。白薔薇はヨーク家お気に入りの副紋章であった。ライバルのランカスター家の赤薔薇は由来がはっきりしないが、ヘンリ・テューダー（のちのヘンリ7世）はランカスター家の象徴を採用し、1486年にヨーク家のエリザベスと結婚した後、白薔薇と赤薔薇を1つにした。

　テューダー家の紅白の薔薇は、ヘンリ7世の息子ヘンリ8世のお気に入りの図柄で、キャサリン・オブ・アラゴンとの結婚の際に王妃の副紋章であるグラナダのザクロと組み合わせた。大量の薔薇とザクロがイングランドの至る所に溢れかえったが、不幸な夫妻が最終的に離婚すると、公的な場所や教会にあった副紋章は損なわれた。この紋章は、おそらくイングランドのドイツ商人アルノルト・ビルソン氏に、厄介な状況で委ねられたに違いない。とい

▲左：アルノルト・ビルソン氏に授与された薔薇とザクロの図形。ヘンリ8世とキャサリン・オブ・アラゴンが離婚したため、後悔したことであろう。右：フランスの都市プルダニエルのジャガイモの花。

うのも、氏は、テューダー朝の紅白の薔薇とザクロが二分割された図柄を授与されたからである。

　百合紋（フルール・ド・リス）は、紋章が誕生するはるか以前から、フランス王家と結びつけられていた。百合紋はアイリスの紋章学的な表現である可能性があるが、この表象にまつわる数多くの伝承の1つでは、百合紋は花ではなく、5世紀前半のフランク王ファラモンドの紋章の3匹のヒキガエルに由来するという。

　フランス王家の標章としての百合紋は、ユーグ・カペーの息子ロベール2世「敬虔王」（996-1031）の治世に遡ることができる。青色の盾に金色の百合紋がちりばめられた（小百合紋柄（セミー・ド・リス））は、ルイ8世（1223-26）の治世に初めて登場した。百合の数は、シャルル5世（1364-80）の治世に聖三位一体に敬意を表して3つに減らされたことがわかっているが、その後継者のシャルル6世（1380-1422）は、小百合紋柄と3つの百合紋を場合によって使い分けたことで知られている。

　現代の紋章学では、この異型の紋柄は「フランス・エインシェント」と呼ばれ、3つの百合紋は「フランス・モダン」と呼ばれる。この変化は、エドワード3世（1327-77）に始まる宿敵のイングランド王から紋章を遠ざけようとする、フランスの君主による試みだったのかもしれない。エドワード3世は、イングランドのライオンにフランスの紋章（フランス・エインシェント）を加えることによって、フランス王位を請求したのである。もし、事実そのような策略が試みられたのだとしても、それはうまくいかなかった。というのも、イングランドのヘンリ5世（1413-22）は、紋章の様式を変えたからである。

紋章の草木

　他の植物に関して言えば、マダガスカル共和国、メインティラーノのヤシのような異国風のものから、フランス、フィニステール県プルダニエルのジャガイモの花や、イタリアのマラスピーナ家の茨の茂みのように質素なものまで多々ある。

　エニシダは謙虚さの象徴で、プランタジネット家の標章に選ばれた。麦束はギヨームによれば豊穣のシンボルで、「望みの収穫」を意味する。果物もまた豊穣の象徴である。

　クローバーの三つ葉紋（トレフォイル）、とりわけアイルランドを象徴する植物シャムロックは頻繁に登場する。先細りの茎がクローバーの葉（あるいは任意の他の葉や花）から突き出している場合は、「茎付（スリップド）」といわれる。三つ葉紋の異型に葉の数が異なるものがある。すなわち四つ葉紋（クアトレフォイル）、五つ葉紋（チンクエフォイル）、イングランドで9番目の息子に与えられる印である八つ葉紋（オクトフォイル）がある。

▼サン=ドニ修道院の霊廟にあるフランス王の百合紋。盾の周囲に聖霊騎士団の勲章がある。

▼イタリア、マッサ=カラーラ公家の紋章。マラスピーナ家の紋章である茨の木が含まれている。

第4章　紋章学の用語　91

怪物と空想上の動物

人は未知のものや風変わりなものにわくわくするのが好きである。それゆえ、中世の紋章にグリフォンやドラゴン、ケンタウロス、一角獣、人魚のような架空の生き物の数多くの事例を見つけても驚くにあたらない。こうした怪物はまったくの想像の産物だったかもしれないが、むしろそれらは、誇張する必要に迫られて生み出されたものである可能性が高い。つまり、多くの紋章学者とそのパトロンは、遠くインドやアメリカで発見された奇妙で不可思議な生き物について、二度、三度、四度とまた聞きを重ねてきたのである。

▶オーストリア皇帝フランツ・ヨーゼフ治世下の1867年、ヨーゼフ・モイゼに授与された紋章。豹が火を噴いている。

▼ジョン・グレイ・ド・ルシン卿の兜飾のワイバーンには、中世の紋章の活気と想像力が表れている。

我々は、比較的なじみのあるライオンが中世の紋章でどのように扱われてきたかをすでに見た。現実なら後ろにひっくり返りそうな姿勢をとらせていた。豹も同じように非現実的に描かれ、たいてい鼻や口はおろか、耳からも炎を噴きだしている。中世の動物譚は、紋章のさらなる奇想のエネルギー源であった。これらの著作は、多くの場合、素晴らしい挿画が描かれていて、コカトリス、ボナコン、ワイバーン（飛竜）など、書籍や写本のなかでしか出くわさない途方もない生き物について語っている。非常に残忍で、しばしば見ただけで人間を石化させたり、吐息で殺すことができた。

ドラゴン

ドラゴンは最も偉大な蛇と称され、体は鱗で覆われ、翼を持っている（コウモリのように描かれることが多い）。頭部にはたいてい角と羽冠があり、尻尾には棘がある。ドラゴンが、発掘された先史時代の動物の化石に由来するということは大いにありうる。既知の世界の至るところで発見された途方もない大きさの骨格は、見つけた者に畏怖の念を抱かせるには十分であったろうし、インドネシア沖のコモド島には本物のドラゴンがいまだ健在で、その話は何世紀も前に商人のあいだで交わされたに違いない。

ドラゴンは洞穴や地中の奥深くに棲み、絶えず炎とともにあった。したがって、ドラゴンが火を噴くことができても不思議ではない。イギリスの紋章では、ドラゴンは四本脚で表されるが、これは後年の進化である。というのも、15世紀以前は通常

▲空に向かって弓の狙いを定めたケンタウロス。ドイツ軍防空部隊の徽章にうってつけである。

▲ワイバーン。かつてはドラゴンだったに違いない。イングランドで用いられる紋章動物。

▲紋章のグリフォン。よく宝物の番人とみなされる。

▲このボナコンはおとなしそうに見えるが、その身を守る唯一の方法はあまりにも恐ろしく、決して無害ではなかった。

二本脚でのみ表されていたからである。イングランドの紋章では、二本脚のドラゴンはワイバーンやバシリスクと呼ばれる傾向があるが、ヨーロッパの他の地域では、違いはそこまで明確ではない。

グリフォン

　上半身が鷲で、下半身がライオンの怪物のことをグリフォンという。紋章学ではドラゴンほどの人気はないが、やはり多くの貴族の心の想像力をかきたてた。というのも、グリフォンは黄金と秘宝の番人だったからで、それゆえに多くの中世の冒険譚に登場する。

　イギリスの紋章学では、いわゆる雄のグリフォンは無翼で表され、胴体は恐ろしい突起で覆われている。突起部分はたいてい身体の残りの部分と色が違っている。紛らわしいことに、グリフォンのオーディナリーは、通常男性器を持つものとして描かれる。それは、雌のグリフォンがどう見えるべきか、紋章作者がただ明らかにしなかっただけである。イングランドの紋章学では、左後脚立ちの姿勢をとるグリフォンは「サージャント」と記述される。

一角獣

　多くの中世の君主は、珍品コレクションの1つとして、いわゆる一角獣(ユニコーン)の角を持っていたが、実際はイッカクの牙だったようである。多くの貴族たちの空想と伝説の主題となった一角獣は、多くの人々から、紋章動物のなかで最も美しい生き物とみなされてきた。一角獣は一部が馬、一部がレイヨウで、額から螺旋状の溝のある角ないし牙が突き出ている。ライオンの尻尾と小さなあごひげが描かれる場合もある。一角獣は非常に清純な生き物で、金色の角とひげ、たてがみ、蹄を除いて完全に白色であることが多い。堂々とした佇まいで首輪を鎖でつながれたグリフォンの盾持(サポーター)は、スコットランドの君主のお気に入りであった。

　中世の騎士道物語では、ふつうは飼い馴らされない一角獣が、いかにして高貴な生まれのたおやかな乙女を、純潔であると感知して助けるかという物語が語られた。

　一角獣と乙女の純潔は中世の作家たちに重んじられ、それぞれキリストと聖母マリアになぞらえられた。この聖なる結びつきゆえに、中世の紋章作者のなかには、盾や兜飾に一角獣を配置することで、それが穢されるべきではないと考える者もいた。しかし、16世紀までに一角獣はヨーロッパ中で人気のある図柄となり、遠くはポーランドのボンツァ家（氏族または部族）、イタリアはフィレンツェのバルディ家の紋章に用いられた。

他の動物

　炎に包まれたトカゲとして描かれるサラ

▲ポーランドの貴族ボンツァ家の紋章の一角獣。ポーランドの紋章のなかで数少ない伝説上の動物である。

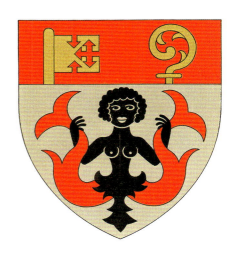

▲ガボン、ムイラの紋章のなかの人魚の古典的な主題に、異国の香りが添えられている。セイレーンが地元の川に出没して、男性をねぐらに誘い込むといわれている。

マンダーのように、不死鳥(フェニックス)は戦争で破壊され、のちに再建された都市の紋章によく登場する。古代の作家は、不死鳥は常に1羽しか存在せず、500年生きると主張した。最期が近いと悟ると巣を作るが、太陽の光によって巣に火がつき、くだんの憐れな鳥を焼いてしまうのである。跡継ぎはその燃えさしから現れた。

　イングランドの紋章に特有の生き物はボナコンである。内向きの先の鈍った角を持つ雄牛に似ており、広範囲を覆いつくせる燃える糞を撒き散らして自分の身を守るとされていた。

海の怪物

　大昔から人魚は船乗りを、幸福あるいは逃れようのない不幸であるとか、様々な運命へと誘ってきた。上半身は女性、下半身は魚とされ、おそらく船乗りが見たジュゴンやカイギュウに由来するものであろう。

　セイレーンはちょっと変わった人魚のようであるが、尾が二股になっている。20世紀後半にガボンの自治体ムイラのためにデザインされた紋章にその異型が見られる。時折土地の男に夫になるよう求めるセイレーンには2本の鮮やかな緋色の尾がある。ムイラのセイレーンと似たものは、シチリアのアマーリ家などヨーロッパの紋章にも見られる。

第4章　紋章学の用語　93

無生物の図柄

紋章は常に、あらゆる種類のものを存分かつ自由に用いてきた。紋章はゆりかごから墓場まで人生の出来事を反映するのである。フランスの都市サン＝ジェルマン＝アン＝レーの紋章には、大きなゆりかごと、のちのルイ14世が誕生した日付（1638年9月5日）が見られる。他方、最古の人類の永眠の場を描いた紋章もある。ローデシア北部（現在のジンバブエ）で採鉱中に発見された場所で、ブロークン・ヒルの紋章に頭蓋骨が描かれている。1954年に授与されたものである。北アイルランド、ロンドンデリーの紋章でどこか内省的な姿勢をとる骸骨は、在地貴族ウォルター・デ・バラの不幸な運命を思い起こさせる。彼は一族の1人の命令により、地下牢で餓死したのである。

衣装

ありふれたもの（ゼーラント出身のファン・アベンブルク家の紋章中のブリーチズ［宮廷儀式用のズボン］）から奇妙なもの（16世紀のイングランド貴族フェラーズ卿の徽章であるフランス人妻の被り物）まで、あらゆる種類の装いがある。早くも14世紀には、貴族の盾に衣装が使われている。貴族女性の袖［端に垂れ飾りのついた袖］には、所有者の祈禱書やミサ典書を収める吊り下げ式の小袋がついていたのだが、中世後期を通じてイングランドとフランスで人気のある図柄であった。

中世の貴族女性がバルト海産の琥珀の首飾りを大切にしたのはもっともなことであるが、リトアニア沿岸の保養地パランガの紋章には、その琥珀の首飾りが描かれている。パランガの砂浜では化石化した樹脂の

▲ゆりかごから：都市サン＝ジェルマン＝アン＝レーの紋章では、フランス王ルイ14世の誕生が記念されている。

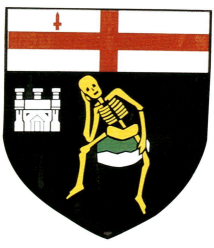

▲墓場まで：北アイルランドのロンドンデリーの紋章に描かれた、ウォルター・デ・バラのいくぶん退屈した様子の骸骨。

▲サンダル一足：スペイン、アバルカ家の紋章。

▲貴族の建築物：鳩を閉じ込めた3軒の鳩舎。イングランドのサブコート家のもの。使用者の姓を連想させる。

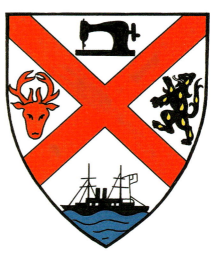

▲食い扶持を稼ぐ手段：シンガーミシンの発祥地、スコットランド、クライドバンクの紋章。

▲自身の作品を誇る発明家：ハロゲートのサムソン・フォックスに富をもたらしたボイラーの波型炉筒。

94　第Ⅰ部　紋章の歴史と用語

塊がよく打ち上げられるからである。

建築物と製作品

バイエルンの都市フロイテンハウゼンの紋章から、カナダ、ヌナヴト準州の兜飾(クレスト)を形作るイヌイットのイグルーに至るまで、城砦と橋は、家屋同様、紋章によく用いられる。インドの家屋の小塔でさえ、グジャラート州、ハルヴァード=ドゥランガドゥラの紋章にたどり着く。アストゥリアスのイグレシアス家の姓を連想させる紋章では、教会が重要な役割を果たしている。

自治体ビュッテンの炭鉱（ヴェストファーレン州、ペイネ郡の紋章に描かれている）であろうと、スコットランドの自治都市クライドバンクの工場で製造されるミシンであろうと、職場の図柄は、紋章が中世の騎士の場合と同様、労働者の生活様式を映し出せることを示している。もっとも

▲我々の食糧：ドイツ、カールスルーエ郡ワーグホイゼルの円錐形の砂糖。くだんの都市にある製糖工場の商標から。

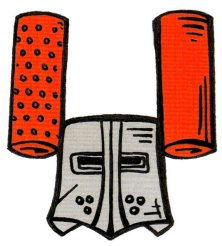

▲神聖ローマ皇帝の厨房長の紋章の図柄。兜飾がチーズのおろし金と麺棒になっている。

イングランド、ハロゲートのサムソン・フォックスのボイラーの波型炉筒、あるいはボッソム准男爵（同じくイングランド）の紋章の支柱部分が良い図柄であるかどうかは議論の余地がある。

騎士であろうと高速道路のスピード魔であろうと、食べる必要があるが、台所はよく紋章の図柄にされる。最もありふれたものが風変わりないし奇怪な図柄に変化するものである。台所の流しでさえ紋章のどこかに配される。テーブルもそうである。台所由来の図柄としては、ドイツのカールスルーエ郡ワーグホイゼルの円錐形の砂糖、イングランドのスタンディッシュ家の姓を連想させる紋章の中の立てられた皿、三脚台（コーンウォールのトリヴェット）、オランダの都市ズウェインドレヒトのやかん掛けなどがある。中世の台所は、貴族や王室の家政の運営上、きわめて重要だったので、神聖ローマ帝国の厨房長は非常に特徴的な兜飾——チーズのおろし金と麺棒の図柄を与えられた。

輸送機関

19〜20世紀には鉄道の図柄も採用され、イングランドのスウィンドンやリトアニアのカイシェドリースなどの例がある。スウィンドンの紋章には19世紀末の旧式の蒸気機関車が描かれている（正確な描写とするため、スウィンドン市議会はロンドンの紋章院と何度もやりとりした）。他方、カイシェドリースの紋章では、図案化された銀色の馬4頭が黒色の紋地に互い違いに並び、蒸気と煙をたなびかせている。同市を走る二大鉄道を表すためである。

自動車も同様で、自動車産業都市であることを誇りとする都市の紋章に採用されている。チェコ共和国のコプジヴニツェがそうで、同市はチェコ初の国産車プレジデントの発祥の地であり、1897年に操業を開始している。20世紀初頭以降は飛行機旅行の図案も採用されている。ルクセンブルクの自治体サンドワイウレの紋章は衝撃的な例である。サンドワイウレにはルクセンブルク国際空港があるため、紋章では、滑走路の交点に旅客機が着陸する様子が表さ

▲かなり格好良く様式化された、リトアニア、カイシェドリースの「鉄の馬」（機関車）。

▼チェコ共和国、コプジヴニツェの紋章上のプレジデント自動車。

▲ルクセンブルク国際空港の滑走路に着陸するジェット機。モダンな趣を持つ伝統的な紋章のオーディナリー。

▲飛行士であるベドフォード公爵夫人メアリの紋章。紋章院の反対にもかかわらず彼女の夫が作成し、強く要求したもの。

れている。

かつて紋章学の空において、いささか不安定な旅をする飛行機があった。第11代ベドフォード公爵夫人メアリの非公式の紋章で初めて登場した飛行機である。公爵夫人は1930年代に名が知れた女性飛行士であり、公爵は紋章院が紋章授与の際にその事実を記録することを望んだが、紋章官（ヘラルド）はその意匠を認可しなかった。くだんの意匠は公爵自身が製作を手伝ったもので、公爵夫人の愛機スパイダーが描かれている。公爵閣下は不認可を少しも気にしなかったようである。というのも、彼の家であるラッセル家は、かつていかなる紋章官からも授与されなかった紋章を使ったことがあり、自由時間を過ごす愛しい妻にとっては、そうした過去の実績があれば十分だったからである。

パラシュートも紋章の図柄になっている。最も有名なものはノルマンディのサント=メール=エグリーズの紋章である。1944年にアメリカ陸軍第101空挺師団の空挺部隊が町の教会付近に降下した日を記念している――1人は教会の尖塔に引っかかったが、映画『史上最大の作戦』でも記憶すべき出来事として描かれた。

スポーツとゲーム

娯楽の図案が使われることもある。例えば北イタリア、マッシオーラのトセッティ家の紋章には、テニスをする若者が描かれている。イギリスの天気はアウトドアスポーツ向きではないため、ボードゲームが盾にまで進出している。例えばバックギャモンの盤が描かれたペグレス家の紋章や、ペンブルックシャー、ランフィのマティアス家の紋章（赤色の紋地（ギュールズ）、銀色（アージェント）の3つのさいころは遠近法で描かれ、11個の黒円紋（オーグリス）は前面に6個、向かって右側の面に3個、上面に2個配置）などがある。

▲北イタリアのトセッティ家の紋章。理由は不明だが、プレーヤーが服を着ていない。

▼イングランド、ペグレス家の紋章に描かれたバックギャモン。

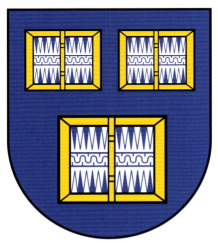

◀フランス、ノルマンディのサント=メール=エグリーズ村の紋章。1944年にドイツからノルマンディ地方を解放する際、アメリカの空挺部隊が教会に降下したことを記念している。

▲ノルウェーの都市リレハンメルの紋章に描かれたスキーをする戦士。

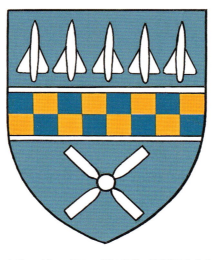

▲ジョージ・エドワーズ卿の紋章。航空術のための人生を表す青空とコンコルド。

▲温泉で名高いベルギーの都市スパは、紋章として昔の湯治場を持つ。

▲ドイツ、ペイネ郡ビュッテンの炭鉱。

▲ドイツのウルレーゼと（右に続く）

▲リーツェの紋章はともに地域の農業が関係している。

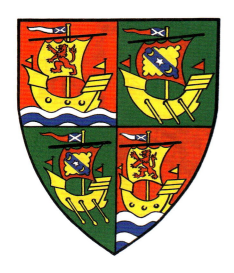

▲スコットランドの勅許都市エリー・アンド・アールスフェリーの紋章。船の帆には在地領主の紋章がある。

▲デンマーク、ナーソンビー港の船。星と三日月は、もとは印章にあり、盾形の紋章に採用された。

▲オール付きの18世紀の帆船。クリミアの港コストロマに向かっている。

第4章　紋章学の用語　97

言葉あそびのある紋章

所有者の名の駄洒落として考案された紋章ほど、紋章における形象と想像力がはっきりわかるものはないであろう。使用者の姓を連想させる、すなわちイギリスで「カンティング」といわれる紋章が、紋章の意匠のうちほぼ半分を占める国もある。

初期の紋章は大半が単純な幾何学図形であったが、レオン゠カスティーリャ王国（Leon and Castile）の紋章に見られる想像力は、実践が簡単であるという良い例である［ライオン〔lion〕、城砦〔castle〕の語呂合わせになっている〕。

駄洒落

スキューダモア家の標語(モットー)は、「神の愛の盾」である。盾は「金色の紋地、赤色の十字、十字の上および左右の腕が先端に向かって広がり、下腕は尖っている」である。モンタギュー家（またはモンタキュート家）の紋章は、細菱形紋(フュージル)3つが中央で結合し、菱形の頂点は山頂(モン・アクタス)を示唆している。最もひねった駄洒落は、おそらく権勢あるモーティマー家の紋章であろう。その紋章は「青色と金色の紋地、全体が白色の盾を伴う」。青色は聖地の空を、金色は砂を表し、盾は

▶使用者の姓を連想させる言葉あそび（16世紀、トレド大聖堂）。

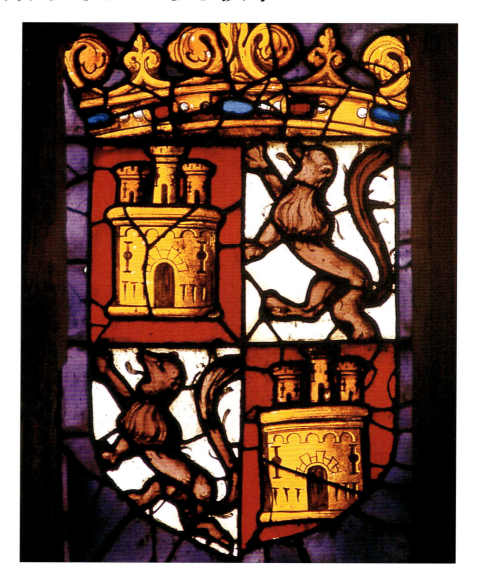

▲トリバレフットの鉤爪のある熊の前脚3本。

▲トレメインの3本の手。

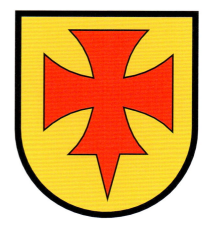

▲スキューダモア家の神の愛を表す盾。

98　第Ⅰ部　紋章の歴史と用語

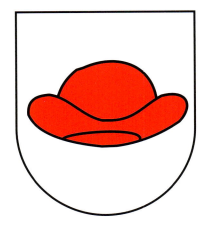

▲シュレジエンのローテンフート（赤帽）家の紋章。

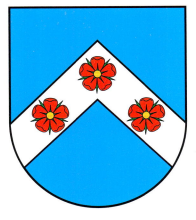

▲デンマークのローゼンシュパーレ家の紋章。ローズ・シェブロン（薔薇入りの山形帯）が配されている。

▼モーダント家の兜飾。ムーア人が素晴らしい歯並びを示している。

▲スヴィンフーフ（猪の頭部）フッド家の紋章。

死海を表すという。

コーンウォールでは、地元の土地の名前が、接頭辞「Tre」を使って数字の3を表すうまい駄洒落を数多く提供している。トリバレフットは「黒色の紋地、金色の直立して根元が引きちぎられた3本の熊の脚の間に山形帯」を持ち、トレメインは「赤色の紋地、三角形に屈曲し、肩で結合した金色の右腕3本、握り拳は銀色」を持つ。

最も愉快な例は、中世後期イングランドの石工の技と想像力の産物である。石工は、ノーサンプトンシャーにあるモーダント家の墓の兜飾を作るように依頼され、歯をむき出しにして笑うムーア人を製作した。現代でこれに匹敵するものは、イギリスのボスコム・ダウンを拠点としていた航空機・兵装実験機関である。イギリスの紋章官は、着地の姿勢で立つ、在来の鳥ノガンの兜飾を考案した。

欧州の伝統

中世の言葉あそびは、きまり文句から珍妙なものまである。スイス国立博物館所蔵のチューリッヒの紋章鑑は、使用者の姓を連想させる、14世紀初頭以降のドイツの紋章の素晴らしい事例を多数収録している。ラント家の紋章は「黒色の紋地、緑色の葉を出す天然色のカブ」（ラントはドイツ語で「カブ」）である。フォン・ヘルフェンシュタイン家は「赤色の紋地、金色の4つの山、四本足で立つ像は銀色」の紋章を持っている。古ドイツ語の単語で「物乞い」はbetlerなので、ベトラー家の紋章は「銀色の紋地、黒色の衣をまとった物乞い、その靴は金色、肩に赤色の紐で吊り下げられた紋地色の背嚢、左手に巡礼者の杖、右手に物乞いの鉢」である。

スカンジナビアの紋章には、使用者の姓をもじる長い歴史があり、題銘を非常にうまく利用してきた。中世にはスウェーデンの貴族家系スパーレ家の単純な紋章が作ら

れた。すなわち「青色の紋地に金色の山形帯」、そしてスヴィンフーフフッド家の「青色の紋地、金色の頸がすっぱり切断された猪の頭部（スヴィンフーフは猪の頭部の意）である。

使用者の姓を連想させる現代の紋章のうち、おそらく最も斬新なものは、20世紀後半にフィンランドで誕生した。格好の事例は地方自治体アーネコスキの紋章で、「鳴り響く急流」という地元の方言から解釈された。すなわち「黒色の紋地、銀色の波型の斜帯上に紐がついた赤色の角笛」である。

▲山間に立つノガン

▲フィンランド、アーネコスキの鳴り響く急流。

第5章
紋章のメッセージと宣言

　盾のデザインがいったん決まったら、もう二度と変わることはないように思える。中世の戦場やトーナメント（馬上槍試合）の場ではそうだったかもしれないが、紋章は実は大変変化しやすかったのである。何世紀か経つうちに、13世紀の騎士だったら使わなかったような、何らかの特徴がもぐりこむこともあった。何といっても、紋章というのはヨーロッパの貴族のおもちゃみたいなもので、紋章のしるしは、きっちり組み合わされた階級制度のなかで、持ち主の地位を誇示するのに役立った。紋章に使われる位階を示す冠は、15世紀に現れはじめた。そして君主から謝意として下賜された特別な恩恵のしるしを紋章で誇示し、ライバルたちに見せつけたのであった。婚姻による他家との関係は、2つの紋章を一緒に並べて配置することで表せた。イングランドでは、結婚している女性に兄弟がいなければ、彼女は紋章を受け継ぐ相続人とみなされ、彼女の子供たちは同じように父と母と両方の紋章を盾の四分割された紋地に同じように示す権利があった。そして、さらに後の世代が女相続人と結婚すれば、もともとの紋章は、盾の中で他の図像に押しやられて隅っこに配置されることもあった。

◀ロシアのバグラツィオン公の紋章。公の地位を示すマントと王冠を伴っている。

加増紋（オーグメンテイション）

支配者たちは国家に尽くした人々に報いるために、階級や勲章をいつも利用していた。しかし、感謝の気持ちを持つ支配者が愛国者や和平の調停者に対して謝意を示すとき、利用できる方法が他にもあった。つまり、紋章の追加である。加増紋（オーグメンテイション）は、それを与えた人物の感謝の気持ちを何らかの形で表す紋章への追加紋である。授与される者が功績をあげた際に「名誉」として与えられることもあれば、「恩恵」として君主が自分の紋章の一部を親族に与えることもあった。ヘンリ8世が妻たちに親切にしてやったとは言えないだろうが、妻たちのうちの3人の親族には恩恵による加増紋を与えている。

加増紋は多くの場合、与えた人物自身の紋章に由来する図案だったり、あるいは組み合わせ紋の形での新しい紋章のこともあった。後者の場合、イギリスの紋章の例だが、加増紋の新しい紋地分割が第1の場所（向かって左上）をとり、古い紋章が第2の場所（向かって右上）に移動した。兜飾（クレスト）や盾持（サポーター）が加増紋として与えられることもある。

加増紋は、イングランドとウェールズの場合は、紋章院からの授与、スコットランドの場合はスコットランド紋章院か

▼カーロス大佐が樫の木の枝の中で王と行動をともにしたことが、家族の紋章に記念されている。

▲レイク博士は加増紋の兜飾でも勇敢に馬に乗り続けている。一方、彼の16の傷は、家族の紋章の紋地分割の第1区画にある。

らの授与という形をとった。その場合、加増紋の理由を特別に言及することが多かった。

チャールズ2世の加増紋

名誉の加増紋の授与の理由は、イングランド王チャールズ2世の言葉の中によくまとめられている。彼は、清教徒革命（大内乱）ののち、ガーター紋章官頭（キング・オブ・アームズ）サー・エドワード・ウォーカーに、以下のような令状を出した。いわく、特に優れた資質、忠誠心、そしてそれにふさわしい突出した価値を持つ誰にでも、王の副紋章（バッジ）のどれでも、加増紋としてその人物の紋章に加えることを認めるがよい。そしてそのことに最もふさわしいかどうか、汝が判断するように、と。

サー・エドワードが授与した加増紋のなかに、1651年の王党派のウースターでの敗戦のあとのチャールズ2世の逃亡に関わるものがいくつかある。その際王は、忠実な友人たちに助けられたのであり、逃亡のはじめの頃、王とその仲間のケアレス大佐はボスコベル・ハウスの樫の木の中に隠れて追跡者を逃れたのであった。このエピソードはウィリアム・カーロス大佐（彼の名前は今はこうなった）と、ボスコベルの封臣だったペンデレル兄弟の加増紋にその名残が見られる。両方の家族は、3つの王冠が付いた横帯（フェス）が置かれた樫の木を含む紋章を包括的に譲与された（左段下図参照）。

王の逃亡にまつわる他の珍しいエピソードのなかには、封臣の息子のふりをして、愛人ジェーン・レーンの鹿毛の添え鞍にまたがって駆けた、という話がある。レーン家はイングランド王の紋章の方形紋（カントン）を与えられたのみならず、のちに兜飾を加増された。つまり、王の金色（オーア）と青色（アジュル）の飾り環（サークレット）から、イチゴ色の馬の上半身が黒の馬勒を付け、金で飾られたはみをかみ、金色の王の紋章を支えているという模様である。

大内乱のさなか、サー・エドワード・レイクに、1642年のエッジヒルの戦いにおける彼の武勇に対する加増紋が与えられ

▲バイエルンの都市アーベンスベルクの紋章（左）、のちに、ナポレオン戦争の際のアーベンスベルクの支援を表すために剣が加えられた（右）。

▼ドレイクの華美な紋章。船が地球の上でバランスをとっている。

▲クリストファー・コロンブスに与えられた特権を示す紋章。もともとの家族の紋章は、盾の下部にある。

は、たいていあまりにも小さかった。しかしながら、彼らは紋章で評価を得ることができた。クリストファー・コロンブスの子孫たちの盾には、4つの別々の四分割紋が加増紋として含まれていた（左図参照）。もともとの家族の紋章は、盾の一番下といった目立たないところに追いやられ、まるでこちらが追加分のようになった。王家の宝珠の兜飾は、スペインの紋章では珍しい特徴だが、銘と一緒に与えられた。つまり「カスティーリャとレオンに、コロンブスによって新しい世界が与えられた」というのである。

もう1人の探検家、ポルトガルのヴァスコ・ダ・ガマは、加増紋としてポルトガルの古い紋章を受け取った。それぞれ5つの銀色の円形紋（アージェント・ラウンデル）が入った5つの盾形紋（エスカチョン）が、青色の十字の形に配された紋章である。彼はまた、半身の男性の兜飾を与えられた。その人間は、「インド人」の恰好をし、加増紋の盾とシナモンの枝を持っているのである（下図参照）。すべては、新時代を開いた、彼のインドと香料諸島への旅を想起させるものである。

イングランド人の冒険家サー・フランシス・ドレイクは、デヴォン州の同姓の他家の紋章を使用したといわれる。紋章を使われた家族の長は、この有名な探検家を成り上がりと呼んで、エリザベス1世に不満を訴えた。女王は、サー・フランシスにはもっとよい紋章を与えるつもりだ、と言い返した。これらの紋章は、2つの銀色の光を放つ星の間に波型の黒い横帯があり、彼の北極と南極の間の航海を要領よく表している。兜飾は非実用的

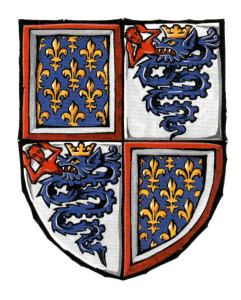

▲ヴィスコンティ家の蛇に、フランスの百合の花が加えられている。外交同盟が紋章に記憶されていることがわかる。

な紋章で、兜に載せることは絶対無理であろう。船の描き方は凝っていて、金色の綱を握った手が雲から伸び、地球の上に載った船を導いている。雲の上には、「神の助けにより」という銘の書かれた巻物がある。兜飾を説明する紋章説明には「船には、その手を見ている赤いドラゴンがいる」とまで書かれている（前頁右段下図参照）。

フランスの加増紋

フランスの君主たちは、加増紋を与えるのにそれほど熱心ではなかったが、イ

▼ジャンヌ・ダルクの兄弟の子孫の紋章。彼女の剣が王冠を支えている。

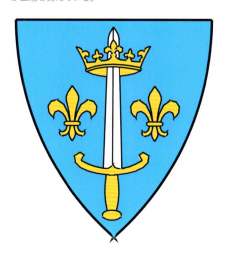

た。彼はその戦いで少なくとも16回負傷し、そのうちの1回で、左腕が使えなくなったのである。それで彼は馬の手綱を歯でくわえたといわれ、その動作が加増紋の兜飾に描かれている。16の傷すべてはまた、彼の紋章の紋地分割の第1区画を占める加増紋の図に記録されている。そこでは、鎧をつけた右腕が剣を握り、その剣には聖ジョージの旗がはためいている。十字には、王の紋章に由来する、歩きながら正面を見るライオンが描かれている。そして、旗の1つ1つの区分には、4つの赤い紋章を描いた盾が描かれ、1つが1つの傷を表しているのである。

探検の旅

中世後期は、ヨーロッパの君主たちが広い世界の富を手に入れようと互いに競い合っていた時代である。君主たちは熟練の船乗りたちの助けを借りていた。船乗りたちは、富と名声のささやかな分け前にあずかることと引き換えに、命と船を危険にさらした。しかし、その結果として彼らが得た見返り

▲ヴァスコ・ダ・ガマの香料諸島への航海は彼の特権（加増紋）としての兜飾に記憶されている。

第5章 紋章のメッセージと宣言　103

▲立体的なメディチ家の紋章。最上部に円形紋とフランスの百合紋が付いている。

ングランド勢力を最終的に排除することにジャンヌ・ダルクが果たした役割を認めざるを得なかった。1429年、シャルル7世はジャンヌの一族にシンプルなデザインながら素晴らしい盾を与えた。それは、青色の紋地に垂直に立った剣がフランスの王冠を支えており、2つの百合が中央に配されている。これらの紋章は、ジャンヌが「両側に5つの百合の花が彫り込まれた」剣を振るったという、年代記作者ホリンシェッドの記述を想起させる。ジャンヌがその紋章を使ったことを示唆する証拠はないが、彼女の兄弟の子孫たちは用いている。そして、シャルル7世は彼らにデュリ（百合）という名を与えた。

ミラノのヴィスコンティ家とフィレンツェのメディチ家は、どちらもフランス王家から「恩恵による」加増紋を与えられたといってよい。1395年、シャルル6世はジャン・ガレアッツォ・ヴィスコンティに特別な特許状を与え、盾の周囲をとりまく内側が銀色で外側が赤色の二重の帯の内側に、（古い）フランスの紋章を加えることを許した。メディチ家の紋章は彼らの名前の洒落を含んでいると考えられている。つまり、盾の中の赤い円形紋はおそらく、医者（メディチ）が今まさに手渡している錠剤を示しているのである。1465年、ルイ11世はメディチ家に対して、一番上の円形紋を、3つの金色の百合紋（フルール・ド・リス）が付いた青色の円形紋と差し替える権利を与えた。

紋章に殺到する

多くのポーランドの家系の紋章は戦場で発展した。それらのなかには、いくつか珍しい加増紋がある。1386年、隣国同士だったポーランドとリトアニアは、ポーランドのピャスト家の最後の王の娘とリトアニア大公ヤギェウォとの結婚を通じて合同した。ポーランドの紋章（赤色の紋地に白い鷲）は、その後リトアニアの騎乗の騎士に紋地分割された。

ヤギェウォ朝下では、ある男が武勇によって貴族に取り立てられると、甲冑に身をつつみ剣を持つ腕が描かれた盾が与えられるのが慣習となった。この紋章は「ポゴニア」と呼ばれる。のちのポーランド王たち、特にヴァーサ朝の王たちは、大使のような、国家に尽くした外国人にしばしばポーランドの鷲の一部を加増紋として与えた（ヴェネツィアの在ロンドン大使も紋章に加増紋を得ることに成功した。いくつかの紋章の意匠には、イングランド君主の、歩き姿で（パッサント）正面顔（ガーダント）の金色のライオンが含まれているため目立っている）。

モラヴィアの紋章は、青地に鷲が金と赤の格子柄（チェック）で示されていて、長い間中世の紋章のなかで最も美しいものの1つと考えられていた。モラヴィア人たちが神聖ローマ皇帝フリードリヒ3世（1440-93）を助けにやってきた時、彼は鷲の白い格子柄を金に変える権利を与えた（次頁下段図参照）。1848年、革命の年、モラヴィア人たちはチェコの独立運動を支持し、その際、古い白と赤の格子柄の鷲に支持を誓った。一方、ドイツ語圏のモラヴィア人たちは、彼らのシンボルとして、変更後の金と赤の格子柄の鷲を用いたのであった。

ロシア貴族の紋章の多くは、君主を示す暗号文とロマノフ朝の皇帝の紋章に由来する図柄を含んでいる。だが、それらすべての紋章のなかで最も多くの意匠が付け加えられたのは、ロシア軍司令官アレクサンドル・スヴォロフ＝リムニクスキー伯の紋章であろう。彼はナポレオンを最終的に敗北させるのに効果のあった素晴らしい戦略を編み出したのである。第二次対仏大同盟では、ロシア・オーストリア軍の最高司令官として1799年にフランス軍を北イタリアから追い出し、イタリア大公となった。その前、1789年には、トルコのリムニク川の河畔でトルコ軍を打ち破っている。彼の紋章の加増紋は「イタリア地図を示すもの」、皇帝パーヴェル1世の名を持つ盾形

104　第Ⅰ部　紋章の歴史と用語

▶トレッリ伯の紋章。ヴィスコンティの蛇のほか、彼の主人の金言と標語が加えられている。

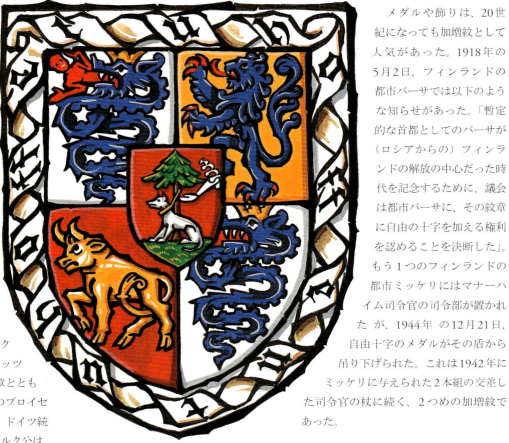

紋、そしてリムニク川と書かれた曲がった川の上で、雷雲から放たれた2つの稲妻が逆向きの三日月を打ち据えている図である。彼のロシア国家への奉仕は、帝国の装飾のみならず、ソ連によっても記憶されたのである。

ドイツ皇帝たちは、19世紀に帝国へと発展していくにあたって、自分たちを支持した者たちに加増紋を与える際に、プロイセンの鷲（しばしば盾持として）を好きなだけ用いた。プロイセンの外務大臣であるアレクサンデル・フォン・シュライニッツは、ホーエンツォレルン家の紋章とともに、紋章の胸部に配された2羽のプロイセンの鷲を盾持として与えられた。ドイツ統一を成し遂げたオットー・ビスマルク公は、プロイセンの（黒色の）鷲とブランデンブルクの（赤色の）鷲を盾持として授与された。2羽の鷲はそれぞれアルザスとロレーヌを表す方形旗を支えた。両地方は、1870年から71年にかけてフランスから奪還したものである。

メダルや飾りは、20世紀になっても加増紋として人気があった。1918年の5月2日、フィンランドの都市バーサでは以下のような知らせがあった。「暫定的な首都としてのバーサが（ロシアからの）フィンランドの解放の中心だった時代を記念するために、議会は都市バーサに、その紋章に自由の十字を加える権利を認めることを決断した」。もう1つのフィンランドの都市ミッケリにはマナーハイム司令官の司令部が置かれたが、1944年の12月21日、自由十字のメダルがその盾から吊り下げられた。これは1942年にミッケリに与えられた2本組の交差した司令官の杖に続く、2つめの加増紋であった。

のちの時代の加増紋

18世紀末と19世紀初期には、ほとんどの国で紋章は崩壊、堕落した状態にあった。イギリスの陸軍や海軍の英雄に与えられた加増紋は当時の典型であった。戦争の風景、砲撃、要塞への猛攻撃、そしてあまりにも細かくて読めないくらいの銘のついたメダルが複数ついていたのである。

▲モラヴィアの誇り高い鷲。金色の目立つ格子柄を誇示している。

▼紋章画家が、バーサの都市当局に提示した3つのデザイン案のうちの1つ。ここでは、加増紋は単に紋章の図案として置かれている。

▼都市当局に示されたもう1つの案は、十字の加増紋をより目立つようにしている。

▼この案では、加増紋が騎士団の星とともに上位を占めているため、紋章の図案は付属的な地位に甘んじている。

第5章 紋章のメッセージと宣言 105

不名誉の標と格下げ

　加増紋(オーグメンテイション)は名誉のしるしであって、概して主君や国家に多大な奉仕をなした強者であり英雄である者に与えられた。しかし、軍人は正道からそれることもありえた。彼らは騎士道のおきてを破ったり、自身の国を裏切ることもありえたのである。これら裏切者、放蕩者、ほら吹き、その他の悪漢たちはどうなったのであろうか。裏切者の騎士には最も恐ろしい儀式が用意されていた。「騎士の身分からの格下げ」である。

騎士とならず者

　ジョン・セルデンは1614年の自著『名誉の称号』で、カーライル伯だったサー・アンドリュー・ハークレーについて述べている。彼は、エドワード2世期（1307-27）の16年目、裏切者として指弾された。王のお気に入りのヒュー・ディスペンサーに対抗して、秘密裡にスコットランドと内通したというのである。エドワード王はハークレーの行いを聞かされ、伯をすぐさま逮捕するよう命じた。ハークレーはカーライルで捕らえられ、貴族法廷に連れ出された。伯は有罪とされ、評決が宣言された。そして剣を取り上げられ（王から「主君を守るために」与えられ、それでもって伯に任じられたのに）、彼の金の拍車はかかとから「ならず者」によってたたき切られ、その後、伯の剣は頭の上で破壊された。また伯は陣羽織(タバード)、頭巾、上着そして「帯」を脱がされた。一連の作業が終わると、サー・アントニー・ルーシー（陪審員の1人）は伯に「アンドリュー、今や汝は騎士ではなく、ならず者に過ぎない」と述べた。

　セルデンはサー・ラルフ・グレイの例

▲カステロ＝ロドリゴの紋章。ポルトガル王の紋章がさかさまになっている。不名誉の標が実際に行われた珍しい例。

◀エクセター侯爵のヘンリ・コートニーの傷つけられた紋章。1539年、ヘンリ8世ともめごとを起こし、告発され、処刑された。

▼スウェーデン貴族のプロメンフェルトの紋章。彼がスウェーデン王の名誉を傷つけた科で、処罰として「死」の宣告を受けたあと、紋章を抹消された。

も取り上げている。彼はバースの騎士だったが、騎士の身分から追放された。イングランドの長官(コンスタブル)が判決を下す権限をもっており、彼は被告人に告げた。「王はマスター・クックに汝のかかとから拍車を剝がすよう命じた。そしてここで汝が見るように、汝の身体から紋章官頭(キング・オブ・アームズ)、紋章官(ヘラルド)により汝自身の紋章もまた取り去られ、そして尊厳、高貴さ、そして武具も、騎士の身分と同様、剝ぎとられるのだ」。

長官はまた不名誉の標(アバテメント)として、上下にひっくり返された別の紋章を持参していた。それは、サー・ラルフが処刑の場へと向かう道中に身につけるべきものであった。しかし、彼はそれ以上の不名誉の標からはまぬかれたようである。というのも、王が、サー・ラルフの祖父が王の「最も高貴な先祖」に行った奉公を思い出したからである。

ガーター騎士団などの騎士団に所属する騎士の場合、さらなる処罰の可能性があった。格下げの儀式で行われたことに加え、騎士道の象徴である丸盾、兜、兜飾(クレスト)がその騎士団の礼拝堂の場所から取り外され、近くのどぶに蹴落とされた。さらに盾はバラバラに壊された。カトリック教会でも、教会法をやぶった聖職者に対する最も厳しい罰として、同様の聖職剝奪の儀式が行われた。

市民の裏切り

17世紀の紋章家ジョン・ギリムは、パヴィアのサー・エムリーの件を取り上げた。彼はロンバルディア人で、エドワード3世（1327-77）治世のカレーの指揮官であったが、その地位に相応しくない人物であった。彼はカレーの町を敵方に2万クラウンで売り飛ばしたのである。ギリムはサー・エムリーの紋章を「明るい青色の紋地に4つの黄色の星、うち2つは中央、もう2つは上帯に配されており、上下さかさま」と描写した。

ポルトガルでは、カステロ＝ロドリゴの町が、ポルトガルの紋章がさかさまになった盾を付けなければならなくなった。ポルトガルの王位を主張する敵に対して門を閉ざしたのだが、結局その敵が勝者となったからである。これは不名誉の標が実際に行われた大変珍しい例の1つである。

不名誉の標

紋章について書かれた様々な英語の本には「不名誉の標」と呼ばれる恥の印が載っている。特定の図柄やステイン（不浄色）が用いられるというものである。ステインは不人気でほとんど使われることのないテニー（黄褐色またはオレンジ色）と暗赤色（血のような赤）を指す。こうしたしるしは、紋章では見慣れないやり方で一緒に配置された。ジョン・ギリムの記念碑的な作品『紋章の装飾』の第6版（1724年）はサー・ジョージ・マッケンジーにより「改作された」ものだが、以下に挙げたように、不名誉の標をリストにしている。これらの不名誉の標の多くは、おそらくテューダー朝期の紋章のいたずら書きのようなものである。イングランドの紋章官J・P・ブルック＝リトルは、ブテルの『紋章』の改訂版（1970年）の序文で、「イングランドの紋章に恥のしるしのようなものはない」と断言している。実際、どこにもそのようなシステムは存在しないのである。

▲デルフト橙：自分で要求した異議申し立てを取り消す。

▲銀地に左側のポイントが黄褐色に分けられている：軍事行動においてのほら吹き

▲金地に先端のとがったポイント：柔弱さ

▲金地にシャンペーニュ橙色のポイント：降伏したのちに囚人を殺す人

▲銀地に左がとがった橙色の三角形：敵に対し臆病な人

▲金地にシンプルな暗赤色のポイント：うそつき

◀不名誉の標の2つの組み合わせ：銀地に左のとがった暗赤色の三角：「あまりにもスモックに尽くしすぎた」人、すなわち女たらし。そして銀地で右側のとがった暗赤色の三角：飲みすぎの男。両方の罪があれば、その人はここにあるように、両方の三角の印をつけるべきである。

▲さかさまの盾：裏切者、死の印である。

第5章　紋章のメッセージと宣言　107

物語のなかの紋章

紋章は長い間、今も昔も、高貴な生まれの人が身につけるものとみなされてきた。15世紀から17世紀に至るまで、紋章作者たちはますます歴史や伝説の中の高貴な人たちに紋章を授けようとしていた。君主たち、聖人たち、聖書の中の登場人物、善人であれ悪人であれ、伝説的な人物たちは、後代の人たちと同様、紋章を持っていると考えられていたのである。どれほど史料的な裏付けが乏しかろうが、紋章作者たちは、紋章を持つにふさわしいと思われる人々のために紋章を考えだしてやることこそ、自分たちの義務であると思っていた。

聖なる紋章

聖三位一体（父なる神と子と聖霊）は「信仰の紋章」として盾に描かれた。受難の象徴は、ヨーロッパ全体の教区教会に掲げられる一連の盾によく見られる。幼子キリストを訪れた3人の王、すなわち東方の三賢者もまた、中世の紋章作者が考えた紋章を持っていた。悪の権化サタンも、ある種の高位の者であり、中世の写本にその紋章が描かれている。盾には蛙と横帯が添えられており、サタンが、戦場から地獄へ落ちていく騎士の魂を引きずり込む様子が描かれている。

インドでは、ヒンドゥーの様々な神々、なかでも猿の神ハヌマンがいくつかの州の紋章に描かれている。

9偉人

中世の寓話的な物語の多くは、世界の9偉人に関わるものである。彼らは歴史上最も素晴らしい戦士たちと考えられていて、特に初期ルネサンス期の著作家たちに人気があった。彼らは9偉人の偉業を再現しようとしたのであった。

9人のうちの3人は古代世界の傑出した将軍たち、すなわちトロイのヘクトル、ユリウス・カエサルにアレクサンドロス大王である。別の3人は旧約聖書の世界の英雄、すなわちヨシュア、ユダ・マカベイ、ダビデである。残りの3人はヨーロッパのキリスト教世界の戦士、すなわちブリトン人のアーサー王、フランスのシャルルマーニュ大王、第1回十字軍の指揮官ゴドフロワ・ド・ブイヨンである。この素晴らしい集団の偉人たちは、抜きんでた支配者にして将軍であり、恐れられ、人々に従われるべき男たちであり、いずれも紋章を持つにふさわしい。ゆえに9人とも紋章が考案された。16～17世紀の紋章作者たちによって偉人たちに与えられた紋章は、それぞれに一般的に帰せられていた象徴を反映していた。獰猛さや勇敢な行動、一本

▲▼三賢者の紋章とされているもの：上左がカスパー、上右はバルタザル、下はメルキオルの紋章。

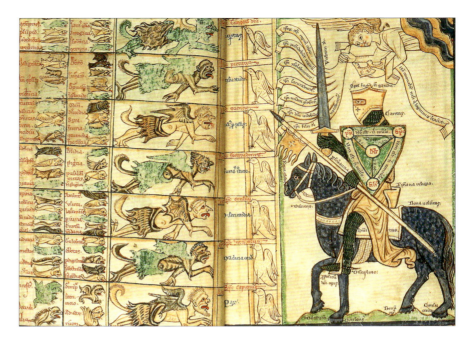

▲13世紀の彩色写本。キリスト教徒の騎士が、聖三位一体の紋章とされる図案の盾を持ち、悪魔の姿をしている悪徳と異端との戦いに打ち勝つ。

▼トロイの英雄にして9偉人の1人であるヘクトルは、死後紋章を得るにふさわしいと考えられた。

108　第Ⅰ部　紋章の歴史と用語

▲紋章の誕生よりはるか前の時代に生きた4人のサクソン人の王たちは、イングランドのチェシャーのケイプスソーン・ホールのステンドグラスの盾の四分割の区画に、各人のものとされた紋章と一緒に描かれている。

▼ロシアのバグラツィオン大公の紋章。ダビデ王の竪琴および王がゴリアテを殺すのに用いた革帯を描いて、先祖がダビデ王であることを主張している。

気な性格、慈悲の心は当然強く意識された。このため、彼らの紋章の多くには、様々な姿態(アティチュード)のライオンや、ワイバーン(飛竜)、ドラゴン、双頭の鷲などの生き物が描かれた。ユダヤ人の英雄たちには、イスラエルの部族に関連づけられることが多い象徴が描かれていた。

由緒ある紋章

今日まで続く家系のなかには、彼らの古い祖先とされる人々の紋章を利用している例がある。イングランドのテンプル家は、金色の紋地(オーア)の紋章を分割し、マーシア伯レオフリック(かの有名なレディ・ゴダイヴァの夫である)のものとされる黒い鷲を加えた。しかし、この家系の歴史的名声は、ロシアのバグラツィオン大公の名声に比べれば、大したことはない。かの大公は、ユダヤ人の王ダビデの子孫だと主張し、ダビデの竪琴と、ダビデがゴリアテを殺した石と投石器を紋章に描いているのである。別のロシアの大公家系は、大天使ガブリエルを紋章に描き、その子孫であると主張している。

ダビデ王やユリウス・カエサル、マーシア伯レオフリックのような人々は、紋章が生まれるずっと前の時代の人物である。このため、彼らに与えられた盾は「象徴紋章」と呼ばれる。非常によく知られたものとしてアーサー王と円卓の騎士の紋章がある。中世からラファエロ前派の時代に至るまで、アーサー王伝説を描く芸術に幅広く用いられた。

アーサー王の紋章は少なくとも3種ある。青色(アジュール)の紋地に3つの金色の王冠を縦に配したもの、緑色の紋地に銀色(アージェント)の十字を配し、その第1区画に金色の幼子キリストを抱く聖母マリアを描いたものなどがある。アーサー王麾下(きか)第一の騎士・剣闘士で、「湖の騎士」と呼ばれるサー・ランスロットには、銀色の紋地に3本の赤色(ギュールズ)の細斜帯(ベンドレット)を配した紋章が与えられた。サー・パーシヴァルには、紫色の盾に簡素な金色のクロスレット(十字の各腕がそれぞれ十字になっている)をちりばめた紋章が与えられた。

◀コーンウォールの芸術家デニス・アイヴァルが描いたアーサー王の紋章。ケルト風の生き生きとした描写。

第5章 紋章のメッセージと宣言 109

つながり

▲十字軍士たちが聖地へ向かう旅のために集合している。盾や旗に紋章が誇らしげに描かれている。

紋章学の楽しみは、高度に洗練された作法に従って様々な色やシンボルを用いて、ひと目でわかるよう説明をすることにある。そして何世紀にもわたって、紋章所有者たちは必要に応じて、紋章を変化させてきたのである。15世紀末までに（野蛮な砲火と、新しくて格好良い「全白の（alwyte）」甲冑を身につけるという着用者の誇りのために）戦場における紋章の役割はほぼ失われてしまっていた。しかし、紋章は別の役割を見つけた。遡って13世紀には紋章は結婚によってつながった家族の絆を象徴するために、他のものと結びつきだしていた。それらは絆を示しただけではなかった。騎士階級に所属する個人は、友情や献身、情熱や義務によるつながりを表現するのに紋章を使うことができたし、実際、彼らはそうしたのである。

結束の表現

古き時代、王たちは自らの紋章を他の君主たちの紋章と並べて配置していた。中世的思考によれば、彼らはそうすることで、自分たちが天国に召されたときの地位を確保していた。天国には、亡くなった王族の魂のために「天上の宮殿」が特別に用意されていると考えられていたのである。最も地位の低い紋章所有者、例えば地方の土地所有者の場合、自分の城や荘館をその地方で同等の仲間たちの紋章で飾ることもできた。かつてフェアファックス家の居城であったイングランドのヨークシャーのジリング城では、その素敵な例を見ることができる。城の大広間は、エリザベス朝には彩色されたフリーズ（天井と壁の間の蛇腹）で飾られ、同地方の行政区域である「ワペンテイク」を支配した土地所有者家系のすべての盾がぶら下がっていた。

他の場所では紋章に見られる様々な騎士たちの友愛関係は、もっと内々のかたちで

▶婚姻によるつながり。バイエルンのイザボーが、フランスのシャルル6世との結婚のためにパリにやって来たところ（15世紀の写本）。両家の合わせ紋がはっきりと見える。

110　第Ⅰ部　紋章の歴史と用語

▲紋章は、封建制の意義を称賛するためにも使われた。14世紀の一般紋章実務表では、イングランド王の紋章は家臣たちの紋章を従えている。

記録された。落書きは決して近代の発明ではない。ベツレヘムのキリスト降誕の至聖所の石や壁土に荒っぽく刻みつけられた盾、ひっかいて書かれた兜飾（クレスト）や署名がその証左である。これらの落書きは、700年ほど前に十字軍士が残したものである。

兜飾（クレスト）のつながり

1317年の4月10日、ホーニンツォレルン家のヌーレンベルクのブルグラーヴ・フリードリヒ4世は、レントールト・フォン・レーゲンスブルクから自分の紋章のために新しい兜飾を購入した。ブルグラーヴ・フリードリヒはその特権のために36マル

▲兄弟会によるつながりを示すことは、13世紀における紋章の重要な機能であった。ベツレヘムのキリスト降誕教会に十字軍騎士によって残されたこの兜飾のような落書きでよくわかる。

▶ブラッケンハウプト（猟犬の頭）の兜飾の3つの例。1はレントールト・フォン・レーゲンスブルクの兜飾、2はエッティンゲンのまた別の兜飾、3は後世に取り入れられたブランデンブルクのホーエンツォレルン家の兜飾。

クを支払った。当時としては巨額である。問題の兜飾は、金色のブラッケンハウプト、すなわち赤い耳を持つ猟犬の頭部であった。この時、レントールト・フォン・レーゲンスブルクは、彼の親戚たちが生きている限り、彼らも同じ兜飾を使うことができるという権利をとっておいた。その年の9月にブルグラーヴ家の人々はレントールトから別の証明書をもらった。いわく「私はブルグラーヴ家の人々に、もし他の誰かが兜飾を使う権利を対抗して主張することがあったとしたら、あたかも私自身がそこにいるかのごとく、兜飾の使用について完全な効力と権利を承認する」と認めたものであった。

購入する前に、ブルグラーヴ家はヘルムゲロッセンシャフト（兜飾のつながり）をエッティンゲンの伯たちと結んでいた。兜飾はこの場合は、当時のドイツの兜飾に典型的なように、孔雀の羽根で飾られたシルムブレット（木のパネル）であった。この兜飾のつながりは、基本的には姻戚関係によるものだったが、ブルグラーヴ家がレントールト・フォン・レーゲンスブルクから2つめの兜飾を購入した時には消えてしまっていた。しかし、エッティンゲン家はブルグラーヴ家の土地を相続できるかもしれないという可能性にしがみつこうと試み、ホーエンツォレルン家にとって大変迷惑なことに、すぐにブラッケンハウプトの兜飾を取り入れたのである。

こうして長期にわたる紋章をめぐる紛争が始まった。この争いは、1381年の貴族および王族の仲裁者からなる陪審団の判決まで続いた。判決は、エッティンゲン家は金色の猟犬の頭を使い続けることはできるが、猟犬の赤い耳にエッティンゲン家の紋章に由来する白色の斜十字紋（サルタイア）を付して区別しなければならないとした。さらに紋章裁判官（ヘラルド・ジャッジ）によって「その斜十字紋は少なくとも指1本の幅がなくてはならないし、はっきり見えなければならない」と命じられた。エッティンゲン家は今日までこの裁定を尊重している。

友情の贈り物

ドイツの騎士たちは他人の紋章を購入することがあった。1368年、ハンス・トラガナーは彼の紋章と兜飾をピルグリム・フォン・ヴォルフスタールに売却し、彼と彼の子孫たちはそれ以後二度とその紋章を使用しないと誓った。

紋章と兜飾は、贈り物になることもあった。1286年、オーストリア公オットーは、友情のしるしとして自らの兜飾をユーリヒ伯ヴィルヘルムに与えた。1350年、イェルサレムの聖墳墓で、マシュー・ド・ロヤは騎士ハルトマン・フォン・クローネンベルクに熊の頭の兜飾を与えている。紋章は、中世社会において多くの点で重要な象徴であったのである。

▼1594年のイギリスのヘスケス家の紋章の系図では、結婚を通じたつながりが記録されている。

第5章　紋章のメッセージと宣言　111

女性の紋章

印章を見る限り、13世紀から15世紀にかけて、ヨーロッパの貴族の女性は、父や夫の紋章を兜飾(クレスト)を付けずに盾のみ使用することが慣習となっていたようである。印章そのものはだいたい楕円形で、教会組織や聖職者たちの印章と類似していた。紋章を持つ資格のある男性たちの印章と同様、紋章を持つ資格のある女性たちの紋章は、その持ち主をよく表しており、盾を両手で持っているものもある。盾を持つ女性は、中世の記念的建造物にも描かれている。

家族内の立場

紋章はその性質からして個人に関するものだが、それはただちに貴族間のつながりを示す理想的な媒体となり、結婚のつながりに最もよく表れた。15世紀までに、印と紋章をつなぎあわせる複雑なシステムが、それを見る人間に紋章の持ち主たちの正確な立場をはっきりと表せるようになった。息子、娘、妻、未亡人、いずれも家族のなかの自らの立場を示すことができた。加えて、他の貴族階級の家族とのつながりを紋章の系図によって表すことができた。イギリスの場合、これはとりわけテューダー朝とステュアート朝の時代に当てはまる。当時、由緒ある貴族たちは、上流階級であることを示すうわべの飾りを熱心に求める商人たちや「成り上がり者」に対し、ますます自衛的になっていた。むろん、彼らが求めるうわべの飾りには家族の紋章も含まれていたのである。

結婚によるつながりへの手がかりはヨーロッパの貴族たちにとって大変重要なものであり、姻戚関係の象徴と家族内の序列は複雑で、何世紀にもわたって変遷してきた。近年、カナダとイングランドの紋章局によって、娘たちや結婚した女性たちについて新しい規則が適用された。こうしたシステムは現在も存続しているのである。

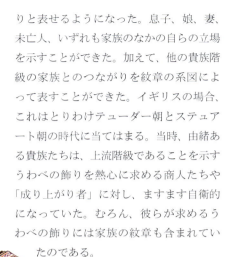

▼アベルガヴェニーにあるプライオリ教会のウェールズの貴婦人の墓。紋章学の草創期にあたる1150年から1300年頃は、女性に（盾を含む）家系の紋章を付して描くことは珍しいことではなかった。

◀左の紋章が配された衣服は、おそらく一度も着られなかった。彼女の高貴な立場を葬儀の記念物と写本に表すために使われたのであろう。

▲1347年頃のサリー伯妃ジョーンの印章。女性の紋章を示すために使われた菱形紋の起源と思われる。

菱形紋（ロズンジ）

盾は戦時の道具で、伝統的に男性のものとされ、したがって女性にはふさわしくないと考えられていた。中世後期から、紋章を持つにふさわしい女性のためにダイヤモンド形の図柄が使われはじめた。とはいえ、紋章学ではよくあることだが、菱形紋(ロズンジ)がこのようなかたちで最初に使われたのがいつなのかはわからない。現存する1347年頃

▼3世代にわたるイングランドの女性。左から、合わせ紋を持つ未亡人（女相続人ではない）、その娘（未亡人で女相続人）、その孫（独身女性で、父母の紋章を紋地分割している）。

▲オランダのユリアナ女王の紋章。彼女がオラニエ＝ナッサウ王女閣下、メクレンベルク公妃の地位を相続する前のものである。

のイングランドの印章に注目すべきものがある。この印章はバー伯アンリの娘で、サリー伯ジョン・ド・ウォレンヌの未亡人ジャンヌのものである。印章は複雑なデザインで、小さな菱形紋が5つある。中央の菱形紋にはウォレンヌ家の紋章、左右の菱形紋にはバー家の紋章、上下の菱形紋にはイングランドの紋章が描かれている（ジャンヌ伯妃の母はイングランド王エドワード1世の娘イリナー）。この印章には、伯妃の祖母イリナー・オブ・カスティーユ（エドワード1世の最初の妻）を示す城と左後脚立ちのライオンの図柄も描かれている。

15世紀までにダイヤモンド図形または菱形紋は、ブリテン島、フランスおよび低地地方の独り身の女性の紋章を示す一般的な図柄となっていた。いささか刺々しい形は時に和らいで楕円形に変化しながら、今日に至る。ただし、楕円紋は男性に用いられることもあったが、菱形紋は完全に女性の図柄のようである。

結婚していない女性は単純に、彼女の父の紋章を菱形紋または楕円紋にして使用する。未婚であることを示す青い蝶結びとリボンを添えることもある（1800年代の紋章作者は、未婚の女性で、今後もそのおそれがある女性たちは「菱形紋団」を結成し、結婚相手を求めて宣伝すべきである、と提言した）。

独身男性は、盾の上に兜、兜飾、標語を配した家系の紋章を持つ資格があるとされているが、ほとんどの紋章学では伝統的に、女性は結婚していようといまいと、紋章に兜飾を付けることができない。ドイツの場合、未婚の女性は、盾の上に花輪と飾り房を配することで、彼女の父の盾を入れることができる。スコットランドでは、部族の長である女性は、菱形紋または楕円紋の上に兜飾を付けるにふさわしいとされている。

▼菱形紋はどちらかというと硬い形なので、その「女性化」が試みられた。下図は、18世紀イングランドのジョージ1世の愛人ケンダル公妃の紋章。

合わせ紋（インペイルメント）と結婚

紋章が成立して間もない頃、印章や記念碑に結婚を描く場合は、夫と妻の家系の完全な紋章は別々に示すのが普通であった。13世紀後半になると、2つの紋章が1つの盾に並んで配置されはじめた。はじめは、両方の紋章が1つの盾に収まるよう、それぞれを単純に半分に切った。いささか不幸な形で「二分割統合」されたわけである。このような別々の紋章の不思議な結婚は長くは続かなかった。14世紀の終わり頃までには、1つの盾に両方の紋章の完全な図を示すのが普通になっていた。紋章学用語では、妻は「ファム」、その夫は「バロン」と呼ばれる。この場合、身分としての意味は含まない。

▲イングランドのグレート・ヤーマス港の紋章に見られるように、二分割は不思議な生き物を生みだした。この紋章では、イングランド王のライオンの後半身が鯡に置き換えられている。

▲ヨーロッパの多くの地域では、2つの紋章が夫と妻を示すとき、図柄は互いに向き合うように置かれた。この状態を紋章学の用語では「尊敬しあっている（リスペクタント）」と言う。

二分割統合（ディミディエイション）

二分割統合の初期の例は、1299年にエドワード1世と結婚した後のマルグリット・ド・フランスの紋章に見られる。女王である彼女は、結婚前はフランス王の娘であり、フランス王の昔からの紋章を持っていた。王妃となったマルグリットの印章では、彼女の盾は垂直に二分割され、向かって左側に夫のイングランド王のライオン、同じく右側にフランスの百合が描かれている。両方の図柄は分割線で半分に切り取られており、イングランドのライオンの前半身部分はフランスの百合とつなげられている。

二分割統合の憂き目を見たのは婚姻紋章だけではなかった。都市や町の紋章もまた、このような形で紋章学的同盟関係を表した。イングランドの五港市が最も有名な例であろう。一方で、二分割統合はなんとも魅力的な組み合わせになることがあった。チェコの都市ズロニツェの紋章の二分割統合は少しばかり変更が加えられている。そこでは、向かって右側の黒い鷲が二分割されているが、鷲の大部分は切り取られているものの、頭部は無傷で、盾の左側にはみ出しているのである。

合わせ紋（インペイルメント）

「合わせ紋」[impalementには「串刺し」の意もある]という言葉は、なんとなく拷問の中世的用語のように聞こえる（庶子であることを示す「逆斜帯」が、何か忌まわしい紋章学的な秘密を表すように聞こえるのと同様に）が、単に1つの盾に2つの紋章を並べて同盟関係にあることを示すものにすぎない。二分割統合が発展したものである。合わせ紋では、2つの紋章の全体が示されている点が二分割統合と異なる。唯一の例外は、外縁紋ないし図柄が盾の縁に沿って配されていることで、これらの縁飾りは縦に二分割される。1つの盾に分割された紋章を2つ以上配置するやり方は「紋章統合」と呼ばれている。

結婚による合わせ紋は、特にイギリスの紋章で見られる。だが、実際にはいろいろ異なる点がある。イングランドでは、妻にその家族の紋章を維持する男兄弟がいれば、妻は紋章の相続人とはみなされない。この場合、その結婚で生まれた子供たちは、父の紋章だけを受け継ぐ。しかしスコットランドでは、合わせ紋は、妻が紋章の相続人であるかないかに関係なく使われた。フ

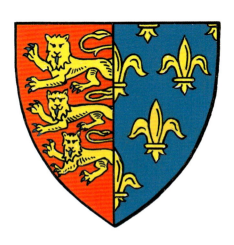

▲マルグリット・ド・フランスの二分割された紋章。1299年にイングランド王エドワード1世と結婚した後の紋章。

◀チェコ共和国の都市ズロニツェの紋章では、鷲の頭が合わせ紋の線を越えている。

114　第Ⅰ部　紋章の歴史と用語

▲オランダの未亡人の忌中紋章（ハッチメント）。菱形紋ではなく、楕円形の盾の上に彼女の紋章が描かれている。

ランスや低地地方ではこうした区別はなかった。

ヨーロッパの多くの地方では、結婚の紋章としては、合わせ紋よりも、2つの盾

▲フランス王女の合わせ紋。菱形紋は結び目のある紐の内側にある。

▼オランダの未亡人の合わせ紋。彼女の夫の紋章と合わせられ、結婚の同盟関係を示す盾に囲まれている。

▲あるフランドルの系図および紋章鑑の1頁（1590年）。夫の紋章一式（中央）は妻の菱形紋のほうを向いている。

を「横並び」にすることが多かった。たいてい2つの盾のどこかが接しており、各紋章の図柄は（通常は左向きになっているが）互いに向かい合うように向きが変えられる。夫側の紋章に斜帯（ベンド）があれば、やはり向きを変えて、逆細斜帯（ベンドレット・シニスター）のようになる。ドイツでは、夫も妻も、盾の上に兜と兜飾（クレスト）を配置する。つまり2つの紋章一式（アチーブメント）を並べるわけで、アリアンツワッペンまたはエーワッペンと呼ばれる。

妻たち、未亡人たち

イングランドの紋章官頭（キングス・オブ・アームズ）は近年の決定で、結婚した女性は、たとえその夫に紋章を持つ資格がないとしても、彼女の父方の紋章をつけてもよいと定めている。小さな盾形紋（エスカチョン）を配して差別化した盾ないし方形旗（バナー）の上に父方の紋章を置くのである。盾形紋には対照的な紋章色（ティンクチャー）を用い、盾の隅など、そのデザインに最もふさわしい場所に配置してよいことになった。

この決定には続きがある。仮に妻が紋章を持つ資格のある家系の出身であっても、盾に小さな菱形紋（ロズンジ）を配置すれば、彼女の夫の紋章のみを用いてもよいとした。未亡人たちは菱形紋に戻るが、夫と妻の合わせ紋を伴うものとなる。ヨーロッパでは、未亡人の菱形紋はしばしば「結び目のある紐」（コードリエール）の中に配置された。イングランドでは、女性が離婚した場合、彼女の家系の紋章の菱形紋に戻る。ただし、菱形紋の適当な場所に小さな菱形中抜紋（マスクル）を配置することによって離婚したことが示される。

第5章　紋章のメッセージと宣言　115

女相続人と単純な紋地分割（クォータリング）

中世末期以降、系図やその他家族の記録、回想録には「紋地分割(クォータリング)」と呼ばれる紋章学の技法によって、以前にも増して複雑な方法で統合された紋章が描かれた。紋地分割はヨーロッパ全域で用いられた技法で、主として婚姻による同盟関係を示した。紋地分割を見れば、そうした同盟によって領地ないし封土がいかに形成されたかがわかるのである。

紋章学の他の要素と同じく、紋地分割は国によって細かな違いがいろいろある。紋地分割を経た盾を見る場合、この点を覚えておくことが重要である。その国なりのルールを考慮に入れないと、紋章に示されたメッセージを読み解く際に間違った解釈をしてしまうのである。

見せかけの盾形紋（エスカチョン）

イングランドでは、紋地分割は、紋章を受け継ぐ女相続人との結婚の際に作られる。紋章の女相続人とは、男兄弟がいないため、男系の相続人を欠く家系の女性である。その場合、夫は、妻の紋章を自分の紋章の隣に置く（合わせ紋として）代わりに、彼自身の紋章の中心に小さな盾として妻の紋章を置くのである。この小さな盾は「見せかけの盾形紋(エスカチョン)」と呼ばれる。この場合、夫は、妻の家系の男子家長の「ふり」をしているのである。このような結婚で生まれた子は誰であれ、父の紋章を受け継ぐ権利があるだけでなく、母の紋章（息子には盾、娘には菱形紋(ロズンジ)）を組み合わせ紋として受け継ぐ権利がある。

紋地分割（クォータリング）の実際

最も単純な場合、つまり紋章を受け継ぐ唯一の女相続人が結婚してある家系に加われば、盾あるいは菱形紋が4つに分割される。父方の紋章は向かって左上と右下の区分（第1区画、第4区画）に現れ、女相続人の紋章は向かって右上と左下の区分（第2区画、第3区画）に置かれる。

次の女相続人が結婚して家系に加わると、再度彼女の紋章が夫のものに加わる。夫は、妻の紋章を別の盾形紋として、すでに四分割された紋章の真ん中に配置する。次の世代で、これらの紋章は、新たに分割統合された紋章の第3区画（向かって左下）に現れる。盾は常につり合いの取れる数によって区分されねばならなかった（過去はそうではなかったが）、そして3人目の女相続人がこのシステムに入ってくるまで、父方の紋章は第4区画（向かって右下）で繰り返される。この方法は、4人目の女相続人と結婚するまではうまくいく。

たった4区分しかないが、すべての区画が使われた場合でも、紋章学は現実的な対応が可能である。「四分割(クォーター)」という用語は、盾が何度も区分されても使われた。新たに紋章を持った男性が、彼の家族の紋章に四分割はなくとも、多くの紋地分割を持つ古い家系の女相続人と結婚する可能性はある。このような結婚で生まれた子供たちは、父の紋章だけでなく、母の紋章のすべての区分を継承することになっていた。したがって、たった2世代だけでも、紋章は単純なものから複雑になりうるのである。

国による違い

イングランドでは、見せかけの盾形紋とみなされる紋地分割は地域によって多様であった。スコットランドでは、盾形紋は重要な封土に関するものであり、それは貴族の肩書のもととなっていた。一方ドイツでは、盾形紋は通常、家系の紋章

▼地方の貴族たちは、紋章で輝く記念碑を様々な教会の内装に置くことによって自分たちを誇示し、信仰心を表明している。このイングランド人の夫婦は頭上に家族の紋章を配置しているが、夫の家族であるニュードゲイツ家は、記念碑の上と下にある組み合わせ紋章によって、それ以前の結婚を称えている。

▲イングランドでは、紋章の女相続人でもある未亡人は、菱形紋（彼女の夫の紋章）を見せかけの盾形紋へと戻す。写真はネルソン家の紋章で、四分割された盾形紋が確認できる。

のために用意されている。紋地分割は様々な封土や家族（現にその家族が保有する領地にさらなる土地をもたらした家族）と関連のある紋章のために用意されている。

イギリスでは1つの家系が複数の兜飾（クレスト）を持つことができる。普通は、2つかそれ以上の苗字がハイフンでつながれて使われている場合である。ドイツの高貴な家系は、兜飾付きの兜を盾のそれぞれの四分割の上部に配した。宮廷または大公クラスの家系は20もの兜飾を盾の上にみせびらかすこともできた。スカンジナビアでは、ある家系がより上の階級へと上昇すると、紋章は紋地分割の追加で拡大されることが多かった。つまり、盾形紋はもともとの家族の紋章用に取っておかれるのである。

イングランドとウェールズでは、紋章を持たない妻との結婚は、単に盾の空白の合わせ紋や盾形紋で表された。ばかばかしく思われるが、当局は夫の正確な紋章学的立場を表すことが大事と考えたのである。王国の貴族たちのための貴族院の系図の本では、このような多くの興味深い紋章の例が記録されている。イングランドとウェールズ以外では類似の方法はないようである。

◀ヘルシンキの貴族院のクロイツ伯家の紋章。背景の四分割は、家系が貴族の階級を上昇していくにつれ、加えられていった。

▼女相続人のための見せかけの盾形紋が、その夫の盾の中心にはっきりと示されている。

▲ドイツとオーストリアでは、通常、盾形紋はもともとの紋章のために取っておかれた。

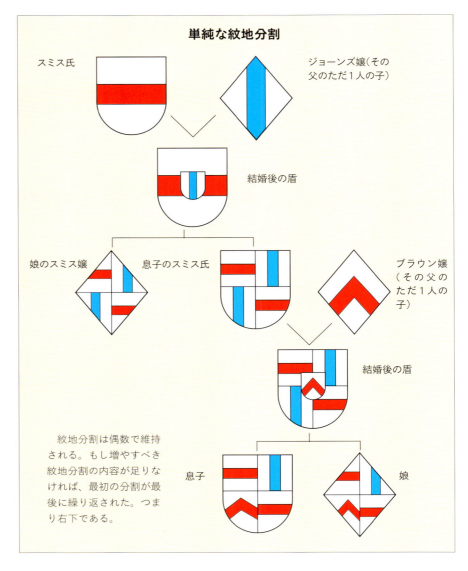

第5章　紋章のメッセージと宣言　117

複雑な紋地分割（クォータリング）

ブリテン島では、古くからの家系は多数の紋地分割（クォータリング）を有していることがあり、その数は何百に達することもある。紋章学者たちは、多重の紋地分割について2つの学派に分かれる。一方はこうした盾を軽蔑する人々で、品のない見せびらかしと考えている。もう一方は紋章探偵の仕事のために歓迎すべき機会とみる人々である。系図の助けを借り、様々な紋地分割を辿っていくのである。紋地分割を何度も経た盾は、それを見る人々がその暗号を解こうとする時、あらゆる種類の探求に誘（いざな）う。こうした紋章は、彼らの家族と関係があるかもしれないし、殺人や傷害、英雄やヒロインの物語を見せるかもしれない。1枚の盾に描かれているすべての家族を表す地図をつくる、というのは面白い仕事であろう。もっともその地図は非常に大きなものになるかもしれない。

繰り返された紋地分割

紋地分割を何度も経験した家系を持つ女相続人が結婚する場合、その紋地分割は年代順に組み込まれる。イングランドの場合、女相続人がどの紋地分割をもたらしたかまったく手がかりがないが、スコットランドの紋章は、このような四分割のセットを分けられないグループとして、つまり「大四分割」としてまとめている。

ブリテン島では、紋章を持つ資格がある者が、息子はいないが娘が複数いる場合、娘たちのいずれもが共同の女相続人となる。いずれも、結婚して持つであろう子供たちに父親の紋章を引き継がせる権利がある。バッキンガム＝シャンドス公の壮大な紋地分割を丁寧に見てみると、個々の区画には、盾の周りに散らばっているものと同じものがあるのがわかる。つまり、それらは共同の女相続人たちの子孫たちとの結婚を表している。イングランドの貴族はどの時代でも全人口の1％未満であったため、貴族間の結婚は、必然的にこのような紋章学的に珍しい例を生み出すのである。

▲イングランドの家系で行われた紋地分割のなかでも最も印象的なコレクションであろう。バッキンガム＝シャンドス公の紋地分割。

偉大なアングロノルマン貴族であるド・クレア家は、ヘリフォード＝グロスター伯のギルバート・ド・クレアの共同の女相続人である3人の娘たち（兄のギルバートは、1313年に戦死した）で絶えた。これらの高貴な女性たちは、ド・クレア家の紋章（金色の地紋（オーア）、赤色の山形帯（ギュールズ・シェブロン）3本）を子供たちに残し、そして子供たちはまた有力な家系と結婚した。それゆえ、グランヴィルのような家系が、ド・クレア家の女相続人のような、地位と伝統を持つ複数の家系と結婚する可能性があった。

系図

大陸ヨーロッパでは、時に貴族家系が自分たちの祖先を証明しなければならないことがあった。16人の曾々祖父母から始まり、彼らは皆、紋章を持つ資格のある家柄であることを期待されていた。このような紋章の系図は「十六分割の証拠」と呼ばれた。このような証明は、王宮に出入りしたり、様々な騎士団に加わろうとする人々だけでなく、軍事連隊の役職につこうとする人々にとっても望ましいものであった。

また大陸ヨーロッパではしばしば、より小規模な系図が記念碑や墓石などに使われた。こうした例では、故人の盾は記念碑の中心に置かれ、そして両方の下部には男系、女系双方の両親、祖父母、時には曾祖父母の紋章盾が表された。石に刻まれたこれらの紋章の系図は、今でもヨーロッパの多くの教会で目にすることができる。

複雑な紋地分割

この図は、紋地分割が世代を経てどのように積み重ねられていくかを示す例である。女相続人が結婚してある家系に加わり、紋地分割が繰り返されることがわかる。

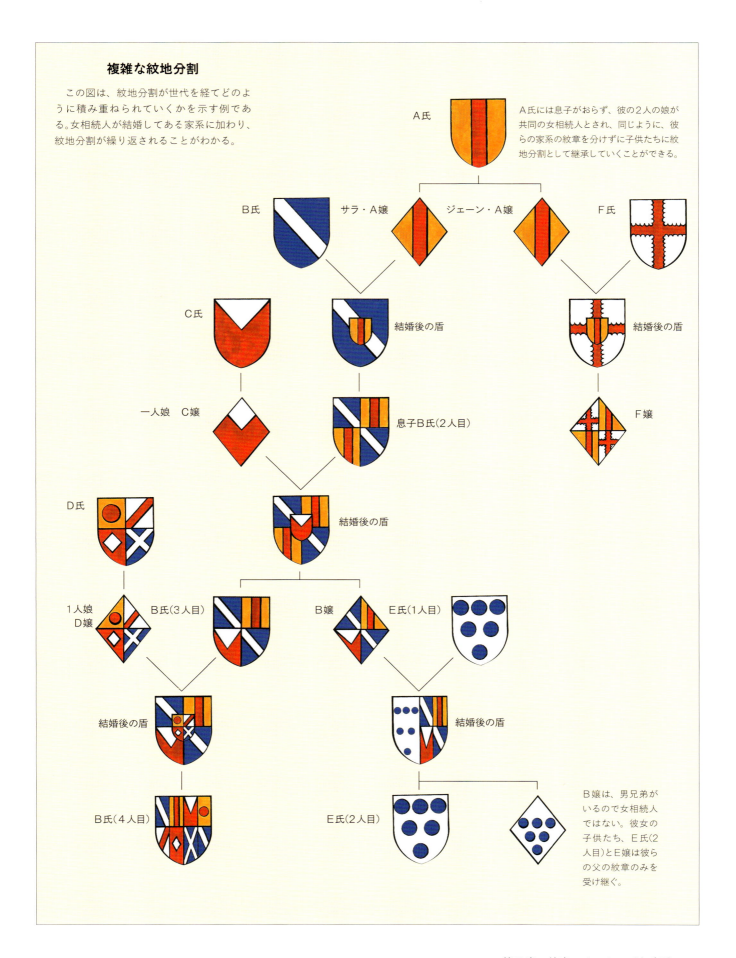

第5章 紋章のメッセージと宣言

識別標章と続柄標章（ケイデンシー）

紋章の存在意義は、目に見える形で個人のアイデンティティを賛美する力と言われる。したがって紋章は、担い手の図像的な署名とも考えられる。個人の紋章がどのようなものであるかは、実際のところ、その使用者の国民性による。例えばポーランドでは、同じ紋章が、血縁関係のない多数の異なる家系によって使用されることがある。というのは、それはある部族全体が使用しているからである。個人の盾が王家の分家間でのみ区別される国もある。スコットランドでは、家族は彼らの紋章をスコットランド紋章院（コート・オブ・ロード・ライアン）に再登録して更新する。このために用いられる際立った特徴は「続柄標章（ケイデンシー）」とか「識別標章（ディファレンス・マーク）」と呼ばれている。

▼イングランドの分家筋の印。ジョン・ギリムの『紋章の装飾』(1724)の第6版に示されている。

息子たち、娘たち

紋章学の大部分は、性差別主義と非難されてもおかしくない。というのは、娘たちは息子たちほど重要とは考えられていないからである。イングランドでは最近まで、紋章を持つ女相続人として区分されるのでなければ、女性はほとんど注意を払われなかった。娘たちが複数いて息子は1人もいないという時でさえ、娘たちは識別標章ないし続柄標章を持つことはなく、それぞれ父の紋章と同じ菱形紋（ロズンジ）を持つのである。イベリア半島ではもっと分別があるようで、家系の女性側は、あらゆる点で男性側とまったく同じように考えられている。ポルトガルでは、誰でも自分たちの苗字と紋章を、父方でも母方でも望むほうを選ぶ権利があるとされている。識別標章によって、その紋章が父方母方のいずれに由来するものかがわかる。さらに、その紋章が両親に由来するのか、祖父母に由来するのかもわかる。

紋章の国家的機関としては最も後発のカナダ紋章局は、息子たちと同じように、それぞれの娘に異なる印を与えている。

続柄標章

識別標章は、家族や紋章的な様々なつながりに用いられうるが、続柄標章は息子たちを表すのに用いられる傾向がある。こうしたやり方は、今もイングランドの紋章学によく見られる。イングランドでは、9番目までの息子を表す小さなしるしが盾の中央に配される。紋章学作家のベリル・プラットは、その起源はシャルルマーニュの相続人たちによって使われたしるしにあるとする。彼女は、これらのしるしを用いていたブーローニュ伯の家系が、シャルルマーニュ帝とその聴罪司祭アルクィンとの会話を大変重要視しており、その会話のなかに、霊感を与えてくれる道具として天上と自然の象徴を見つけたのだと考えている。ブーローニュで

カナダの続柄標章

以下は、カナダ紋章局によって、紋章を持つ資格のある家系の娘たちに与えられた、新しい分家筋を示す印である。

1人目、2人目、3人目の娘たち。

4人目、5人目、6人目の娘たち。

7人目、8人目そして9人目の娘たち。

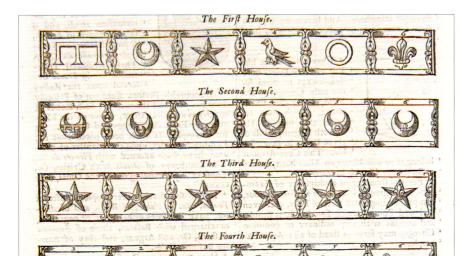

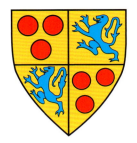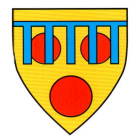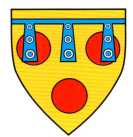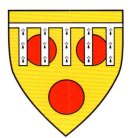

▲イングランド、デヴォンのコートニー家の家族の中世における続柄標章。

は、太陽は伯を表し、三日月はその2人目の息子、星は3人目の息子、鳥は4人目の息子を表す。5人目以降の子供たちの続柄標章は、同じようにシャルルマーニュの会話からとられたのであろう。最も重要でよく使われたしるしは「胸懸紋（レイブル）」である。胸懸紋は追加紋であり、イングランドのほか、スコットランド、フランス、スペイン、ポルトガル、ベルギー、イタリアでも見られる。イングランドでは、胸懸紋は長らく長男を示すしるしとして使われており、君主の法定相続人にはシンプルな白い胸懸紋が与えられる。

胸懸紋の起源は、13世紀のイングランドの騎士（ウィルトシャーのボイトンの地のサー・アレクサンダー・ギファードと思われる）の盾の彫刻に見いだせる。盾には古いギファード家の紋章——赤色（ギュールズ）の紋地に3頭の歩き姿（パッサント）の銀色のライオンが描か れている。盾の上に重ねられているのが胸懸紋である（下図参照）。横紐からリボンが下がっているが、初期の段階ではリボンの数には何の意味もなかったようである（サー・アレクサンダーの盾には5つのリボンがあるが）。しかし15世紀末までに、3つのリボンまたは「ポイント」は長男のものと決められたようである。ボイトンの石工の作品は大変すばらしいのだが、この胸懸紋の荒っぽさから見て、一時しのぎとして作られたものであることは明らかである。長男がその家系の長になったとき、胸懸紋を削除することになっていたようである。

次男から九男までは、それぞれ続柄標章を持っている。しかし、続柄標章の使い方には決まりはない。息子たち、その息子たち、そのまた息子たちが、自分の続柄標章を続柄標章の上に重ねることはできる。しかし、これではしるしが意味がなくなるほど小さくなるので、愚かなことであろう。

養子となった子供たちは養父母の紋章 を使うことができた（王の認可状が出てからであるが）。この場合、相互につながった2つの鎖の輪が描かれた。ある場合において、とあるイングランドの家系が王の許可を得て、他の家系の紋章を所持することが許されることがある。それはたいていの場合、いわゆる「名前および紋章に関する条項」を適用したもので、その家系の最後の1人の遺言による。こうしたやり方は、イングランド、プレストンのヴィア・フェイン＝ベネット・スタンフォード家の盾に見られるように、しばしば女相続人の父が彼の家系の紋章と名前の継続を望んでいる場合になされた。

近年は、イングランドで結婚した女性は、もし彼女たちが望めば、婚家の紋章ではなく、彼女自身の家系の紋章のみを盾に付けることが認められている。このことはマーガレット・サッチャーの紋章を見ればよくわかる。主たる盾には、図柄のない小さな盾形紋（エスカチョン）が含まれている。

▼サー・アレクサンダー・ギファードの盾。最初の胸懸紋がいかに一時しのぎで作られたを示している。

▼マーガレット・サッチャーの紋章。盾中央部の盾形紋が無地なので、彼女自身の紋章であることがわかる。

▼ヴィア・フェイン＝ベネット・スタンフォードの紋章。妻の家系の紋章を帯びている。クロス・クロスレット（77頁参照）によって区別されている。

第5章　紋章のメッセージと宣言　121

非嫡出子

紋章を持つ両親のもとに生まれた子供たちと、あるしるしがどのように結び付くのかを我々は見てきた。ただ、彼らの両親は結婚していた。では、結婚していない両親から生まれた子供たちの立場はどうか。つまり、庶子である。この問題は、どう見ても曖昧である。今日では、多くの国で、すべてとは言わないまでも、庶子はほとんど嫡子と同様の権利を持つ。しかしかつては、彼または彼女は両親がいないと考えられ、名前や地位、領地を相続できなかった。したがって、そういう子供たちは羨まれるような立場にはなかったと思われるが、実際には多くの貴族家系では、父親の愛情は、自動的に相続の権利を有し、親の支配に反抗しがちな嫡子よりも庶子に注がれたのである。

逆矮斜帯（バトン・シニスター）と逆斜帯（シニスター）

1463年、ブルゴーニュ公の紋章局長は「庶子は父親の紋章に逆矮斜帯を加えたものを持つことができる」と記した。ほとんどの国では、嫡子側の分家筋と違うことがわかる限り、庶子がどのようなしるしを持つべきかについて、確固たる規則はなかった。逆斜帯は庶子であることを示すのによく使われた。17世紀までに、このしるしは縮んで逆矮斜帯になった（「シニスター」という語の現代的な意味だと大変悪い意味となるが、もちろん単に斜帯の向き〔盾を持つほうから見て右上から左下向き〕を示しているだけである）。

イングランドでは、逆矮斜帯は王家の庶子が持つものとなった。彼らはしばしば独自のしるしを与えられていた。「船乗り王」ウィリアム4世（1830-37）のある庶子は、逆矮斜帯に金の錨を描かせた。一方、他の庶子は、矮斜帯に白薔薇など王家の副紋章を描かせた。

外縁紋（ボーデュア）

1397年、ジョン・オブ・ゴーントとその愛人キャサリン・スヴィンフォードの間に生まれた子供たちは、イングランド史上唯一の法によって嫡子として宣言された。子供たち、すなわちボーフォートたちはまもなく、フランスとイングランドの四分割された紋章を、ジョン・オブ・ゴーント自身の白と青の仕着せのカンポニーの縁飾り（分割された縁飾り）において持つことが許された。興味深いことに、ボーフォートたちが嫡子となってから彼らの紋章の周りに配置されることで、このカンポニーの縁飾りははっきりと庶子であることを示す印として使われるようになったのであり、そして逆矮斜帯は王の庶子たちを表すのにさらに頻繁に使用されるようになっていた。スコットランドの紋章では、カンポニーの縁飾りは庶子であることを示すただ1つのはっきりしたしるしであった。だが、スチュアート家の人々は、2つのカンポニーの縁飾りで改変されるだけでなく、カンポニーの逆細斜帯（ペンドレット・シニスター）でも改変されていた紋章をつけた。画期となるのは、1780年、使者がサチェヴェレル家の子孫であるジョン・ザチャリに、紋章を（四分割紋章として）サチェヴェレル家の紋章の波型の縁飾

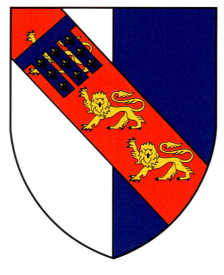

▲ジョン・ボーフォートの紋章。ジョン・オブ・ゴーントの嫡子となる前の紋章。わかりにくいことに、斜帯はふつうの位置にある。

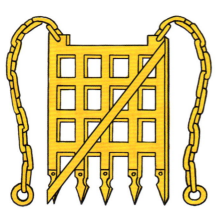

▲庶子であることを示すのに副紋章が使われることもある。ボーフォート家の落とし格子は、ガーター勲爵士のサー・チャールズ・サマセットのものとかなり異なる。

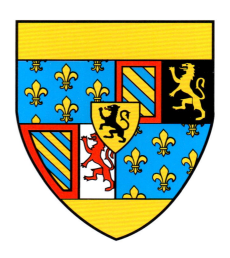

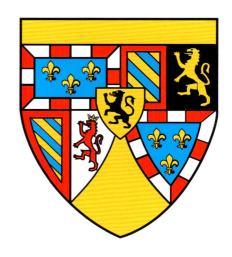

▲▼15世紀のブルゴーニュ公の2人の庶子の紋章。ブルゴーニュ公の紋章が中抜きの盾に示されている。

▲3代目サマセット公のヘンリ・ボーフォートの庶子チャールズ・サマセット（ガーター勲爵士、1526年没）の勲章。ボーフォートたちの紋章に、彼らが嫡子となったあとに加えられた外縁紋と、庶子を示す逆斜帯が加えられている。

りの中に与えた時である。この場合、波打った縁飾りは、庶子の生まれであることを示すために使われているのである。その時以来、波打った縁飾りは主に、イングランドの庶子の子孫、そしてその末裔たちによって主に使われるようになった。

兜飾は、スコットランドでは改変されないが、イングランドでは改変される。そして庶子の子孫であることは、波打った細縦帯（パレット）や、波打った斜十字帯（サルタイア）あるいは逆細斜帯によって示される。

▼▶1806年にトマス・リー大佐の7人の庶子のうちの2人、マリアとウィリアム・リーに与えられた紋章。

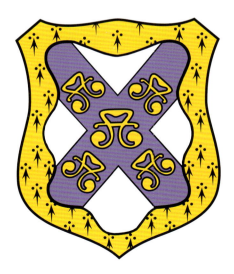

▲1780年にジョン・ザチャリに与えられたサチェヴェレル家の紋章。波うった外縁紋が庶子であることを示すために使われた最初の例である。

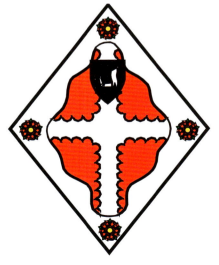

紋章の相続

　イングランドでは、庶子が紋章に血縁関係を示すことを望んだ場合、その父は自分が父であることを承認する必要がある。その後、父親の紋章を使用することを認める王の許可が発行され、庶子であることを示す何らかのしるし（普通は波打った外縁紋（ボーデュア））によって適切に改変される。ただし時間がかかり、君主の公認が必要である。このため、紋章官（ヘラルド）はこの伝統的な手続きの代わりに、庶子がその父の紋章に基づいた新たな紋章を請願するよう勧めることもある。

　通説では、庶子は、父方の家系で行われきた四分割統合は一切相続できないとされている。しかし実際には、しばしば相続していたことを示す証拠がたくさんある。さらに興味深いのは、イングランドの紋章では、女性の庶子は紋章の女相続人として扱われ、適宜改変して自分の子供たちに父の紋章を伝えることができるのである。現代の、より先進的な事例については、アイルランド共和国の紋章を見るとよい。アイルランドでは、庶子は存在しないのである。

◀プリンス・オブ・ウェールズのエドワードの庶子であるサー・リチャード・ド・クラレンドンの紋章。父の盾から和解を示す羽根を取り入れている。

第5章　紋章のメッセージと宣言　123

中世における紋章の使用

「もし彼の記念碑を見ようと思うなら、周りを見回しなさい」。シティ・オブ・ロンドンのセント・ポール大聖堂の北のドアの上に刻まれているこの言葉は、大聖堂の建築家サー・クリストファー・レンのことを示している。しかし、まさに同じ言葉がサー・クリストファーの時代の何世紀も前に、多くの人々によって使われていてもおかしくない。彼らは、城や教会の紋章を通じ、彼ら自身と家族の永遠性を確かなものにしようとしていたのである。

イングランド西部の中世の家族である、ファーリー城のハンガーフォード家は、ヨーロッパの貴族たちが、彼らの権威を広大な土地とそこに住むすべての人々に刻み込もうとしたことがよくわかる例である。ハンガーフォード家とその大勢の仲間たちは、次の言葉を宣言するために、石、ステンドグラス、羊皮紙、刺繍に紋章を使った。いわく「私の紋章は私である。それらを傷つけるなら、私を傷つけることになり、汝を大いなる危険にさらすであろう」。

家系意識の主張

ハンガーフォード家はどうみても立派な人々ではなかったが、彼らの時代の典型であった。つまり、教養がある一方、暴力的でもあり、立身出世し、金と土地を持ち、大変に誇り高く、その思想および行動において中世的であった。同家は14世紀末から15世紀初期に全盛期を迎えた。ヨーク家とランカスター家が影響力を誇示していた時代である。ハンガーフォード家は、同家の図柄である1本ないし3本の鎌をいろいろな方法で最大限に利用した。

紋章は、貴族の日常生活で大きな役割を果たした。ハンガーフォード家は、自分たちの紋章を、印章、納屋、付属の建物、礼拝堂に記す一方、同家の鎌を椅子や天井、さらに教会の塔に設置した。初代のバロン・ハンガーフォードであるウォルターは、ランカスター家の王たちの友人であり助言者だったが、ガーター騎士団の一

▲ソールズベリの聖トマス教会の屋根の浮き彫り。1600年代初期の同教会の修復の際、ハンガーフォード家の莫大な寄進が助けとなった。

員の権利として、彼の紋章をウィンザー城の聖ジョージ礼拝堂の内部に置かせた。

紋章の獲得

ハンガーフォード家は、彼らの階級や時代において抜きんでた家系ではなかったようだが、紋章の使用法の点では興味深い。まず、ヘイテスベリー家の紋章を彼ら自身の紋章としたらしい。縁がジグザグの赤色(ギュールズ)と緑色の縦帯で区切られた金色(オーア)の山形帯(シェブロン)である（ヘイテスベリー家の女相続人はハンガーフォード家の1人と結婚している）。彼らはチャーヒルのフィッツジョン家という別の家族の紋章も手に入れた（黒色の紋地に2本の銀色(アージェント)の横帯(セイブル)、

▼ファーリー・ハンガーフォード城の廃墟。主門の紋章が、今なおハンガーフォードの領主権を宣言している。

▼ヘイテスベリー家とフィッツジョン家（ハンガーフォード家）の四分割紋。

▲ハンガーフォード家でよく使われる小麦の束と鎌の兜飾。ソールズベリの聖トマス教会の屋根の石に彫刻されている。

▼ハンガーフォード家は、紋章の印章を大いに活用した。上の印章は、1449年以前のサー・ロバート・ハンガーフォードのもの。彼の父親であるサー・ウォルターの紋章だけでなく方形旗、兜飾、副紋章も改変している。一方、下の印章には紋章を左右から支える盾持も含まれている。

▲同時代の他の家系と同様、ハンガーフォード家は自分たちより勢力のある家系の紋章を自分たちのものとして取り入れた。時を経て、フィッツジョン家のバー（梁）や円形紋がハンガーフォード家の紋章として取り入れられている。また兜飾は猟犬の頭からペヴェレル家の小麦の束に変えられた。

上帯に3枚の銀円紋(プレート)）。これらの紋章は、のちにハンガーフォード家の紋章として知られるようになった。

ハンガーフォード家の兜飾(クレスト)は、2つの鎌の間の「ガーブ（小麦の束）」で、これはまた別の家系、ペヴェレル家から取り込んだもののようである。こうした連帯関係を示す紋章は、当時は特に珍しくはなかった。ハンガーフォード家の起源はほぼ間違いなく下級ジェントリで、紋章を持つ資格はなかったようである。しかし、裕福な女相続人との結婚を通じてのし上がったのであろう。小麦の束であるハンガーフォード家の紋章の本質にも謎がある――小麦の束なのか、胡椒(ペッパー)の束なのか（ペヴェレル家の名前のもじりなのか）。ハンガーフォード家は好んで鎌を利用し、記念碑や家財に鎌を組み込んだが、それは家庭内の装飾品や家具にぴったりであった。

ガーター勲爵士のロード・ウォルター・ハンガーフォードの遺言（1447年8月21日に検認）で、彼の息子ロバートは「鎌の刺繍が施された深紅のベルベット製の聖壇布2枚、私〔ウォルター〕の慈善用の銀の大皿（表裏ともにライオンが私の紋章を支えている）、鎌の柄の結び目があしらわれた銀の皿2枚」を遺された。サー・ロバート・ハンガーフォードは、彼の父の遺言によれば、これらの品々を自身の相続人に遺言で譲ることになっていた。

ハンガーフォード家は混乱の時代を誇りと特権意識を持って生きた。当時の記録から、1400年にヘンリ4世に対する反乱があったことがわかる。反乱の間、反乱者たちは何人かの王の「家臣たち」（領主たち）を捕虜にした。彼らはロード・ウォルターに対し、「王の騎士である彼を引っ立てて、彼が着ていた20ポンドもする王の仕着せ『コレーレ（S字を重ねた頸飾）』を奪った」。当時としては大変な額である。

ロード・ウォルターに運が巡ってきた。

第5章 紋章のメッセージと宣言　125

▲ロバート・ハンガーフォードは、父と同じくランカスター家の忠実な支持者であった。そして、誇りをもって同家のSを連ねた頸飾を身につけた。

1418年の12月、彼はノルマンディのオムの支配権を与えられたのである。しかし、フランスとの戦争における略奪品獲得からなっていたハンガーフォード家の収入の大部分は、ロード・ウォルターの孫で、1453年のカスティヨンの戦いで捕虜になったサー・ロバートの保釈金のために使われてしまった。交渉するためにフランスに送り込まれた代表団の1人にチェスター紋章官がいた。彼は当時の紋章官によって行われた多くの任務の1つを果たしたのである。

紋章と永遠性

彼らがイングランド西部で権勢の最盛期に達するのと同じ頃、ハンガーフォード家は、百年戦争、黒死病や出産時の死亡といった危険とも向き合わねばならなかった。死の向こうに、煉獄があった。煉獄は、魂が天国の待合室に留まり、彼らの家族が祈りと善行によって天国へと引き上げてくれるのを待つ場所であった。ここでもまた、紋章には果たすべき役割があった。ハンガーフォード家は、同時代の多くの人々と同様、「礼拝堂」を遺贈した。つまり聖職者たちが、ただその高貴な寄進者のためにのみ、歌ったり日々のミサを上げたりする場所である。その身分高い寄進者の遺言は、しばしば礼拝堂の装飾や、彼らに奉仕した聖職者たちについて述べている。察するに、神が天から見下ろした時、神がその高貴な家系の紋章と副紋章に気がつき、それらが並んでいるのに満足するものと期待されていたのである。いずれにせよ、ロード・ウォルターがバースの大修道院教会(アビー・チャーチ)に赤いベルベット製の波模様がついたカッパ（聖職者の儀式用マント）と、それとは別に金色のダマスク織のベルベットのカッパ2着を寄進した際、ロード・ウォルターはそう考えていたにちがいない。いわく、金のダマスク織のベルベットは「私の紋章にお似合いで、よく記憶されるであろう」。

こうした考え方は、ロード・ウォルターの義理の娘で敬服すべきレディ・ハンガーフォード、すなわちマーガレット・ボトローの遺言にも表れている。彼女は遺言書において、コーンウォールのランセストン・プライオリに対して、赤と緑（ハンガーフォード家の紋章基調色(リヴァリー・カラー)）の祭服を寄進した。祭服にはハンガーフォード家とボトロー家の紋章が入っていた。さらにハンガーフォード家、ボーモント家、ボトロー家の紋章によく合う新しい祭服2着を寄進している。ソールズベリ大聖堂

▼ロバート・ハンガーフォードの未亡人マーガレット・ボトローの印章。中世の職人の熟練ぶりが窺える。

▲ファーリー城にあるハンガーフォード家の納体堂の鍵穴を飾る紋章。

▲ハンガーフォード家は、自己顕示欲の塊として、彼らの紋章をすべての不動産に付けた。この絡まりあった鎌の副紋章は、最近、ある農家の仮天井の上から見つかった。この洗練されていない製品ができてから500年以上のちの発見である。

▼家族の間で財産を維持するために、ハンガーフォード家の一員がいとこ結婚した。この合わせ紋の真ん中よりやや左にある三日月は、紋章所有者が若いほうの分家であることを示している。

▲サマセットのウェロー教会のハンガーフォード家の聖職者は紋章に囲まれていた。その紋章の持ち主たちのために祈ることを期待されていたのである。家族の紋章から、同家の赤や金の仕着せに至るまで、様々な要素が天井の模様に使われた。

で、レディ・マーガレットが寄進した素晴らしい祭壇布には、ロード・ハンガーフォードの兜飾と盾が含まれている。バースのそばのウェロー教会のハンガーフォード礼拝堂のように、寄進礼拝堂に同家の仕着せの色が輝かしく塗られていてもおかしくない。

ハンガーフォード家の名は、ソールズベリ平原、ウィルトシャーの境界を越え、サマセットとグロスターに広がり、さらに遠く広くイングランド南西部地方一帯に知れわたっていた。彼らはいつ土地を得ようとも、また彼らがどこで彼らの魂のために祈りを捧げるようにさせても、彼らの権威を紋章を通じて刻印した。最後の旅路について棺に身体を横たえる際も、ハンガーフォード家は自分たちの紋章にうなずくことができた。ファーリー城の彼らの地下納体堂の鍵は、ハンガーフォード家の盾の形なのだから。彼らはイングランド南西部で大変有名だったので、その地域の他の貴族家系は紋章を通じ、ハンガーフォード家とつながりのあることを示そうとした。18世紀、ハンガーフォード家がソールズベリ平原を去ったずっと後の時代だが、プレイデル＝ボヴェリー家は自分たちの家族専用座席にロード・ウォルターのソールズベリ大聖堂の付属礼拝堂を使うことに決め、彼らはハンガーフォード家との結婚と同家の子孫たちの記録を示す、50以上にのぼる盾で飾ったのである。

▼ガーター騎士団勲爵士で、初代ロード・ハンガーフォードであるウォルターの紋章。他の高貴な仲間たちと同じく、ウィンザーのセント・ジョージ礼拝堂の彼の信者席にある。

第5章　紋章のメッセージと宣言　127

紋章の特権

中世後期以降、紋章を与えられた人々は普通、羊皮紙、子牛、小羊などの皮でつくられた上質皮紙(ヴェラム)あるいは紙といった書類の形で紋章を受け取った。最も初期の特権状は大変簡素なもので、一葉の特権状に、それを権威づける印章がぶらさがっているだけであった。受け取り手の紋章は彩色されており、特権状の余白か中心に描かれていた。本文は、ラテン語あるいは発給機関の言語の法律用語を使って書かれ、紋章を説明するとともに、誰にこの特権が与えられたかを説明した。

紋章の特権状はだんだん緻密になり、その装飾に、君主や紋章機関の紋章を含むこともあった。イングランドの特権状では、先頭の大文字の中に、特権状に署名し封をした紋章官頭(キング・オブ・アームズ)の肖像が描かれることもあった。特権状の縁や見出しは渦巻き装飾や帯模様でごてごてと飾られ、鳥や花、動物、さらに寓話的な図案がちりばめられた。時には、実際の紋章が後付けのように添えられることもあった。

▼オーストリアの医師ヤコブ・ヨハン・ダイセルへの紋章の権利譲渡証書。彼は1663年に皇帝レオポルト1世から爵位を授かった。この証書の紋章は17世紀の典型的な例で、科学者にして軍隊関係者、さらに政府に関わる人物のために作られた紋章である。証書は独特の鉄の箱と木の印章箱に入れて与えられた。

▲ダイセルの権利譲渡証書の一部分。訓練された細密画家の卓越した技術がわかる。彼らは17世紀のオーストリアの紋章芸術の多くを担った。

イングランドとスコットランドの特権授与証書はもとの形式をよく保っている（一葉に書かれている）。一方、他の国々は一般的に本の形をとり、1頁が副紋章(バッジ)の絵に費やされ（背景に景色が描かれることも多い）、他のページにはその受け取り側の系図や地位、そして個人的な歴史が書かれた。カバーは皮革やベルベットで覆われ、君主の紋章が浮き出し模様となっていた。

このような国家的な紋章局は今なお存続し、多くは彼ら自身の国で何世紀も前に定められた伝統に従っている。このため、紋章の特権状を書く際には、スペインでは今も本の形が用いられるのに対し、イングランド、スコットランド、カナダ、オランダでは1枚の用紙が使われる。アイルランドはもっと最近になって、特権状に本の形態を採用した。

本項で紹介している特権状や権利譲渡証書は17世紀から19世紀後半のもので、紋章芸術家であり、製版者であるオランダの有名なダニエル・デ・ブリュンのコレクションである。このコレクションは、主要なヨーロッパの紋章局の芸術的伝統を印象深く垣間見させてくれる。またそれは、どのように紋章がこの国家の政治的つながりを反映しているか、つまり君主が彼らの忠実な臣民や家来にどう報酬を与えたか、そして紋章の伝統がどのように続いたかについて洞察する機会を与えてくれる。権利譲渡証書はまた、標準的な書類を個性的にするための試みとして、芸術家の作品の魅力と技能を示している。

悲しいことに、彩色された権利譲渡証書という素晴らしい伝統は、第一次世界大戦で君主たちが没落したため終焉を迎えた。その頃には、そうした書類のほとんどは一般的な印刷物に変わっていた。そこでは、紋章だけが彩色され、文字は手書きであった。しかし最近、イングランド紋章局は、特許状や権利譲渡証書に彩色や縁どりを施して、もっと古い時代の形式に戻った。この形式の挿絵によって、芸術的な才能と様式が開花し、中世末期から18世紀の空気を呼び戻した。依頼人が要求される代金を払うことができるなら、特許状の縁には花と葉、受取人の紋章の模様から取られた

▶オーストリアの貴族カール・フォン・ロディエツキ・フライハー・フォン・ヴァイツェルブラグへの特許状(1819年)。彼は将校としてナポレオンと戦った。皇帝の紋章の横に、戦った地域が描かれている。権利譲渡証書の形式は、19世紀初頭のオーストリアで作られた書類に典型的なもので、保守的精神が窺える。

第5章 紋章のメッセージと宣言

◀ 1829年のオランダ王ウィレム1世によるファン・ヘルツェール家へのオランダの権利譲渡証書は、中世の特権状の形式を保っている。1枚の用紙に書かれ、文字は紋章を囲むように書かれている。底部に印章が付されている。

▲ ハンガリー王である皇帝フランシス1世によるジョージーヴィー兄弟への権利譲渡証書(1795年)。その地域の紋章が天蓋を飾っている。

▶ オーストリア皇帝マリア・テレジアによるオランダの銀行家C. A. ヴェアルッゲへの権利譲渡証書(1767年)。皇帝の紋章の左右にハンガリーとボヘミアの紋章が配置されている。

個々の副紋章や意匠、寓話的な生き物や、受取人の家や近隣で見られる鳥や動物などが付けられた。

　特権状の図像的要素の面でいろいろ選べるとなると、オーストリアの医師ヤコブ・ダイセルへの1663年の権利譲渡証書で描かれたような伝統が喜びで続けられることになる。そこでは、彼の地方の植物相が描かれ、彼の職業が象徴として描かれている。一方、1795年のハンガリーのジョージーヴィー兄弟への権利譲渡証書には、その兄弟の豪邸の絵を含むその地方の光景が示されている。

▼ 1867年頃、オーストリア皇帝フランツ・ヨーゼフの紋章の権利譲渡証書。表紙に皇帝の鷲が用いられている。蠟製の印章は金属の印章カバーで保護されている。

▶ バイエルン選帝侯マクシミリアン3世の1745年のフィリップ・パレットへの特権状。特権状の本の表紙は、爵位を授けられたパレットが「ワロニアの竜」隊の将校だった頃の勇敢な行動を記録している。

130　第Ⅰ部　紋章の歴史と用語

第5章 紋章のメッセージと宣言

第 **II** 部

紋章の応用

紋章は身分の高い者たちや、夢を追う者たち、

そして富裕層を常に魅了し続けてきた。

家系の記録であることから、それは、

本来は王権を誇示するためのものであったが、

しかし、貴族階級に限って

使用されていたというわけではなかった。

紋章は、宗教団体、都市、

同業者組合に合わせて作られるようになった。

大航海時代に、紋章の様式は世界中に伝えられ、

やがて国特有の型が生まれた。

時代の変化や新しい利用法に適応できたからこそ、

紋章は存続し続けているのである。

そして前世紀にはこれまでのどの時代よりも

多くの紋章が生まれた。

◀神聖ローマ皇帝と皇帝の紋章、その周囲に7人の選
帝候とその紋章が描かれている（15世紀の写本より）。

第6章
王家の紋章と貴族

　紋章一式(アチーブメント)はその家系の歴史を示すとともに、王を玉座につけたり、公や公妃に城をあてがったことによる同盟関係を示している。

　王家や貴族家系はいつも、彼らの系統と肩書を示すこの効果的な指標を示したがった。そして、国家的儀式は紋章の壮麗さを見て楽しむ好機である。そうした儀式における飾り立ては階級の区別を厳格に守るという意識に由来するものである。紋章が発展するにつれ、社会階層における地位(王族、貴族、宗教騎士団、教会など)を特徴づけるあまたの図柄が加えられてきたのである。

◀イギリスの貴族ハウ卿の紋章。盾持(サポーター)がいる。男爵に許された宝冠、兜が用いられている。

王家の紋章

何世紀もの間、王権はすべての貴族の称号と紋章の授与者とみなされてきた。それゆえ、国王たちが自らに紋章官(ヘラルド)としての権利を与えていたとしても驚くべきことではない。しかし、王冠(クラウン)、笏(スケプター)、宝珠(オーブ)、その他の王の装具が紋章の装飾として用いられるようになったのは、あとのことである。15世紀末まで、王の紋章一式と貴族のそれとを区別するものは、ほとんどなかった。しかしながら、13世紀末から14世紀初頭の印章では、王冠が王個人の盾形の紋章に描かれている。

王冠

紋章における王冠は、国王が実際に身につけた被り物の模倣であった。16世紀末まで、しばしば王冠は、その内側に深紅色あるいは紫色の帽子が付けられた状態で描かれ、さらに、輪から上がり頭の上を横断する、宝石や真珠で飾られた高く伸びる「アーチ」で飾り立てられた。王家によっては、下位の王族ではアーチの数が少なくなっている。

例えばイングランド王の王冠では2つのアーチが交差しているが、ウェールズ

大公の宝冠(コロネット)にはアーチが1つしかない。他の王族の宝冠にはアーチが1つもない。1662年以降のフランス王太子の王冠には、その紋章の図柄にちなんでイルカ形のアー

▼1399年ウェストミンスター修道院におけるイングランド王ヘンリ4世の戴冠式。役人たちが玉座の前で王家の紋章を掲げている。

▲グレート・ブリテン王女アンの紋章。左右の盾持と菱形紋には個人の胸懸紋(イングランド王家では男女両方に使われる)が付いている。宝冠は王位継承者だけでなく、君主の息子、娘のものでもある。

チが付いている。

他の国では、王族間で王冠の描かれ方はほとんど区別されていなかった。しかし王

▲▼王家の紋章の上に配される宝冠。着用者の地位によってわずかな違いがある。上はスウェーデンの王子のもの、下は王位継承者のもの。

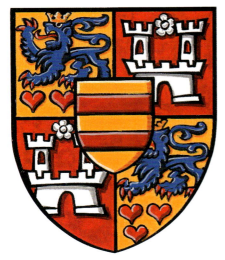

▲貴賤結婚（王家階層の外側の結婚）をしたデンマーク王家の王子に授けられた爵位であるローゼンボリ伯の紋章。

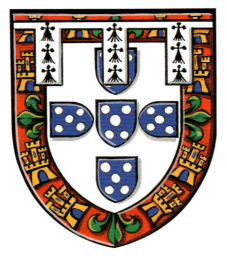

▲ポルトガルのコインブラ公（1449年死去）は、母方の家系であるランカスター公の紋章からとった胸懸紋を使用している。

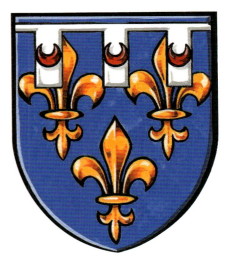

▲分家筋のアングレーム伯の紋章。王家筋であるオルレアン家の白い胸懸紋に三日月を配することで区別されている。

太子その他の大公の冠は、一般的な形であった。

今日、いくつかの共和国では、今も昔の王権に関連する装具が保持されている。1000年の歴史を有するハンガリーの聖ステファノの王冠はその典型であり、中世の金細工職人の工芸品のなかでも最高の逸品とされている。この王冠の歴史は驚くべきもので、長らく秘匿されたのちに盗まれて紛失するが発見され、第二次世界大戦後はアメリカに運び出され、ハンガリーの共産主義政権から守られた。この王冠は1978年に返還され、現在はブダペストの国立博物館が所蔵している。

王冠がないことは、まさに多くを物語っている。どんな王権からも束縛を受けない

▼ハンガリー王フニャディ・マーチャーシュの個人の紋章は、古代ハンガリー、近代ハンガリー、ダルマティア、ボヘミアの四分割紋章。盾の上に聖ステファンの王冠を配置している。

ことを誇るスイスでは、しばしば、様々な方形紋(カントン)を配した盾の上部にウィリアム・テルの農民の帽子が置かれた。

王冠は王族の階級を最も明確に示すもの

▲イングランドのウィリアム王太子の胸懸紋（レイブル）。ホタテ貝は、彼の母の家系であるスペンサー家の紋章から取られている。

であるが、君主の紋章では、しばしば身分を示す天蓋(パビリオン)やローブが描かれ、王家の紋章から取った王冠や図柄がちりばめられている。さらにその盾は、国王直属の騎士団に囲まれている。天蓋は、王冠が載っている円天井の天幕であり、その中に置かれた王家の紋章を見せるために左右に引き寄せられている。これは、多くの君主の紋章に共通するが、イングランド王家の紋章では決して好まれなかった。

王族間のメンバーを区別するしるし

イギリスでは、家長とその息子や親族を区別するために、息子らの盾に特定のしるしが加えられる。この種のしるしはイギリス王の代々の子孫の紋章にも描かれ、「ブリジュア」と呼ばれる。ブリジュアは胸懸紋(レイブル)、外縁紋(ボーデュア)、斜帯(ベント)などに付けられる。

君主の推定相続人の紋章には、数世紀にわたって三つ垂れの胸懸紋が付いている。最も初期のものは青色(アジュール)であったようである。垂れの数は様々であった。しかし、エドワード黒太子（1330-76）の存命中に、銀白の三つ垂れが標準化された。黒太子は1343年にウェールズ大公の位を授かったが、今日も国王の推定相続人によって同じ胸懸紋が使われている。

イングランド国王の他の子供たちは、薔薇や聖ジョージの十字架など、主に王家の副紋章(バッジ)から取った図柄が入った胸懸紋を用いる。国王の孫たちは数世紀にわたって五つ房の胸懸紋を付けていた。しかし、王家の男の孫、つまりウェールズ大公の長男であるウィリアム王太子に最近付与された胸懸紋は垂れが3つしかない。中央の垂れには、母方の家系スペンサー家の紋章からとった帆立貝が付けられている。同家の紋章には3つの銀色(アージェント)の帆立貝がある。

フランス王家は多くの分家に分かれ、家系ごとの「ブリジュア」を用いて王家の紋章と区別した。例えば、オルレアン家の白い胸懸紋、ブルボン家の赤色の斜帯(ベント)などがそうである。やがて、これらの家系のさらなる分家が独自の家系を確立した際、各分家は自分たちのブリジュアに小さな図柄を加えることで区別した。例えばアングレーム伯は、オルレアン家の白い胸懸紋に赤い三日月の図柄を付けた。

第6章 王家の紋章と貴族　137

▲ロンドンのウェストミンスター修道院内にあるヘンリ7世の礼拝堂に関する基調史料。王の盾を支えているのは、カドワランダーの赤いドラゴン（テューダー家の副紋章）。

▼オーストリアの皇帝家の紋章と彼らの主要支配地。ハンガリー王国の紋章は、曲がった十字架と王ステファンの王冠を持っている。

ロシアのロマノフ家の場合、王への親近性を示す盾持(サポーター)を用いて、自らの紋章を区別する傾向があった。

王家の紋地分割（クォータリング）

最古の家系の場合と同じく、ヨーロッパの有力王朝の紋章は、しばしば簡単なデザインから始まった。ホーエンツォレルン家は、白と黒で四分割された盾から始まった。彼らの隣人であるハプスブルク家は、金色(オーア)の紋地に、左後脚立ちの赤いライオンを用いた。彼らの権力の絶頂期、つまりホーエンツォレルン家がドイツ王で、そしてハプスブルク家が神聖ローマ皇帝であった時には、多重の紋地分割(クォータリング)を経た紋章を誇示することができた。分割された紋地はそれぞれ、領地、伯爵領、公国または王国を表し、その富はすべて皇帝のものであった。しかし、それぞれの主要デザインの中心には、常にハプスブルク家の赤いライオンとホーエンツォレルン家の単純な四分割紋章を見いだすことができた。

フランスの国王のように、紋地分割(クォータリング)をほとんど行わない国王もいる。フランスの百

▶18世紀後半ヨーロッパの王たちの紋章。フランス人による紋章に関する著作から。この図版では、カトリック王国の紋章が優先して配置され、プロテスタントの国々の紋章は下のほうに配置されている。

合は、あるものにとっては処女マリーの象徴であり、他の者にとっては3匹のヒキガエルとみなされた。イングランド王を象徴する動物として、ライオンや豹が挙げられることがあるが、いずれも等しく古くて謎めいた起源を持つ。

イングランド国王は自らの王位継承の主張を補強するために、フランス王国とイギリス王家の紋章を紋地分割した。しかもフランス側の紋章を盾のなかで最も重要な区画（第1および第4区画）に配置したのである。結果、イングランド王家の紋章には、19世紀になるまで百合紋（フルール・ド・リス）が残ったのである。イングランド国王は領土であるイングランド、スコットランド、アイルランド、フランスを示す四分割の紋章を使い続けてきた。しかし、1714年にイングランド王位がハノーヴァー家に移った際、王家の盾はブラウンシュヴァイク家、リューネブルク家、ハノーヴァー家の紋章を取り込んで、より複雑になった。この3つの家系の紋章には、シャルルマーニュの王冠が付された小さな盾形紋（エスカチョン）がある。これは神聖

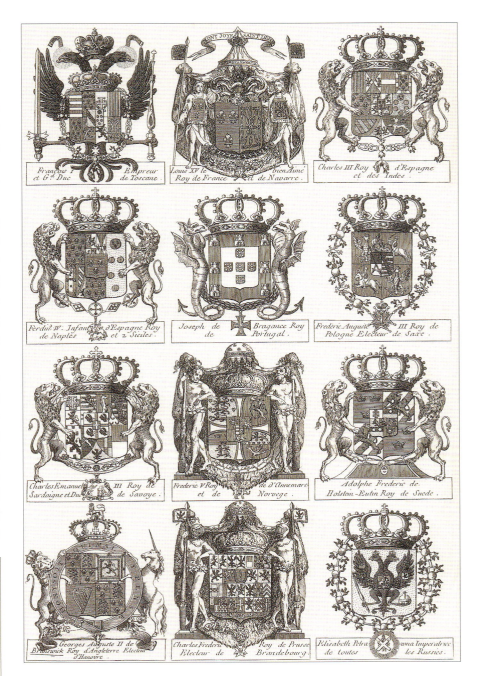

危険な違い

紋章の表し方1つで、権力者や有力者が没落しうるとは信じがたいことかもしれない。しかし、これはヘンリ8世治世中における、サリー伯ヘンリ・ハワードと彼と近しい関係のバッキンガム公エドワード・スタッフォードの末路であった。ヘンリは誰かが王位を要求するのではないかと病的な疑いを持っていた。一方、両者は王家の紋章の異型を持つ権利を有していた。彼らは、軽はずみにも王家の紋章をこれ見よがしに使った。そのうえサリー伯は、その紋章から分家筋であることを示すしるしを取り除いた。現在の王よりも自分のほうが王にふさわしいと主張しているようなものであった。有罪か無罪かにかかわらず、2人の貴族は死刑に処された。

ローマ皇帝の財務副長官を示しており、ブラウンシュヴァイク公、リューネブルク公としてイングランド君主が保持していた職であった。

スウェーデン王家の人々は、例えば、ベルムランドやウップランドのような、彼らが手に入れた公位に由来する地方の紋章を、盾形の四分割紋章に取り込んだ。

第6章　王家の紋章と貴族　139

イングランド貴族

千年以上をかけて徐々に発展してきたイングランドの貴族は、多くの型にはまった手法、挨拶のしかた、衣装、勲章、非常に複雑な義務を発達させた。それらは貴族階級以外はほとんど理解できないものであった。一方、貴族家系はかつてのように権力や財力を振りかざすことはないが、労働党内閣ですら、貴族やレディを必要とみなしていた。もっとも、1998年に世襲貴族の多くを貴族院から排除したのは労働党であるが。おかげで一部の一般市民は「人民の貴族」になる機会や、緋色やアーミン紋で自身を飾り立てる機会を得た。

当然ながら、貴族層の人々はローブと宝冠を身につけて毎日出歩くわけではない。実際、彼らの多くは、国王の戴冠式でもない限り、もはや公的な場でローブを着る機会はない。しかしながら、彼らのうちの少なくとも1人は、ごく最近まで、先祖代々の邸宅が一般に公開された際、娘に戴冠式用のローブを身にまとわせ、廊下を練り歩かせることによって、感受性の強い訪問者を興奮させた。

貴族と有爵婦人

「貴族（peer）」という単語は、ラテン語で「等しい」を意味するparesに由来する。そして、それは上位階級の集合的性質を表している。公爵から男爵までの爵位保持者は、最近まで、階級にかかわりなく貴族院に出席し、投票する権利が認められていた。さらにこうした世襲貴族のうち、ほんのわずかが上院に出席して投票するために選ばれる。1998年の貴族院法の可決以来、このような出席と投票の権利が付与されていた者の多くは一代貴族であり、その称号は、彼らの死とともに消滅する。

階級と称号

イングランドの貴族は5つの階級に分けられる。上から順に、公爵（デューク）、侯爵（マーキス）、伯爵（アール）、子爵（ヴァイカウント）、男爵（バロン）である。一代貴族は男爵に位置づけられ、その階級のローブと宝冠を着用する権利が付与される。多くの人々は、イングランドの貴族（爵位保持者（ロード））はその称号に由来する場所に住み、そこを支配しなければならないと考える。サマセット公の場合はその地方を支配しなければならないし、プリマス伯の場合はその都市に住む。例外もあるが、中世においてこうした貴族は王に代わってその土地を支配し、その称号を得た可能性がある。

5つの階級のうちで最も上位の公爵は、ラテン語のdux（指導者）すなわち戦争の指揮官に由来する。公爵の称号はあまり授与されなかった。1448年以降、存命の公爵位保持者がいない期間、王族でない者に公爵位が授与されることがあった。イング

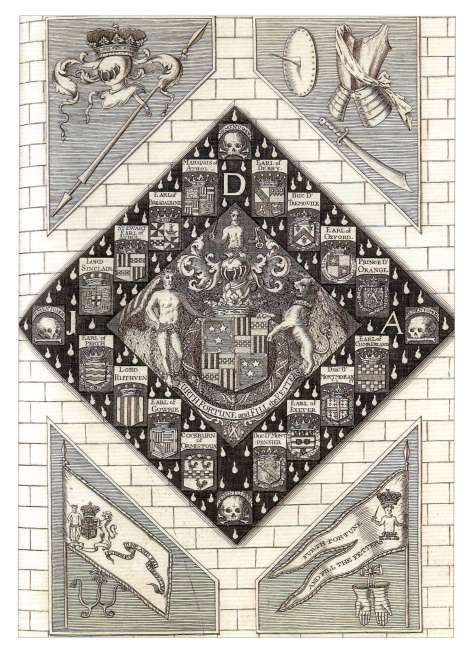

◀ 18世紀まで、貴族の葬儀は紋章を誇示する重要な機会であった。葬儀用の装飾には、忌中紋章（ハッチメント）が含まれていた。左の印象的な忌中紋章は、1722年に死去したアソル公ジョン1世のもの。

▲エドワード1世（1272-1307）時の議会の様子。聖職者の反対側に座る貴族が着ている議会用ローブは、今日のものと非常に似ている。

帝国では、辺境伯は最も東の境界線を守る任務を負っていた。

中間の階級である伯爵は、5つの階級のうちで最も古い。earldormaに由来し、アングロ＝サクソン期に君主に代わって州を治めるために正式に任命された者である。フランス貴族のcomte（伯）、ドイツのgraf（伯）に相当する。伯（earlまたはcount）は行政上の任務が多く、多くの場合、彼を手助けする代理か副伯（子爵）を必要とした。こうして、伯の下位の役職として副伯（子爵）位ができた。

貴族階級で最下位の男爵は、ウィリアム1世によってフランスからイングランドに導入された。13世紀までに、男爵は、王の顧問会議や議会で席に着くことを「令状により任命された」。スコットランドで男爵に相当するのは、「議会の貴族」、要するに普通の「貴族」である。スコットランドでは、男爵位は封建的関係に由来するものだが、金で買われることもあった。今は貴族院の議席を与えられることはないが、紋章に固有の標章(インシグニア)を有する。

貴族の呼称と名誉称号の種類

公爵の妻は公爵夫人(ダッチェス)、侯爵の妻は

ランドでは、公の称号は王家の者以外に使用されず、国王のすべての息子が公と呼ばれ、娘たちは王女と呼ばれた。昔からそうであったのだが、長男以外の息子たちには公爵位が与えられている。ヨーク、ケント、グロスターの各公爵位は、王家のために留保されていた。

1916〜22年のイングランド首相デビッド・ロイド・ジョージは、「公爵1人の体裁を完全に保つのに、ドレッドノート級戦艦2隻分の維持費がかかり、解体も容易ではない」と不満を漏らしている。貴族システムを支持する人々は、「全速力」のイングランドの公爵は、戦艦2隻分にひけをとらないほど有能であり、沈没しにくいと言って反論する。

公爵の下の階級は侯爵である。その名称は、国境または境界線の守護者に由来する。機密事項や戦略に関わる要職で、君主から信望の厚い貴族に授与された。神聖ローマ

▼新任貴族の紹介（1991年）。ランシー卿（中央）の左隣にいるのはガーター紋章官頭。右側の2人は同じ階級の貴族。

侯爵夫人である。同様に、伯爵夫人、子爵夫人、男爵夫人と呼ぶ。侯爵以下の爵位を持つ貴族は、口頭ではすべて「閣下」または「奥方様」と呼ばれ、彼らの妻は「奥様」と呼ばれる。公爵と公爵夫人はともに「閣下」と呼ばれる。

イングランドの貴族では、家系の家長のみが、その爵位を持つ（いくつかの国であるように、家族間で階級を共有しない）。ただし、公爵、侯爵、伯爵の長男は、父が存命の間、父の爵位のうち低いほうの爵位を用いる。このような爵位は法的なものではないが、国王宮廷によって承認されることから「名誉貴族」と呼ばれる。

名誉貴族当人に子供がいた場合、その長男は祖父の爵位のうち低いほうを使用してよい。例えばレンスター公の長男は、キルダール侯爵と呼ばれ、その長男はオファリー伯となる。同様に、ゼットランド侯爵の長男はロナルドシャー伯爵、その長男はダンダス卿となる。

公爵あるいは侯爵の下の息子は、名前の前に卿が付けられる。例えば「チャールズ・ブラウン卿」という具合である。娘の場合は「ジェーン・ブラウン嬢」となる。

伯爵の下の息子、すなわち子爵・男爵の場合は「チャールズ・ブラウン閣下」、娘の場合は「ジェーン・ブラウン嬢閣下」となり、既婚の場合は「ブラウン夫人閣下」と呼ばれる。「閣下」は、会話または非公式の文書では殿、嬢、夫人と呼ばれる。

貴族の長男は、父の盾持を使うことが認められている（胸懸紋による差違化とガーター紋章官頭の承認が必要）。ただし、父が健在で議会に招集されている時に限る。しかし、父が議会の招集を受けていないのに、長男が父の盾持どころか、その地位を示す宝冠まで使用している事例は多数ある。この問題は、世界で最も複雑な栄転制度を理解しようとする外国人はもちろんのこと、イギリス人をも混乱させている。この門外漢には理解しがたい複雑な問題は、オスカー・ワイルドがロバート・ロスに宛てた手紙で簡単に片づけられている。

「私は彼（アルフレッド・ダグラス卿）に以下のことを知らせる手紙を書いた。……彼がスコットランドの侯爵の三番目の子であり、あなたが下院議員の三番目の子であるという理由で、彼があなたより階級が上だとして振る舞おうとするのは全く馬鹿げている。紳士であることに違いないのである。爵位の問題は、紋章の問題である。それ以上でも以下でもない」

貴族位は通常、直系の男子の家系に受け継がれる。あるいは横に流れて彼の兄弟およびその子孫に受け継がれることもある。ある称号（普通、古い男爵位または伯爵位）は女系に移すことができる。その爵位の保持者は女性のはずであり、彼女は「彼女自身の権利における」有爵夫人と呼ばれる。

権利と特権

イングランド貴族の特権は時代とともに損なわれていった。特に1998年以降、「世襲者」の多くは貴族院の議席を失った。彼らは、例えば、王室執事長が取り仕切る、貴族たちによる裁判を受ける権利を与えられており、それを利用できた。直近の事例はクリフォード卿のもので、彼は1935年

▲ 2018年のヘンリー王子との結婚後、メーガン妃（サセックス公爵夫人）のために新しい紋章が作られた。イングランド紋章院と何度もデザインを相談し、メーガン妃は自身および出身地のカリフォルニアの要素が入った紋章を作ることに熱心であった。盾の青色の紋地はカリフォルニア沿岸の太平洋を表し、2本の金色の光線はカリフォルニアの太陽を象徴化したもので、3本の羽根ペンは言葉の力を表している。公爵夫人に関連する盾持は羽を広げて嘴を開いている。これもまたコミュニケーションを表している。

に過失致死罪で告訴されている。貴族は国王への直接面会の権利を主張できるが、現女王は、おそらく貴族から相談を受けたことはないはずである。

1998年に貴族院法が制定される以前は、850人以上の世襲貴族がいた。彼らは貴族院で議席を確保し、投票する権利を有していた。こうした時は過ぎ去ったが、多くの人々にとって貴族院は、依然としてロンドンのクラブのなかでも最も特権的である。過去数世紀の間には、貴族たちの階級意識がその尊大な振る舞いによって示されることもあった。例えば16世紀、エリザベス1世治世の大法官クリストファー・ハットン卿は、ノーサンプトンシャーのホールデンビーの自宅に、仲間の貴族全員の紋章のレプリカを建てた。バーリー卿は、国内の名だたる地主の紋章をまとめた地図で自邸を飾った。

ローブと宝冠

貴族のローブには2つのタイプがある。議会用と儀礼用である。議会用のローブは中世後期から知られており、貴族院への初登院時や、議会の開会式で着用される。ローブは上質の緋色の布製で、白い毛皮があしらわれている。貴族の爵位は、前身頃に付いている毛皮の段数で推定できる。公爵のローブは、オコジョの毛皮（黒い斑点が

▲ノーフォーク公閣下であるイングランドの伯マーシャル。議会用のローブを着用し、その地位を示す金の杖を持っている（1998年）。

ある）が等間隔で4段に配され、各段の上部に金色のレースがあしらわれている。侯爵のローブは右側が4段、左側が3段で金色のレース、伯爵は3段で金色のレース。子爵と男爵は同じで、真っ白な毛皮が2段に配され、金色のレースが付いている。

貴族のローブは、ロンドンの宮廷付き仕立屋イード＆レイヴンスクロフト社が製作する。今日、王国の貴族でさえ、本物のオコジョを使う余裕がある者はほとんどおらず、代わりに兎の毛皮またはオコジョの黒い斑紋に似せて染められた「コニー（兎の毛皮）」が使用されることが多い。もし、貴族が兎やオコジョを哀れに思うなら、彼または彼女は合成毛皮を使用するかもしれない。議会用の男爵のローブは新貴族に2000ポンドの費用負担を強いる。

しかし、やる気のある有爵婦人は、地方の商店で購入した生地を使って、自前のミシンで急いで縫い上げる。金色のレースの代わりに、櫛の模様が付いた金箔を使用した例もある。戴冠式用のローブはさらに高価で、貴族の地方の邸宅で公開されるのでなければ、滅多に見られない。

上述のマントあるいはローブは、完璧な宮廷衣装または軍服として着用される。もし公爵が宮廷付き仕立屋に儀礼用ローブのセットを要求したとすれば、おそらく1万ポンド以上を支払わなければならないであろう。

貴族の夫人たちや有爵婦人たちは、彼女らの（または彼女らの夫の）階級に応じた

▼モウブレー、セグレイブ、ストートン卿の紋章。彼の階級（男爵）を示す宝冠には6つの玉があり、そのうち4つが見えている。兜も兜飾もないように見える。

▲貴族のローブには、長らくイギリス貴族のローブを作ってきたイード＆レベンスクロフト社の紋章が付いている。

儀礼用のローブまたはマントを着用する。ローブ、マントともに裾が長く、男爵夫人用は1ヤード、公爵夫人用は2ヤードとなっている。

他の国々では、階級を示す宝冠は単なる紋章の飾りであるが、イングランドでは、階級に応じた宝冠（コロネット）を実際に身につけるという独特の特徴がある。ただし、宝冠を被るのは君主の戴冠式という大変まれな機会においてのみである。

階級を示す宝冠は、公式に以下のように記載されている。

銀メッキの宝冠。真っ赤なビロードの帽子、下部に白テンの折り返し、最上部に金の飾り房。そして宝石やあるいは高価な石、または銀の玉を模した模造真珠を使用してはならない。

・男爵の宝冠は、環上に6つの銀の玉を均等に並べるべし。
・子爵の宝冠は、16個の銀の玉を環上に並べるべし。
・伯爵の宝冠は、輪状に8個の銀の玉がポイントを持ち上げる形で付けられ、ポイントの間に金色の苺の葉があしらわれるべし。
・侯爵の宝冠は、輪状に7個の金色の苺の葉、そして7個の銀の玉が交互にあしらわれ、後者は縁の上にあるポイントの上に少し持ち上げられるべし。
・公爵の宝冠は輪状に8個の金色の苺の葉があしらわれるべし。

貴族の夫人たちによって着用される宝冠は、夫の宝冠を小さくしたものである。高

第6章　王家の紋章と貴族　143

価な石や真珠は、今は貴族の宝冠に飾られることが認められていないが、中世の伯爵の宝冠には、ほぼすべてに、重い宝石が付けられていた。宝冠のデザインの多くの特徴は17世紀に設定された。つまり、これ以前は、男爵は全く宝冠を被らなかったのだが、緋色の布とオコジョの毛皮の帽子だけは被ることを認められていた。

貴族の紋章

王国の貴族たちは、盾持（サポーター）を持つ権利と、階級に応じた宝冠を付ける権利を享受している。宝冠は、直接盾の上に配置され、兜の上には配置されない。兜は兜飾（クレスト）とともに、宝冠の上に配置される。貴族の兜は銀色で、金で飾り付けられ、横から見て5つの突起が見えるようになっている。しかしながら、実際には紋章一式を示すのに兜それ自体は必要なく、紋章一式はしばしば宝冠（帽子があるかないか）と兜飾のみを含む単純化されたものになっている。貴族は紋章一式に身分を示すローブを付けることもあるが、これは稀である。スコットランドの貴族は、アーミン紋（オコジョの毛皮模様）を裏地にした真っ赤なマントを付けた。

既婚女性が彼女自身の権利において貴族として叙任されると、状況はより複雑になる。完全な夫婦の紋章一式では、向かって左側に夫の紋章、向かって右側に妻の紋章を置く。伝統的に、有爵婦人は彼女自身の権利において紋章の女継承者となる。それゆえ有爵婦人の夫は、夫婦の紋章一式が通常の形態となり、盾の中央に義理の父の「見せかけの盾形紋（エスカチョン）」を配置する。盾形紋は、彼の妻の本来の階級の宝冠とともに「象徴化」されるか、あるいは上に置かれる。夫自身は貴族であるはずで、盾持、兜飾などがある自身の階級に応じた紋章一式を使う。

もし、彼がジェントルマン（紳士、有閑階級の人）ならば、彼は単にその階級の紋章を使用する。いずれの場合においても、夫の紋章一式の向かって右側に、盾持と宝冠を伴う菱形紋（ロズンジ）の有爵婦人の紋章一式が置かれる。もし有爵婦人がスコットランド人ならば、紋章一式に彼女の家系の兜飾を付けることができる。

近年では、多くの女性が一代限りの貴族であった。それゆえ、彼女自身の権利において有爵婦人であるが、もし彼女の家系に紋章を相続する兄弟がいるなら、紋章の女相続人ではない。このような有

▲イギリス貴族ハウ卿の紋章。盾持、階級を示す宝冠、兜が揃った紋章一式。

▼第2代ベドフォード公フランシス・ラッセルの紋章（1580年）。地位を示す兜を除き、この時から貴族の紋章の構成はほとんど変わっていない。

▼一般の人と結婚した、有爵婦人の夫婦の紋章一式。向かって左側にある夫の盾には、彼女の紋章を取り入れた盾形紋がある。

144　第2部　紋章の応用

爵婦人が結婚した場合、夫は自分と妻の紋章を盾において統合することになる。

　有爵婦人の夫が逝去したときは、2つの菱形紋を持つことで彼女の状況を示す。向かって左側の菱形紋に夫の紋地があり、右側は以前と同じである。有爵婦人でない貴族の未亡人は、向かって左側にのみ紋章一式を配置するが（夫の紋章は菱形紋にある）、これはまだ盾持と夫の称号に由来する宝冠に「守られて」いる。貴族、騎士、男爵の妻は夫の爵位を享受することができる「某婦人」なのである。しかし、もし一般人のジョーンズ氏が有爵婦人と結婚したとしても、彼は一般人のジョーンズ氏のままである。

准男爵（バロネット）

　イングランドの貴族にはもう1つの階級がある。それは世襲であり、貴族院の議席と投票権がまだ与えられていない者を指す。多くの人々を混乱させてしまう階級、准男爵である。実際、准男爵位の保持者は、世襲の騎士として扱われる。それゆえ彼は、例えばサー・ジョン・スミスと呼ばれ、名前の後ろに「Bt」をつけることができる。准男爵は、騎士と貴族の間の身分だったことから、実際「新たな金」と関連づけて捉えられる。ヴィクトリア女王は、准男爵位を労働者階級の人々を貴族にする有用な手段として見いだしたと言われる。19世紀のある時点において、多くの富裕な醸造家が准男爵であった。このため、准男爵は「ビール醸造者」とあだ名された。

　准男爵位はジェームズ1世（1603-25）治世に起源を持つ。ジェームズ1世は資金調達の手段として准男爵の位を創設したのである。爵位は1095ポンド（アルスター地方で3年間30人の歩兵を維持するのに必要な額）を支払えば授与された。1611年にまず100通の特許状が準備された。同様の考えは、ノヴァスコシアの問題解決のための費用を準備していたスコットランド人の間にも広まった。ノヴァスコシアの准男爵たちは、イングランド騎士の紋章を身につけていたが、これにノヴァスコシアの紋章を加えた。ノヴァスコシアの紋章は、方形紋または盾形紋の上に配置するか、盾の下に黄色のリボンで副紋章として吊り下げられた。アルスター地方（のちのイギリス連邦でも）の准男爵は、同様の作法で白色の紋地にアルスターの赤い手がある図柄を採用している。

販売用の爵位

　准男爵位の売買は、その他の爵位も売ることが可能かどうかという問題を引き起こした。ある時期には、騎士位と貴族位の販売はほとんど公然と行われた。爵位を購入する財力があり、もしそれを望むのならば、誰でもが騎士および貴族階級の高みに登ることができたようである。

　ある廷臣（寵臣の場合が多い）は、友人や家族のために「相当の値段」で爵位を手に入れることを、ほとんど任務とみなしていた。ロバート・ピール卿は以下のように書かざるを得なかった。「こうした欲深さに、私は非常に驚いている。私は、人々が空虚な名称に気品を感じなくなるのではないかと語る」。

　ヴィクトリア朝において、爵位売買ビジネスはいささか厳しく取り締まられるようになった。しかし、1920年代には爵位売買に関する事件がもう1つあった。ロイド・ジョージが首相として政権を握っていた時、自由党は、爵位売買を政党資金を増やす手段とみなした。費用は、騎士の1万ポンドから貴族の10万ポンドまで様々であった。ふさわしい依頼人を探すために仲介人として選ばれたのは、「貴族位」ブローカーこと、J.モーンディー・グレゴリーである。

　この爵位の闇取引の騒乱は、結局、ロイド・ジョージの失職と爵位授与濫用防止法（1925年）の可決によって幕を閉じた。同法により「爵位および名誉称号の譲渡の対価としていかなる贈り物、金銭、賄賂としての価値、仲介料」を受け取ることが罪になったのである。

　美しく着飾った貴族を見る機会はほとんどないが、新任の貴族がお披露目される時には貴族院の来訪者室から見ることができる。この時、新任の貴族は議会用のローブに身を包み、同じ階級の2人の男性貴族の介添えを受ける。そしてタイツ、陣羽織（タバード）、鎖など儀礼用の正装をまとったガーター紋章官頭により議場に導かれる。数世紀の歴史を持つ儀礼では、お辞儀と脱帽が何度も繰り返される。

▼ブリテン王国における准男爵の盾には、アルスターの赤い手が描かれた盾形紋が配されている。兜は騎士のものである（目庇を開いている）。

ガーター騎士団

騎士道の隆盛は、忠誠心を呼び戻す教訓、英雄的行動、栄光、兄弟愛をもたらした。騎士道はヨーロッパ諸侯の心をつかみ、貴族や軍事の専門家たちの結束を高め、エリート集団（騎士団）を作るうえで理想的な戦略とみなされたのである。イングランドのガーター騎士団はこうした騎士団の1つであった。中世やロマン主義時代の作家たちは騎士道倫理に触発され、アーサー王や円卓の騎士の物語を利用して、エドワード3世がガーター騎士団を創設した時に抱いていた政治的野心に寄与した王家とアングロサクソン人とのつながりを執筆した。その創設の年については長らく議論されているが、1348年だと信じられている。もっとも、これより4年ほど前、ウィンザーの大競技会に参加する騎士のために王が円卓を設置した時とする説もある。

騎士団の勲章

騎士団創設時のメンバーは、王とウェールズ大公（エドワード黒太子）と24人の仲間であった。彼らはそれぞれ自らの紋章のモチーフとして青いガーターを持っていた。ガーターは剣帯を表したものだったという説もあるが、しかしそれにはカレーで開催された舞踏会にまつわるロマンチックな物語がある。ソールズベリ伯夫人ジョーンの脚からガーターが落ち、宮廷人たちがニヤニヤし、伯夫人は当惑した。これを見たエドワード王はガーターを拾い上げて「悪意を抱くものに災いあれ」と言った、というものである。

ガーター騎士団の色（青色、金色）がフランスの紋章の色と同じであったことは偶然の一致ではないであろう。騎士団を創設した時、エドワード3世はフランス王位を請求していたのである。ガーター騎士団のローブに関する最初の記述によれば、栗色の地にガーターがちりばめられていたが、15世紀までに地は青色となり、左肩にガーターを1つ付けるようになった。騎士団員は、左膝の下にも常時ガーターを付けていた。

紋章の飾りは徐々に増えていった。ヘンリ7世（1485-1509）は、金色の結び目と赤い薔薇が交互に組み込まれ、ガーターで取り囲まれた光り輝く頸飾（カラー）を導入した。頸飾からはさらに、馬にまたがって緑色のドラゴンを仕留める聖ジョージの飾りが吊るされた。騎士団の星は王チャールズ1世が1629年に制定した。聖ジョージの赤い十字架がガーターで囲まれ、さらに放射線状に伸びた銀色の光線に囲まれたものである。

紋章の中の標章

テューダー朝以来、ガーター騎士はガーターに自身の紋章を入れるのが慣例であった。騎士団の頸飾に紋章を付けることも許容された。ただ、今日ではこれは滅多になされない。おそらく頸飾が複雑すぎて正確

▼ガーター騎士の紋章を示す豪華な図版（1589年）。1486年からテューダー朝が断絶する1589年までの紋章が描かれている。

▼ガーター騎士団の飾り環は、騎士のほか、聖職者や騎士団長の紋章を囲むのにも使われた。

ガーター勲章の夫人たち

中世後期、夫人たちは騎士団に関連づけられる。彼女たちは、完全な団員としての権利を享受することはできなかったのだが、実際には左腕にガーター勲章を身につける権利が付与されていた。ガーター勲章の夫人たちの彫像は、オックスフォードシャーにあるユーウェルム教会とスタントン・ハーコート教会で見ることができる。こうした栄誉を受けた最後の人物の1人がヘンリ7世の母マーガレット・ボーフォートであった。1509年に彼女が死去して以降、騎士団は、国王と関係のある女性を除き、もっぱら男性のものとなった。これは1901年にエドワード7世が王妃のアレクサンドラをガーター勲章レディとするまで続いた。以降、在任中の王妃たちが団員となった。1987年には、女性は男性と同じようにガーター勲章に選ばれるのがふさわしいとされ、最も高貴なガーター勲章における最高級勲爵士夫人と名付けられた。

▼サフォーク伯夫人アリスの彫像。伯夫人の左前腕にガーター勲章が巻かれている。

▲ガーター騎士団のローブを着たマーチ伯ロジャー・モーティマ（1398年死去）。15世紀の肖像画。

は残される。それゆえ、最も古い盾は中世後期まで遡る。

　ガーター騎士の盾は、ウィンザー城内の聖ジョージの広間にも掛けられていたが、1992年の火災で多くの盾が破壊されてしまった。代替の盾は、紋章学の専門家たちから非難された。その仕事は雇われ看板屋に任されたのである（彼いわく「もう二度と盾など見たくない」）。1999年以降に補修契約した盾は、専任の紋章芸術士によって創られた。

　イギリスの他の騎士団も、それぞれ礼拝堂を持っている。ロンドンのウィンチェスター修道院にあるヘンリ7世の騎士礼拝堂は、バース騎士団の本拠地である。ウェリントン公ネルソン卿やカーツームのキッチナー卿など、有名な団員の座席の飾り板が置かれている。聖マイケル・聖ジョージ騎士団は、聖ポール大聖堂内に礼拝堂を持っている。聖ポールの地下には、大英帝国騎士団の礼拝堂もある。ただし座席に飾り板はないが、いずれも王家と関わりのある旗がある。王立ヴィクトリア騎士団は、サヴォイ家の女王礼拝堂を本拠地とする。

に描きにくかったためであろう。ちなみにイングランドの他の騎士団はこのパターンに従っており、団員は標語（モットー）が書かれた飾り環（サークレット）の中に紋章を入れる。大十字章騎士たちは騎士団の頸飾に紋章を付けたであろう。騎士（および准男爵）は、盾の上に完全に開いた簡素な面頬を持つ鋼の兜を置くことで、彼らの等級を示す。

　騎士団の騎士が夫婦の紋章一式を示す場合、2つの盾（楕円形の場合もある）は横並びで描かれる。向かって左側には飾り環または騎士団の頸飾の中に騎士の紋章を置き、右側には花輪が付いた夫婦の紋章一式を置く（合わせ紋または見せかけの盾形紋（エスカチョン）の形をとる）。爵位を示す兜は2つの盾の接点に置かれる。盾が並列されているのは、騎士身分が妻ではなく、夫に付与されたことを示す。しかし妻は、夫のおかげで夫の爵位を享受し、「レディ」の敬称付きで呼ばれる（夫の姓がその後に続く）。

　イギリスでは、女性が騎士と同等の勲章を授与されるとき、彼女は「デイム」と呼ばれる（大英勲章第一位夫人または大英勲章第二位夫人）。この場合、彼女の菱形紋（ロズンジ）は騎士団の飾り環の中に置かれる。

紋章の表示

　各ガーター騎士の方形旗（バナー）と兜飾（クレスト）付きの兜は、彼の存命中はウィンザー城内にある聖ジョージ教会のそれぞれの座席に掛けられた。座席の後ろには騎士の紋章が付いたエナメル合金の飾り板があり、旗と兜飾は彼の逝去に伴って下ろされるが、座席の盾

▼最も高貴なるインドの星勲章のナイト・グランド・コマンダーであった故ヒュー・サイクス卿の紋章。紋章のまわりに騎士団の頸飾がある。

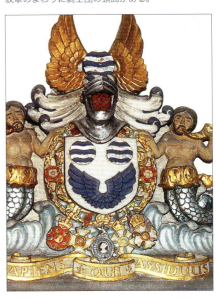

第6章　王家の紋章と貴族　147

金羊毛騎士団

ヨーロッパの最初期の騎士団は宗教騎士団で、聖地で戦うための軍人集団を作るために創設された。14世紀に西ヨーロッパの社会構造が変化し、教会が王の力に屈すると、王の地位の強化とその栄光を讃えるため、世俗の騎士団が多数設立された。こうした王立騎士団のなかで最も名高いのはブルゴーニュ公に属する騎士団であろう。彼は、キリスト教世界のどこの王にも劣らず力強く、富裕であった。

エドワード3世のガーター騎士団の名声を見たブルゴーニュ公フィリップ（善良公）（1419-67）は、高貴な貴族を自らの王国に結びつけるため、同様の組織の創設を決めた。彼は家系の男子、最も信用できる顧問官、友人に、宝石の付いた金の鎖を付与した（金羊毛の頸飾（カラー）の前身（トワゾン・ドール））。金羊毛騎士団は、1430年のフィリップとイザベル・ド・ポルトゥガルとの結婚の祝賀会の際に創設された。ガーター騎士同様、公フィリップは、教会や彼の家系を悪質な敵から守るために、金羊毛の騎士に宣誓を求めた。

総会

他の騎士団と同じく、金羊毛の騎士たちは、数年ごとにブルゴーニュの主要都市で開催される総会で顔をあわせる。第1回総会は、1431年にリール（現在は北フランス）で開かれ、25人の騎士が就任した。ガーター騎士団同様、騎士団の礼拝堂の座席は、騎士たちの紋章一式で飾られていた。しかしながら、総会がブルゴーニュの様々な都市で開催される金羊毛騎士団の場合、紋章が設置された教会は、北フランスとベルギーに点在している。総会はしばしばブルゴーニュ公が主催した他の贅沢な催し物と同じ場所、同じ時に開催されることも多かった。ヨーロッパの他の諸侯には豪華さの点で肩を並べられる者はほとんどなく、こうした催事は諸侯の羨望の的であった。

総会の集会において、ブルゴーニュ公は会長として座する。彼の両側に騎士たちが座り、各人は騎士団の頸飾を着用している。総会は、それぞれ明確な役割を持った役人によって運営される。騎士団の尚書官（書記）は通常、高位の聖職者で、公印に関する責任を負った。尚書官は集会を組織し、また騎士たちの不正行為を会長に報告した。彼は騎士が死去した後の追悼演説も行

▲15世紀におけるブルゴーニュ公の宮廷は「キリスト教世界のなかで最も豊か」であった。ここで、ブルゴーニュ公であるシャルル豪胆公（1466-77）が顧問会議を開催した。

った。会計係は、法令集や頸飾の管理をした。頸飾には番号が振られており、騎士が逝去すると返還されることになっていた。秘書は議事録を作成し、騎士の戦績を記録した。

多くの騎士団のように、金羊毛騎士団は固有の紋章官（ヘラルド）を持っていた。正確には金羊毛紋章院長官と呼ばれた。この役人は特定の総会の際、役職を示す記章、すべての騎士の紋章が装飾された「ポウテンス」と呼ばれる騎士団の頸飾を身につけた。紋章官は騎士団に関連する儀式のほとんどに責任を持ち、騎士の紋章が正しく配列されているかを確かめる責任も負っていた。

騎士団の標章

金羊毛騎士団の頸飾には騎士たちの盾が

◀ブリュージュのシャルル豪胆公の墓にあるブルゴーニュ公の紋章。四分割された盾の第1区画と第4区画は近代のブルゴーニュ、第2区画はブラバンを伴ったかつてのブルゴーニュ、第3区画はランブルを伴ったかつてのブルゴーニュ。盾にはフランドルの紋章が付いている。

▲金羊毛騎士団の団長であるスペインのフェリペ2世の座席の飾り板は、1559年に第23回騎士団総会が行われたヘントの聖バーフ大聖堂内に置かれている。

1516年にスペイン王位を継承した。ハプスブルク家の血筋がスペインで途絶えた時、オーストリアの皇帝カール6世がスペイン君主のブルボン家に対して金羊毛の主権を要求した。そして1713年にウィーンで騎士団が再創設された。これから、金羊毛は2つの国で別々に継続されていった。オーストリアの分派では、ローマ・カトリック教徒のみ認められたが、スペインの分派は、19世紀には俗人の騎士団となり、現在の団員には、イギリスのエリザベス女王が含まれている。

20世紀前半、多くのヨーロッパの君主が没落したが、世俗的な大騎士団の多くは生き残った。例えばガーター騎士団やアザミ騎士団などである。スカンジナビアの2つの騎士団、すなわちデンマークの象騎士団（1462年創立）とスウェーデンのセラフィム騎士団（1748年創立）は、現在および過去の騎士団に関連する素晴らしい紋章の図案を保持している。

▼16世紀後半のフランドルの紋章鑑内に収められている、金羊毛の頸飾の完全版。

あしらわれ、盾はブルゴーニュ公の意匠や副紋章でつながっている。火花を放つ火打石の中にある火口金がそれである。頸飾中央の火打ち石には、金色の羊とフィリップの演説の一節が配されている。「私は敵を追い払い、そして彼らが準備する前に打ち倒す」。

騎士団の図案として金羊毛が選ばれた理由の1つにブルゴーニュの絶大な豊かさの源であった毛織物交易の引喩がある。アルゴナウテース（金羊毛を求めたギリシャの英雄たち）に関連した説もある。彼らの金羊毛の探求は、フィリップが騎士に求める資質を具体化していたのである。
紋章官頭（キング・オブ・アームズ）の権力と騎士団の騎士のローブは、ウィーンの美術史美術館で展示されている。そして多くの他の美術館も、素晴らしい勲章の標本を持っている。

紋章の区割り

ブルゴーニュ家の男系は、15世紀末に終わりを迎えるが、その時、広大な土地のすべての財産は偉大なる後継者、シャルル豪胆公の妹であるブルゴーニュ女公マリーのものとなった。マリーは、ハプスブルク家の大公マクシミリアンと結婚した。彼は1493年に神聖ローマ皇帝となる。マリーとマクシミリアンの孫息子シャルルは、

第6章 王家の紋章と貴族　149

教会の紋章

紋章が戦場の必要から誕生し、教会で採用されるまでに長い時間はかからなかった。紋章を使って何をするかを示す必要はなかった。なぜなら教会のヒエラルキーは貴族階級に由来することが多く、貴族階級はすでに紋章を採用していたからである。聖界諸侯たちは戦争に参加しないことが前提とされるが、1066年のヘースティングズの戦いには、なかでも最も好戦的な2人が参戦している。ノルマンディ公ウィリアムの義兄弟であるバイユー司教のオドと、クータンス司教のジョフロワである。彼ら戦う聖職者は、ノルマン人戦士と同様の恐ろしいやり方で武器を使った。

教会の紋章使用者たちは、独自の紋章表現を発展させた。楕円形の中に自分の紋章を配置することが多かったが、これは紋章が登場するかなり以前から彼らが使っていた印章に由来するものである。軍人が軍人らしいやり方で印章に彼自身を示した一方、誇り高き聖職者である彼または彼女（女子修道院長は紋印を用いた）は、祈りを捧げるという行為で自分自身を示そうとし、彼または彼女自身の紋章の盾がこれに付随した。修道院、司教座聖堂、その他の組織の印章には、組織の紋章に加え、（もし使用されていたなら）守護聖人や由縁ある聖人の

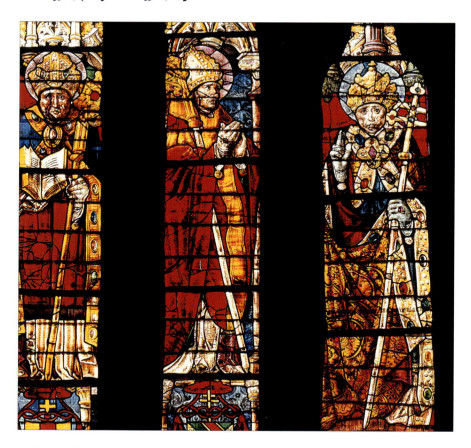

紋章も描かれた。こうした作法は今も多くの教区と修道院組織でみられる。紋章が、中世の騎士たちによって戦争のなかで本来の形で使われていた頃、西欧には教会は1つの宗派しかなかった。以来、ローマ・カトリック教会の紋章は、プロテスタントの聖職者も含む、他のキリスト教の宗派にモデルを提供してきた。ただし彼らは、より簡素な形式を用いることが多かった。

教皇の紋章

教皇の場合、自身の家系の紋章を盾の上に配し、盾の上に教皇冠を置く。盾の後方には聖ペテロの鍵が置かれる。金の鍵は向かって左上に向けられ、天国にまで及ぶ教皇の力を象徴する。銀の鍵は同じく右上に向けられ、地上での信徒に対する力を象徴する。2つの鍵はしばしば赤い紐で結ばれている。教皇の死から後継者の選出までの間、鍵は枢機卿カメルレンゴ（教皇の財務官）が預かる。彼は2つの鍵を斜十字形（サルタイア）にして「小天蓋（オンブレリーノ）」

▲ 15世紀にスペインのトレド大聖堂の窓に描かれた枢機卿の紋章は、赤い帽子の上に置かれている。

（実際、傘の形をしている）と呼ばれるローマ・カトリック教会に特有の別の表象の下に持っていく。2つの鍵と小天蓋は通常、カメルレンゴの盾の上に置かれる。これは、新しい教皇の選出までの間、神聖なる教皇庁の権力を彼が管理することを意味している。

枢機卿の帽子

13世紀以降、枢機卿位は、赤い帽子を着用することで区別されてきた。帽子には紐が飾られ、顎の下で結べるようになってる。枢機卿の帽子を彼の墓の上に掛けるという慣習は古くから続いており、カトリックの国々の聖堂ではこうした古ぼけた表象が掛かっているのがよく見られる。赤い帽子は紋章でも用いられるようになり、枢機卿の紋章の上に配された。盾の両サイドからは赤い紐が垂れ下がり、たいてい房飾りがついている。房の数は、最初は決まっていなかったが、

▲教皇の便箋に使われていた教皇ヨハネ・パウロ2世の紋章。ローマ教皇位の象徴である、交差したカギと三重冠が描かれている。

▲教会組織や個人の印章でよく見られる楕円形の図柄。これはイングランドのドーセットにあるミルトン大修道院の紋章で、大樽（tun）の上に水車（mill）がある。

教皇ピウス6世（1775-99）治世で、両サイドに15の房が付けられるようになった。

大主教と主教

任地に居住する大主教は「パリウム」を使用することもあろう。もともとはトガ（古代ローマの一枚布の上着）のような衣装で、

▼教会のカレンダー内に記された一大行事は、紋章を通じて記録されていた。コンスタンツ公会議（1414-18）の年代記中のこのページは、教皇マルティヌス5世選出に関わった偉大な聖職者の紋章を示している。

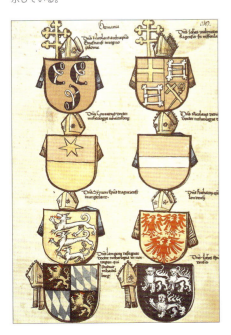

肩に掛けられるY字型の帯で縮められた。しばしば大主教区の紋章に図案として用いられた。

大主教は、盾の背後で二重に突き刺された十字架も使用することができた。一方、司教は簡素な十字架を盾の背後に付けた。プロテスタントの高位聖職者は（宝石の付いた）高価な主教冠が付された盾紋章を選ぶことができる。牧杖と十字架が、盾の背後に斜十字形に付けられることもあった。

北ヨーロッパ、特にイギリスでは、ごく当然のこととして大主教・主教・大修道院長が自身の教区または修道院の紋章と、自らの紋章とを並べた。イギリスの教区では、盾は（結婚などで）合わせ紋にされた。つまり、盾の向かって左半分に教皇庁の紋章、右半分に司教の紋章を配置する。プロテスタントの聖職者は結婚が認められているため、司教や大司教の忌中紋章（ハッチメント）ではしばしば2つの紋章が描かれる。

聖界諸侯

神聖ローマ帝国では、大主教、主教、大修道院長、そして女子大修道院長までもが、何世紀にもわたって特定の領地を支配することができた。これらの強力な教会君主は、あらゆる点で他の支配者たちと同じように、大きな紋章一式（アチーブメント）を用いることも多かった。ある者は、教会の高位の証ではなく、マント、君主の帽子または階位を示す宝冠を使用することに何の迷いもなかった。彼らはよく教会と世俗の記録を結びつけ、彼らの宮殿や教会を見たこともないような大きな紋章一式で飾った。

彼らの紋章には、しばしば牧杖や十字架といった主牧の仕事の象徴だけでなく、剣も含まれた。剣の図柄は、男女を問わず、聖職者の紋章として最もありそうにないもののように思われる。しかしこの図柄は、文字どおり、彼らが臣下に対して生殺与奪の力を持っていたことを示している。剣の図柄は、ザクセン＝マイニンゲンの女子大修道院長エリザベート・アントニア（1713-66）の紋章にも見ることができる。女子大修道院長エリザベートの裁判権は、ニーダーザクセン州ガンデルスハイムの教

▲カナダのウクライナ系ギリシア正教会の紋章一式。図柄として長司祭の司教冠とロープが使われている。

会と修道院、そして20人以下の臣下に限定されていたが、彼女は修道院の紋章のカルトゥシュの後ろに帝国の鷹を配することで、ブランシュバイク公からの独立性を主張したのである。これらの紋章は黒色（セイブル）と金色（オーア）の縦二分割（パー・ペイル）であった。それは皇帝の色であり、かつてガンデルスハイム女子修道院長が皇帝妃であったことを思い起こさせる。

イギリスでは、聖職者の紋章に剣がある例は、ダラム大主教の紋章を除いて、あまり知られていない。ダラム大聖堂は、多くの点で教会というよりもむしろ城のように見える。実際、偉大な教会のすぐ後ろには本物の城がぴったりとくっついて建っている。ダラムの聖界諸侯には、中世のイングランド国王から宮中伯の地位が付与された。それは事実上、彼らを教区の支配者にするものであった。というのも、彼らは自身の徴兵軍を保持すること、そしてスコットランド人の侵入に対する防備力を持つことが期待されたからである。主教城主は、公爵の（または紋章の）宝冠に主教冠を付ける唯一の栄誉を保持していた。かつての主教も、主教冠に駝鳥の羽根を付け加えた。こうして、主教の帽子が戦士の兜と結びつけられるようになる。彼らの印章は、彼らが戦闘の責任を負い、剣を高く持ち上げる騎士であることを示した。

第6章　王家の紋章と貴族　151

宗教騎士団

中世のヨーロッパは、騎士と教会の2つの権力によって支配されていた。教会はしばしば厄介な騎士の行き過ぎた行為に対して抗議した。彼らは人里離れた修道院を略奪することを厭わなかったのである。一方、騎士の体が最終的に運び込まれるのは、こうした地方の教会であった。そして、これらの暴力的な登場人物は、得てしてその事績が教会のステンドグラスに描かれることになるのであった。

第1回十字軍

教皇ウルバヌス2世（1088-99）は軍の暴力をよい方向に向かわせる方法をみつけた。戦うのをやめるよう人々に訴えるよりも、むしろキリスト教世界の主な悩みの種、つまりムスリムを彼らの武力でもって追い出すよう奨励したのである。彼の乱暴で巧みな福音主義は、ヨーロッパの戦士たちを惹きつけた。彼らは、天上での栄光だけでなく、地上で富を築く可能性をも見いだしたのである。

ウルバヌスは、1095年の集会の間、十字架の象徴的意味を使い、それが彼らの大義名分の証拠となるはずだと述べた。そのメッセージはすぐに効果を発揮し、人々は色のついた衣服を細長く切り裂き、十字にしてチュニックに縫い付けた。多くの障害

▼チュートン騎士団長の紋章。

▲貧困にあえぐ2人のテンプル騎士が描かれた印章。節約のため、1頭の馬を2人で使っている。

があったにもかかわらず、第1回十字軍（1096-99）は目的を達成した。イェルサレムは占領され、男性、女性、子供を問わず、度を超えた残忍性のもとで虐殺された。

財を成すことが一番大切だと思う者がいる一方で、騎士道の精神を信じて突き進む貴族たちもいた。イェルサレム占領の数年前、騎士の一団は、その町への巡礼者の保護者としての役割を果たしていた。第1回十字軍の際、彼らはイェルサレムのソロモン神殿の近くに住んでいた。1119年にユーグ・ド・ペインとジョフロワ・ド・サントメールは、その集団を宗教騎士団に組織化した。それが「ソロモン神殿の貧しい騎士たち」であり、通常「テンプル騎士団」と呼ばれる。非常に貧しかったので、初期

▼左から右へ：テンプル騎士団の紋章、聖ラザルス騎士団の紋章、イェルサレムの聖ヨハネの崇高なる軍事騎士団（マルタ騎士団）の紋章。

のテンプル騎士団員はしばしば、彼らの印章では、1頭の馬に2人の人間が乗っている様子が描かれているのだと主張する。司祭＝騎士のアイデアは、すぐに採用され、他の軍事的騎士団の創設を導いた。そのなかには、ハンセン病患者の病院を保持するイェルサレムの聖ラザルス騎士団や、病人や疲れた巡礼者を助けるために創設されたイェルサレムの聖ジョン・ホスピタル騎士団（聖ヨハネ騎士団）があった。彼らが建てた大きな宿舎のいくつかは、まだ残存している。聖ヨハネ騎士団員とテンプル騎士団員は多くの富を手に入れ、巨大な城を建てた。この2つの強力な騎士団は不仲で、「異端者」との戦いがない時は互いに戦おうとした。

騎士団の標章

それぞれの宗教騎士団は、特有の形と色を持つ十字架を定めた。これらの象徴のいくつかは、今日もお馴染みである。とりわけ聖ヨハネ騎士団の白い八端十字架の場合がそうで、今はイェルサレムの聖ヨハネの崇高なる軍事騎士団と呼ばれ、マルタ騎士団として知られている。騎士団のイングランド支部は聖ヨハネ最高尊者騎士団で、その団員は聖ヨハネ救急団として自発的な仕事をしているので有名である。

マルタ騎士団長の紋章は、彼の家系の紋章に騎士団の紋章を組み込んでいる。紋章の盾は、ロザリオで囲われた八端十字架の上に置かれている。以上が団長の黒いマントの上に置かれ、階級を示す団長の冠が付

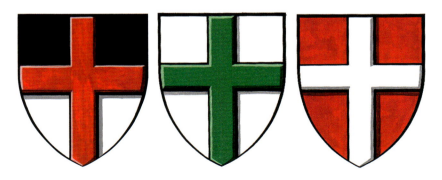

▲第78代マルタ君主軍事騎士団団長フラ・アンドルー・ベルティの紋章。中世以来、団長は家系の紋章とともに騎士団の四分割紋章を保持した。

▲中世の細密画。1486年ムハンマド2世によるロドス島攻囲の間に、団長のピエール・ダビュッソンから指令を受ける聖ヨハネ騎士。団長の紋章が建物の上に描かれている。

けられる。他の高位の聖職者（特に大十文字の執行官）は、騎士団長（赤色(ギュールズ)の紋地に銀色(アージェント)の十字架）を支える役割と、行列の際に騎士団の旗を持つ権利が付与されていた。騎士団におけるプロテスタント支部は、16世紀後半から17世紀にかけて創設された。彼らの紋章は、様々な国の象徴が装飾、紋章、旗に加えられたことを除き、概してイェルサレムの聖ヨハネの崇高なる軍事騎士団に従って作られた。

その他の宗教的軍事騎士団のうち最も有名なのは、ドイツ騎士団、スペインのサンティアゴ騎士団とカラトラバ騎士団であった。それぞれの騎士団の十字架は、しばしば団員の紋章の中に伝わった。東方のバルト海沿岸を脅かす異教徒に立ち向かい戦う伝統を維持するドイツ騎士団は、支柱で支えられた黒い十字架（先端がT字型の十字架）を示す。それは、病人、傷ついた騎士、彼らの母国から来た巡礼者の世話をするという、彼らの起源を伝えている。

14世紀までに、ドイツ騎士団がまだ剣を通して改宗を試みていた国が、少なくとも1つあった。リトアニアである。1386年にリトアニア大公ヤギェヴォはキリスト教に改宗した（ポーランド王位継承者であったヤドヴィガと結婚したことで）。しかしながら騎士団は、彼の境界線を侵し続け、彼の忍耐を試した。その結果、1410年に彼は恐ろしい復讐を強行した。グルンヴァルドの戦いで、ドイツ騎士団の騎士100人を殺害したのである。伝えられるところでは、ポーランド人の勝利のもと、唾が吐かれ、彼らは甲冑を着たまま焼かれた。

イェルサレムの紋章の白い紋地の上の金色の十字は、もともとは赤色であったと言われることがある。この形式は、ホーリー・セパルカー騎士団によって用いられている。同騎士団は、イェルサレムのホーリー・セパルカー教会を訪れた十字軍士らに、騎士身分が付与されて創設された。この騎士たちは、第1回十字軍の指導者ゴドフロワ・ド・ブイヨンの剣で爵位を授けられたと言われる。

聖ヨハネの騎士は、どこであれ、彼らが赴いた場所に紋章を残している。特にマルタでは、団長の紋章が多くの建物において見られる。かつて騎士団の修道院教会(アビー・チャーチ)だったヴァレッタ市の聖ヨハネ副教会には、様々な色の石が埋め込まれている。床にモザイク状に敷き詰められた400枚の記念銘板には紋章が描かれ、マルタ騎士団員の埋葬場所を教えてくれている。

▼世界で最も洗練された紋章展示の1つは、マルタ島のヴァレッタにある聖ヨハネ准司教座聖堂の床に見られる。多くの聖ヨハネ騎士団幹部の紋章が大理石に描かれている。

第6章　王家の紋章と貴族　153

第7章
都市と国家の紋章

　ほとんどの人々は、フットボールチームであれ、町であれ、または国民であれ、何かに属する必要性を感じている。そのような存在との同一視は、安全保障と軍事力の意識を生み、その軍事力は誇りに由来している。中世後期のヨーロッパの支配者によって採用された象徴(エンブレム)は、支配者自身と同一視されるようになったわけではなく、彼らの王国全体と同一視されるようになった。イギリス人は、王家のライオンの強さのもとに統合され、フランス人は黄金の百合のもとで保護された。国民国家が中世の間に立ち現れてくるに従い、ヨーロッパの大都市や都市国家は、成長して富と権力を得、自分たちはどの支配者や王家とも肩を並べるほど豊かで力強いと信じるようにもなった。

◀イタリアのチヴィターレの印章（1336年）

市章と国章

その宗教的修道会や騎士的修道会が団体単位で紋章を採用していたという教会のように、ヨーロッパの都市は、その住民を、都市的政府の防衛的本質をしばしば反映する紋章のもとに、統合した。都市の盾には、自治都市の砦を図案化した絵柄が描かれている。砦には狭間胸壁、小塔、落とし格子などの防御物が付いた門構えがあり、団体の防衛力と軍事力が示されている。

多くの初期の都市の紋章は、参事会の公式の印章に見られるより古い紋章が組み合わされている。こうした紋章には、その地域の砦のほか、守護聖人や、町または都市の歴史のなかで重要な人物が描かれていることも多い。すべての都市が、その守護聖人のみの手にその保護を必要としていたわけではない。自治都市が、その地方の有力者または君公の影響下にあった場合は、彼らが都市内に邸宅を持っていたか否かにかかわらず、自治都市の盾に描かれた門構えの中に、統治者の紋章が描き込まれることが多かった。聖人と統治者の紋章、またはその姿の組み合わせもまた一般的であった。

◀多くの市章において市壁の安全性が強調され、市壁の意匠はやがて紋章にも取り入れられた。

市章と象徴

紋章学の初期の段階においては、都市の紋章は、個人の紋章と同様に、たいてい意のままに採用された。都市が、その自治のために発せられる開封特許状によって紋章を公式に授与されはじめるのは、15〜16世紀になってからに過ぎない。地方や州は、その統治者の紋章によって識別できることが多かった。つまり、統治者の紋章をベースとする紋章を用いたのである。19世紀にヨーロッパ中で行われた大規模な土地改革や境界線変更の結果、地方行政区の紋章は広く修正が加えられたが、多くの紋章は今も用いられている。

イギリスでは、どの法人も、都市から会社に至るまで、紋章を申し込む権利を与えられているが、紋章を付ける資格がない多くの都市や地区議会、州議会は、その活力と先進性を示すため、紋章よりも意匠(ロゴ)を選んでいる。これはおそらく、20世紀に授与された紋章の多くがまったく創意豊かなデザインではなかったからである。こうした紋章の70％以上は、主要な具象図形(チャージ)として、地元の水辺を象徴する、青色と白色の波線を有している。盾持(サポーター)の使用は、何らかの特別な地位ないし名誉があると紋章官(ヘラルド)から見なされた都市の権力者たちに限られている。

イギリスでは、「州」または「市」の紋章といったものは、厳密に言えば存在しない。なぜなら、紋章は法人に属すると考えられているからである。法人とは、紋章がその名において授与されるところの議会または自治体である。スコットランドの紋章学では、自治体と個人の紋章を区別するため、自治体の紋章には「サレット」と呼ばれる特別な型の兜が付与されている。

国章

共和国であれ、君主国であれ、国の一体性を表す紋章の必要性は何世紀にもわたって認識されている。スイスの州章はまず間違いなく最初期の共和国の紋章である。中世後期に作られたスイスの州章は、かの有名なスイス軍が行進する時に掲げた方形旗(バナー)に描かれていた。スイスの軍楽隊は、その優れた技量と規律のゆえに他の国々に高く評価された。州軍章のなかで最も有名なものに、シュヴィーツの赤地に白十字、ウーリの黒い牛頭、そしてアッペンツェルの黒い熊がある。

スイスの軍隊は他国のために戦わないときは、近隣の州軍と戦うことによって能力を維持した。アッペンツェル州とウーリ州は何度も争ったが、そのうちの1つは、アッペンツェル州の住人がウーリ州の紋章にこと寄せて「ウーリ州の連中は牛のように頭が鈍い」と馬鹿にしたために起こった。ウーリの住人は、睾丸のない黒熊を持ったその紋章を振り回して、アッペンツェルの人々を罵ることによって恨みを晴らした。これに手を焼いたアッペンツェルの人々はウーリ州を襲撃して屈辱を晴らした。

世界中の紋章

中世後期以降、紋章作家たちは、紋章を

▼チェコの2つの町、プラハの新市街（左）とターボル（右）の紋章は、市の印章のモチーフが、いかに紋章の盾に転用されたかを示している。いずれも町に繁栄をもたらした国王、皇帝、および王家の標章を含んでいる。

持つ習慣のない国々や君主たちのために紋章を作った。これは紋章作者にとって何ら問題とはならなかった。あらゆる君主は、キリスト教徒であれ、異教徒であれ、存命中か否かにかかわらず（そしてその王国が現存しようがしまいが）、高貴な地位にあって、紋章を持つにふさわしいということが君主であることの本質であった。そんなわけで、ペルシアのシャーは、星に囲まれた、光の中の太陽を図案とする盾を与えられた。一方、トルコのスルタンは、ターバンを冠した盾と、オスマンの三日月を与えられた。

やがて、ヨーロッパ人たちが交易または征服の末にあらゆる大陸に定住するようになると、現地の統治者たちが紋章を採用するようになった。ヨーロッパで紋章が誕生してから約8世紀経った今日、多くの国々と支配者が紋章を有している。ヨルダンの国王たちや、インドネシアやボリビアといった国も紋章を持っている。遠く南は南極大陸そのものにまで、紋章学はその強い影響を残してきた。イギリスの紋章官は、1952年3月11日にフォークランド諸島のために紋章を考案し、1963年にはその紋章に、南極大陸探査船ディスカバリー号の兜飾（クレスト）が加えられた。

▲20世紀初頭の主なヨーロッパの君主国の紋章（左から順に）：（上段）プロイセン／オーストリア／ハンガリー／バイエルン、（中段）ロシア／ドイツ／イギリス、（下段）ザクセン／イタリア／スペイン／ヴュルテンベルク。第二次世界大戦終結時には2ヵ国を除いてすべて消滅した。

▼イタリアの都市シエナでは、パリオ祭の開会行進で各自治区がその壮麗さを競う。この17世紀初期の絵画は、都市国家の繁栄、自律、誇りを表現している。

第7章　都市と国家の紋章　157

ガーター騎士団の叙任式

イギリスで毎年行われ、一般の人々が目にすることができる壮大な国家的儀式は2つあり、それぞれ独特な紋章の使い方をする。第一の行事は、ウィンザー城内の聖ジョージ礼拝堂におけるガーター騎士団の儀式であり、6月半ばの月曜日に華麗な行進とともに挙行される。

叙任式

新しいガーター騎士の叙任式は、ウィンザー城にある玉座の間において、儀式の朝に執り行われる。ガーター騎士団の役職者(オフィサー)2人(ガーター紋章官頭(キング・オブ・アームズ)と黒杖官(ブラック・ロッド))が、男性の受勲候補者または女性の受勲候補者を連れて入る。彼または彼女は、推薦者2人の騎士に伴われて君主の前に導かれ、王自らが彼または彼女にガーター騎士団の勲章を授ける。男性の場合、ガーター紋章官頭によって左脚にガーターが付けられる。その間に次の戒めが読みあげられる。ガーター騎士団の構成員が、君主の軍司令体制のなかで重要な役割を果たしていた時代を呼び起こすものである。

「全能の神の名誉のために、そして祝福された殉教者たる聖ジョージを記念して、汝の脚の周りに、汝の栄誉のため、この最も高貴なガーターを結べ。それを、最も輝かしい騎士団の象徴として身につけよ。それにより、汝が勇敢であるよう戒められていることが、決して忘れ去られず、また捨て去られないために。そして汝は、汝が従事する正しい戦いを引き受けたとき、確固として立ち、勇気をもって勇敢に戦い、そして成功裡に征服することができるであろう」。

行進

叙任式が終わると午餐会がある。午餐会ののち、ガーター騎士たちは、ローブを着て聖ジョージ・ホール(ウィンザー城で最大の大広間)に集まり、行進をして儀式に赴く。宮殿の大広間から、城の外壁内側にある丘の麓に立つ聖ジョージ礼拝堂まで行進するのである。行進の第一隊列の先頭に

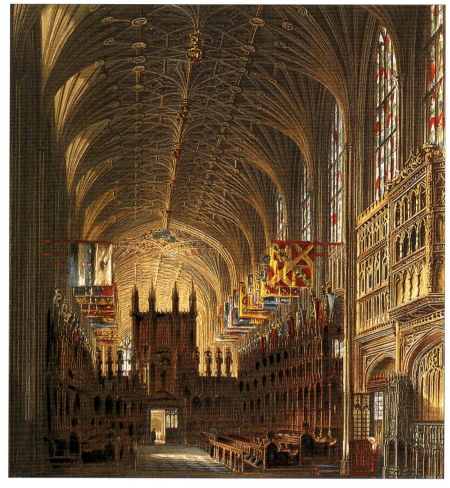

▲1810年の版画に見られるウィンザー城の聖ジョージ礼拝堂。ガーター騎士の椅子の上空に紋章旗、兜、兜飾が飾られている。

▼1576年のガーター騎士団の行進を描いている父の方のマークス・ヘラートによる銅版画。

立つのはウィンザー城長官である。彼の制服には、その職務を表す標章が付いており、ウィンザー城のロイヤル・タワーが描かれている。

次に、真っ赤な制服を着たミリタリー・ナイツ・オブ・ウィンザーが続く。彼らは、もともとはガーター騎士団の魂のために祈るべく雇われた者、つまり「ビーズメン」として任命された26人の貧しき退役兵の後継者である。1348年にエドワード3世によって定められた開封特許状（のちに制定法となった）によれば、ビーズメンは各々、聖ジョージの十字架がある小さな盾の付いた赤い上着（クローク）を着用せねばならなかった。その十字架は現在もミリタリー・ナイツの標章（インシグニア）の一部を構成しており、ビーズメンは銀細工のガーターの星章と王冠も［標章の一部として］身につけている。

ミリタリー・ナイツの後に、紋章官服を着用し、この時のために特別に付けられたテューダー・ローズの飾りのあるテューダー・ボンネットを被った紋章官が続く。紋章官の後ろには、正装のローブ、駝鳥の羽根付きの帽子、頸飾（カラー）を身につけたガーター騎士団が来る。この後に王族、そして君主の行列を率いる騎士団の役職者が続く。他の騎士団の役職者と同様、各役職者は職務に関する標章を持っている。最も有名なのは、黒杖官が持っている黒い杖である。ガーター騎士団の役職者は、聖ジョージの十字架を帯びた盾のある上着（タバード）を着ている。

次に来るのが、君主とその配偶者であり、彼らが身につけるマントの裾を、王室の制服を着たペイジ［御裳捧持者］が持つ。君主のマントの上には、ガーター騎士団の通常の副紋章（バッジ）の代わりに、ガーターの大きな星章がある。君主一族の後に、ヨーメン・オブ・ザ・ガードが続く。行列全体が、聖ジョージ礼拝堂まで縫うように進む間、軍楽隊によってお祝いの雰囲気が維持される。行進路沿いには近衛騎兵隊が並ぶ。斜めにかかる彼らのベルト上にあるポーチには王の紋章が付いており、彼らの兜に配された花輪（リース）の中のガーターの星章が、その日のテーマを保ち続けている。

行列は礼拝堂で聖職者によって迎えられる。王族が関係する式典は壮観である。王室礼拝堂付きの聖職者たちは、真っ赤な司祭平服（カソック）を着用する権利を与えられている。王室礼拝堂付き司祭は、銀メッキの花輪、王冠（クラウン）、そして君主のイニシャルの組み合わせ文字（サイファー）で構成される副紋章によっ

▲ヨーメン・オブ・ザ・ガードの軍旗。1938年6月27日に国王ジョージ6世によって承認された時のもの。ウィンザー家の副紋章（右下）が付いている。これは、この軍旗上に描くべく新しく創られたものである。

て識別される。常任司祭は、銀製の同じ副紋章を付けている。礼拝堂の階段に沿って紋章官が並び、君主の入場時にはファンファーレが鳴り響く。その日の朝に新しい騎士が叙任された場合は、彼はガーター紋章官頭によって席に案内される。次にガーター騎士団の尚書部長官（チャンセラー・オブ・ザ・オーダー）が騎士の名を読み上げ、儀式が続く。その後、王族と残りの参列者は城へ戻る。

ウィンザー城のミリタリー・ナイツとネイバル・ナイツ

ミリタリー・ナイツはすべて退役将校で、16世紀に彼らに与えられた宿舎に住んでいる。立ち並ぶ宿舎は、聖ジョージ礼拝堂と向かい合う城壁の内側に接している。ガーター騎士団の式典への参列とは別に、毎週日曜日、礼拝堂で主君とガーター騎士団のために祈り、1348年に彼らに課された義務を果たし続けている。かつてはプアー・ナイツと呼ばれていたが、19世紀に改名された。彼らが病弱だという噂にまつわる無礼で風刺的な韻文がウィンザーの町で吹聴された後のことである。

1795年から1892年にかけては、ネイバル・ナイツ・オブ・ウィンザーが存在した。しかしながら、年老いた老練の船乗りの気質は、仲間内だけでなく、ミリタリー・ナイツとの不和も起こした。「徳高く、篤学の、信心深い人生」を送るどころか、彼らはウィンザーの街の居酒屋や売春宿に頻繁に出入りするのが常だったし、松葉杖や義足でお互いに叩き合うことが知られていた。

▼叙任式の後、聖ジョージ礼拝堂を後にするミリタリー・ナイツ・オブ・ウィンザー。

第7章　都市と国家の紋章　159

議会の開会式

議会と関わるイギリスの君主の儀式は、1000年以上前にその起源を持つ。それは、国王が彼の同輩——彼と同程度に権力があり豊かな貴族——と協議した時に遡る。やがて君主は臣民から一層遠く離れた存在となったが、マグナ・カルタへの署名、イングランド内乱、1688年の名誉革命などを経て、君主は同列に戻された。

儀式が進行する前、テューダー様式の制服を着たヨーメン・オブ・ザ・ガードの分遣隊が、ウェストミンスター宮殿の地下を探索する。ガイ・フォークスの例にならってテロを目論む者を探すのである。ガイ・フォークスとは、1605年11月5日、地下に隠した火薬の樽を爆破させてジェームズ1世とその政府を転覆させようとした人物である。

ロイヤル・プロセッション

君主は、専用の馬車に置かれた国王の宝器(ロイヤル・レガリア)によって先導される。宝器には、大英帝国時代の王冠に加え、君主の宗教的正統性を象徴するキャップ・オブ・メンテナンス、さらに正義を擁護するという彼または彼女の義務を示す宝剣(ソード・オブ・ステイト)が含まれる。国王は、アイリッシュ・ステイト・コーチ〔と呼ばれる馬車〕でその後に続き、近衛騎兵隊によってエスコートされる。

君主が国会議事堂に入る時には、ヴィクトリア・タワーに王旗が掲げられる。君主は、イングランド紋章院総裁(アール・マーシャル)であるノーフォーク公爵(または代理人)による挨拶を受ける。紋章院総裁の手には、先端に黒檀があしらわれた金の職杖がある。世襲職のウェストミンスター宮殿管理長である宮内長官もその場にいる。宮内長官は青い頸章とカフスの付いた深紅色と金色の制服を着ている。尻ポケットからはウェストミンスター宮殿の金の鍵が下がり、右手には職杖が握られている。紋章官服(タバード)を着た紋章官(ヘラルド)も立ち会う。君主は、着替えの間まで階段をエスコートされる。階段そのものが紋章の饗宴であり、壁は現在の君主の紋章と歴代の紋章で覆われている。

君主は着替えの間で王冠を戴き、臙脂色(えんじ)のローブ・オブ・ステイトをまとう。その裾は、行列が出発する前、王室の制服を着た4人のペイジ[御裳捧持者]によって持ち上げられる。多数ある注目すべきもののなかに、ゴールド・スティック・イン・ウェイティングとシルバー・スティック・イン・ウェイティングという近衛騎兵隊の上級官2名によって運ばれる杖がある。彼らの職務は、君主が選抜された2名の衛兵によって絶えず護衛されたテューダー朝の時代に始まる。彼らは君主の寝室の戸の外で寝たという。チャールズ2世は、義務を果たそうとする彼らの献身を記念して、君主の組み合わせ文字(サイファー)が刻まれた金と銀の先端を持つ杖を贈った。現君主の組み合わせ文字は王室の上級女官である衣服係女官職の副紋章(バッジ)の中にも現れる。

場面は、ヨーメン・オブ・ザ・ガードとオノラブル・コープス・オブ・ジェントルメン・アット・アームズによってさらに盛り上げられた。後者は、国王の親友から選ばれた私的な護衛、バンド・オブ・ジェントルメン・ペンショナーズに起源がある。ジェントルメン・アット・アームズは、王の紋章が刻まれた刃のある戦闘用斧(ポールアックス)を持っている。彼らの制服は、金色の肩章とベルト付きの深紅色の上着、青いズボン、そして先端が白い羽根で飾られた真鍮の兜からなる。兜の表面には銀細工の星章が取り付けられ、その上にガーター勲章の中に四分割された金箔の王の紋章が配されている。

▲ 1958年の国会開会式で、エリザベス2世が宮内長官に先導されて貴族院に向かうところ。ヨーメン・オブ・ザ・ガードが行列の経路に並んでいる。

▼ ヴィクトリア女王が、彼女の最初の議会を開会するために貴族院に到着した時の様子。財布を持った大法官と、ガーター紋章官頭も描かれている。

160　第2部　紋章の応用

▲オノラブル・コープス・オブ・ジェントルメン・アット・アームズの軍旗には、戦闘名誉章とヘンリ8世の落とし格子の副紋章がある。同隊は彼の治世に編成された。

彼らの副紋章である落とし格子は制服と軍旗(スタンダード)にもある。この副紋章は1936年にイングランド紋章院(カレッジ・オブ・アームズ)によって考案されたもので、端に向かって細い形になっている騎兵隊の軍旗を基にしている。一方、ヨーメン・オブ・ザ・ガードのものは、ほぼ真四角である。その旗には、ヘンリ7世の王冠を戴いたサンザシの木から、ウィンザー城のラウンド・タワーで表されるウィンザー家の副紋章まで、ヨーメン・オブ・ザ・ガードが仕えてきた様々な王朝の副紋章が描かれている。

貴族院へ向かう通路で、王の行列は、国会議事堂の歴史だけでなく、国民の指導者の地位を反映する数多くの紋章のなかを通り抜ける。貴族院階段(ピアーズ・ステアケイス)の上段には、歴代のチーフ・オブ・ザ・インペリアル・アンド・ジェネラル・スタッフの紋章があり、下段には、貴族となった(1700年以後の)歴代の元庶民院議員議長の紋章がある。

貴族院の議場には、貴族院議員の紋章のある窓が設けられ、それらの下には歴代の大法官(ロード・チャンセラー)の紋章がある。天井の浮き出し飾りから、回廊を取り巻くカーテンを支える柱に至るまで、議場にある多くのものは紋章を備えている。ウェストミンスター宮殿にある多くのものと同様に、この部屋は1834年の火事の後にできた。

開会演説

議場の最も大きな特徴である玉座は、黄金の台座上にある。王族は決められた席に着き、その前には貴族院議員が座る。聖職貴族院議員(ロード・スピリチュアル)(主教)は聖職衣を、法官貴族院議員は法衣と鬘(かつら)を着用する。世俗貴族院議員(一代貴族と世襲貴族代表貴族)は議会衣を着る。

大法官はその職務を表す大法官財布を手に君主に歩み寄る。これには、王の紋章とそれを縁取るケルビムの頭が刺繍されている。かつては国璽(こくじ)の鋳型が入っていたが、今は、招集された貴族院議員と庶民院議員に対して君主が読み上げるスピーチの原稿が入れてある。

君主が庶民院に入ることは許されていないため、庶民院議員は、黒杖官に出席を命じられる。議長が庶民院議員を案内して貴族院まで先導し、全員が貴族院の議場に会した時、君主が来る年の施政方針を示す開会演説を行う。

▼ウェストミンスター宮殿は紋章の宝庫である。貴族院階段にある歴代のチーフ・オブ・ザ・ジェネラル・スタッフの紋章画を美術家が修復している。

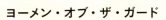

ヨーメン・オブ・ザ・ガード

議会開会式の壮観さを盛り上げるのは、女王の護衛隊であるヨーメン・オブ・ザ・ガードのテューダー様式の制服である。彼らは、チュニックの胸に連合王国を象徴する植物の副紋章(王室の紋章基調色である深紅色と金色の地に、〔赤と白が〕組み合わされた薔薇、アザミ、シャムロック)(リヴァリー・カラー)を付けている。ヨーメン・ヴォーダー(ロンドン塔を警護し、同じ制服を着ているが、クロスベルトを着けていない)と混同されないために言えば、ヨーメン・オブ・ザ・ガードは、現存する王室護衛官のなかで最も古く、500年以上にわたって仕えてきた。国会開会式のほか、ウィンザー城のガーター叙任式でも見かけることができる。

第7章 都市と国家の紋章 161

陸軍の紋章

世界中の軍隊は、長い間、紋章の歴史の擁護者であった。君主や政府、司令官による連合や交代のおかげで、紋章デザイナーは新しい記章や軍旗（スタンダード）または制服を考案するのに忙しかったのである。中世の軍馬は「馬用外被（トラッパー）」や騎士の紋章をあしらった鞍下を付けていたが、現代の軍馬、すなわち戦車は連隊の紋章の色をまとう傾向がある。

陸軍の記章の歴史は、むろん紋章自体の歴史と同様に古い。軍隊は伝統の支持者であり、紋章学者に国章と国史に対する洞察力を与えうる。軍人が戦闘中に板金鎧で完全装備するようになってから数世紀が過ぎたが、遠い時代の名残は残っている。イギリス軍の上級の将校は「襟章（ゴーゲット・パッチーズ）」を今も襟に付けているが、それは中世の騎士の鋼鉄製の喉当て（ゴーゲット）を支えていたものである。軍隊によっては、今でも将校（通常は衛兵司令）が、君主の紋章ないし国章が入った喉当てを身につけているところもある。

私的な仕着せ

何世紀もの間、ヨーロッパの軍隊は封建制に従って徴兵されてきた。主君は、私的軍隊を維持するための莫大な経費にあたる所領の代わりに、「仕着せと〔訴訟〕幇助」を通して、戦争の間、軍の指揮者を支えることに同意した。君主の紋章が入った旗や記章（仕着せ）は、中世世界、とりわけ今は薔薇戦争（1455-85）として知られているイングランドにおける王朝間の戦争期の際だった特徴である。

ヨーロッパの君主たちは、見事な制服を互いに交換する慣行を長く有しており、彼らのいとこを連隊の名誉大佐にしている。「鷲の衰退」からほぼ1世紀が経ったが、このおかげでプロイセンとオーストリアの君主国のシンボルは今もイギリス軍の兵士によって身につけられているのである。ハプスブルクの双頭の鷲は（その胸にある紋章とともに）、第一クイーンズ・ドラゴン・

▲スウェーデン軍のロイヤル・スベイア・ライフガードの腕章。連隊章を示している。

ガードの帽章に残っている。

旗と軍旗（スタンダード）

指揮官の軍旗（スタンダード）の下で戦場へ向かう軍部隊の中世の伝統は、今や廃れた（もっとも、1944年のノルマンディ上陸作戦のDデイの攻撃の際、ラヴァト卿のバグパイプ隊が方形旗（バナー）を掲げてラヴァト・ハイランダーズを先導したことは有名であるが）。ただ、第二次世界大戦になっても、イギリスの戦車は戦闘に向かう時に連隊の三角旗（ペノン）を付けていた。

すべての軍隊の標章（インシグニア）と同じように、部隊の旗（フラッグ）は国ごとに異なる。軍隊、とりわけ共和国の軍隊には、部隊の名称と戦闘名誉賞に加えて、国旗を用いるものがある。他方、スウェーデン軍やフィンランド軍のように、連隊の記章と制服を用いるものも

▲左：スウェーデン軍のポケット記章。右：デンマーク軍の襟章。

ある。

イギリス陸軍の場合、中世の副紋章が入った小さな旗（部隊旗（ガイドン）と呼ばれる）の現代版が、近衛歩兵連隊の中隊旗やイギリス砲兵連隊の三角旗（ペノン）に見いだせる。いずれの旗も長く、端部に向かって細くなり、端部は1つまたは2つに割れている。イギリス砲兵連隊の三角旗は、連隊の標語（モットー）が書かれた斜めのバンドによって区切られており、中世のイングランドの貴族の軍旗と同じく、バンドの間の部分に連隊の副紋章が付いている。近衛歩兵連隊の各中隊は固有の標章を持っており、そのほとんどは有名な国王の記章、つまり「コグニザンス」から採られている。

▼中世の貴族によって好まれた軍旗の形は、今もイギリス軍の部隊、とりわけ砲兵隊の旗に維持されている。

▲ノルウェー軍の紋章のシンプルさは、オーラヴ5世治世下のノルウェー軍第6師団の記章(左)や、ノルウェーの近衛兵の帽章(右)に例示される。

国軍の標章

スウェーデン王グスタヴ1世(在位1523-60)は、真の意味での国軍を最初に編成した人物だと広く認められている。それは歩兵および騎兵の連隊をそれぞれ第一人者が維持する体制に基づいていた。19世紀前半までに、その連隊は兜のプレートやその他の標章の上に管轄別の紋章を付けていた。1970年代後半、スウェーデン陸軍にも各管轄の盾に王冠を冠した公式の紋章を与えられている。

多くのヨーロッパ軍は、金属製の帽章(コケイド)の形でナショナル・カラーを示している。これは、各部隊は司令官の紋章基調色(リヴァリー・カラー)を使った布製の帽章を兜に付ける、という3世紀ほど前から続く伝統を維持するものである。デンマーク、フィンランド、ノルウェー、スウェーデンの各軍はその帽章で有名だが、オスロやコペンハーゲンの衛兵連隊の各部隊がその見事な変型を身につけている。各部隊が着用する軍の正式な帽章は、2つの部品、すなわち「2つのボタン」に表されるのがふつうで、上のボタンがナショナル・カラー、下のボタンが国章になっている。

国や州、地方の紋章は多くの連隊の記章の題材となっている。フィンランドやデンマーク、スウェーデンの各軍の襟章や肩章に見られるように、無着色の金属製の標章もあれば、デンマーク軍やスウェーデン軍の肘章のようにフルカラーの場合もある。デンマーク軍もまた特徴的な紋章の付いた襟バッジを身につけており、軍馬に跨がった中世の騎士と羽根飾り付きの兜が描かれている。

ノルウェー軍の標章は、指導的紋章デザイナーのヘルバート・トライトベルクによって定められた考え方に従っている。盾に使われる紋章色は2色のみで、ほとんどの場合、図柄は1種類である(単体・複数の場合がある)。例えばNBC(核・生物・化学兵器)部隊の交差した蒸留器、北部旅団の狼の頭部などの図柄がある。例外はオーラヴ5世治世の近衛兵大隊の記章である。2本の短剣の間に国王の組み合わせ文字を配したもので、隊員たちに「正餐用食器類一式(ディナー・サービス)」と呼ばれていた。

規制策

2つの世界大戦では、非公式の標章に関して「飛び入り自由」に等しい状況が生じた。というのも、兵士たちは戦場の泥濘(ぬかるみ)と混沌に適度なユーモアを取り入れ、冴えない軍服に精彩を注入しようとしたからであるが、たいてい卑猥で権威を損なう類のものであった。

結局、多くの国で規制策が考えられた。最も興味深い提案の1つに、1935年にフランス陸軍の部隊に関するものがある。各部隊は駐屯する場所の紋章から取った盾形の紋章を着用するというものであるが、フランス政府はイギリス人が考案したデザインを好まなかった。由緒があり、王権と皇帝権に関係する前革命的な表象が際立っていたからである。この計画は棚上げされた。

第二次世界大戦以降、フランス軍は全軍隊の標章を規制することを求め、紋章学の考え方に沿うようにした。部隊記章の考案は部隊自体で始まるのが通例であり、提案されたデザインはヴァンセンヌ城にある陸軍史編纂部(1万5000の部隊記章のコレクションを保管している)に送られる。そのデザインが、編纂部が重視する明確さと謹厳さという基準に沿っていることを保証するためである。地方の都市または地域の紋章を含む標章はたいてい承認される。標章案が受理可能な場合、フランス国防省で正式な承認を受け、公認番号が与えられる。戦闘部隊が身につける記章には(戦闘を表す)Gという文字が番号の頭に付けられる。「ブレベ」つまり特別職の記章には、GSという文字が番号の頭に付けられる。フランス軍の戦争芸術家にも特別職の記章があり、盾と兜が描かれている。

アメリカ陸軍には独自の紋章院(インスティテュート・ヘラルドリー)があり、軍隊標章に特定のパターンを定めている。連隊付きの部隊や大隊は、紋章院が授与する紋章を持つ資格を与えられている。特許状にはフルカラーの紋章一式と正式な紋章説明(ブレイズンリー)が記載されており、そのデザインの象徴体系も説明されている。

紋章を持つ各部隊は、独自の兜飾(クレスト)および盾を持つ資格を与えられている。ただし、戦闘名誉章のない新しい部隊では兜飾は省略される。将来の戦闘勤務で何らかの実績ができれば、適切な兜飾が与えられることになる。紋章の盾は、公式図案にあるように標準的な形であるべきであり、そのデザインは単純ですっきりした性質を持つ真の

▼フランス軍の第1驃騎兵落下傘連隊のポケット記章。連隊創設者ラディスラウス・ベルチェーニ伯の紋章が含まれている。

▼フランス軍の第1輸送連隊のポケット記章には、同部隊の拠点だったパリ市の紋章がある。

▲アメリカ合衆国軍の第172歩兵旅団（アラスカ）に属する部隊の紋章入りのベレー帽の着色記章と兜飾（今は変更された）。

紋章でなければならない。

部隊の記章は、通常「兜飾」と表現される。ただし、これは記章全体を指す言葉である。下士官兵のギャリソン・キャップや肩ベルトの上に付けられ、正式には識別標章（DI）と呼ばれる。アメリカ陸軍の各連隊またはそれに相当する組織は独自の組織色を持ち、その紋地に合衆国の紋章が刺繍される。合衆国の盾と兜飾の部分は当該組織の盾と兜飾に換えられる。

部隊の標語は「国家若しくは国家集団に対する敵意若しくは偏愛を含意し、または戦争の破壊的な性質を強調するような、卑劣で、中傷的でまたは悪意のある性質」を含んではならないと定められている。しかし、ベトナム戦争ではこの助言にまったく沿わない非公式の部隊記章があった。「殺せ」のほか「平和」「地獄」「ハノイを爆破せよ」といった標語がよく用いられたのである。

アメリカ軍の公式の紋章の多くは出来がよく、昔と今の最良の紋章スタイルを組み合わせている。例えば第152野戦砲兵大隊の紋章の紋章説明は次のとおりである。「赤色（ギュールズ）の紋地、金色（オーア）で縁取られた同色の方形紋（カントン）の上に、発射体（砲弾）の幅広の斜帯（ベンド）、最後に光」。紋章色（ティンクチャー）に加えて部隊の色が用いられることもある。例えば第201工兵大隊の紋章では「青色（アジュール）（補給部隊の色）に黄褐色（バフ）の波形の斜帯、銀色（アージェント）の百合紋（フルール・ド・リス）」。

百合紋は、2つの世界大戦のいずれかまたは両方でフランスに展開した部隊に見られる。紋章院は、インディアン戦争には戦斧、米墨戦争にはサボテンというように、特定の軍事作戦には別の図柄を指定した。特定の軍事作戦を示す図柄として、百合紋はイタリア軍の連隊の紋章にも見られる（識別用のポケット記章）。このほか、ウクライナの紋章に由来する三つ叉の鉾や、アビシニアのライオンの図柄もある。

紋章一式（アチーブメント）

スペイン軍の部隊は、独自の紋章を持っている。ただし、盾だけが制服に用いられることが多く、紋章一式（アチーブメント）は正式な機会に用いられる。標章はスペイン軍付属歴史文化研究所の規制を受ける。

スペイン軍の主要部隊は独自の紋章を持ち、紋章一式は次のような飾りを伴う。盾の上に斜十字（サルタイア）の形に当該部隊の標章が配される。盾の上には王冠を配し、当該部隊が有する勲章はいずれも盾の下に置かれるが、ラウレアダと呼ばれる最高勲章の識別記章を有している場合は、剣の刃を伴う月桂樹（リース）の花輪で盾を囲む。これらに加えて、連隊名、もしあるなら通称と鬨の声、連隊の戦闘栄誉賞を記した巻物が付けば、紋章一式の完成である。

こうしてできた紋章は、現在の軍隊が用いる紋章学的な構図のなかでも最もすぐれたものに数えられる。それらは魅力的かつ多様な主題を示しており、スペイン外国人部隊の各部隊はドン・ファン・デ・アウストリアやエル・グラン・カピタンことドン・ゴンサロ・フェルナンデス・デ・コルドバのような有名な戦士の紋章を使っている。特殊作戦部隊は、獰猛さまたは何らかの攻撃手段と関連する動物の図柄を使っている。例えばバレンシア特殊作戦部隊は黒いコウモリを用いている。バレンシア軍の紋章からとったものだが、夜間攻撃という部隊の特殊任務を示す。

部隊によっては、部隊の本拠地または募兵地域の紋章の一部ないし全部を採用していることもある。第50自動車化歩兵連隊「カナリア」は、その拠点グラン・カナリア島からとった図柄のほか、槍に刺された

▼スペイン軍の第20対空連隊の紋章一式。

▼ポルトガル陸軍のブラボ部隊（コソボにおける安全保障部隊）の記章。鎧がパラシュートのキャノピーを模している。

▼ポルトガル軍総合文書局の記章は、カササギと、盾の分割でできた本棚で表されている。

ドラゴン（フランシス・ドレーク提督を意味する。イギリス海賊の島からの排除を表す）が描かれている。

最後に、昔と今のシンボルの見事な結合の例として、第21地区工兵部隊の紋章がある。その盾は、道路の交差によりできた十字の前にブルドーザーを配している。縁飾りは、古来のグラナダ王国の紋章である伝統的でしゃれの効いたザクロの図柄を特徴としている。

ポルトガル軍の軍隊も紋章一式を持っている。デザインの多くは単純だが印象的である。ポルトガル軍総合文書局の盾に用いられている図柄は、色を入れ違いに配した横二分割（バー・フェス）の盾が本棚に整頓された本のように見える。兜飾は収集家として有名なカササギである。

ドイツ連邦軍では、標章のデザインは幾分自由である。形式性は、主要な軍単位（師団、旅団、部隊、軍学校）の腕章のデザインに認められる。当該部隊が駐屯する地域の紋章が描かれていることが多いが、より下位の軍単位のポケット記章は司令官に委ねられている。司令官が紋章学に関心がない場合は、盾に描かれはするが、そのデザインは複雑で明らかに紋章的ではない。

しかし、この種の問題はたいてい1人の人物、紋章デザインについて広範な知識を有する、ハーバート・リパート中佐の「教育」によって正されてきた。彼が作った記章はいろいろある。例えば、第340防空大隊に対しては、弓を持って空に向かって射るドイツ騎士団（部隊の拠点であるマールブルクに由来）、第855指令補充大隊には、双頭のグリフォン（寝ずの番で黄金を守る）を作っている。（ヴォルフハーゲンの町に配置された）第24野戦補充大隊には、走る姿の狼4体の半身（クーラント）を用いて、色を入れ違いに配するという高度な方法を用いている。

記念記章

形式的にはロシア帝国の影響下にあった東ヨーロッパの地域では、軍隊標章の伝統が続いている。標章の多くは紋章的である。そのデザインの起源は、ロシア帝国軍の部隊が19世紀後半から1917年まで用いた見事な胸記章にある。記念記章は、連隊の識別のためではなく、むしろ軍務に従事した期間の長さなど、一定の要件を満たした場合に個人に対して授与されることになっていた。七宝焼きの記念記章は、しばしば、ロシアの君主の組み合わせ文字や帝国の鷲といった帝国の象徴を帯びており、連隊が徴集された地方または都市の紋章を伴った。

今日のロシア軍に関しては、公式であれ、非公式であれ、標章の多くに双頭の鷲が復活している。しかしながら、軍隊のツバ付き帽には2つの記章がある。下の記章には、槌、鎌と赤い星、上の記章には、聖ゲオルギウスとドラゴンの胸の上に双頭の鷲が配されている。

1918年から1939年にかけてのポーランドは、再び自由で独立した国家となった。ポーランド軍が再編成され、帝国ロシア軍に似た様式の記念胸記章が用いられた。これらはしばしば、かつての首領たるヘートメン（伝統的な軍指揮官）の組み合わせ文字や、当該連隊がその名称をとった町、都市または地方の紋章を含んだ。

▲ロシアの空挺部隊の記章。ロシア帝政時代の遺産である双頭の鷲の胸の上にパラシュートが配されている。

◀ドイツ軍の第24野戦補充大隊の記章。色を入れ違いに配した魅力的な例。

第7章　都市と国家の紋章　165

海軍の紋章

世界の陸軍と同様に、それ以外の軍種も、その装備や制服における表示に合うように国章を採用している。軍艦の場合、その船尾に見事な君主の紋章を付ける伝統がある。船首像は、通常、船名と関連づけられていたが、巻き装飾付きの紋章を付けるために外板を曲げられることもあった。

16世紀から18世紀にかけて建造された大軍艦の船尾は、特大の紋章装飾を展示するのに格好の場所であった。壮大な例は、17世紀のスウェーデン旗艦で、1961年にストックホルム港に引き揚げられたヴァーサ号の船尾に見られる。ヴァーサ号は、国王グスタヴ・アドルフのために建造され、同王の紋章を付けている。コペンハーゲンの海事博物館にある17世紀のデンマークの軍船のモデルでは、デンマークの全領土を象徴する紋章のみならず、フレゼリク3世の王妃ゾフィー・アマーリエのブラウンシュヴァイク・リューネブルク公国の領土を象徴する巻き装飾付きの紋章も見られる。

王立海軍の記章

現代の多くの海軍は、イギリス海軍の標章を範としている。陸軍の連隊と同様に、最初はだいたい非公式なもので、船会社や船長が考案して、そのうち木栓から船上の文具に至るまで、何にでも描かれるようになる。イギリス海軍は命令を出し、1914年に記章委員会を発足させたが、すぐに廃止されている。

1916年、ロンドンにある帝国戦争博物館の設立者であるイギリス海兵隊のメイジャー・チャールズ・フォークスは、造船業者のスワン・ハンターの依頼を受けた。彼らがイギリス海軍のために建造した船20隻分の記章をデザインしてほしいということ

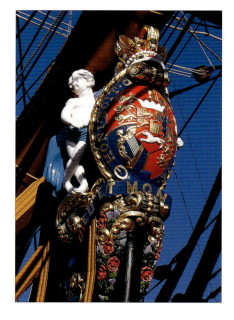

▲船は、紋章を示すのにふさわしい場所と考えられていた。船首像のなかには、イングランドのポーツマスにあるヴィクトリー号のように王の紋章を帯びたものもある。

であった。フォークスは海軍本部のために無報酬でデザインし、1918年12月10日、船名および記章委員会が設置された。

1918年から1937年にかけて、フォークスはイギリス海軍のために550隻分の記章を考案した。その多くは具象図形を含んでおり、船名と関連づけられた図柄や、個人または市の紋章から採った図柄もあった。最初の記章はウォーリック号のためのもので、歴代ウォーリック伯の熊と古い杖の図案が入

▼1480年頃にイングランド海軍提督だったグロースター公リチャード（のちのイングランド国王リチャード3世）の印章。数世紀の間、歴代の海軍提督の印章は、当時の帆船の上に彼らの紋章を載せたものであった。

▶17世紀のデンマークの海軍の軍船の模型。ハノーヴァーの白い馬が、デンマーク王国とブラウンシュヴァイク゠リューネブルク公国の紋章の盾によって囲まれている。

▲18世紀フランスの軍艦。王の紋章が入った巨大な軍旗がたなびいている。

っている。重巡洋艦エッフィンガムの記章は、歴代のエッフィンガム伯の本家にあたるハワード家の「加増紋」から採られた、口を射貫かれた横向きのライオンを有している。こうした記章のほか、洒落をきかせたものもあった。例えば掃海艇ドビー（Dovey）の記章では、シェイクフォーク（Y字形の図柄）の前を飛ぶ鳩（Dove）が

採用されている。鳩の図柄は編みロープの輪の中に配置され、船名入りの飾り額、その上に帝冠が載っている。フレームの形は、船の型ごとに違いがあった。戦艦は円形、巡洋艦は五角形、駆逐艦は盾形、補助艦、スループ型砲艦、航空母艦、海岸軍用施設はダイヤモンド形を採用した。第二次世界大戦の間に、それらの形が復活し、今やすべての軍艦とイギリス海軍航空隊は、円形の記章を採用している。イギリス海軍補助艦隊は五角形を採用している。

オランダ海軍は、そのテーマにきっちりと沿っている。記章は円形で、下部で本結びされた編みロープによって取り囲まれている。オランダ海軍の名将たちに対する記念品の上に描かれた盾には、海軍の冠が載せられている。何らかの標語(モットー)が盾の下方に書かれる。その後ろには、17世紀以来のオランダ海軍の図案である十字に交わる錨が置かれる。錨の図案は世界中で人気がある。デンマーク海軍やノルウェー海軍は、盾の紋章の後ろに垂直に置かれる1本の錨を好む。その盾には王冠が載せられる。

オランダ海軍の比較的奇妙なデザインの1つは、砲艦フローレス号のためのもので、第二次世界大戦中の服務に敬意を表して、解役から1年後にデザインされた。その具象図形は、奇妙なシェルデンブーム、つ

▲旧オランダ軍の軍艦フローレス号の記章。フローレス号がその名に因んだところの諸島に伝わる頭蓋骨の木を描いている。

まり「頭蓋骨の木」の様式化版である。これは、伝統的にフローレス諸島で描かれていたもので、島民たちが打ち破った敵の頭蓋骨が提げられている。

船の記章

オランダ海軍の記章は、しばしば完全に紋章学的であり、トロンプとかデ・ロイテルといった海軍名将の紋章や、町・地方・市の紋章がある。アメリカ合衆国海軍の記章も、海軍名将や大統領などの有名人の紋章を備えていることが多い。それらは、紋

▲オランダ海軍の軍艦のなかには、このフリゲート艦のように、海軍名将の紋章を付けた記章を有しているものもある。

章一式または著名人の紋章から採られた創作図案を示しているといってよい。ミサイル駆逐艦ウィンストン・S・チャーチル(アメリカで初めてイギリスの政治家の名を冠した海軍船)の記章は、百合紋、聖ジョージの十字架、そして歩き姿(パッサント)で顔が正面向きのライオン(ガーダント)を含んでいる。そのすべての具象図形は、チャーチル個人の紋章とイングランドの紋章を参照している。ドイツ連邦海軍の軍艦は、船首に市や地方、有名な指揮官の紋章を付けるという彼ら独自の伝統を維持していた。最初の例は第二次世界大戦期の軍艦で、グラーフ・シュペー、ビスマルクなどの記章が挙げられる。

近年、ロシア海軍は軍艦旗を、槌と鎌が描かれたソ連海軍のものから現存最古の軍旗の1つである聖アンドリュー十字旗(白地に青色)に置き換えた。後者は1700年頃にピョートル大帝によって最初に採用されたものである。ピョートルはまた、彼がロシア帝国軍と共に過ごした時代から知っていた、イギリス旗(ジャック)の逆変形版を、彼自身の海軍のために採用した。

ロシアで作られた波乱に満ちた具象図形のなかでも特異なものとしては、ロシア海軍の原子力潜水艦の司令塔に描かれたものがある。帝国の双頭の鷲の図案であり、鷲の胸の上には聖ゲオロギウスとドラゴンが描かれている。

▼イギリス海軍の軍艦のためにデザインされた記章は、今も20世紀前半に設けられたパターンに従っている。

▼イギリスの戦時指導者の名に因んで命名されたアメリカ合衆国船ウィンストン・S・チャーチル号の記章。チャーチル一族の紋章から採った具象図形を有している。

第7章 都市と国家の紋章　167

空軍の標章

第一次世界大戦中、飛行機の機体芸術は、当時の最新の芸術に影響されたデザインをかぎ分ける才能を示していた。操縦士自身によってデザインされた個人単位のマークは、飛行機全体の長さに合わせて拡大されることもあった。フランスの乗組員は、最も革新的な空軍の「紋章」をいくつか考案した。今日のフランス空軍の飛行中隊は、当時採用された非公式の記章を付けている。そのなかに、ラファイエット飛行中隊によって採用されたスー・インディアン・チーフ〔北米インディアンのスー族の首長〕の頭部がある。

フランス空軍が今も部隊の標章のデザインに自由裁量権を認めている一方、イギリス空軍やアメリカ空軍などではより厳格な統制を維持しており、デザインしたり、公式な記章の利用を監視したりするための職権がある。アメリカ空軍では、飛行中隊は円盤上に示された図柄でなければならない。他方、軍旗保有単位でのエンブレムは（軍本部の〔エンブレムの〕構成要素を伴いつつ）紋章を付け、盾の上に図案を持たねばならない。部隊の標章（インシグニア）は2つのヴァージョンが用意されねばならない。基本色のヴァージョンと、戦闘用の制限された色（オリーヴ・グリーンと黒）のヴァージョンである。このような制約にもかかわらず、ベトナム戦争の末期には、次のような未公認の標章が急増した。それは、性病の治療に特化した韓国のアメリカ空軍基地病院によって採用された記章で、注射器を書いた白衣に性病細菌を描いていた。

イギリス海軍との密接な連携により、イギリス海軍の標章は他国の海軍記章の模範となったが、第二次世界大戦中の連合国の空軍についても同じことが言える。イギリス陸軍航空隊（イギリス空軍の前身）の標章は非公式に始まったが、イギリス空軍の調査官が1936年に任命され、調査官に紋章官（アフィサー・オブ・アームズ）が選ばれたことで、伝統的な紋章学との結びつきが生まれた。

イギリス空軍の記章はすべて、月桂冠の形をした飾り環（サークレット）を有し、環の中には当該部隊の名称が記載される。またその縁には王冠が載せられ、記章の下の巻物には標語（モットー）が書かれている。中央の飾り額は、しばしば、当該部隊の歴史や場所に関する紋章学的な比喩を含んでいる。最も簡潔で最も独創的な具象図形は、第22中隊の記章にあるパイ〔pi〕という表象である。1916年、第22中隊はしばらくの間、第7飛行中隊とともに配置された。風がある方角に吹く時、第22中隊の飛行機は、第7飛行中隊の軍本部の屋根の上空を飛んで（over）離陸しなければならなかった。だから、22割る（over）7〔＝円周率〕、つまりパイ〔pi＝π＝円周率〕という表象なのである。

イギリス連邦の空軍は、イギリス空軍のパターンを踏襲している。ただし、月桂冠の代わりに、カナダでは楓の葉、ニュージーランドではシダ、インドでは蓮といったように、その国独自の植物にするのが普通

▲「22割る7」〔＝円周率〕を表すパイ（pi＝π＝円周率）の表象を持ったイギリス軍の第22中隊の記章。

▼アメリカ空軍の機体は、飛行中隊、中隊、司令部の記章を付けることが多い。

▲フランス空軍の基地部隊のポケット標章。BA106部隊（上）はボルドーの紋章を、BA118（下）はモン・ド・マルサンの紋章を持っている。

168　第2部　紋章の応用

▲世界中の空軍は、海軍や陸軍では出会うことのない派手なデザインを採用する傾向にある。航空ショーのために精巧に塗り上げられたドイツ空軍の戦闘爆撃機トーネードに、十字軍の時代に遡るドイツ騎士団の十字架が描かれている。

である。イギリス連邦以外の国も、このやり方に従ってきた。オランダ空軍の部隊記章の花輪は、オラニエ家の記章であるオレンジの葉と実で構成されている。デンマーク空軍は部隊ごとに紋章を持ち、翼を花輪にしている。

イギリス空軍の部隊、とりわけ軍学校や軍大学校のなかには紋章一式(アチーブメント)を持っているものもある。セントラル・フライング・スクールの兜飾(クレスト)は、自分の胸を傷つける(子供に自分の血を餌として与える)ペリカン

▼機体に描かれたデンマーク空軍の中隊の記章。

である。旧王立航空研究所の紋章は、初期の飛行研究を、プテロダクティルス〔翼竜目の飛行爬虫類〕で表象した一方で、ウィルトシャーのボスコムダウンにある帝国テストパイロット学校は、星状の宝冠から飛び立つ鷲の兜飾を持っている。これは愛情を込めて学生たちから「籠の中の臆病者(チキン)」と呼ばれている(紋章院はこの宝冠(コロネット)を、イギリス空軍の上級階級と同様に、航空に関係のある機関にも授与している)。帝国テストパイロット学校は、国防・評価研究庁に吸収されたが、その兜飾は、学校の訓練機の尾翼上の外郭に今なお維持されている。

▼イングランドのウィルトシャーにあるボスコムダウンの帝国テストパイロット学校は、飛行機の胴体または機尾の上に、部隊の紋章に由来する兜飾を用いている。それは、星状の宝冠から飛び立つ鷲を表している。

警察と秘密情報機関

多くの警察は、直接的にまたは間接的に国軍と関係を有しているため、それらの標章(インシグニア)の間に著しい類似性があるとしても不思議ではない。しかしながら、イギリスの場合、その紋章機関が、警察関係機関に対して幾度も紋章を授与してきたという点で、特異であるように思われる。

警察の標章

イギリス警察によって着用されている制服は、1934年に標準化された。ただし、その時以降、多くの新しい物が付け加えられた。ほぼ全員が、特定の組織の標章を付けている。多くが盾形の紋章または州章を用いており、小円と星の中に王室の組み合わせ文字(サイファー)を大きく取り上げる傾向にある。イギリス警察の中でも最も著名な紋章は、グレーター・ロンドンを管轄するロンドン警視庁の紋章に違いない。その紋章に含まれる落とし格子は、警察車両にきわめて大きく描かれている。この紋章は、スコットランド王室の紋章から採用された百合紋(フルール・ド・リス)を互い違いに配した二重内縁紋(ダブル・トレッシャー)も含んでいる。これは、世界的に有名なロンドン警視庁の本部スコットランド・ヤードを象徴化している。

紋章を有する他の警察と同じように、ロンドン警視庁は、実際には、帽子や襟の記章にはこうした紋章を用いていない。ウィルトシャー警察は1989年に紋章を与えられたが、標章にも車両にも用いていない。ただし、わざわざ公式のパレードで用いる紋章旗(スタンダード)を作っている。この紋章旗には、兜飾(クレスト)である州鳥の野雁が警棒を掴む姿が描かれている。他にも、イギリスの地方の警察では紋章が様々に用いられており、制帽のバンド、警察犬、「巡回中(オン・ザ・ビート)」の警察官に叩かれる敷石といったものまである。

世界中の地方警察や都市警察と同様、フランスとドイツの地方の警察でも、地方または署自体の紋章を腕やヘルメットの記章に付けている。フランスでは、第一共和政の革命家たちによってブルボン王家の象徴である3つの百合紋の使用が禁じられていたが、今や、パリ(イル・ド・フランス)地方の警察の役に立っている。最近、カナダ紋章局は、カナダの都市警察に公式な紋章バッジを授与した。そのデザインはすべて標準的なパターンに従っており、紋章バッジの中心部に盾の紋章を含んでいる。

警察は、それ自身の紋章であれ、その管轄地域の紋章であれ、紋章を使用している唯一の公的機関ではない。イギリスの救急隊や消防隊は、制服や車両の標章にも紋章を付けている。1995年、サウス・ウェールズ消防隊は消防車に使う紋章を授与された。盾のデザインは、中世にその地域を支配していたクレア家の紋章から3つの山形帯(シェブロン)を採っている。消防隊の紋章では「レイオニー」(火炎の形を重ねること)によって、山形帯に部分的な変更が加えられて

▲サウス・ウェールズの消防隊の帽章のデザイン。適切にその紋章バッジを付けられている。

いる。山形帯の上下には「青滴紋(グッティ・ド・カ・ラルメ)」があり、兜飾(クレスト)は炎を消すための「水袋」(皮製の水入れ)を持ったライオンである。

秘密情報機関

世界中のいわゆる秘密情報機関は、紋章を秘匿するほど秘密主義ではない。アメリカのフェニックス計画(南ベトナム解放民族戦線〔ベトコン〕への協力者を暗殺するために立てられた)では、その紋章に架空の鳥を採用した。フェニックス計画は、ベトナム戦争中のCIA(中央情報局)の実行部隊であると言われた。そのフェニックスの標章は非公式なものだったが、CIA自体は1950年以降に紋章を持つようになった。銀色(アージェント)の盾に、赤色(ギュールズ)の16の方位点を持つ羅針盤、金色の兜飾、銀色と赤色の

▼この記章は、カナダの警察記章のためにカナダ紋章局が定めたパターンに従っている。その都市の紋章とその地域の花とが、標準的な要素である。

▼公式パレードの際に、ウィルトシャー警察が掲げる旗。この野雁は紋章では兜飾として使われている。

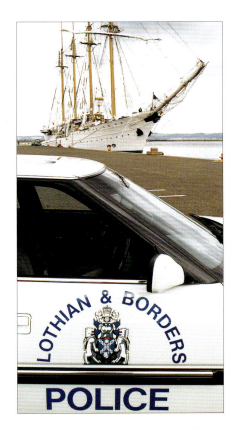

▲スコットランドのロージアン＆ボーダーズ警察のパトカーで紋章一式を誇示している。紋章には、スコットランド紋章院が組織団体に対して与えた兜の一種、サレットが含まれている。

花輪、アメリカの白頭鷲のギザギザに切り取られた頭部は、公式には次のように説明される。「アメリカの鷲は国鳥であり、強さと機敏さの象徴である。放射状に伸びる羅針盤の輻(スポーク)は、世界のすべての地域から中心点までの情報データ網を表している」。CIAの紋章は、組織本部の建物や勲章(メダル)にお

いて多様な形で示された。殊勲諜報章（ディスティンギッシュド・インテリジェンス・メダル）は、合衆国の政府機関にふさわしく、国鳥たる鷲の胸の上に紋章を配置している。

CIAの宿敵であるソビエト連邦の国家保安委員会、つまりKGBも委員会自体の標章を保持した。その国家の剣と盾としての使命は、共産主義の槌と鎌を守ることであった。標章の色は組織の固有色であるロイヤルブルーである。よほど肝が据わっていなければ、その紋章、盾、制帽のリボンにその色を見るだけで怖気づいてしまうであろう。その後継のロシア連邦保安庁は、標章に剣と盾を残すことはどうにかできたが、槌と鎌は、ロシア皇帝を象徴する双頭の鷲に替えられた。

KGBにとって最も忠義心の厚い友であり、「シュタージ」と呼ばれる東ドイツ国家安全省は、ドイツ民主共和国の国章を、社会主義にありがちな好戦的な流儀で、その旗や胸章に用いている。これは皮肉なことにソ連の徴集兵の間で「喝采美術」として知られている。

イギリスのMI6（秘密情報部）は、わざわざ組織に固有の紋章を獲得するようなことはしなかったが、国王の紋章を用いる許可は得た。しかしながら、保安部門の仲間たるMI5（イギリス情報保安部）は、紋章院によってデザインされた独自の紋章を用いている。この紋章は、翼のあるアシカ、落とし格子を特徴としている。アシカは陸海空軍との関係を示し、議会の象徴である落とし格子は、議会制民主主義を支えるその機能を暗に示している。3つある落とし格子の間に秘密の薔薇と緑色のキジムシロが配されている。キジムシロの5枚の花弁はMI5を表しており、その色は、少なくとも第一次世界大戦以来の情報と関連づけられてきた。MI5の標語(モットー)は「王国を防衛せよ（regnum defende）」である。

▲MI5ことイギリス情報保安部の記章。

◀KGBの後継、ロシア連邦保安庁の胸章。KGBの紋章で用いられた盾と剣は残っているが、槌と鎌は、帝国の双頭の鷲に替えられた。

▲アメリカのCIA（中央情報局）の記章。鷲が盾越しに見張っている。

▲シュタージとしてよく知られている、おぞましい東ドイツの国家安全省の標章。槌、コンパス、国章を含んでいる。

第7章　都市と国家の紋章　171

職務標章

中世後期以来、公的な地位を有する高い階層の者は、男であれ女であれ、その高い職位を示す何らかの表象を、通常は宮廷において、身につけるか持ち運ぶことが一般的であった。こうした表象の初期形態が、職杖、すなわち杖であった。これは、羊飼いが使っていたような日常的な杖にその起源を有する。その例は、エジプトの墓壁に描かれた日常生活の場面に見られる。古王国時代（紀元前2700-紀元前2150）の絵には、官吏ないし収税人が職杖のようなものを使って、反抗的な農民から税を取り立てる場面が描かれている。神殿の役人の墓からは木製の職杖も見つかっている。この職杖には、長生き、繁栄、そして健康を求める刻銘文がある。

紋章のある職務標章

紋章のある職務標章のなかで最も古いものに、中世の海軍提督の印章に描かれたものがある。これらの印章では帆船のモチーフが用いられており、船の帆や旗、吹き流しに海軍提督の紋章が描かれている。17世紀頃までは、海軍提督はその職務を示すために、紋章の盾の後ろに錨を置くことが多かった。多くの職務標章の起源となっているフランスでは、職務標章によって階級までも示されていた。フランスの海軍提督は、斜十字形（サルタイア）に置かれた一対の錨、百合紋（フルール・ド・リス）がちりばめられた交差する線章を有した。副提督の場合、盾の後ろに飾りのない白っぽい錨1本を有した。また、ガレー船の船長は、盾の後ろに引っかけ錨を置いた。

職務標章を付けることに関しては、厳格な規則はない。単に紋章的な装飾として使われる職務標章もあれば、儀式の際に身につけられる実物として機能する職務標章もあった。17～18世紀のフランスの宮殿では、紋章が入った見事な標章が使われていた。王冠が付いた小百合紋柄（セミー・ド・リス）の職杖もあれば、盾のいずれかの側面に珍しい狼の頭部が配されたものもあった。

軍司令官

中世の軍隊において最も地位の高い官吏としての軍司令官（コンスタブル）の義務の1つは、死刑の言い渡しを含む軍法の差配であった。やがて、高位の軍司令官の盾は、2つの「正義の紋章」の間に置かれた（雲から現れた鎧を着用した2本の手が職務の剣を掴んでいる）。フランスの軍司令官はその職務を受ける際、小百合紋柄入りのロイヤルブルーの鞘に収められた職務の剣を与えられた。最も偉大なフランスの軍司令官の1人は、1370年から1380年までその職を務めたベルトラン・デュ・ゲクランである。彼は自分が死に瀕しているのがわかった時、シャルル5世にその偉大な剣を送り返した。いわく「それを取り、国王の保護のもとに戻せ。そして私は王も剣も決して

▲ナバラの世襲軍司令官の正義の紋章。誇らしいことに、アルバ公の盾のいずれかの側に置かれた。

▼ブルボン朝の宮殿の役人たちは、彼らの盾の横に、ボトル、角、狼の頭を含む標章を掲載した。

▲1935年に行われたジョージ5世とメアリ女王のための感謝祭の礼拝の絵。侍従長が職杖を持って宮殿で先頭を行き、その経路沿いには、ヨーメン・オブ・ザ・ガードが並んでいる。

裏切らなかったと、汝が王に伝えてくれ」。これを聞いた王はデュ・ゲクランの忠誠心を記念して、フランス王家の由緒ある菩提寺サン・ドニ修道院への埋葬という、庶民にとっては類稀な名誉を与えた。

最近では、スコットランドとナバラという2つの国の軍司令官職が、貴族女性のものとなった。前者の場合、歴代のアルバ女公爵（世界中で最も多くの貴族爵位を有した夫人である）は、正義の紋章の間に彼女の盾を置き、ナバラの紋章をのせた雲を置いた。その盾は、交互に縁取りされた帯（境界線が各部分を区切っている）の中で、イギリスのステュアート王家の紋章を四半分のそれぞれに配した。これは、アルバ公が、ジェームズ2世の庶子の子孫であることから、非嫡出であることを示している。

マーシャル

実のところ、中世の軍司令官の多くの義務は、その代理人たるマーシャルに委ねられた。マーシャルは、彼の職務標章として金口の黒杖を携行していた。フランスでは、フィリップ4世の治世までに、マーシャルがパリの司法宮にある大きな大理石のテーブルで一定の事件の裁判を行い、犯罪者をその杖で打ちすえていた。

杖は、フランスでは18世紀までに、完全に紋章の慣行に取り入れられた。というのは、マルシャル・デュラス（1715-89）が、反革命法律家で歴史家のシモン・ニコラ＝アンリ・ランゲを審理しようとした時、彼はランゲを非難するために杖を用いそうになった。その時ランゲが次のように言い返したのである。「ムッシュ・ル・マルシャル。あなたは杖の使い方をご存知ないようでございますね」と。マーシャルは、正義の紋章に対するコンスタブルの権利を共有していなかった。その代わりに、彼はイングランドの軍務伯を含むヨーロッパの多くの地域のマーシャル（アール・マーシャル）によって採用されていた慣行として、彼の盾の後ろに交差させた杖を置いたのである。

イングランドでは、軍務伯［紋章院総裁］は世襲の官職であり、代々ノーフォーク公が務めているが、同公は代々カトリック教徒であったため、何世紀もの間、その職務を本人が遂行することができなかった。このため彼の職務は、彼の代理によって差配されることが一般的となった。代理は、彼の盾の後ろに1本の杖を斜帯状（ベンド）に置いた。このような紋章は、しばしば紋章の開封特許状（主にジョージ王の時代）の余白に見られる。スタッフォード家、すなわちバッキンガム公によって長きにわたって保持されてきた世襲のコンスタブル職は、1521年に反逆罪を理由として第3代の公の私権が剥奪された後、ヘンリ8世によって廃止された。その職務は、主君の戴冠式の間は一時的に復活させられる。しかし儀式上の義務は、軍務伯によって執り行われる。反対にスコットランドでは、ケニス家によって長く保持されてきた軍務伯の世襲の地位は、私権剥奪によって失われた。世襲のコンスタブル職は今も続いており、ヘイズ家すなわちエロル伯によって保持されている。

侍従

デンマークの宮殿では、侍従は、金の葉で飾られた杖を持ち、宮殿用制服にすべて

▼スウェーデンのセラフィム修道会の騎士の飾り額。盾の後ろに、王家のマーシャルと修道会のチャンセラーの杖がある。

第7章 都市と国家の紋章　173

の侍従に共通する標章である金の鍵（君主の私室の鍵を持つような役人が、君主によって信頼されていた時代の名残）を身につけている。このような鍵は、通常、君主の組み合わせ文字を先端（鍵の先にあるリング）に持つ。イギリス王室の侍従は、ガーターの青いリボンの上に鍵を付けている。

紋章学では、ほとんどの侍従が、盾の後ろに交差した鍵をおいているが、イングランドにおける宮内長官の場合は、盾の後ろに斜十字形に宮廷高級役人の白い職杖が配置され、鍵はその下に横帯状に置かれている（宮内長官の称号は世襲であるが、フルタイムのポストではない。他方、侍従長の職は世襲ではなく、王室の日々の運営に携わる）。

職務従事者

職杖また職務の杖は、ほとんどの宮廷役人に共通であり、彼らの地位を示すこととは別に、一般人を避けるための便利な道具であった。通常は木製（象牙製の場合もあった）の短い棒であるが、背丈ほどの場合もあった。職杖は、職務従事者の主または女主により、儀式に則って付与され、彼が辞職するとき、または彼が仕えてきた者が死去したときに（同様に儀式に則って）ば

▶教会と同様に宮廷でも自らの地位を誇りに思っていた枢機卿ウルジーは、ここでは、イングランド王国の大法官の職杖を持った姿で描かれている。

▼元来、君主の私室の鍵であったチェンバレンの鍵——信頼度がきわめて高い印——は、中世以来、彼の宮廷制服の上に身につけられてきた。

らばらに折られる。

今日、イギリス王室の役人の職杖は、数世紀前に前任者たちが使用していたものと、1つの革新を除き、ほとんど違いはない。1つの革新とは、軸の中程にある銀の受接管である。そこに職務の名称が書かれており、職務従事者が辞職するときに儀式に則って職杖が「折られ」うるように、ねじ山が備わっている。半々となった職杖はその後、持ち主に返される。前職務従事者に対して前職の記念品として渡すために、復元できるようになっているわけである。

職杖を折る行為は、数世紀の間、比喩として人気のある題材であった。イングランドのエリザベス1世はある王国巡行の際、オーク材の杖を手にした苔と蔦に覆われた粗野な男によって「声を掛けられた〔accosted。紋章学では「両側で別の具象図形によって支えられている」の意〕」。自分のパトロン（女王の寵臣ロバート・ダド

▼王室の職務従事者の職杖。ねじで合体させられており、職務従事者が退職するときに儀式のなかで職杖を「折った」後に、再び組み立てられるようにしてある。

リー）を讃えて女王を楽しませた後、「粗野な [savage。紋章学では「裸の」の意] 男は、「辞職したチェンバレンのように」彼の杖を半分に折り、それらを投げ捨てた。不幸にして、そのうちの1つが女王の馬の頭に当たった。儀式に則って職杖を折る行為は、1574年のダービー伯のエドモンドの葬儀の説明のなかで重んじられている。「[エドモンドの] 家令、会計官、そして監査官は、その遺体が埋葬された時、涙を流して膝をつき、彼らの杖や棒を頭の上で折り、その破片を墓に投げ入れた」。

職務の記章

第一次世界大戦後、多くのヨーロッパの宮廷儀式が、宮廷そのものとともに消滅した一方で、イギリス王室においてはほとんど変化がなかった。国の職務に従事する者の見事な制服も、制服の上の宝石付き記章も、大きな金の鍵も、使われ続けている。

最も魅力的な記章は、楕円形のペンダントの形をした、マーシャル・オブ・ザ・ディプロマティック・コーズのものがある。片面にオリーブの枝を摑んでいる手があり、別の面には剣を摑んでいる手がある。次のような話が知られている。平和時にはオリーブの枝がそれを見る者に向けられ、戦争が他国に対して宣言された時には、その国の大使がマーシャル（またはそうではなくてその前身のマスター・オブ・セレモニーズ）から前触れの訪問を受けることになり、マーシャルはこの時までにバッジの向きを戦争の面にしておくというものである。

美しい歴史を持つもう1つの記章は、コーズ・オブ・クイーンズ・メッセンジャーズの記章である。彼らは、イギリス大使と外務省の間で交わされる外交書簡を扱う。その義務の本質は、勇敢な行為と冒険に関する多くの話のもととなってきた。首から下げる記章は、ガーターの中に君主の組み合わせ文字（サイファー）のある楕円形の記章である。さらにその下に駆け足の銀色のグレイハウンドが下がっている。これは、テューダー家の紋章の盾持（サポーター）の1つに起源を持つものなのか、あるいはオランダに亡命中のチャールズ2世によって用いられた銀のボウル・スタンドの1つとして始まったのか？ 次のような話が語られている。彼が、秘密のメッセンジャーたちに命令を与えた時、1人が「どうやって我々のことをわかってもらえるでしょうか？」と尋ねた。国王チャールズは、ボウルから小さなグレイハウンドを取り外して各メッセンジャーに渡し、「これが汝の記章となろう」と言った。

マーシャル・オブ・ザ・ディプロマティック・コーズの記章でも、コーズ・オブ・クイーンズ・メッセンジャーズの記章でも、紋章は用いられていない。しかしスコットランドでは、ロード・ハイ・コンスタブルとそれ以外の多くの高級役人が、今なお、紋章の標章を授与されている。

認識されたり尊敬されたりすることの必要性は、精神の奥深くにあるもので、これはハンバーガー店の巨大企業であるマクドナルドのような現代の会社によっても忘れられていない事実である。マクドナルドはその従業員に対して「地位」の証拠として身につけられるべき星を与えている。各星のデザインは異なっており——交差するモップとブラシに始まり、ハンバーガーのパンとポテトフライを経て、（お客さまとの良い関係を表す）笑顔に至る——それには賃金の増加が伴う。全部で5つの星が与えられることになる。5つ星保持者は、軍隊の階級で言えば、陸軍司令官に相当する。

▼マスター・オブ・セレモニーズの記章。表面には平和のオリーブの枝、裏面には戦争の剣が描かれている。こうした記章は、今日でも聖ジェームズ宮殿のマーシャル・オブ・ザ・ディプロマティック・コーズによって身につけられている。

▼コーズ・オブ・クイーンズ・メッセンジャーズの記章。繊細な銀のグレイハウンドは、すべての標章のなかで最もすばらしいものの1つであろう。

▼ウェストミンスター宮殿のドアメンは、ロイヤル・メッセンジャーの記章を身につけている。この記章の下にあるマーキュリーの人形は、庶民院のドア・キーパーを示している。

大学および学校の紋章

ヨーロッパ中の大学やそれ以外の主な教育機関は、市や教会団体よりも遅れて紋章の世界にやってきたが、それらもまた紋章を使うようになった。紋章の使用は印章に限定されることが多かったが、紋章が大学や学校に対して授与されたり、大学や学校によって当然のことと考えられるようになると、教育機関設立者の紋章が採用されたり、学識の象徴と結びつけられるのが一般的であった。

カレッジ創設者

ほとんどの大学は、全機関に共通する紋章または印章を有しているが、イギリスの主要な大学のカレッジは、個別の紋章を有している。それはしばしば古い起源をもち、たいていの場合、創設者が関係していることが明らかである。

この種の紋章で最も興味深いものに、ケンブリッジのクレア・カレッジとペンブルック・カレッジの紋章がある。クレア・カレッジの場合、夫と妻の紋章は、第3代グロスター伯のギルバート・ド・クレアの娘エリザベスが、彼女の最初の夫であるアルスター伯ウィリアム・ド・バラよりも、所領と階級において重要だとみなされていたため、逆にされた。それゆえ彼女の

▼▶パドゥア大学の回廊。貴族の学生たちの紋章で豪華に飾られている。

▲マーガレット・ボーフォートの紋章は、ケンブリッジのクライスツ・カレッジの入り口を美しく飾っている。

家系は、紋章学上、より重要な側（夫婦の盾からみた右側〔デクスター〕）にある。エリザベスは3人の夫よりも長生きし、そのことは紋章の周りの黒い縁に配置されている哀悼の涙によって記憶されている。

ペンブルック・カレッジは、1347年、サン・ポル伯ギー・ド・シャティヨンの娘で、第2代ペンブルック伯エイマー・ド・ヴァレンスの妻であったマリーによって創設された。カレッジの紋章は、二分割統合〔ディミディエーション〕の方法をとっている。ヴァレンスとド・シャティヨンの紋章は真ん中で半分にされ、盾からみた右側のヴァレンスの紋章が、盾からみた左側〔シニスター〕のド・シャティヨンの紋章と結びついている。

ケンブリッジにおける最も偉大な紋章表示は、ヘンリ7世の母のマーガレット・ボーフォート（1443-1509）の紋章であるに違いない。この自尊心の強い敬虔な夫人は、2つのカレッジを創設した。クライスツ・カレッジとセント・ジョンズ・カレッジである。両校は、ボーフォートの紋章をエアレーの盾持〔サポーター〕で仕上げている。エアレーの蹄の下の地面には、マーガレットの紋章であるヒナギクまたはマーガレットがちりばめられている。

紋章の点では、オックスフォード大学に勝る新参のライバルはいないはずである。イギリス史における異例の時代について語ってくれる盾の1つに、ヨーク大司教であり大法官であった、かの尊大な教会人、枢機卿ウルジーの紋章がある。彼はクライスト・チャーチ・カレッジを創設した人物である。枢機卿の紋章には、彼の富の源泉となった組織や個人に対する多くの比喩が含まれている。彼の生誕地であるイプスウィ

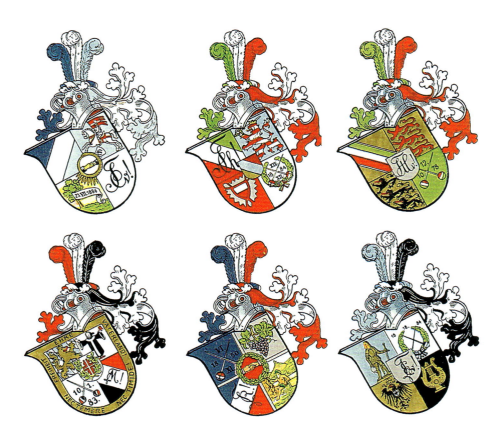

▲ハイデルベルク大学に由来する学生兄弟団の紋章には、しばしば、刀剣（エペ）が描かれている。

▲スウェーデンのウプサラにある聖カタリナ・スクールのスティーヴン・クームズの紋章。校章（右下）と、彼が昔通ったオクスフォードのベリオール・カレッジの紋章（右上）を含んでいる。

ッチは、ある時代にサフォーク伯の地位を有していた一族の紋章によって幾分堂々と表されている。ド・ラ・ポール家（青色(アジュール)の豹の顔）とアフォード家（縁取られた十字架）である。十字の上の歩き姿(パッサント)で顔が正面向き(ガーダント)のライオンは教皇レオ10世を表しており、彼からウルジーは枢機卿の帽子を授かった。薔薇は王の僕(しもべ)としてのウルジーの地位を表し、コンウォールのアカアシガラスは、彼の名の元となっているトマス・ア・ベケットに関係している。

各カレッジは、校舎のファサードからテーブルの銀食器に至るまで、多くの場所できわめて効果的にその紋章を表示している。これらの紋章はたいてい今昔の寄進者たちの紋章と合わせられている。ボドリアン・ライブラリーのドア上には、オックスフォードのすべてのカレッジの紋章が掲示されている。

学生の紋章

ヨーロッパの大学のなかには、多くの学生の紋章から成っているものもある。なぜなら、彼らの多くは、貴族出身だったから

である。こうした学生の紋章のすばらしい展示は、北イタリアのパドゥア大学の構内で見られる。19世紀に遡るものが多いが、多くの盾は、今なお大学に古くからある中庭に飾られており、パドヴァ大学がヨーロッパ中で得た名声を証明している。

ドイツの紋章で独特の特徴があるのは、大学に展示された学生兄弟団(フラタニティー)の紋章である。これらの兄弟団は決闘をすることで有名で、若い貴族の顔の傷は名誉の印とされた。各兄弟団の構成員は、同じ地方の出身者が多かった。そのため、彼らの紋章は刀剣だけでなく、彼らの故郷の紋章から採られた具象図形(チャージ)も含んだ。紋章の中心にはしばしば小盾形紋(インエスカチョン)があり、その上に標語(モットー)またはVCF、すなわち「Vivat, Crescat, Floreat（生き、成長し、栄えるべし）」のような組み合わせ文字(モノグラム)が書かれた。

学校

イギリスでは学校の紋章は一般的であるが、その他のヨーロッパでは通常のことではない。ただ、スウェーデンにはその伝統があり、学校が学内自治組織の紋章旗を表示している。1993年、ウプサラの聖カタ

リナ・スクールは、スカンジナビア紋章協会に登録された紋章を付けた。これらは、同校の学校法人役員会の会長スティーヴン・クームズの提案で、その記章として、クロス・フォーミー（77頁参照）が載っているキャサリンの車輪を採用している。スパイクが付いたその車輪は、聖キャサリンの殉教に関係があるが、スウェーデンの民謡によれば、スパイクを持って樽の中に横たえられたリトル・カーリンと同一視されてもいる。

▲宗教は、中世の学校生活の中心であった。学校やカレッジは、しばしば特定の聖人に守護を期待した。例えばイートン・カレッジは、処女マリアの百合の花が付けられている。

第7章　都市と国家の紋章　177

医療機関の紋章

団体の紋章には、その職業や組織に関係する共通のシンボルないし具象図形が多く含まれている。こうした具象図形は何度も使われるが、当該団体を認識する手がかりを提供する。こうした現象は、主にイギリスとイギリス連邦の紋章でよく見られるが、他ではそれほどない。医療に関わる紋章に頻繁に登場する具象図形は、その顕著な例である。

医療機関の紋章のなかには、ロンドンの聖バーソロミュー病院の紋章のように、具象図形がまったくないものもある。1423年から1462年まで同病院の院長を務めたウィリアム・ウェイカリングは、銀色と黒色の縦二分割に色を入れ違いに配した山形帯のある紋章を用いた。これらはウェイカリングや彼の家系に対して授与されたものではなく、彼がかくも長い間院長であったがゆえに、その紋章が当該病院に関連づけられることとなり、16世紀の紋章記録にあるような形で記録されたのである。

蛇とそれ以外の獣

「特定のテーマを持つ」具象図形の良い例は蛇である。蛇はほとんどいつも医療と関係を持ち、医療機関だけでなく、開業医個人が所有する紋章にも頻繁に用いられている。数世紀の間、蛇は、知恵と謎めいた治癒力を持つと考えられてきた。古来の療法家によって用いられた寺院聖堂には、害

▼ブリストル総合病院の門扉。市章の表現力が素晴らしい。

▲イングランドのウォーリックにあるロード・レスター病院の紋章は紋章表現の好例を維持している。ダドリー家の盾の下にウォーリック伯の熊と古い杖の組み合わせ。

のない蛇たちの住処があった。蛇には治癒的特質があると信じられていたのである。蛇は定期的に脱皮し、再生すると考えられており、不死のための手段とみなされていたのである。

蛇はまた、ギリシアとローマの医療の神であるアスクレピオスと関連づけられた。次のような伝説がある。アスクレピオスが患者を診察している時、蛇が忍び込んで彼の杖に登り、彼に英知を吹き込んだ。紋章学においては、蛇は、通常アスクレピオスの杖と呼ばれる棒に巻き付く姿で描かれる。体が結ばれているものや、自らの尾を飲み込んでいるものもあるし、他の具象図形に巻き付けられることもある。紋章説明で特定種が言及されることもあり、王立ブリスベン病院のレッドベリードブラックスネイクや、オーストラリアの王立こども病院のチルドレンニシキヘビ（学名 Liasis childreni）などの例がある。

医療関係の紋章と幾分相容れない2つの謎めいた動物は、カラドリウスとグリフォンである。カラドリウスは古来の動物寓話に見られる鳥で、治癒力があると信じられていた。純白で、脚の下の部分は、目の病気を「取り除く」と評判であった。グリフォンはライオンの脚、ドラゴンの翼、とがった耳、長い嘴、そして駱駝の尾を持つ。グリフォンの図柄は、1561年にロンドン理髪・外科医組合に対して兜飾として授与されている。

無生物の具象図形

外科手術の道具は、初期の時代から具象図形として用いられてきた。最もよく知られているのは、瀉血針という瀉血のためのランセットの形であろう。紋章の中のそれは数字の7のようである。1451年にロンドン理髪師組合の紋章に用いられている。薬さじは、1492年のロンドン・サージャンズ・フェローシップの記章に用いられた。これらの道具はいずれも、1569年にロンドン理髪・外科医名誉組合の紋章に統合された。

王立エディンバラ外科医会が1672年に授与された紋章には、7つの外科手術道具を備えた外縁紋がある。それぞれの道具を特定することはできないが、「術を特徴づける7つの道具」として述べられている。手術用メス、検眼鏡、吸入器、歯用と乳房用の探り針と注射針はすべて、具象図形として用いられている。

イギリス病理学協会（1971年）の盾は、銀色の紋地に、2つの赤円紋と黒色のベンゼン環との間に赤色の波形の横帯である。わかりやすい4つの具象図形は、病理学の4つの専門分野を示している。赤

▲イギリス泌尿外科医協会の紋章の台座には、スイートピーが適切にちりばめられている。

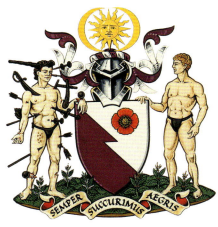

▲救急医学部の紋章の盾持は多数の傷を負っている。

い波線は組織病理学を表しており、赤円紋の1つは血液学にとっての赤血球を、もう1つの赤円紋は生物学を表している。微生物学はベンゼン環で表されている。

植物は当然ながら、治癒的特質のために医療関係の紋章の中に居場所を持っている。ジギタリス、ケシ、コカはすべて麻酔薬(アナステディクス)と鎮痛剤に関係がある。マンドレイクは、グレートブリテンおよびアイルランド麻酔医協会（1945年）の兜飾に見られる。マンドレイクは南ヨーロッパの有毒植物の1つで、中世には鎮静剤と鎮痛剤として用いられた。節が多く枝分かれした根は人間の体に似ていると考えられ、地面から引き抜かれる時に、人を不快にさせる

▼オーストラリア泌尿器学協会の紋章。膀胱鏡を通して見たときの膀胱頸を見上げた構図。

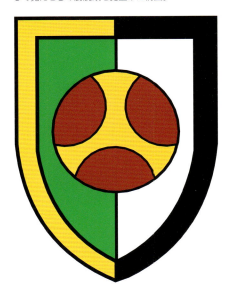

ような甲高い叫び声を発すると想像されていた。ザクロは、紋章ではふつう割れた形で描かれ、多くの種が見えるようになっている。多産を表すために用いられ、1546年にガーター・ベイカーによって王立内科医師会によって用いられた。近年の例でいうと、イギリス泌尿外科医協会が紋章を授与されており、台座(コンパートメント)にスイートピーがちりばめられている。

盾持（サポーター）

医療関係の紋章の盾持(サポーター)には、神秘的な獣、現実の動物や鳥、さらに現実の人間も、神や女神も含まれる。神や女神の例としては、ギリシア・ローマの医療の神であるアスクレピオスに加え、彼の娘で健康の女神であるヒュギエイアがある。彼女は、腕に蛇を巻き付けたまま甕(かめ)を摑んで水を飲む姿で描かれる。アスクレピオスの息子のマカオンとポダレイリオスもよく用いられている。彼らは、トロイ包囲の時のギリシア人外科医であったと言われており、マカオンはトロイで負傷したメネラオスから弓を取り除いた。マカオンは通常、壊れた弓を手に持っている姿で描かれる。エジプトの神々は、イギリスでは女神イシスがよく用いられる。イシスは国立漢方医協会の紋章に現れる。薬の神であるイムホテプは、健康サービス・マネジメント協会の紋章に見られる。

コシモとダミアンという外科医の守護聖人は、外科医師組合の紋章の盾持であり、聖バルバラという負傷者の守護聖人は、災害外科組合の紋章の盾持である。医療倫理の創始者であるヒポクラテスは、複数の紋章一式に見られる。

近代の医療関係の人物としては、血液循環を発見してたウィリアム・ハーベー（1578-1657）がいる。彼はイギリス医師会の紋章の盾持となっている。1818年にチャリングクロス病院を創設した医師ベンジャミン・ゴールディングの例もある。イギリスの麻酔医ジョン・スノー（1813-58）とジョセフ・クローバー（1825-82）は、王立麻酔医師会の盾の盾持となっている。王立小児科学・小児保健協会の紋章の盾から見た左側の盾持は、1553年に英語で書かれた小児科に関する最初の本の著者であるトマス・フェアーである。

制服姿の看護師や、手術衣を着て手術に備える外科医など、氏名不詳の人物もいる。オーストラリア王立こども病院の紋章の盾持となっているのは、男の子と女の子である。

一角獣(ユニコーン)の角は、すり潰すと媚薬的特質と同様に治癒的特質を有していると信じられていた。また、中身をくり抜いて杯として用いると、有毒物質を除去すると考えられた。サイの角も同様の特質を持つと考えられ、両者は薬局協会の兜飾や盾持として表示されている。

▼19世紀のイギリスの医師トマス・スミスの盾は、王立内科医協会の脈拍を見る手と、アスクレピオスの杖と蛇とを組み合わせている。

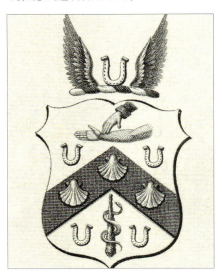

第7章 都市と国家の紋章 179

ギルドと同業組合

中世後期において、商人階層の増大する富と権力、そして彼らが属するギルドや兄弟団(フラタニティー)は、彼らを貴族の領域に進出させることとなった。当然ながら、貴族は、ヨーロッパの諸都市に権力基盤を持って独力で立身した者たちにより、自分たちの諸特権がこのように掘り崩されることを決して喜んではいなかった。しかしながら、貴族の服やその他の象徴物を守ろうとする様々な法は、ほとんど役に立たなかった。商人の金は、領主や王でさえ、無視できないものであった。

商人と職人は、彼らの取引を守るギルドを組織した。それはある意味では、現代の労働組合の先駆であった。自らの組合で徒弟として奉仕し、会費を収め、ギルドのしきたりや極意を授けられてきた構成員は、中世の生活上困窮しないための一定程度の保護を期待することができた。彼が死んだとき、ギルドの構成員たちが、彼のために紋章を備えた立派な葬式をしてくれた。

ギルド全体の富、およびその構成員からなる個々のギルドの富は、莫大であった。商人はしばしば、ヨーロッパの小さな君公よりも裕福で、すばらしく豪華なところに住んだ。初期のイギリスの紋章に関する開封特許状にはギルドのものが複数あるが、驚くべきことではない。中世世界で最も裕福な者のうち、ロンドンの生活に役立っていた織物商、ワイン商などの職業のすべての紋章とまさに同じ紋章が、今もシティーを通る恒例のロンドン市長就任披露行列(ロード・メイヤー・プロセッション)で見られる。各ギルドまたは同業組合(リヴァリ・カンパニー)は、固有の紋章や色、仕着せによって、その存在を知らしめるのである。

十二大ギルド

ロンドンの同業組合(今や100以上ある)における優先順位は1515年に確立された。最も上位の組合は、十二大ギルドとして知られており、以下のとおりである。

1　織物商
2　食料品商
3　毛織物商
4　魚商
5　金細工商
6/7　仕立商
7/6　皮革商
8　小間物商
9　塩商
10　金物商
11　ワイン商
12　仕立工

仕立商と皮革商は、リストの中の6位と7位を争っていた。そして結果として、彼らは、毎年イースターに順番を交代している(そのため「6/7」「7/6」と表現してある)。

職業の象徴

ヨーロッパのどこでも、自らの仕事や市民としての地位に誇りを持つ者たちは、象徴と色によって区別された。商人は、もし彼がまだ紋章を着用できるようになっていなかったなら、彼個人のマークを誇示する

◀イタリアのシエナにおける市内ギルドの伝統的な行進。参加者は中世の服を着用している。

▲紋章学の歴史は、中世の戦場から、ノッティンガムシャーのマントン炭鉱にまで及ぶ。

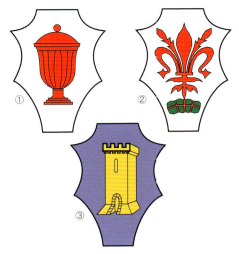

▲都市国家フィレンツェの役人たちとマジストレイトたちの職務標章。①マスターズ・オブ・ソルト、②商事裁判所の構成員、③モンテ・コムーネ（公債）の役人。

▲1463年にロンドンのろうそく業者に与えられた証書。ロンドン市のギルドの力は、紋章のみごとさに表れる。

ことによって満足することができた。そのマークは盾に記されたであろう。イギリスからスイスに至るまでの多くの教会や修道院もこうしたマークで飾られ、マークは頭文字と十字架が多かった。イングランドでは、羊毛交易の商人、すなわち「ステープル」商人は、こうしたマークを自分の家のみならず、彼らが扱う羊毛俵にも記した。

ギルドの紋章には、彼らの職業がすぐわかるシンボルが描かれることが多かった。例えば、パン屋を表す小麦、肉屋を表す牛や斧といった具合である。そのギルドの守護聖人もよく描かれた。ただし宗教改革後のイングランドでは、同業組合によっては、より時代に調和する新しい紋章を採用することもあった。賢明なことに、カトリック信仰との結びつきがあからさまな象徴はいずれもお蔵入りとなった。

そのような兄弟団から、フリーメイソンのような別の組織が現れ、その儀式において紋章が役割を果たした。フリーメイソンの標章（インシグニア）は王室の標章をまねたもので、宮廷のチェンバレンのような職の鍵や杖を持っている。フリーメイソンの支部の役人の「装飾具」は、支部構成員の出身地の都市や地方の紋章のほか、支部の元監督者を出したと思われる地方の有力家系の紋章を含むことが多かった。

▼1715年、ハノーヴァー家の忠実な支持者トマス・ドッゲットが、テムズ川でボートレースを開催した。6人の国王の漕ぎ手が、今も、ここに示されているコートと記章をかけて競い合った。ハノーヴァーの白い馬も描かれている。

▼ベルギーのブリュージュでの行進。ギルドの紋章旗は今も健在である。ほとんどの紋章は、特定の職業を示唆するモチーフを含んでいる。

第7章 都市と国家の紋章 181

第8章
世界の紋章

　紋章は国際的な言語を用いているとはいえ、紋章一式(アチーブメント)は常に各国の当局によって考案され規定されてきた。国王の紋章官(ヘラルド)を中心に多様な紋章制度が発達したが、彼らは個々の君主に仕えたのであり、何世紀にもわたって多くの国々が固有の紋章の様式を発展させた。北ヨーロッパで始まった紋章は、地球規模の探検と征服の時代に世界中に広まった。今では独自の紋章機関を持たなくなった国もあるが、その伝統は世界の多くの地域で力強く息づいており、新しいアイデアや芸術的革新が紋章の王国に活気を与え続けている。

◀カナダにあるシャー・ハショマイムのユダヤ教信徒会の紋章。兜飾(クレスト)がマカベア家の様式の兜の上に配されている。

スコットランドの紋章

スコットランドほど紋章を多様かつ魅力的に運用している国はない。スコットランドは何世紀も続く歴史を誇れる真の紋章制度を持った数少ない国の1つである。スコットランド紋章院(コート・オブ・ロード・ライアン)は、イングランド紋章院(コレッジ・オブ・アームズ)よりも規模は小さいが、紋章の解釈や運用のこととなると、あらゆる点で大胆かつ革新的である。

スコットランド紋章院

スコットランドにおける最高位の紋章官は、紋章院長官(ロード・ライアン・キング・オブ・アームズ)である。かつてのスコットランド王国では、紋章院長官は枢密顧問官であり大臣でもあった。スコットランド社会のあらゆる階層に浸透していた特質的な親族関係が sennachie として知られる人々を数多く生み出した。すなわち、公式な集会においてクランやセプト(クランに忠実な別の家族)の長の系図や歴史を朗唱する吟唱詩人たちである。紋章院長官は王家の吟唱詩人の長であり、戴冠式の際に王の系図を朗唱するのが彼の任務であった。

スコットランドにおける紋章の神聖不可侵な性質は、紋章院長官の声をきわめて重要なものとしている。例えば、サー・マルコム・イネスが長官であった時には、正式に登録されていない紋章を用いているとみなされれば、アイスクリームの販売人からハロッズのオーナーに至るまで、誰であろうと追及の手が及んだ。モハメド・アル・フェイド〔ハロッズのオーナー〕は、ロス家の祖先が住んでいたバルナゴワン城を所有していたのだが、その城にロス家の長の紋章を掲げていたところ、2000年1月に取り外すように命じられたのである。

この件は、1958年にイングランドの町ベリック゠アポン゠トゥウィードへの紋章授与の際に生じた問題と比べると、大したことではない。この町は1482年までスコットランドの一部であった。町議会はイングランドの紋章官に紋章を請願したが、図案が気に入らなかったようである。そこで町の人々は、スコットランド紋章院長官に請願を行った。その結果、ベリックはスコットランドにおいて古来の紋章権を確立していたことを認められたのである。

紋章に関する著作家であるロバート・ゲイア陸軍中佐いわく、スコットランドにとってベリックは占領された領土で、自国からもぎ取られたものであり、〔イングランドによる〕スコットランドへのさらなる大それた侵略の拠点として保持されているとみなしうる。スコットランド紋章院長官が登録した紋章は、〔ベリックを象徴する〕

▲ 1958年にスコットランドの紋章当局に登録されたベリック゠アポン゠トゥウィードの紋章。

熊とセイヨウハルニレを単に含むだけではなく、盾持(サポーター)としての熊がスコットランドの王立都市に適用される宝冠(コロネット)と台座(コンパートメント)に鎖で繋がれている。最終的に論戦は決着し、1977年にベリックはイングランド紋章院から特許状を受け取ったのだが、今度は熊とセイヨウハルニレが主要な位置を占めることを保証された。

紋章院長官と紋章院書記官(ライアン・クラーク)を例外として、スコットランドの紋章官たちに支払われる給与は名目的なものにすぎず、常勤の職は法律事務所や博物館などに求められる。常任の紋章官(ヘラルド)はロスシ、スノードゥーン、マーチモントの3名、紋章官補(パーシヴァント)はディングウォール、ユニコーン、キャリックの3名である。加えて、古来の肩書を持つ貴族のなかには、独自の私設の紋章官(オフィサー・オブ・アームズ)を持つ資格のある者もいる。スコットランドの軍察長官(ハイ・コンスタブル)を世襲するエロル伯爵の紋章官は、スレインズ紋章官補と呼ばれ、銀色(アージェント)の地に3つの赤色(ギュールズ)の盾形紋(エスカチョン)を配した主人の紋章入りの紋章官服(タバード)を身につける。

スコットランドの紋章官たちは、エディンバラ城の城代の就任式などの機会に、自身の紋章官服を着て副紋章を付けた姿を見せる。その時には、城代の軍旗(スタンダード)が城門に掲げられる。軍旗には、官職の紋章と個人の紋章の両方が付されている。また、6名のスコットランドの国家トランペット奏者も姿を見せ、彼らのトランペットの方形旗(バナー)にはスコットランド王室の紋章が

▼エディンバラで布告を行うスコットランドの紋章官たち。

刺繍されている。

スコットランドの紋章

百合の花が互い違いにあしらわれた装飾の二重内縁紋（フローリー・カウンター＝フローリー／ダブルトレッシャー）の内側に左後脚立ちの赤いライオンを描いた図柄は、1251年にスコットランドのアレグザンダー3世の印章で初めて用いられた。ただし、赤いライオンはおそらくウィリアム1世「獅子王」（1165-1214）によってすでに使われており、百合の花を配した外縁紋（ボーデュア）は彼の息子であるアレグザンダー2世（1214-49）の紋章で使われていた。スコットランドのジェームズ6世が、合同法成立後の1603年に（ジェームズ1世として）イングランド王位を継承した時、スコットランドの左後脚立ちのライオンは、王家の紋章の第2区画に配置された。イギリスの君主がスコットランドを訪れる際には、区画が入れ替えられ、スコットランド［のライオン］が第1の区画を占める。

イギリスの王族は、事実上スコットランドの最上位のクランであり、他のクランの場合と同様に、特定の紋章の標章（インシグニア）を用いる。スチュワート王家の柄の格子縞織やその変形版を身にまとい、時には王家のスコットランド用の兜飾（クレスト）が見られることもある。君主の長男は、スコットランドではロスシ公爵、キャリック伯爵、レンフリュー男爵、島嶼の領主、およびスコットランドの大執事（グレート・スチュワード）を兼ね、スコットランドで用いる独自の紋章の方形旗を持っている。また、自身のスコットランドの紋章に合わせて、無装飾の胸懸紋（プレーン・レイブル）を使用する。

アザミ騎士団

スコットランド独自の騎士団には、「最も古く最も高貴なるアザミ騎士団」があり、1540年に創設された。深緑の外套に身を包む騎士たちは、エディンバラにある聖ジャイルズ大聖堂に付属する騎士団礼拝堂の仕切席（ストール）に身を置く。1911年に落成した礼拝堂は、紋章の象徴性に満ち溢れている。各々の仕切席の背もたれにはアザミ騎士たちの仕切席紋章板（ストール・プレート）が備え付けられており、一方で、［礼拝堂に通じる］大聖堂の側廊には彼らの方形旗が集められて列柱に掲げられている。

王室射手団

スコットランドでは、君主の親衛隊は王室射手団（ロイヤル・カンパニー・オブ・アーチャーズ）によって構成される。射手団の野外用の制服は深緑で、一般団員には真紅の、士官には金色の王縁（オーア）があしらわれており、標章には［創設者たる王家への］返報の矢とアザミ騎士団の星が含まれる。士官は襟章もつける。緑無帽（ボンネット）は鷲の羽根で飾られ、一般団員は1本、士官は2本、総司令官は3本となる。

王家の紋章の紋章説明（ブレイズン）

スコットランド人の女王としてのエリザベス2世の紋章は、盾の第1と第4の区画に、金色の地に左後脚立ちの赤色のライオンが、青色（アジュール）の爪と舌を持ち、第二の色［＝赤色］の百合の花が互い違いにあしらわれた装飾の二重内縁紋の内側に描かれる〔スコットランド〕。第2区画には、赤色の地に3頭の歩き姿で正面顔（パッサント・ガーダント）の金色のライオン〔イングランド〕。第3区画には、青色の地に銀色の糸を張った金色の竪琴〔アイルランド〕。盾の周囲は、最も古く最も高貴なるアザミ騎士団の頸飾（カラー）が取り巻く。兜飾として、天然色（プロパー）の帝冠の上に正面向き（アフロンティ）で蹲踞姿（シージャント）の赤色のライオンが帝冠を被り、右手に天然色の抜身の剣、左手に天然色の笏を持っている。天然色のアザミを配した緑色の台座には盾持がおり、右側は銀色のユニコーンで、金色の蹄、鬣や房毛、舌を持ち、天然色の帝冠を被り、首にはめた冠飾からは鎖が背中越しに垂れかかり、聖アンデレの方形旗を支えている。左側は左後脚立ちで正面顔の金色のライオンで、天然色の帝冠を被り、聖ジョージの方形旗（ヴァート）を支えている。上部の巻帯（スクロール）には「加護あれかし」の標語（モットー）があり、台座にはアザミ騎士団の標語として「何人たりとも罰なくして余に言なすこと能はず」と書かれている。

▲王室射手団の射手の上着。上に載っているのは2本の羽根のついた士官の縁無帽。

▼ホリルードハウス宮殿の護衛隊員の縁付帽。クロライチョウの羽と銀の雄鹿、ホリルードの十字を備えている。

▶アーガイル公爵が就任するスコットランドの世襲の家政長官の職杖。上端部にはスコットランド王家の紋章の兜飾の上にいるライオンが載っている。

第8章 世界の紋章　185

スコットランドのクラン制度

クラン——この言葉はゲール語の「子供たち」に由来する——は、拡張された一族の集団である。その集団内では、すべての者に平等が保証されている。クランが共有する血縁関係は、それが事実であろうと名目上であろうと、ハイランドのあらゆる共同体を結束させている。公式の記録上でアーガイル伯爵とか島嶼の領主、あるいは、ロヴァットの領主と記される人たちは（エディンバラでは、そのように知られているだろうが）、各自の地元の領地では、単にマッカレン・モア（偉大なるコリンの息子）、マクドナル（ドナルドの息子）、あるいはマクシミ（サイモンの息子）と呼ばれるのである。

クラン制度はハイランドにおいて支配的な現象であるが、ローランドでも確認されるもので、例えばダグラス家のような名家の間でも見られる。ハイランドとローランドのクラン間の熾烈な確執は、スコットランド人社会の最上層にも及び、王家自体の内部でも多くの犠牲者を生んだ。王たちは度々他の有力家系に利用される駒でしかなかったためである。そうした抗争は、しばしば紋章にも反映される題材となる。1692年にグレンコーでのマクドナルド一族の大虐殺を扇動した初代ステア伯爵ジョン・ダルリンプルの紋章には9つの菱形紋が描かれており、そのためにトランプのカードでさえも、ダイヤの9は「スコットランドの呪い」と呼ばれている。ナイスミスの紋章にあるハンマーやハミルトンの兜飾のオークの木と筬鋸は、ともにスコットランドが一層乱れていた時期に、一族の人々が追手の敵に発見されないように労働者に変装したという出来事を示している。

クランの標章

スコットランドにおける個人の紋章は、クラン制度と密接に結び付いており、紋章を持つ資格のある人々と彼らの紋章の威信を厳格な規則が守っている。クランの標章（インシグニア）を完全に装った姿はクランの年次集会で見ることができ、例えばハイランド・ゲームのような行事がある。クランの成員はクラン固有の格子縞織（タータン）を着るが、いくつかの変形版を持つ場合もある。加えて、彼らが被る縁無帽（ボンネット）にはクランの長の兜飾の銀製副紋章（バッジ）（女性の場合はブローチ）が付けられる。副紋章は留具付の革帯の形状の［銀製の］環の中に配され、その環にはクランの長の標語（モットー）やスローガン、すなわち鬨（とき）の声が記されている。

副紋章の兜飾は着用者のものではなく、

▲故サー・フィッツロイ・マクリーンの紋章は、フューダル・バロンの帽子とダンコネル世襲管理官の標章を含んでいる。

クランの長のものである。紋章を持つ資格のある者は、自身の兜飾を標語ないし鬨の声（スローガン）が記された無地の飾り環（サークレット）の中に顕示してもよく、飾り環が銀製の羽根の上かつ副紋章の後ろに来るように配置される。大きなクランの分家の長は、紋章院長官（ロード・ライアン）から公式に認められれば、兜飾と標語を記した飾り環に2本の羽根を付けて着用することが許可される。クランの長は3本の羽根を副紋章の後ろに配し、貴族は爵位に適った宝冠（コロネット）を加えることができる。王族でさえこの伝統を守っており、バルモラルの縁無帽にスコットランド王家の兜飾を着用する。

紋章旗

クランの集会では、クランの長や支族長（チーフタン）（分家の長）、および他の上位の人物たちの紋章旗が選り抜かれて顕示される。そうした旗は紋章院長官によって厳密に規制されており、1672年の議会制定法を経て長官の法的管轄下にある。すべて［の紋章旗は］、

▼祖先の本拠で催されたクラン・ドナルドの集会。クランの長と支族長たちの方形旗がはっきりと見える。

その栄誉に与る資格のある者たちが紋章を登録する際に記録されている。

注目すべき最も重要な旗は軍旗(スタンダード)であり、クランの長のように「供勢(フォロイング)」を連れている者にだけ認められる。スコットランドの軍旗は、今日用いられる最も壮麗な紋章具の1つであり、中世後期の封建時代の軍旗から途切れずに続く歴史を有している。旗は本陣を表すとみなされるが、必ずしも長がいることを意味するとは限らない。長の存在は自身の紋章を明示した個人の方形旗であるバナーによって指示される。往古のスコットランドの軍旗では、ホイスト（棹に最も近い旗の部分）に斜十字(サルタイア)が配されていたが、近代の軍旗では、この場所には持ち主個人の紋章が描かれることの方が多い。残りの部分については、クランの長の場合は紋章基調色(リヴァリー・カラー)を配した2つの区画に分けられ、主要な支族長(チーフタン)の場合は3区分、その他の場合は4区分となる。軍旗は非常に長く、7m（8ヤード）ある君主のものから3.5m（4ヤード）の騎士やバロンのものまで幅がある。先細りとなった端は丸みを帯びた2つの山に分かれ（貴族やバロンの場合）、あるいは、バロンではない長のものは分かれずに丸みを帯びた先端となっている。旗には

▼ガラシールズのブロー・ラッズ・ギャザリング。紋章が顕示されるスコットランドの騎馬行列の1つ。

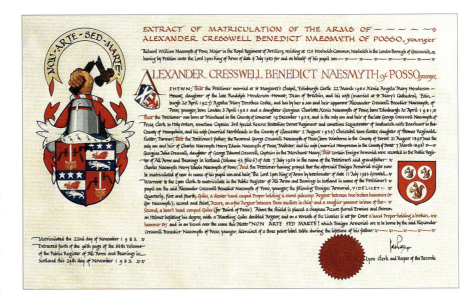

▲ポッソのアレグザンダー・ナイスミスの紋章の登録証。スコットランド紋章院所蔵。ここには、現有しないフューダル・バロニの継承者の帽子が見られる。

通例、持ち主の兜飾と副紋章があしらわれており、クランの植物の副紋章を含む。これらは持ち主の標語ないしスローガンを記した斜めに横切る帯によって隔てられている。もし持ち主が貴族かフューダル・バロンであれば、旗竿の先端に階級に応じた宝冠か帽子(シャポー)が付けられることもある。

小さなスタンダードに似た旗としてガイドンがあり、供勢を持つレアード（大雑把にイングランドの荘園領主に相当）にあてがわれる［さらにガイドンの小型のものとしてペノンがある］。

注目すべき第四の旗はピンセルである。この三角形の旗は、クランの長［か特別な支族長のバロン］が不在の時に、その名代となる人物を表すものである。クランの長の主たる紋章基調色の地の上に、彼ないし彼女の兜飾が留具付の第二の紋章基調色のストラップの環の中に置かれ、そのストラップには標語が書かれる。

封建所領

クランの長や支族長は封建的(フューダル)なバロンであることもある。王権（あるいは、まれに他の上級貴族）から証書によって授与された土地は、その保有者に特別な権利を与えることになり、一般的な所領では通常は見られない形態の公的な裁判権を含んでいた。そうした封建所領の保有者がバロンないしバロネスと称されるのである。1587年以前には、フューダル・バロンはスコッ

トランド議会に議席を持つ資格も与えられており、スコットランドのフューダル・バロニの保有者は、貴族のものに似た特定の紋章の栄誉に与る。これには帽子ないしキャップ・オブ・メンテナンスが含まれ、盾のすぐ上の兜との間に置かれる。帽子の色は特定のバロニの形態を示している。

1. 赤色(ギュールズ)の帽子、アーミン紋の毛皮模様：バロニを現有しているスコットランド王国のバロン。
2. 青色(アジュール)の帽子、アーミン紋の毛皮模様：そうしたバロニの継承者だが、現有していない者。
3. 赤色の帽子、アーミンズ紋（アーミン紋の逆彩色）の毛皮模様：アーガイルと島嶼のバロン、あるいは、他の古来の伯領を現有しているバロン。
4. 青色の帽子、アーミンズ紋の毛皮模様：そうしたバロニの継承者だが、現有していない者。

スコットランドのバロンの紋章には、盾の後ろにフューダル・バロンの赤色のマントが掛けられており、シルクの裏打ち、白毛皮の縁どり、アーミン紋の襟があり、5つの金色の球状ボタンで右肩に留められている。

第8章 世界の紋章　187

ウェールズの紋章

数世紀にわたりイギリスの君主たちは、イングランドの歩き姿(パッサント)のライオンやスコットランドの左後脚立ち(ランパント)のライオン、アイルランドの堅琴といった、彼らが統治していた国々の紋章に関連する図柄を盾形の紋章に用い続けてきた。ただウェールズだけはイギリスの紋章一式(アチーブメント)にごくまれにしか描かれなかった。全ウェールズの王というものが存在したことがなく、その国土は数百年の間いくつかの王国、大公領、諸侯領に分かれており、ウェールズ人はそれぞれの身分ごとに自分たちの家名を持っていた。イングランド王家の統治下になってからもウェールズは大公国と呼ばれ続けた。

ウェールズ人が紋章一式におけるこうした扱いを、しばしばロンドンの統治者の気まぐれの一例とみなしていたことは驚くにはあたらない。「ウェールズ」という名称はアングロ＝サクソン語で「よそ者」を指す言葉に由来しているという説が有力である。この場合のよそ者とは、アングロ＝サクソン人に追われて僻地であるウェールズに逃れたブリテン諸島のケルト系住民のことである。

1066年以降、ウェールズ人の新たな隣人となったノルマン人は、やがてウェールズへの侵入を開始した。ノルマン朝およびプランタジネット朝の王たちはしばしば最も信頼のおける貴族に［イングランドとウェールズの］国境地帯の土地を与え、彼らは半ば独立した領地を成すこととなった。それらアングロノルマン人の有力家門のなかで最も強大だったのがペンブルックおよびグロスター伯であったド・クレア家である。ド・クレア家は早くから紋章の使用に熱心で、ド・クレア家や他のノルマン人有力家系を通じて紋章はウェールズに広まっていくこととなった。

ウェールズにおける紋章の使用は、イングランドの貴族間におけるほど一般的ではなかったが、13世紀半ばには間違いなく使われていた。例えばグウィネッズ王国［ウェールズ北部］では、大セウェリンの2人の息子が、金や赤で彩ることが好ま

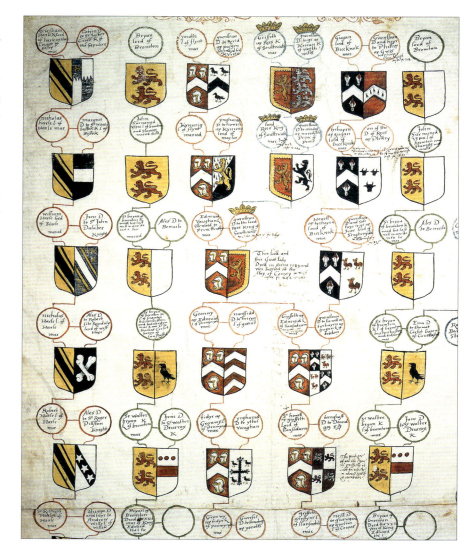

▲ウェールズ人の系図学への関心は、アン・ハールが全ウェールズの家政長官だったエドワード・ヴォーンの末裔であることを示す1593年のこの系図からも明らかである。

▶あるウェールズの家門の19世紀の蔵書票には、大公や高貴な家系の紋章が多数含まれている。

れた4頭の歩き姿のライオンを入れ違いに配した四分割の紋章を用いていた。

家系の重要性

中世のウェールズでは、いかなる地位にあろうとも誰もが自らの家系を5代にわたって詳しく語れることが求められた。イングランドからの移住者を除いて家名(姓)が用いられることはなかった。ある人物は、セウェリンの息子であるホーウェルの息子

188　第2部　紋章の応用

▲紋章は13世紀後半までにウェールズに導入され、上図にあるマドグ・アプ・グリフィズの墓石のように、しばしばケルトの様式に合わせて変えられることとなった。ヴェイル・クルキス修道院跡、クルーイド州。

エヴァンといったように。ウェールズ社会の閉鎖的で密接した性質ではそれ以外の確認が必要ないことを示している。そして、地域の吟唱詩人は完全な血統を諳(そら)んじられることが求められた。

ウェールズ人の家系における全権者たる人物は、貴族の祖先として知られている血筋である。こうした家系のほとんどは「暗黒時代」に起源を持つ。ローマ帝国の勢力の衰退によって生じた権力の空白は、命がけの時代にあってその名声により人々を結束させた氏族の指導者によって埋められたのである。そのうちの数人は実在の人物だが、残りは半ば伝説上の人物である。かのアーサー王自身も複数の統治者のイメージを合わせたものだと言われてきた。中世後期のウェールズ人にとっては、カーナヴォンシアのキルミン・トロイドーゾゥ（黒い足のキルミン）やデンビーシアのヘアズ・モルウィノーグといった人物はまず間違いなく存在した人物であり、語り継ぎ称えられるべき、誇るに足る祖先だったのである。

戦争や交易、さらに婚姻を通じてウェールズに紋章が浸透していくにつれて、グリフィズ・アプ・セウェリン（大グリフィズ）といったウェールズ人の有力者にも盾形紋章は採り入れられるようになった。彼らウェールズの有力者は、多くの場合、紋章導入前の時代から統治していた首長の家系に属するとされた。吟遊詩人や一般のウェールズ人にとっては、そうした家系はずっと昔から紋章を用いる身分だったのであり、それが事実であろうとなかろうと、その子孫は紋章を持つ資格があるとみなされていたのである。

多くのウェールズ人の家柄は、いまも自分たちが1人ないし複数の武人の血統であると公言している。「法制者」ことハウェル・ザー（ハウェル善良王）はそうした支配者の1人であり、彼が制定したあまたの理にかなった現実的な法の1つに次のようなものがある。いわく「貴族の末裔たる者は、その住居の目立つ場所において、その血統を皆に知らしめること」。

1909年頃、アダ・ランスドーン＝ウィリアムズ夫人はこの命令を極端に解釈し、ウェールズの海岸に建つ邸宅で自身および夫の血統を示すために紋章を用いた。この邸宅は

▼アダ・ランスドーン＝ウィリアムズの、彼女の家系を示す現代風に描かれたタイルの1つ。セント・デイヴィッド近くの彼女の邸宅にある。

ウェールズのドラゴン

アーサー王とも結びつけられる赤い竜は、同時に7世紀のウェールズ人の公だったカドワラダーの象徴でもあった。テューダー朝がカドワラダーの竜を家の紋章、特にそれを支える動物として用い、今日ではプリンス・オブ・ウェールズの徽章が赤い竜である。

第8章 世界の紋章　189

現在はホテルになっており、色彩タイルで描かれたハウェル王の時代にまで遡る家系図が飾られている。彼女はハウェル・ザーの即位1000周年までにその紋章による計画を完成させたかったらしい。それはケルトの伝承の持続力を示す輝かしい記録である。

ウェールズ氏族の紋章

1485年にウェールズ人であるリッチモンド伯ヘンリ・テューダーがイングランドの王位を勝ち取った。彼に付き従ったウェールズ貴族はしばしば、自分たちの家系だけでなく紋章までもイングランドの紋章官に登録するよう求めた。口頭伝承があるということは、イングランドの伯や爵のために描かれたきらびやかな家系図よりも、ウェールズの家系のほうが純正である可能性が高いと考えられていた。イングランドの紋章官はすぐさまウェールズの良家の法的な信頼性を理解し、吟遊詩人との密接な関係を維持した。

ウェールズの王や貴族の紋章はたいてい非常にシンプルで、ライオンの図柄が好んで使われたくらいであった。しばしば、いくつもの家系が同一の紋章を有し、それぞれの家系が同一の祖先の子孫であると主張した。このことはウェールズ貴族の氏族とポーランドの氏族（ロード）の類似性を想起させる。事実、ウェールズのいくつかの家系は1つの紋章のもとにまとまっている。しかしながら、ウェールズでは、紋章は明確に1人の人物から1人の末裔へと伝えられた血統に由来している。ポーランドの紋章では、1つの盾が2つ以上の明確な紋章を持つことがほとんどないのに対して、ウェールズの家門の紋章ではしばしば四分割され、そこには婚姻を通じて結びついた家系の紋章がある、というのが繰り返されていく。

いくつかの伝承は12世紀の人物である、ブレコンシアのモレイズィグ・ワルゥインにまつわるものである。ワルゥインという名は「白い首」を意味し、彼の首にあった一風変わった痣からきていると思われる。ある物語によると、彼の母が妊娠している時に庭で眠っていたところ、目が覚めて自分の体の上をクサリヘビが滑っていったのに気づいた。その時の彼女の恐怖が息子に痣となって現れた。彼と彼の末裔を名乗る家系、とりわけゴールデングローブおよびトレトウェルのヴォーダン家の紋章で蛇が少年の首に巻きついているのは、このためである。

もう1つの有名な話は、サウス・グラモーガンシアのカステル・ハウェルの領主カディフォル・アプ・ディナワルの紋章に関わるものである。1165年にレス王として知られるデハイバーズの支配者が、有力なアングロノルマン家門であるド・クレア家のカーディガン城を攻撃した。攻城ばしごを城壁に掛けて、一番槍を挙げたのがカディフォルである。レス王は褒賞としてカディフォルに土地を与え、自分の娘と結婚させた。カディフォルの子孫の紋章には、3つのはしごと上部に城、そして「血塗られた」槍の穂先が描かれている。

中世のかなりの期間、ウェールズ人とイングランド人が断続的に争ってきたにもかかわらず、一方の家系が境界地域の「外国」側に定着していった。このことはやがて、イングランド人の家門に本来の家名の名乗り方をやめさせ、［ウェールズ風に］血統を列挙する習慣を採用させることになった。ブレコンシアにあるアベルカムライスとペンポートおよびアベラヴォンの領主のウィリアム家の紋章はその一例である。

プリンス・オブ・ウェールズ

数世紀にわたる戦いの末に、大セウェリンはウェールズ統一に成功し、イングランド王ヘンリ3世（1216-72）にプリンス・オブ・ウェールズ［ウェールズ大公］と認めさせた。セウェリンの孫は祖父と同じ称号を用いたが、イングランド王エドワード1世（1272-1307）にしてみれば癪にさわるわけで、1282年にセウェリンの孫は打ち負かされた。エドワード1世は、後のエドワード2世となる息子を初代イングランドのプリンス・オブ・ウェールズとした。

3枚の駝鳥の羽根を配した有名な副紋章はプリンス・オブ・ウェールズ用に考案されたもので、1343年に父エドワード3世からプリンス・オブ・ウェールズの称号を授けられたエドワード黒太子の時に採用された。このエドワード黒太子の逸話は、プリンス・オブ・ウェールズの徽章のものとしては厳密には本当のことではない。ただ、イングランド王位の相続者のものとしては事実である。

▲プリンス・オブ・ウェールズであるチャールズの小紋章。この盾紋章には最後のウェールズ人大公である大セウェリンの盾形紋（エスカチョン）が組み込まれている。

▼イングランド人の頭部を3つの兜と置き換えたテューダー朝後期の紋章。イングランドの宮廷で見せるには向いていないデザインである。

▼ウェールズのジェントリからイングランドの伯へ。エドマンド・テューダーは異父兄ヘンリ6世によってリッチモンド伯に叙せられた。

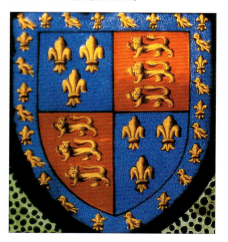

以下の盾はウェールズの系譜学によく見られるものである。いくつかは実際に本人に使用されたものだが、多くはのちに吟唱詩人によって後から関連づけられたものである。

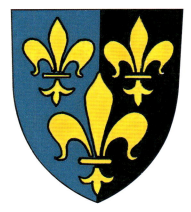
▲グウェント王イニルの紋章。

▲シュルーズベリ伯が使用したデハイバーズ王レス・アプ・テウィドゥールの紋章。

▲15世紀の貴族家門の始祖であるエダンウェイン・アプ・ブラドウェンの紋章。

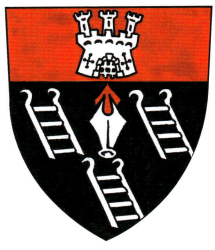
▲カーディガン城攻撃を反映したカディフォル・アプ・ディナワルの紋章。

▲モルガンウッグ王ヤスタン・グウィルガントの紋章。

▲ワイ川とセヴァーン川の間（旧ラドナーシア）の王エラスタンアプ・グロドルイーズの紋章。

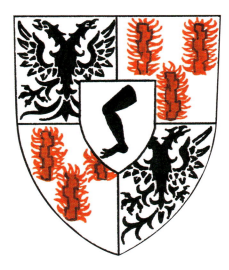
▲4世紀の貴族家門の始祖キルミン・トロイド‐ゾゥ（「黒い足」のキルミン）の紋章。

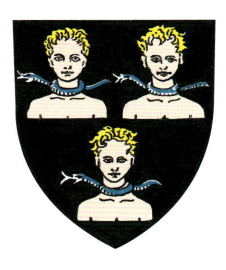
▲ヴォーダン家がしばしば用いていた、モレイズィグ・ワルゥイン（「白い首」）の紋章。

▲1137年に亡くなったグウィネッズ王グリフィズ・アプ・キナンの紋章。

第8章　世界の紋章　191

アイルランドの紋章

アイルランド人はかなり後になって紋章を採り入れた。それは表象に関する豊かな伝統を持つゲール文化の数少ない地であった。イングランドから紋章が入ってきた時点では、12世紀から13世紀の間にアイルランド南東の沿岸に支配の足がかりを築いていた憎むべきアングロノルマン人の侵攻と結びついた先入観から、もう1つの外国からの輸入文化だと思われていた。首都であるダブリンとその狭い土地の範囲は「ペイル」と呼ばれ、その中ではノルマン人領主や商人たちは文字通り「ペイルの向こう側［の人間］」と呼ばれた現地のアイルランド人から守られていた。

紋章のアイルランドへの導入はイングランドの支配者層と関係していた。バトラー家やフィッツジェラルド家といった、やがてアイルランド人以上にアイルランド人らしくなる家門は、ゲール人の隣人と争うがごとく、同族同士の争いに多くの時間を費やした。この2つの家門の最も単純な紋章（フィッツジェラルド家：銀色（アージェント）の紋地、赤色の斜十字紋（サルタイア）、バトラー家：青色の紋地、青色のギザギザの上帯（チーフ））は彼らの早い時期の縁組みを反映している。

アイルランドの紋章

やがてアイルランド土着のゲール人貴族も紋章に興味を示しはじめた。ただし、首尾一貫していないことが多かった。紋章学が入ってくる前の文化を形成した図柄が紋章に使われ、配置が見苦しく、思いつきで作られたように見えるのである。図柄は盾の下部に留め置かれ、押しつぶされたり、他の図柄に寄りかかっていたりしていた。アイルランド独特の現象として、盾の中に動物を配置して他の図柄を支えさせるということがある（例えば、赤い手）。このような「盾の中の盾持（サポーター）」は、もともとはふつうのやり方で盾を支えていたが、石工や木彫職人が紋章を複製する際に間違ってしまい、変化していったものと思われる。

神話に起源を持つ象徴のうち、ゲール系アイルランド人に好まれたのは聖なる木であった。たいてい樫（オーク）の木で。首長の屋敷の

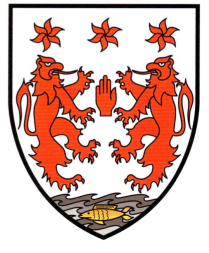

▲聖なる鮭と有名な赤い手を「盾の中の盾持」として配したオニール家の紋章。

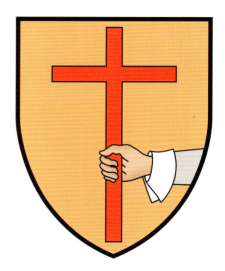

▲敬虔さの象徴は、しばしばアイルランドのカトリック家系の紋章に見られる。これはオドンネル家のもの。

◀フィッツジェラルド家の紋章。イングランドのノルマン貴族がアイルランドにやって来た当初の簡素な紋章。

▼バトラー家の騎士像。キルケニー州のジャーポイント修道院で発見されたもの（12世紀）。盾が完全な形で残っている。

▼カントウェル家の騎士像。13世紀後半の北ヨーロッパの戦士が身につけていた装備の特徴をよく残している。

入り口に生えていた。鮭もまた聖なるものの象徴であった。いずれの象徴も王のしるしとみなされており、勝者による表示行為(ジェスチャー)のうち最も効果的なものは、敗者の樫の木を伐り、鮭の池を汚すことであった。

鮭は、中世にアルスターの王家だったオニール家の紋章と密接な関係がある。彼は紋章に有名な「赤い手」を用いたが、これは多く北アイルランドの家門にも使われた。赤い手の起源は多くのゲールの歴史家の考察の対象であったが、多くの学者はそれが王家の血脈を暗示する象徴だと信じている。イングランドでは、アルスターの赤い手は長い間アルスター地方と結びつけられていたため、特に准男爵の紋章に見られる赤い手は、その意味を誤解されて悪評を被った。

狩猟において重要な獣である牡鹿と猪は、アイルランドの氏族の紋章に組み込むと富をもたらすと考えられていた。スコットランドの紋章でよく見られる具象図形(チャージ)、例えば古代の船、あるいは戦争と結びつけられた宗教的なしるしは、しばしばアイルランドでも見られる。このことは、スコットランドとアイルランドの古い家系の多くが共通の先祖を持つことを意味している。

氏族と血統

スコットランドやウェールズと同じく、ケルト系のアイルランドでも、王家や貴族の過去に重きが置かれ、特に系譜学の記録が重んじられた。ただ、ウェールズの貴族たちは自分たちの血統を、伝説的な人物から実在の人物まで様々な祖先に求めがちであるのに対して、ケルト系のアイルランド人の家門の場合、ミレシウスという１人の人物の家系に繋がっていることが多い。ケルト人をスペインからアイルランドに連れてきたと信じられている人物である。

ミレシウスには８人の息子がおり、そのうち３人だけが子孫を残した。紋章に取り入れられたケルト的なしるしのいくつかは、ミレシウスの息子たちの血脈と関わりがあるとされた。例えば、ミレシウスの七男エイレーハモンからは北アイルランドの部族集団であるイー・ネール（オニール）とイー・

▲チャールズ・リネガーによるバーナード・マグワイアの系譜の19世紀の複製。オリジナルは1731年作成。

ブリウアンが生まれた。そして、イー・ネールは自分たちの象徴として赤い手を採用し、イー・ブリウアンは樫の木を好んだ。

イングランドの支配

テューダー朝期にアイルランドにおけるイングランドの領地が増えた結果、紋章はアイルランド在来の貴族に次第に受容されることとなった。イングランド王によって旧来の称号や領地を放棄させられたアイルランド人の貴族身分は、イングランド王から土地を再授与され、新たにイングランド式の称号を授けられた。外国によるこうした優越的な示威行動の利用は、すべての人に用意されていたわけではない。ロンドンの政府は、イングランド人やスコットランド人のアイルランドへの流入を奨励した。彼らはジェントリ身分から没落した人が多く、新たな地における紋章の承認を求めていた。このため、1552年、ダブリンに紋章局が設立された。長らく紋章局が置かれたダブリン城は、イングランド人による統治の中枢であった。アルスター紋章官頭(キング・オブ・アームズ)とその副官であるアスローン紋章官補(パーシヴァント)が紋章局を率いた。

ケルト系の家柄に属する多くのアイルランド人は、「アルスター紋章局」をイングランド人の傲慢さのさらなる一例としか見ていなかった。程なくして、紋章に特別な関心を持っていた在地のアイルランド人歴史家たちは、自分たちこそが紋章官であると主張して、ダブリンの紋章局に公然と反抗した。そのうちの１人カハル・オル

イニーン（英語名チャールズ・リネガー）は、イングランドが任命したアルスター紋章官の支配を認めないアイルランド人に対して、紋章の証明や系図を交付した。イングランドに対してより強烈に自分の意見を通すために、オルイニーンは自分をアルスターの紋章官頭と呼んだ。アルスター紋章局が交付した紋章の特許状にはイングランド王室の紋章が記されているが、オルイニーンが交付した特許状は古代のアルスター王であったオニール家の紋章が記されていた。

オルイニーンが保証した系図は英語だけでなく、フランス語とラテン語でも書いてあったことは興味深い。このことは、彼の顧客の特徴を反映している。イングランド人による支配に不満を持っていた彼らは、海外のカトリック諸国、とりわけフランス、スペイン、オーストリアに逃げ、多くの人はそこで貴族の称号を手に入れたのである。

生まれながらのアイルランド人貴族の減少は、1691年のボイーン川の戦い（カトリック君主のジェームズ2世がプロテスタント君主のオラニエ公ウィレムに敗れた）の後、より顕著になった。アイルランドのカトリックの亡命に旅立つ新しい

▼サン・ジェルマン・アン・レーに亡命中のジャコバイト宮廷のアスローン紋章官補ジェームズ・テリーが1709年4月5日に発給したダニエル・オコンネルの紋章証明書。

▲アイルランド紋章局による、フィッツジェラルド家のための現代の証書。古来の家系の紋章に基づいている。

流れは、のちのちまで「雁の飛び立ち」として知られるようになる。結局、彼らが行き着いた先は、サン・ジェルマン・アン・レーにあったジェームズ2世の亡命宮廷であった。

亡命中のステュアート朝の宮廷では、紋章に関わることは、アスローン紋章官補のジェームズ・テリーによって処理された。彼は、大量の書類に加えて、紋章局の印章多数をダブリンから持ち出し、パリに逃亡していたのである。多くの名門出身のアイルランド人が、ヨーロッパのカトリック君主の軍隊や行政官としての仕官先を探しており、そのため貴族身分であること示すしるしが必要であった。そして、そのしるしと紋章証明書は、亡命中のアスローン紋章官補が担ったのである。ダブリンのアイルランド系図学事務局には、テリーがダニエル・オコンネルに対して発給した紋章証明書がある。

アイルランド共和国の紋章

アイルランド政府とイギリス政府の合意によって、アイルランド紋章局ができる1943年まで、アイルランドと関係のあるすべての紋章の記録はアルスター紋章官頭の管轄下に残されることになった。

▲最近になって紋章長官事務局からリークスリップ・タウンに承認が下りた紋章。紋章上の図像はこの町の複雑な歴史を反映している。ゲール語の標語にヴァイキングの船、16世紀にリークスリップ城に住んでいたイングランド人領主の薔薇である。

イギリス支配下のアルスターに関連する紋章事務はロンドンに移され、アルスター紋章官頭はノロイ紋章官頭と併せてノロイ・アルスター紋章官頭となった。

アイルランド紋章局は、すべてのアイルランド市民、それ以外で普段はアイルランドに住んでいる者、海外在住者でアイルランド系の子孫などの理由で結びつきのある者、公共団体および法人の紋章特許状と系図の記録を承認する権限を与えられている。系譜学事務局（紋章局）は国立図書館長の事務局も持つ紋章長官が長となっている。すべての紋章に関わる事柄の最終的な決定権は紋章長官にあるが、日常の事務は紋章長官補佐官や顧問紋章官の責任の下になされている。アイルランドの紋章官には公式の制服はないが、それぞれの家の紋章後ろに、その階級に準じた杖が交差する、変化に富んだ「紙」の標章を持っている。

アイルランドとイングランドとの関係の特徴ゆえに、イギリス領アルスター6州に住む熱烈な共和国支持派が紋章を求めるときは、ダブリンの紋章長官に宛てたいということもあるかもしれない。そればかりか、カトリックに加えてプロテスタントも、北アイルランドの多くの組織や個人も、紋章の承認を紋章局に求めてきた。彼らの利害や宗教がどんなものであっても、ダブリンのキルデア・ストリートに事務局を構え

るアイルランド紋章局は同等に快く引き受けてくれるのである。同じ建物にあるアイルランド紋章博物館は、紋章に関わる事物の優れたコレクションを有している。壁には、主なアイルランドの家系の長と認められた紋章旗が吊るされている。

他国の紋章機関と同じように、紋章局は紋章のディファレンシング［同じ家系の子供たちの間で紋章を似せながら区別する方法］に関して確たる規定を持っている。組織は変わっても、それについてはイングランド方式が用いられている。続柄標章［ケイデンシー］［長男以下の子供の間で紋章に区別を付けるもの］はその家名のすべての子供に用いられる。例えば長子が娘なら、彼女は紋章に胸懸紋を付ける、次子は星紋［マレット］を付けるといった具合である。非嫡出子にはアイルランドの法ではいかなる身分も認められないため、区別するためのしるしは全くない。女子は、兜と兜飾［クレスト］のついた完全な紋章証書を請求することができる。

最もアイルランドらしい象徴である堅琴は、国の施設に関わる図柄であるため、認められないことがよくある。副紋章や軍旗［スタンダード］は、「支持者」を伴うものを除いて、滅多に与えられない。同様の事例として、大統領個人の紋章などのように、支持者が特別な用途のために保有するものがある。

ダブリン城

アイルランド家系の紋章と同じく、ダブリン城には、イギリスによる支配を偲ばせる多くのものが残っている。アイルランド総督が拠点としていた時のものである。同城には聖パトリック勲章の歴代の騎士たちの方形旗［バナー］が納められており、仕切席紋章板［ストール・プレート］と方形旗一式が聖パトリック大聖堂の聖歌隊席に飾られている。ダブリン城には、独立以来の歴代大統領の紋章も納められている。さらに、ダブリン城構内の王室礼拝堂には、歴代の総督と副官に関わる見事な紋章のステンドグラスと木製の紋章パネルが展示されている。

▼ダブリン城の王室礼拝堂の窓。ウェストミンスターから任命されたアイルランド総督の紋章が配置されている。

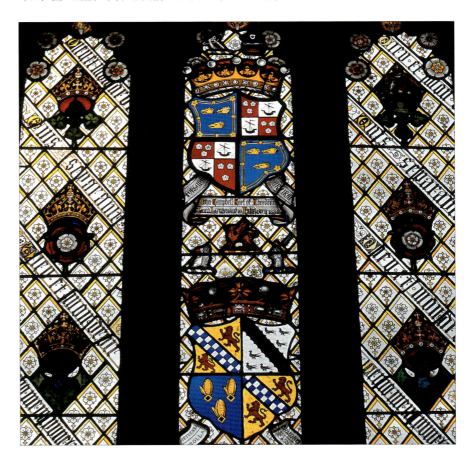

第8章 世界の紋章 195

フランスの紋章

フランスの貴族は、もちろん紋章物語の中心であった。紋章それ自体は、今日の北フランスとフランドルを含む地域にその起源を持つと説明される。それゆえ、他の宮廷文化と同じように、フランスの紋章の様式が他の国の紋章に影響をもたらしていることは、驚くべきことではない。今日、英語圏の紋章官(ヘラルド)が使用していた言語は、主として中世のフランス語である。ただし、イングランドの紋章官頭は、国王から多くの紋章に関わることを記録し監視するよう任されているだけでなく、国王の代わりに紋章を許可する資格も持っていたが、フランスにおける同職のものは、決してそのような権利を持たなかった。フランス（他のヨーロッパの権力者のように）での紋章の許可は、国王の特権であった。

1616年に紋章官の力は、紋章のことに関わる審査長、つまりフランス総紋章審査官の任命を通して、さらに侵食された。審査官は、紋章に関する議論を扱うこと、また、国王によって新しく紋章を持つ資格があるとされた者たちが、貴族的規範の原則に従って紋章を付けることを保証することが期待された。この役職は、すぐに世襲制となり、1641〜96年の間は、オズィエ家の人々によって保持された。

他の国の紋章のように、フランスの紋章一式(アチーブメント)は規則と実用性においてある種、統一性を保持しつつも、国特有の型を発展させた。例えば、中世の間、兜飾は「トー

▲アンリ4世治世（1589-1610）からルイ14世治世（1643-1715）まで使用されたフランス国王の紋章一式（アチーブメント）。フランスの百合の花はナヴァラの紋章と合わせられている。

▼フランス主要家系の紋章の19世紀の挿絵。フランス王家の多様な紋章が描かれている。様々な斜帯、縁取帯、胸懸紋が確認できる。

▲聖ミシェル騎士団の集会におけるルイ11世を示す15世紀後半の挿絵。近代のフランスの紋章は、頁の下部に描かれる。

ナメント階級」——彼らは実際にトーナメントに参加した——の騎士のみによって付けられた。そして、それらはのちのフランスの紋章のなかでは滅多に見つけられない。多くの場合で、盾の上に兜が示される際には、駝鳥の羽根が頂上に付けられた。それはフランスの南、スペインとの境界地域で広まっていた慣習であった。

階級を示す宝冠は、貴族の各階級にあった。それに付加された称号の1つに「司教代理ヴィダム」がある。その保持者は、司教が持つ軍隊の司令官として行動し、また戦時に教区を守る任務を負った。司教代理の宝冠は、4つの十字架と宝石で飾られた飾り環(サークレット)からなる。紋章の中では、それは1つの完全な十字架と2つの半分の十字架として描かれている。

ある貴族たちは、彼らの階級にかかわりなく、「フランス同輩衆」の弥号を追加で持っていた。彼らには盾の後ろに、「マント」あるいは地位を示すマントと呼ばれるローブを付ける資格が付与された。このローブは最初、その肩書を持つ者の紋章(四分割紋章(クォータリング)を含む)に付けられるものとして描かれた。のちの時代にそれは、青い色がつけられ、金で縁取られた。

フランス王家の紋章

フランスの百合紋(フルール・ド・リス)ほど、非常に持続的で波乱に満ちた経歴を持つ標章はない。フランス王家と百合の花との親和的な関係は、紋章の出現より遡る。そして、のちにその紋章の普及者、つまりブルボン王家は没落したにもかかわらず、花の順応性と明白な美しさが、その生き残りを保証してきた。百合は、何とか革命と共和制を切り抜け、その度ごとに再び開花し、現在でも多くのフランスの市民の紋章に、何らかの形で見いだせるであろう。

13世紀初頭から14世紀末まで、金色の百合は、青地に大量にちりばめられた(中世フランス)。イングランドとフランスとの百年戦争の間、フランスの盾における多くの百合の数は、たった3つに減った(近代フランス)。その時、即座にイングランド王は、彼らの盾の中の百合を、同じ数に減らした。

ヴァロワ朝およびブルボン朝の多くの分家は、両王家の紋章の変形を用いた。それらは通常、斜帯(ベンド)、外縁紋(ボーデュア)、胸懸紋(レイブル)(兄弟や分家の標章)により、多くの点で異なる。これらすべては、より小さい図案の追加により、古い分家とは、なお一層異なっている。今日でもまだ、多くの王家の紋章の変形は、王家の分家が爵位を得た県において使用されている。

フランスの貴族階級は、低い階級をある種の疑いの目をもって見、そして彼らはいつも、上等な毛皮から紋章の付け方まで、「貴族らがこれまで高く評価してきたものを真似よう」としていると信じていた。実際、ブルジョワ、そして農民でさえ、紋章を使用しはじめる。仮に当初は貴族階級や国王が不賛成の意を示したとしても、国王は、いくらかの増収をもたらすであろうという現実的な見方のほうをとった。1696年ルイ14世は、1つの王令を出した。それによって、紋章有資格階級の者は、紋章に応じて税を支払うことになった。すべての新しく認められた紋章は、膨大な登録簿、「紋章集成」に書き込まれなければならなかった。

紋章集成

1696年10月に国王ルイ14世は、王国

▼フランス皇帝ナポレオン1世の精巧な紋章。紋章芸術の美しい模範であるこれは、ナポレオンの豪華な宮廷から着想が得られた。この図案は皇帝の大型四輪馬車のドアにある。

第8章 世界の紋章 197

内で使用されているすべての紋章と紋章説明の総目録作成の実施を求めた。自らの階級と勲章を申告しない者には誰であれ300リーブルの罰金が課せられ、彼らの財産は押収された。

この王令の実際の目的は、紋章的というよりむしろ財政的であった。長期間の戦闘行為は、国庫を空にし、そして紋章の調査は、軍資金を補充する1つの方法であった。紋章を申告しなかったことに対する脅迫的な罰金はさておき、この王命は、地位に応じて定められた紋章の登録費用も課した。こうして、大司教の職には100リーブル、大修道院には50リーブル、小教区には25リーブル、そして個人には20リーブルを支払うことが求められた。

この王令の最初の成果は、申請の大半がが貴族と小教区からのみ来たので、期待はずれであった。1697年には第二王令が出された。これは第1回よりも厳しく、誰が自身で申請しなかったのかを同定するために紋章審査官の権限が強化された。

紋章との関連のなかでは、これらの法には、複数の価値があった。紋章集成は、17世紀フランスにおける紋章の状況に関して、有用な文書的情報源であり続けた。しかしながら、この紋章集成には、一度も使用されていない紋章とか、あるいは別の紋章を使用するなどの理由で、実際には未使用の紋章も含まれていた。

1699年から、紋章を記録することによって生じる問題に対処するため、収入に見合わない金額の支払いを強制された人々の不満は、彼らの地位に伴う収入と多くの免税が認められることにより解消された。1709年までに、申請は選択制となった。

ナポレオンのシステム

1790年までに、フランス革命は、貴族階級そして騎士身分という概念を一掃し

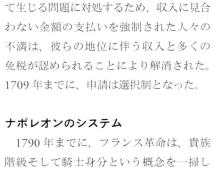

▲紋章は、長らく漫画家によって適切な媒体とみなされてきた。ここでは、ナポレオンの紋章に対するイングランド的風刺として、悪魔と紋章とが組み合わされている。

▼ナポレオンによる紋章のシステムでは、階級や専門を示すための象徴の大きな数を定められた。この楕円形は、伯爵夫人を意味し、そして囲いの中の剣は、彼女が軍幹部の未亡人であること示した。

▼ナポレオンの盾の事例は、階級を示している（左から右）。つまり、盾の上部にある鷹（国王君主）。盾の上部にちりばめられた蜂（大公君主）。ちりばめられた星（公爵）。四分割したうちの盾上部の向かって左にある青色（伯爵）は皇室内の幹部に付与された。四分割したうちの盾上部の向かって右にある赤色は、市長に付与された。

   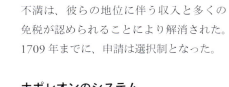 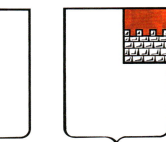

198　第2部　紋章の応用

▲ナポレオンのもと、街は紋章と上に載せられる物の型によって判別される3つの階級に分けられた。これは36主要都市（「優良都市」）の形式。

▲第二階級に位置する街のデザイン形式。これらの街の市長はナポレオンによって任命された。

▲第三階級に位置する街のデザイン形式。これらの街の市長は地方総督によって任命された。

た。しかし、1802年までに、まだ皇帝ではないが、すでに終身執政官を宣言していたナポレオンは、新しい勲章を創設した。レジオン・ドヌールである。皇帝となったのち、彼はさらに進んだ。1806年に彼は、最も忠実な将軍に、イタリアで征服した土地の公爵位を付与した。そして1808年には、彼はフランスに6つのカテゴリーに分けた新しい貴族制を創設した。

1. 君主（帝国外の主権を付与された君主）
2. 最高位の諸侯（主権を欠く諸侯）
3. 公
4. 伯
5. 男爵
6. 騎士（レジオン・ドヌールを含む）

年間収入最低3000リーブルを証明できない騎士を除いて、これらの6つの爵位は世襲であった。

新しい紋章に関する規制を作ることが、彼が創設した帝国の貴族のために必要であるというのが、ナポレオンの好みの支配であった。ナポレオンによる階級設定で生まれた盾は、盾の上帯（チーフ）および方形紋（カントン）のシステムを通じて、保持者の階級を示した。階級を示す盾の上部は、諸侯や公によって使われた。伯は、盾上部の向かって左側に青い小区画を付けた。男爵は盾上部の向かって右側に赤い小区画を付けた。これらの小区画の上に付けられた追加の象徴は、保持者の階級を示す。帝国の町や都市の紋章は、面積や重要度を示すパターンに従って図案が決められた。階級の宝冠は撤廃され、「トック帽」と呼ばれる、様々な階級の爵位を示す帽子にとって代わられた。これらの紋章の上部飾りのシステムは、これまでに類をみないものであった。トック帽は、一般的ではなかったので、1814年のブルボン朝の復帰後、すぐに忘れ去られた。ブルボン朝は、即座に荘厳さと彼らの先祖の儀礼を復活させた。

今日、フランスでは国家的な紋章の当局はない。町やその他の地方自治体の紋章は、法制局によって統制され記録される。組織が個人に対して紋章を承認することはないが、これは個人の紋章が、誰かによって利用されることが自由であるということを意味しない。他の国のように、フランスの法においても紋章の規制がある。自身の紋章が他の者によって使われているのを見つけた者は誰でも、不正利用者に対して法的な救済を求める権利が付与されている。

▼ナポレオンのもと、貴族の階級を示す宝冠は、飾られた帽子に取って代わった。その詳細は階級を示している。左から右へ、騎士の帽子、男爵の帽子、伯爵の帽子、公爵の帽子、大公の帽子。

第8章　世界の紋章　199

イタリアの紋章

イタリアの紋章は、他の国の紋章には見られない特異性に富んでおり、紋章を調査する者にとってこの国は楽園である。その特異性の多くは、近代イタリアの複雑な政治的・文化的な歴史に起源がある。イタリアは、かつて並存していた都市共和国や、古来の家系が治める公国や王国をもとに構成された複合的な国家である。わずかここ150年あまりの間に、ばらばらの諸国が1人の支配者あるいは政府のもとに統一国家として結び付けられたのである。

中世の時代以来、イタリアの紋章は他の諸国の紋章様式にはめったに見られない2つの特徴的な形状の盾を使用してきた。具体的には涙滴型の盾と馬頭型の盾、すなわち「チャムフロン」である。これらの際立った形状は、時にブルネレスキやドナテッロといったイタリア・ルネサンスを主導した芸術家たちによって、最上位の芸術表現形式に組み入れられてきた。

メディチ家やパッツィ家のような大貴族家系は、紋章を紙上に描く場合でも宮殿のファサードや他の記念碑に彫る場合でも、彼らの富と権力を紋章で表明するにあたって、そうした高い地位にある芸術家に紋章の制作を依頼することで、他のライバルたちよりも紋章を一層輝かしく見せることを目指した。

▲フィレンツェの政治的党派の1つである皇帝派の印章には、政敵である教皇派を象徴する蛇の怪物を帝国の鷲が踏みつける姿が描かれている。

政治的抗争

政治的党派に関するシンボルを紋章上にあしらうことによって、さらなる意見表明がなされることもあった。一般的な配置場所はカポ、すなわち上帯（盾の上部3分の1を占める帯）であった。2つの最も有名な例があり、それはカポ・ダンジョ（アンジュー家の上帯）とカポ・デリンペロ（帝国の上帯）である。

12世紀から15世紀にかけて、ドイツに拠点を置いた神聖ローマ帝国の支配が北イタリアに及んでくる状況のなかで、当該

▲イタリアの紋章では涙滴型の盾が人気であり、ここに描かれている都市国家シエナの指導者たちの紋章でも確認できる。

領域は教皇派と皇帝派として知られる激しく対立する2つの党派の好餌となった。前者はカポ・ダンジョをあしらい、後者はカポ・デリンペロによって特定された。教皇派は教皇の後押しを受けており、ロンバルディアの強力な都市国家の独立を主張した。皇帝派が支持したのはホーエンシュタウフェンの皇帝家であり、とりわけ有名なのは1152～90年の神聖ローマ皇帝フリー

ドリヒ1世（フリードリヒ・バルバロッサとして知られる）、およびその孫のフリードリヒ2世（1212-50）である。2人ともイタリアにおける皇帝権力の強化に奮闘した。

カポ・ダンジョは、青色の上帯上に3つの金色の百合紋に被さる赤色の胸懸紋を用いて造形される。これはアンジュー家の紋章の簡易版である（時に上帯は「小百合紋柄」、すなわち小さな百合をちりばめた図案となった）。カポ・デリンペロは、金色の紋地に黒色の単頭ないし双頭の鷲があしらわれたものである。

こうした抗争は、紋章上だけで表明されたわけではない。都市民や支配者たる家門の政治的信条は、彼らの家や教会、城、市庁舎の上層階の建築様式から見分けることも可能であった。教皇派による建築物では胸壁の頂上部が水平になっている一方で、皇帝派はM字型の縁を好んだ。後者の図

▲上帯にある百合紋と赤色の胸懸紋は、カポ・ダンジョとして知られるもので、グィディ伯家が教皇派支持者であることを表している。

▲ヴェノスタ家の紋章において、カポ・デリンペロ上の帝国の鷲は、彼らが皇帝派に属することを示している。

イタリアの宝冠

イタリアの紋章の複合的世界のなかで、探求する価値のある1つの特異性は、家門の長より低い肩書を持つ貴族による家紋の使用法である。紋章一式において、序列を示す宝冠が2つ存在する。このボリオ・デ・ティリョーレ家の蔵書票に見られるように、盾の上に紋章の持ち主の宝冠がある一方で、もう1つ家門の長のものが兜の上に置かれる。

案は、皇帝派支持者の紋章の具象図形としても現れた。

イタリアの紋章における上帯の政治的性質は、20世紀に入っても存続した。（1922～43年に権力の座にあった）ベニート・ムッソリーニのファシスト政府の下で、すべての都市当局は、その紋章にカポ・デル・リットーリオをひけらかすことになっていた。この上帯は花輪の中にファシスト党のシンボル、すなわちローマの「束桿」（斧に棒の束を巻き付けたもの）を含んでいた。しかしながら、実際にはこの図案を採用した当局はほとんどなかった。

カポは、サヴォイア家の支持者の紋章への加増紋としても用いられた。カポ・ディ・サヴォイアは、赤色の紋地に銀色の十字であった。他の型では、王家の副紋章であるサヴォイア結びがあしらわれた。

公の帽子

ヴェネツィアでは選出された支配者はドージェとして知られた（この語は、「公」と語源を同じくし、指導者を意味する）。ドージェは自身の紋章に公の赤色の帽子、すなわちコルノ・ドガーレをあしらった。これは最初はヴェネツィアの漁民の単純な円錐形の帽子から生まれたものだ

が、やがて真珠や金の布で飾られた豪華なものとなった。ドージェを輩出したことのある家門の成員もまた、紋章に公の帽子を含める資格が与えられた。盾の上に現れる場合もあるが、より頻繁に見られるのは兜飾としてであり、2つの形態の被り物（帽子と兜）が1つに合わさることとなった。

教会の名誉

多くのイタリアの紋章の慣行は、ローマ・

▼城の胸壁の形状でさえも、持ち主の政治的活動についての意見表明となり得る。ヴィズマーラ家の紋章における鳩の尾型の胸壁は、皇帝派の要塞に典型的なものである。

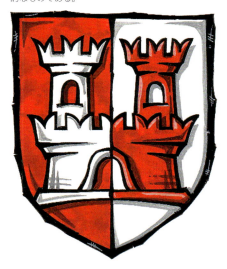

▲このジェノヴァ県の紋章に見られるようなカポ・デル・リットーリオは、ファシスト党への忠誠を示すものであった。1945年に姿を消した。

カトリック教会の紋章から発展した。イタリアの家門は、彼らの祖先か親戚のうちの1人以上に授けられた何かしらの高貴な教会の名誉に関して、それを表す1つ以上の紋章図案を自身の紋章にあしらうことを誇りとした。これらのうちで最も高貴なものは、教皇の交差した鍵のペアと天幕、すなわちオンブレリーノ（アンブレラ）であった。これは盾の上か上帯に置かれ、一門の1人ないし複数の成員が教皇であったことを示した。その一例は、ボンコンパーニ・ルドヴィージ公爵の蔵書票に見ることができる。紋章はボンコンパーニ家のドラゴン（教皇グレゴリウス13世が属した家

▼ボンコンパーニ・ルドヴィージ公爵とその妻のアルテンプス女公爵アンジェラ・マリアの紋章。公爵の外衣の中にオンブレリーノ、すなわち天幕と鍵があり、一門の中に教皇となった人物がいることを示している。

門を表す）とルドヴィージ家（教皇グレゴリウス15世の家門）の［3本の］斜帯を組み合わせたものとなっている。

　他の有力家門で、教皇に「ゴンファロニエーレ」、すなわち旗手を提供した家は、その盾に教会の縦帯──すなわち、垂直の帯──をあしらう資格が与えられた。その図案は、方形旗を単純化したもの、あるいはゴンファローネ［旗］そのものの形状に似ていた。もともと縦帯は赤色であり、具象図形として交差した金色と銀色の鍵をそなえ、その上には教皇の三重冠ないし（のちには）天幕が配された。

破壊された紋章

　北イタリア（および国境を越えた南スイス）では、フランス革命ののちに続いた激動の時代の痕跡が、いまだにはっきりと見

▲馬頭型の盾はイタリアの紋章に典型的なもので、ここでは15世紀のムラーノのガラスの平皿の上に彫られている。盾の上部には、ヴェネツィアのドージェ特有の赤い漁民帽がある。

られる。例えば、チザルピーナ共和国が創られた領域では改革への情熱が強く、旧体制を打破しようとする衝動があまりに極端であったため、旧貴族の紋章を引き裂いて破壊せよという命令が人民委員会から市民に送られた。新しい共和国内の多くの場所では命令は無視されたが、そうでない場所では命令は真剣に受け取られた。共和国が生き残ることはなかったが、今日でも当該地域では、［建物に］斑になった石組や荒く上塗りされた漆喰の跡が見られ、これらはかつて彩色された彫刻の盾が設置された壁であることを示している。

紋章の規則

今日のイタリアでは（現代ヨーロッパの他の多くの国々と共通して）、紋章デザイナーが顧客に有料で紋章を提供することはあっても、民間の個人に対して紋章を登録したり授与したりする公式の手続きは存在しない。それでもイタリア政府は紋章局としてウッフィーチョ・アラールディコをまだ保持しており、同局が都市や県、州の当局に対して紋章を認証し、イタリア特有の一定の規則を維持している。例えば、中世の時期にゴンファローネはイタリアのコムーネによって特別な敬意の下に所有されていたが、これは今日でも依然として続いている。新しいゴンファローネの場合は、どれもウッフィーチョ・アラールディコが色や装飾に関する規制を監督しており、色については州のものは金色、コムーネの場合は銀色とされている。

悲しいことに、今日同局によって発給さ

◀ 1999年に考案されたミラノ県のゴンファローネ。

れる紋章の授与証は、実際の紋章の絵の描写を一切含まない印刷文書の形式を採用している。これは19世紀後半以来の標準であるが、第二次世界大戦以前にサヴォイア家の統治下で作成された授与証は、イタリア王国とその統治者たる王家の記章と勲章があしらわれた美しい彩色の縁取りを持っていた。

紋章に描かれる図案はウッフィーチョ・アラールディコによって注意深く規定されている。統一の様式に従っておらねばならず、いかなる地域的な影響も示唆してはならない。北イタリアの都市ブレッシアの紋章アーティストであるマルコ・フォッポーリは、自身の作品を紋章局に却下されてしまったのだが、その理由は、スイスやドイツの影響がうかがえるという点で、様式があまりに北方的すぎたためであった。

▼ 北イタリアのブレッシアにある建物のファサード。空になった飾り板には、もともと町の市長や首領（カピターノ）たちの紋章が飾られていたが、チザルピーナ共和国時代に破壊された。

第8章　世界の紋章　203

スペインおよびポルトガルの紋章

スペインとポルトガルの初期の紋章の特徴の多くは、レコンキスタ、すなわち再征服として知られる数世紀にわたる戦争状態によって形成された。イベリア半島は711年に南からムーア人による侵攻を受け、この北アフリカからのムスリム勢力の文明がおよそ8世紀にわたって存続した。ムーア人の勢力は10世紀と11世紀にコルドバのカリフの下で最盛期に達したが、13世紀にムーア人の帝国が崩壊するにつれて、スペイン北部のキリスト教徒の支配者たちが次第に半島の再征服を進めていき、グラナダだけがムーア人の手に留まった。その間、キリスト教徒の支配者たちも統合へと向かい、その行程は1469年にカスティーリャのイサベルとアラゴンのフェルナンドが結婚して最高潮に達した。1492年にグラナダがキリスト教徒の手に落ちると、フェルナンドとイサベルが全スペインの統治者となった。

イベリア半島全体を再征服しながら次第に統合を進めていくなかで、サンティアゴやカラトラヴァ、アルカンタラなどの修道

▼この13世紀の挿絵では、カスティーリャとレオンの紋章が組み合わされて、スペイン王アルフォンソ10世の服を覆っている。

▲ポルトガルのイラ・レアルにあるピント・ダ・メスキート家の見事な石の紋章一式(アチーブメント)。

騎士団の存在と活動、さらにはそうした騎士団が体現する騎士道の理想が、12世紀後半の紋章のシンボルの発達と使用を促したに違いない。中世イベリアにおいてムーア人とキリスト教徒の王国の間で継続した国境紛争は、キリスト教勢力の中に民族的アイデンティティの感覚が増幅するのを後押しした。リンピサ・デ・サングレ、すなわち「血の純潔」との表現がなされ、紋章はまさにそうした形での民族的表現の1つの手段となった。

紋章によって民族性のみならず階級の違いを示す試みもなされた。ポルトガルでは、国王アルフォンソ5世（1438-81）が市民の紋章を色の使用のみに限定する一方で、国王マヌエル1世（1495-1521）は肩書を持つ者以外に紋章の使用を禁じた。カスティーリャの君主もそれに倣い、紋章の権利は貴族のメンバーに限られることになった。

紋地分割（クォータリング）

社会的な識別の必要性が、紋章の結合において創造的な表現方法を見出した。[複数の紋章を組み合わせるための]紋章の紋地分割の原則は、イベリアにその起源があった。ポルトガルの制度は、紋章保持者のすべての祖先について、同家の紋章の継承者もそうでない者たちも、1人ひとりを表現することを目指した。なお、各区画への紋章の配置の順序はいかようにもなり得ることから、紋章保持者の祖父母を特定するために、マヌエル1世によって差異化、すなわちブリサの制度が定められた。父方あるいは母方の祖父の区画は、それぞれ小さな具象図形と方形紋（時には、これにも具象図形が伴う）によって特定された。父方あるいは母方の祖母の区画は、それぞれハーフ・カントン（メイア・ブリサ）とクッションによって示された。

紋章の規則

スペインの紋章官補、紋章官、そして紋章長官は、君主によって直接任命された。下級の紋章官は少なくとも20歳でなくてはならず、2人の紋章官から指名されねばならなかった。彼らは国王から水とワインで洗礼を施す儀式を受け、少なくとも7年を経た後、2人の紋章長官と4人の紋章官の祝福を受ければ、昇進することができた。新しい紋章官と紋章長官は就任の宣誓を行わねばならず、後者はすべての

▼ポルトガル国王ジョアン2世（1481-95）が自身の紋章の盾を持っている。国王アルフォンソ3世（1248-79）によって、城を配置した外縁紋（ボーデュア）が加えられた。

紋章官の同意があって初めて任命された。

　紋章官たち、すなわちクロニスタ・デ・アルマスの各々の名称は、通常はカタルーニャなどの地域や首都以外の都市から付けられるが、一方で紋章長官の名称はスペインの諸王国からとられ、トレド（その紋章は、青色の紋地に金色の帝冠）やグラナダ（1496年にスペインの再統一を記念して創設）を含む。彼らの任命は世襲ではなかったものの、少なくとも15のスペインの家系が過去500年の間にそれぞれ2人以上の紋章官を輩出した（比較として、イングランド、スコットランド、アイルランドのすべてを合わせた数とほぼ同数）。

　ポルトガル王ジョアン1世は15世紀初頭にスペインの先例に倣って紋章長官たちを任命したが、そのなかにはイングランド人のアリエットも含まれていた。紋章の登録を要求する1495年のポルトガルの紋章法は、2つの有名な紋章鑑『紋章の王の書』と『武具師の匠の書』を生み出す誘因となった。

　スペインの紋章官は宮内官および個人の双方の立場で務めを果たしており、前者には外交と儀礼の役割が含まれていた。17世紀には、紋章官たちは紋章の視察にまで従事しており、紋章の違反を捜し出し、検閲し、矯正するために国内各地やスペインの海外植民地にも赴いていたことがわかる。彼らの取り締まりの権力は強大で、王家の最有力の役人以外は彼らの巡行に介入できないほどであった。1649年には、ニュー・スペインのロサンゼルス大聖堂で紋章の使用違反があったため、彼らはメキシコの大司教を懲戒処分とした。

　20世紀の初頭には多くの変化が見られた。1910年のポルトガル共和国の成立によって、ポルトガルにおける紋章機関が廃止された。一方で、スペインでは1915年の王令によって紋章官の任命方法が改正された。これ以降、紋章官は法学か哲学の学位を有し、歴史家と公証人、文書館員からなる委員会による審査を受けねばならなくなった。同時に、彼らの紋章証明書は司法省によって認可さ

▲このトレドの橋にある紋章のように、スペインの多くの町の壁にはハプスブルク君主の帝国の紋章がそなえられている。

れた場合にのみ有効とされた。

　1931年のスペイン第二共和政の宣言に続いて、間もなく紋章院を廃止する政令が出され、紋章官からは恩給が剥奪となり、彼らの文書は国立図書館に移管された。ポルトガルでは1945年にブラガンサ公爵による貴族評議会の設立を受けて紋章官の地位は改善されたが、スペインの司法省が紋章官の地位を復活させたのは1947年になってからであった。1951年の政令によって、紋章官は民間の専門家としての認可を申請できるようになり（紋章官たちの法人組織は休止状態のまま）、4名のクロニスタが以後30年にわたって紋章の証明を続けることが許可された。

　共和政後の紋章官として、1951年にドン・ビセンテ・デ・カデナス・イ・ビセントが任命された。1992年にはカスティーリャ＝レオンの地方政府がラ・フロレスタ侯爵ドン・アルフォンソ・セバッジョス＝エスカレラ・イ・ヒラをカスティーリャとレオンの紋章長官に任命した。これらのスペインの紋章官は、ポルトガル考古

◀スペイン領ネーデルラントの総督であるアルバ公とその家系の紋章。盾の周囲には戦闘で獲得した方形旗が配されている。たいていはムーア人から奪ったもので、スペイン貴族の紋章一式にしばしば見られる。

第8章　世界の紋章　205

学者協会の紋章委員会やポルトガル紋章協会と並んで、イベリアの紋章の歴史を引き継ぐこととなった。

個人の紋章の授与

スペインの紋章官の宮内官としての活動が減少するにつれて、彼らの個人としての機能——すなわち紋章証明書の発給——が重要性を増すこととなった。彼らによる紋章証明書の独占権は、1802年6月16日の王令で確認された。これは、より早期の1749年11月17日の王令の要点を確認したもので、20世紀の初期には、紋章長官たちは王の名において貴族の新しい紋章を認証する権利を認められた。

1907年7月17日、陸軍省への王令は軍団に対して付属部隊に関する紋章証明書を紋章長官に申請することを認めた。スペインの司法省は、1915年と1951年の改革において紋章官の証明書を公認し、クロニスタたちだけが証明書の正確性に責任を持つとした。一方で、異なるタイプの証明書を整備し、貴族や紋章、系図を扱う7つのカテゴリーに分類した。かつてスペインによる支配を受けていた南アメリカの各共和国や他の国々の市民は、この法制度に関してスペイン人と同じ権利を有している。

外国人に対して紋章を認定して与える慣行は、17世紀にスペイン［統治下］のオランダの住人に発給された証明書に始まる。18世紀までに、スペインの紋章長官たちは、他国の市民の紋章を認定しており、これにはフランスやアイルランド、イング

▲このメンドーサ家の紋章に見られるように、祈祷文から引用した語句を具象図形として利用するのは、イベリアの紋章の特色である。

ランドが含まれる。この慣行は19〜20世紀にはアメリカ大陸に拡大された。たとえ新しい紋章を授与する権利をスペインの君主が保持しており、紋章の認定がそれ自

◀近代の紋章証明書の表紙にあるスペイン国王フアン・カルロス1世の紋章一式。

▶1580年頃のペドロ・フェルナンデス・デ・アンドラーダの紋章は、アングレの（飲み込まれる）斜帯を含んでいる。狼やドラゴンに飲み込まれるこうした具象図形は、スペインの紋章に典型的な特徴である。

206　第2部　紋章の応用

体では新しい紋章を設定するのではなくても、紋章官によって認定された市民の紋章（時には依頼者のためにクロニスタによってデザインされる）は、スペイン法の下で保護されるのである。

今日では、新たなスペインの肩書の受領者は、王によって連署された紋章証明書を得ることができる。また、爵位を授かった祖先からの直接の子孫であることを証明できた者や、王家やカトリックの騎士団において分団長かそれ以上の地位を有する者には、盾持(サポーター)を持つ資格が認められる。

紋章の国家的な特徴

スペインとポルトガルの紋章は全紋章に共通の規則に従っているが、それでも他の多くのヨーロッパ諸国の紋章と同様に、国独自の特徴が現れる。ローマ・カトリックの影響力は、聖人や聖母マリアへの祈願が頻繁に含まれることによって明示される。これらの祈りの言葉は、しばしば外縁紋(ボーデュア)上の具象図形(チャージ)として現れるが、外縁紋はイベリアの紋章で全般的によく用いられるものである。あるいは、小さな斜十字(サルタイア)があしらわれることもあり、これは家系の歴史において重要な特定の戦いを指示するものと言

▼ 18世紀のペルー太守マヌエル・アマット・デ・フンゲットとその紋章。彼の時代までに、アステカの貴族でさえ紋章を知るようになっていた。

▲ シントラ宮殿の天井にはポルトガル貴族の紋章が配列されている。

われている。

スペインでは、時々外縁紋に城やライオンがあしらわれており（カスティーリャやレオンの紋章）、王家の血筋か王家からの特別な栄誉を示唆する。ポルトガルでは、王家の紋章から取られた5つのプレートがあしらわれたクインタス、すなわち盾形紋(エスカチョン)が同様の機能を果たす。イベリアの紋章に特有のもう1つの具象図形が大釜(オンブル・リコ)である。古い時代には、これは富裕な人のしるしであり、富裕者は義務として苦難の時に貧者のために料理釜をいっぱいにしておくものとされた。

スペインの大公は、貴族のなかで他の誰よりも上位の肩書を有する者で、宮廷で格別な特権を与えられた。紋章としては、その肩書が紋章一式において位階服(ローブ・オブ・エステイト)に

よって示されるほか、兜を置かずに、階級に応じた宝冠(コロネット)が盾の上に直接載せられる。

▲ かつてのポルトガルの海外領土であるサン・トメの紋章では、右（デクスター）側にポルトガルの紋章、左（シニスター）側に現地の紋章があしらわれている。下部にある波模様は海外にあることを表す。

第8章　世界の紋章　207

ドイツ語圏の紋章

紋章が使用されていた時期の大半を通じて、ドイツ語圏の諸国は神聖ローマ帝国の下で緩やかに統合されていた。皇帝と多種多様な諸侯や王、あるいは都市との間の関係は、波立つことも度々であったが、紋章を含むあらゆる名誉の源泉は、究極的には皇帝にあった。

皇帝たちは、紋章授与の行為を他の高位の人物に委託したものの、たいていは紋章のデザインに対する強い関心を保持しており、また、帝国の紋章の一部を加増紋(オーグメンテイション)として与えるといった特定の名誉については、まさに皇帝自身の統制下に置き続けた。

ホーエンシュタウフェン朝(1138-1254)の皇帝の下で、鷲がドイツの統治者のシンボルとして受容されるようになり、次第に装飾が加えられていくなかで、単純な単頭の鳥(黒色、背景の盾は金色)から荘厳な双頭の生物に変化を遂げ、神聖ローマ皇帝のシンボルとなったのである。1437年から神聖ローマ帝国終焉の1806年まで、皇帝位はオーストリアのハプスブルク家の当主によって保持された。ただし、バイエルンのカール7世の短い治世(1742-45)は例外で、彼の紋章では鷲の胸に出身家門のヴィッテルスバッハ家の紋章が置かれた。

選帝侯

何世紀にもわたって、特定の大諸侯たちが神聖ローマ皇帝を選出する慣習となっていたが、その期間の大半において選帝侯の数は7人に限られていた。その顔ぶれは、マインツ、トリーア、ケルンの大司教たち(それぞれゲルマニア、ガリア、イタリアの尚書長官)、および、戴冠式で特定の任務を受け持つ4人の世俗の世襲統治者、すなわち、ベーメン王(帝国献酌官)、ザクセン大公(帝国厩官)、ライン宮中伯(帝国内膳官)、ブランデンブルク辺境伯(帝国侍従官)である。俗人選帝侯たちの紋章は、各自の帝国官職のシンボルを含む傾向にあった。それゆえ、ザクセン大公は厩官を表す交差した剣をあしらった盾形紋(エスカチョン)を

◀ニュルンベルク近郊のラウフ城内には、1360年に描かれた紋章の広間の初期の例があり、これは紋章を描いた装飾帯の一部。

▲神聖ローマ皇帝(中央上)と7人の選帝侯たちが、各自の紋章とともに描かれている。ケルンにある1484年のハンザ控え帳より。

紋章にそなえた。バイエルン選帝侯は帝国の宝珠をあしらった盾形紋を、ブランデンブルク辺境伯は帝国の笏をあしらった盾形紋を紋章の具象図形とした。

これら神聖ローマ帝国の官職保有者は、しばしば自身の職務の幾分かを家門の下級の成員に委託したが、同時に彼らの標章(インシグニア)を付ける権利を与えた。そうした理由で、ホーエンツォレルン家のシュヴァーベンの分家(ブランデンブルク辺境伯の一門)は、4つの区画の中央に交差した笏をあしらった盾形紋を置いたのである。

皇帝の権威

神聖ローマ帝国では、紋章の授与はたいてい貴族への叙任と結びついていた。帝国

内の上級官職を保有するようになった家門は、教会の高位聖職者でさえも、自身の[授かった]国王大権を示す台座か盾形紋を急いで盾に含めた。そうした例のなかには、トリーア大司教かつヴォルムス司教で、エルヴァンゲンの修道参事会長およびプリュムの修道院長でもあったフランツ・ゲオルク・フォン・シェーンボルンの壮麗な紋章一式がある。彼はさらに、オーストリアの世襲の最高内膳官という栄誉ある肩書をも得ることとなったが、そのことは帝国の鷲と、冠の載ったオーストリアの紋章の盾形紋によって、彼の盾に示された。また、盾持のライオンが官職の方形旗を高々と掲げている。当時の他の多くの高位聖職者と同様に、彼の紋章一式には、貴族の縁無帽の上に置かれた十字架が示唆する以外に、聖職階級を示すしるしをまったく含んでいない。その十字架とて、ほとんど後からとってつけたようなものである。

もう1つ紋章一式の要素となるに至った特異な物として、帝国厩舎の世襲の長官であったシュヴァルツブルク゠ゾンダースハウゼン侯爵家[の紋章]がそなえていた馬の櫛がある。彼らの紋章一式にはさらに股鍬のような奇妙な道具が含まれているが、これは厩舎の馬の糞を掃除するのに使われた道具と間違われた可能性がある。描かれている道具は、実際にはハルツ山脈の銀鉱山に関係する他の権利を想起させるものである。

シュヴァルツブルク侯爵はまた、特有の兜飾を用いており、これはきわめて特別な地位、すなわち紋章を授与し、平民を貴族に叙し、法廷弁護人を任命する権利を認める「上級コミティフ」を寓意的に表現している。そうした権利はホーフプファルツグラーフ（帝国宮廷の宮中伯）の肩書と結びついている。神聖ローマ帝国において紋章を授与する権利は皇帝にあったが、その一方で、幾人かの聖俗諸侯や特定の大学、高い地位にある個人にはコミティフの権利が与えられた。「下級コミティフ」は、子供の嫡出性の承認と平民への紋章の授与に限定された。シュヴァルツブルク゠ゾンダースハウゼン伯爵は1691年12月22日にレオポルト1世によってホーフプファルツグラーフに叙された。1697年9月3日には侯爵の地位へと昇格され、その時に与えられた加増紋には上級コミティフを示す兜飾、すなわち剣を持った騎士が含まれていた。

▲シュヴァルツブルク゠ゾンダースハウゼン侯爵の複雑な分割紋地。皇帝の馬の毛を梳かす櫛をそなえている。

▼1583年頃のバーゼルのアンドレアス・ガスマンの盾の図柄は、スイスのある商人のしるし、すなわちハウス・マークに由来する。

▼プリュム修道院の入り口に顕示されたフランツ・ゲオルク・フォン・シェーンボルン大司教の壮麗な紋章。

第8章 世界の紋章 209

ドイツの紋章の図形

ドイツの紋章の様式は、慣習的な幾何学的図形、すなわちオーディナリーと、イギリスや南欧の紋章では見られない独特の魅力と珍しさをそなえた図形を組み合わせたものである。

北ドイツの共同体の紋章では、地方の民家の切妻の先端にある馬頭［形の飾り］の図柄が好まれた。これと合わせて人気があった一層古い図柄（狼の爪）は、ドイツの森で丸太を引っ張るのに使われた道具をもとにしたものである。

スイスや南ドイツでは、市民家系は「ハウス・マーク」を使用した。これは様々な幾何学模様の形をしており、数字に似た線を繋げたように見えることが多かった。市場の売り物や自分の所有物に使われたもので、しばしば紋章に属するものを伴わずに単独で押印された。似たようなマークは、商人が自分の商品にも用いていた。時代が下ると、そうした図案の利用者たちは、貴族を真似てそれらを自身の盾や兜に付けることもあった。

紋章の広間

ドイツ語圏の貴族たちは、同階級に属するヨーロッパの他地域の人々と比べて誰よりも自身の血筋を気にかけていたかもしれない。彼らはしばしば館や城の中に紋章の広間（ヴァッペンザール）としての部屋を1つ確保していた。たいていの場合、壁に巡らせた装飾帯（フリーズ）に盾が序列に応じて整然と並べられ、当地の領主が最上位に置かれていた。

オーストリアでは皇帝家の家系図が人気の題材で、しばしば家系の各人が紋章の盾を伴う図案として描かれた。時には、ティロールのトラッツベルク城のように、場面があまりに絵画的に描かれ過ぎていることもある。下に掲載した装飾帯では、ローマ人の王たるハプスブルク家のアルブレヒトが、1308年に甥である「父殺し」のヨハンによって刺し殺される場面が描かれている。大公ヨハンが蛇を伴って描かれることで、この行為の邪悪性が表現されている。

ハプスブルク家自体も紋章を通じて、オーストリアを統治した前王朝のバーベンブルク家の血統に連なるだけでなく、オーストリアの伝説的な統治者の子孫でもあることを熱心に主張しようとした。この主題は、ヴィーナー・ノイシュタットにある聖ゲオルク大聖堂の正面に最も詳細な形で演

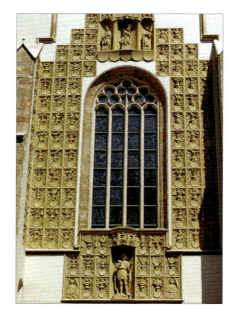

▲皇帝フリードリヒ3世は、オーストリアのヴィーナー・ノイシュタット［にある聖ゲオルク］大聖堂のファサードに紋章を展示することで、95の領地に及ぶ自身の支配権を表明している。

▼アルブレヒト・デューラーとその妻の紋章。2つのアコレ（横並び）の盾の間に兜が置かれており、これはドイツの夫婦の紋章に典型的なものである。

▼オーストリアのトラッツベルク城の家系図。1308年の甥ヨハンによる国王アルブレヒト1世の殺害を描いた場面。

210　第2部　紋章の応用

出されている。そこには、95の領主権に通じるオーストリア家の架空の系図を象徴的に示す紋章の装飾帯があり、1453年にはその紋章壁（ヴァッペンヴァント）を通って［聖堂内で］皇帝フリードリヒ3世の戴冠が祝われたのである。

クラーゲンフルトにあるケルンテン州の議事堂は、紋章を通じて現状を維持しようとする意図がものの見事に表現された場所である。そこではバロック様式の巻軸装飾（カルトゥーシュ）の［額の中に描かれた］紋章によって、個々の貴族家門や修道院、および都市が象徴的に示されている。合計約700の盾を含む紋章［展示の］計画は、1つのヴァッペンザールでは飽き足らず、第2の小さめの部屋にも活路を見出したのであった。

ドイツの肩書

神聖ローマ帝国では、家門が社会的階梯を登っていくにつれて、［新たな］区画をもって紋章が加増されるのが通例であった。元来の紋章はたいていヘルツシルト（「中心の盾」）として維持された。位階を示す宝冠（コロネット）は用いられたが、しばしば兜飾冠（クレスト・コロネット）を伴う簡略版の紋章か、簡素な中世の様式で表現された家門の盾と兜飾（クレスト）が好まれた。

注目すべき紋章の被り物の形式として並はずれているのが、神聖ローマ帝国の選帝侯の帽子（キャップ）ないし縁無帽（ボンネット）であり、大きな（しばしば波形仕上の）アーミン紋の縁（スカラップ）［飾り］がついた緋色の帽子である。そうした帽子は、ハノーヴァー朝のイギリス王ジョージ3世が神聖ローマ帝国の選帝侯として用いた紋章にも見られる。

ドイツ語圏の外に出ると、ブルクグラーフやプファッツグラーフ、あるいはマルクグラーフといったように、グラーフ（「伯」）の肩書に付けられる接頭語について、多少の混乱が見られる。これらに単に特定の責任領域を指し示すだけで、紋章上では区別されなかった。ブルクグラーフはブルクすなわち砦の支配権を行使し、プファッツは宮中伯領、マルクは辺境ないし境界地域のことであった。

人物名の中にある接頭語のvonは、フランス語のdeに等しく、双方とも単に「of」

▲ハンガリーのボッチャーニ公爵かつストラットマン伯爵の紋章一式の全貌を描いたパネル。

を意味する。ドイツ語の人物名でもフランス語のものでも、この単語の後ろには家門の本拠地の名称が来る。貴族の属性として、貴族への叙任後に姓にvonと地名を付け加えることが共通の慣習であったが、古来の貴族家門は［そもそも］自身の所領から姓をとっていた。そのため家門の名称は必要とされず、彼らは単に、フォン……であった。古来の由緒ある家門のなかで所領を保持し続けている場合は、vonはzu（「to」）に代えられるか、あるいはvon und zuとなることさえあったが、この後者の形式はあまり一般的には使用されなかった。後代になると、名前の前につけるvonの使用価値が下がるようになり、オランダの姓にあるvanとほとんど同じようなものとなった。

第一次世界大戦以降、紋章を持つ資格のある者の地位は、民間の個人であろうと都市当局であろうと、ドイツ語圏の諸領では複雑で奇妙なものとなった。その時以前は、貴族の肩書は、イギリス貴族の場合のように長男だけではなく、貴族の父親のすべての嫡出子たちに継承されていた。1919年以降、オーストリアで貴族の肩書を持つことが完全に禁止される一方で、ドイツでは肩書は家門の姓の前に付ける語として実際に許可された。それゆえ、他の諸国の貴族が終焉を迎えた後も、実質的にはそうでなくとも名前の上では、ドイツの貴族は長らく生き残ることができ

きたのである。

この変化は次のことをもたらした。すなわち、貴族の父親の養子となった子供は、以前は家門の姓を使えても貴族の肩書は継承できなかったが、今や初めて自分のことを、例えば、「フーゴー・グラーフ・フォン……」とか「ギーゼラ・フライフラウ・フォン……」などと呼び、その名前を自分自身の子供たちに受け渡せるようになったのである。

紋章の規則

第一次世界大戦は、ドイツとオーストリアの帝国だけではなく、独自の紋章当局を保持していた様々な他のドイツの君主国（バーデン、ヴュルテンベルク、バイエルンの諸国）をも拭い去ってしまった。かつて君主の代わりにドイツの紋章官が紋章を授与していたところでは、今では数々の紋章協会（民間の個人向け）や州政府（地方の当局向け）がそれに代わっている。ただし、いずれの場合も紋章の認定は純粋に登録作業であり、紋章を授与する公式の機関は存在しない。

各連邦州は域内の地方当局の紋章登録に関して、独自の道を歩んでいる。

▼フォン・ゼッペリン伯爵の紋章。1つの具象図形と兜飾を持つ簡素な中世の様式で描かれている。

第8章　世界の紋章　211

ナチスの紋章

▲ナチスが自身の象徴として採用した古代のシンボルである鉤十字が、1933年のニュルンベルクの集会を支配した。

▲左がコーブルクの古来の紋章で、右の国家社会主義者に認可されたシンボルに代えられた。

比較的近代の時代になっても、紋章の力は認められてきた。1930年代ドイツのナチス体制が、この思いもよらない古風な題材に示した関心が、その証拠である。1937年12月15日に内務省が出した法令を見ると、ヒトラーやその取り巻きのイデオロギー的理想に合わせるために、紋章に操作と調整を加える必要があったことが読み取れる。「極秘」の印の下で、地方当局の紋章の承認に関して、地元のナチ党の指導者たちに次のような指示が出されたのである。

　　総統の副官／代理 に従って、私は以下のことを求めるものである。今後は、明らかにキリスト教会的な 標章（聖人、司教杖、司教冠など）に代えて、紋章に別の標章が選ばれるように。それは［教会とは］別の歴史的出来事に関係するものか、あるいは、現在のコミュニティに特有の性質と時局を表すものであるべきこと。

この法令は、十字架や信仰告白の他のシンボルが100％国家社会主義者たちの怒りを買うと述べており、地域の指導者たちは、かつて教会の長老たちによって支配されていたコミュニティセンターなどの施設に統制の手を伸ばしていくことが奨励された。

実際には、ドイツのほとんどの地方自治体は、［この法令に］大した注意を払いはしなかった。彼らの紋章は古くからの独自のシンボルを持つ場合が多く、たいていはそれを維持することを好む傾向にあった。しかしながら、テューリンゲンの政府は、州の紋章にあるヘッセンのライオンの手に鉤十字を持たせることとした。もっとも、小さすぎてほとんど気づかないほどのものではあったが。少なくとも1つの市議会は、党の路線に従わざるを得ないと感じた。コーブルク市は何世紀にもわたって聖マウリキウスを表すムーア人の頭部を図柄としてきたが、そうした非アーリア的な性質は国家社会主義者の当局をあまりに苛立たせるものであったため、1934年に紋章の図案を完全に変更することとなった。新しい盾は、黒色と金色の縦二分割（バー・ペイル）で、下部から浮かび出した下向きの剣（イシュアント）があしらわれ、その柄頭には彩色が入れ替わった（カウンターチャージド）鉤十字が付けられた。1945年には、聖マウリキウスのムーア人の頭部に戻された。

チュートン人の誇り

1920年代後半から第二次世界大戦勃発までの時期に、ドイツでは再び個人の紋章への関心の高揚が見られた。ナチスのあらゆる階級のメンバー、とりわけ親衛隊の隊長

▼親衛隊少将カール・マリア・ヴァイストールのナチ党員としての紋章。それぞれの部分に固有の神秘的な意味が込められている。

▼テューリンゲン州は、伝統的なヘッセンの紋章に鉤十字を加えることで、新体制の承認と支持を表明する必要を認めた。

であるハインリヒ・ヒムラーによってチュートン人の誇りが詳細に説かれるようになると、紋章はそれを表明する手段の1つに加えられたのである。自分自身は完璧なアーリア人からほど遠かったものの、ヒムラーはゲルマン主義の祭儀に取り憑かれており、自身の空想の中でカール・マリア・ヴィリグート（1866-1946）やグイドー・フォン・リスト（1848-1919）といった人物による激励を受けていた。後者はナショナリズムとオカルティズムを混合したアリオゾフィ運動の指導者であった。両者とも、紋章の起源が通常認められているよりも遥か遠くにあると主張した。彼らの見方では、紋章はチュートン人の神々、とりわけヴォータンの世界に始まったとされる。ヴォータンは戦争の神で、死んだ英雄がヴァルハラでまみえる神であり、ルーン文字の秘密を知っているとされた。

ルーン文字と神秘主義
ルーン文字の起源と意味

▶ヴェーヴェルスブルク城の騎士の間を飾ったであろう新しいチュートン騎士の紋章。ナチスの紋章の極致。

▼ナチ党員の蔵書票。左を向いた鷲は国家用で、右向きは党用である。

は、多くのナチスの「神学者」たちの頭に取り憑いて離れず、リストとヴィリグートは、この秘密の紋章の最も有名な主唱者として、ルーン文字がナチス自体の紋章の土台となるよう取り計らった。親衛隊の色がドイツ騎士団（チュートン騎士団）のものでもあることは偶然の一致ではない。ヒムラーはヴェーヴェルスブルク城において、ドイツ騎士団の理想とチュートン神秘主義を、円卓をそなえたアーサー王の宮廷と組み合わせ、新たな「高貴なる友愛団（フラタニティ）」へと統合しようとした。彼らはルーン文字のモチーフで飾られた複数の部屋を統合して新たに設けられた場で会合を持つことになっていた。

頑丈なオークの円卓の周りに、ヒムラーと彼の12人の親衛隊の上級士官たちが着座した（ヒムラーは、彼らがドイツ騎士団員の後継者であると信じていた）。各士官の背後には、各自の紋章が掲げられることになっていたが、ヒムラー自身を含めて12人のほとんどが家門の紋章を持っていなかったため、紋章は特別に考案された。新しい紋章を考案したアーネンエルベは、人種的純潔とチュートン人の歴史を扱う親衛隊付属の機関であった。考案された紋章は、カール・マリア・ヴァイストール（ヴィリグートは自分の古来の家門名だと信じた名前に改名していた）のルーン文字の解釈に影響されたデザインを用いていた。

他にも奇妙な発信を行うなかで、ヴァイストール／ヴィリグートは、「祖先の記憶」の力を主張した。これは彼自身の家系の歴史を紀元前228000年のチュートン人まで途切れることなく辿ることを可能にするもので、彼の家系は水と空気の神々の結合から生じたとされる。彼はまた、地球が神秘的な生物によって住まわれていた時代を見ることができた。それには小人や巨人、およびレムリア人（4本の腕を持った茶色肌

▲ハンス・ラーヴェンの蔵書票。ナチス時代に典型的なもので、鉤十字がはっきりと示され、チュートン騎士団の時代そのままの兜飾をそなえている。

で両性具有の巨人）といった種族も含まれる。ヴァイストール／ヴィリグートは秘密の呪文とルーン文字の意味を知っていると主張し、それらを自身の家門の紋章のためにデザインした図柄に用いた。彼はそれらのいくつかを合わせて、親衛隊の儀式に関わる最も魅惑的な物体のうちの1つを作り出した。親衛隊のトーテンコプフリング、すなわち死者の頭［髑髏］の指輪であり、鉤十字とＳＳの二重のジーグルーネの両方を含んでいた。

鉤十字は幸運を表す神秘的なシンボルで、太古の時代よりチベットから北ヨーロッパにおよぶ人々によって用いられていた。ヨーロッパでは、冒険の神であるドンネル（あるいはトール）と関連付けられ、19世紀のドイツで人種および民族の統一のシンボルとして人気となった。このことが、ヒトラーが鉤十字を愛し、ドイツの鷲と合わせて紋章の図案として用いた主たる理由であろう。

親衛隊のジーグルーネは勝利を象徴化したもので、1931年に親衛隊の隊員ヴァルター・ヘックによって初めて横並びに描かれた。彼はボンにあるフェルディナント・ホフシュタッターのバッジ製造会社に雇われていたグラフィック・デザイナーであった。鉤十字とＳＳのルーン文字は、両方ともヴェーヴェルスブルク城内に配置される新たな紋章の盾の数々を飾るために選ばれた多くの図案のなかに含まれていた。

第8章 世界の紋章　213

ロシアの紋章

西ヨーロッパの多くと比べると、紋章がロシアに到達したのは比較的遅い。一般的な認識では、ロシアでの紋章の隆盛は皇帝ピョートル1世（「大帝」、1682-1725）に負うところが大きい。彼はヨーロッパを旅するなかで、紋章がステンドグラスや石造彫刻、家具といった媒体に使われることで生じる壮麗さを目の当たりにした。ピョートル大帝によって任命された最初の紋章副長官（ヴァイスマスター）はイタリア人であり、ロシアでの紋章の実践が同時代のヨーロッパの国々のものに従っているかを監督した。ただし、紋章の象徴的表現がピョートル治世以前のロシアで知られていなかったわけではない。ロシアの諸都市では、例えばアストラハンの王冠とサーベル、ノヴゴロドの玉座と脇に立つ熊のように、16世紀初頭から絵画的な意匠が用いられていた。いくつかの都市のシンボルはさらに古く、また、最も有名なロシア王家の意匠である双頭の鷲とドラゴン退治の騎手は、1497年のモスクワ大公イヴァン3世の印章に見られる。

▲皇帝イヴァン4世の小国璽。一方の側には皇帝の双頭の鷲、他方には一角獣が描かれている。

▼最後のロシア皇帝ニコライ2世の1896年の戴冠式におけるロシアの紋章官。

ロシアにおける初期の紋章

イヴァン4世（「雷帝」、1547-84）は、その治世中に貴族の登録簿が維持されることを求めた。それは、表紙の装いゆえにベルベット・ブックとして知られる。その時点では、主に支配者たるリューリク家の子孫に用いられたクニャージ（公）（プリンス）を除いて、ロシアの貴族は位階を表す肩書を持っていなかった。ベルベット・ブックの管理は、他の公式の紋章登録簿と合わせて、のちに紋章局（ヘラルドリ・オフィス）によって監督されるようになった。同局は1772年にピョートル大帝が、紋章長官（マスター）の指揮下に設立したものである。

ヨーロッパの紋章へのピョートル大帝の熱狂ぶりにもかかわらず、ロシアの紋章は西欧のスタイルと慣行を正確に模倣するまでにはならなかった。実際、ロシアの紋章では他の形態の芸術と同じく、西欧のスタイルと西欧外のものが明らかに混ざり合っている。この混合は、1797年と1840年の間に10巻本で出版されたロシア帝国公式の紋章鑑『全ロシア帝国貴族家系の紋章大鑑』（略して『紋章大鑑』）に、頻繁に見受けられる。

ピョートル大帝は男爵（バロン）と伯爵（カウント）の位階を導入し、1722年には、一定の階級（陸軍では少佐）以上のすべての陸海軍の将校および公務員が自動的に貴族階級に入る権利を与えられ（爵位はなし）、それに応じて紋章を持つ資格を得ることを規定した。ロシアの男爵と伯爵が、自身の位階に応じたヨーロッパ式の宝冠（コロネット）を付ける資格を得る一方で、ロシアの公は自身の位階服（ローブ・オブ・エステイト）に加えて公の冠（クラウン）をそなえる資格が与えられた。ロシアの無爵位の貴族の大部分は、3本の駝鳥の羽根飾りがあしらわれた兜飾冠（クレスト・コロネット）を付ける資格を得た。

具象図形（チャージ）と加増紋（オーグメンテイション）

ロシア貴族の盾は、いくつかの区画に分割されることが多く、それぞれに家系の歴史を反映する1つかそれ以上の具象図形（チャージ）が配される。それらはしばしば勇敢な行為を示すもので、標語（モットー）の代わりに引用文を伴うこともある。例えばプラートフ伯爵の場合は、「忠義、勇気、不屈の労働のために」である。ロシアの紋章にはタタール人やカザーク、ポーランド人の標章（エンブレム）がしばしば見られ、帝国を構成する民族の多様な混成を示している。

ロシアの多くの紋章は、一族が貴族に叙された治世の君主を何らかの形で直接的に

▼ロシアの近衛隊の一家系の紋章の異型。上帯（チーフ）に名誉の加増紋を伴う。

▲公爵の位階に昇格する前のアレクサンドル・スヴォーロフ＝リムニンスキー伯爵（1730-1800）の紋章。すでに重々しく加増されているが、のちにはイタリアの地図までもが紋章に含まれる。

▼1812年のナポレオンに対する祖国戦争でロシア軍総司令官を務めたミハイル・ゴレニーシチェフ＝クトゥーゾフ公爵の紋章。おそらく馬車の扉のもの。

明示している。しばしば帝国の鷲が登場し、その胸には特定の皇帝の組み合わせ文字(サイファー)が添えられるが、時には騎士団のものの一部を伴う場合もある。1741年にエリザベータ・ペトローヴナをロシア皇帝に就けるクーデタを率いた兵士たちのために、特殊な紋章の栄誉が授けられた。彼らは女帝の近衛隊に任命されて自動的に貴族階級に昇格し、彼らの紋章には新しい紋章を加える形での加増紋(オーグメンテイション)(コート)が与えられた。すなわち、地は黒色で3つの銀色の星(アージェント)に挟まれた山形帯(シェブロン)の上に3つの天然色(プロパー)の焼夷弾ないし手榴弾を配したものである。加増紋は通常縦二分割(パーーペイル)で家紋と並べられ、加増紋が右側、家紋が左側となる。各近衛隊員（とその子孫）はまた、［2枚の］翼と駝鳥の羽根のついた近衛隊の帽子の兜飾(クレスト)と、「忠義と熱情のために」という標語をそなえる資格が与えられた。

勇敢さを示す傑出した紋章の特異な例といえば、ドミートリー・チュヴァシ・ナルベコフなる人物の紋章の盾にちがいない。彼はカザンとの戦いの最中に背中にひどい槍の傷を負った。さらに、目を矢で射抜かれ、それでもまだ十分に不幸でないかのごとく、その矢を引き抜こうとした時に大砲の弾に腕を吹き飛ばされてしまった。驚くことに、彼は生き延びた。感謝の念を抱いた主君から彼が受け取った栄誉の1つが紋章の授与であり、そこには彼の様々な英雄的行為が詳細な絵で示されている。

帝室の紋章

ロシアの紋章官たちは、19世紀後半までに皇帝たちの命令に基づいて、皇帝一家自体の各メンバーの紋章一式(アチーブメント)に関する規則を定めた。帝室の人々はそれぞれ、大小2つの異なる型の紋章をつける資格があり、一般的に紋章の盾持(サポーター)によって帝位への近さが示された。最も近い親族──皇帝、皇后、皇太子（帝位継承者）とその息子──は大天使ミカエルとガブリエル

▼ドミートリー・チュヴァシ・ナルベコフの紋章は、彼がカザンで被った様々な傷を恐ろしく詳細に示している。

▶ロシア統治下のフィンランド大公の紋章。［ロシアで］通常見られる戦士とドラゴンがフィンランドのライオンに代えられているほか、鷲の両翼に配置された盾がフィンランドの各地方のものとなっている。

第8章 世界の紋章　215

▲20世紀初頭の葉書には、ロシア帝国の主要都市の紋章が描かれている。

を盾持とした。皇帝の二男以下の息子の盾持は 2 人のヴァリューギ近衛隊員、その子供である孫たちは 2 頭の金色の一角獣といった具合に定められ、最後となる皇帝の玄孫の盾持は 2 頭の黒色のグリフォンで、舌は赤色、嘴と爪は金色とされた。娘たちは未婚の時には自分の兄弟と同じ盾持の紋章を持つ資格が与えられたが、盾の代わりに菱形紋が用いられた。盾持以外にも違いを示すしるしは存在した。おもな違いは、皇帝の紋章に付随する帝国領内の諸地方の盾と、その地方の紋章の一部をなす兜や宝冠、兜飾の数が減ることである。

都市の紋章

18 世紀後半から 19 世紀後半までの間に、地方の当局は都市や県の紋章の外側に配される一連の複雑な装飾を規定した。下級の当局では宝冠が単純な胸壁の形となる一方で、ある程度重要な都市では 2 つの狭間付きの赤い胸壁となった。往時のロシア大公の旧首都には、モノマフの帽子（宝石をちりばめた古い形態の革の帽子）が与えられた。カザンやアストラハン、ポーランド、フィンランド、そしてジョージアには固有の冠が存在した。

これらの紋章の宝冠の大半は、1857 年の帝国令に遡り、同勅令では盾の両側に配置される他の装飾についても規定された。例えば、工業都市には交差したハンマー、農業地帯の都市には麦の穂、ワインの生産地域ではブドウの葉といった具合である。この制度を創始したのは、フォン・クーネ男爵であり、彼は海港都市は交差した櫂を示すべきと考えていたが、これは錨へと替えられた。

「城塞都市」には特別な付属物が用意された。宝冠と帝国の鷲を特別に組み合わせたものに加えて、交差した旗を持つ資格が与えられたのである。攻囲戦に持ちこたえた都市は、攻撃を受けた時の君主の組み合わせ文字付きの交差した旗を有した。こうした壮麗な紋章一式を完成させるのに、ロシアの騎士団のリボンが貢献した。同じ勅令によって、都市の盾はその都市が位置するグベールニヤすなわち県の紋章の方形紋をそなえることとなった。1857 年以前は、横二分割の盾の上部に県の紋章が、下部に都市自体の紋章が配置された。

革命後の紋章

1917 年の革命以降も、紋章は依然として必要とされた。臨時政府によって国家の紋章を検討する委員会が設置された。その提案によると、王冠や笏、その他の君主の象徴は廃止されるべきだが、双頭の鷲は残してもよいとされた。もっとも、しばらくは卍（永遠と繁栄を意味するもう 1 つの人気のあるシンボル）と競い合うことになった。王冠は兵士の帽子に取って代わられた。

鷲［の図柄］は、少しの間は兵士と農民に味方を得ていたが、1918 年の春までに、その帝国の鳥は革命前のロシアの象徴であり過ぎると感じられるようになり、完全に新しい紋章が求められるようになった。ロシア連邦の国璽用にはハンマーと鎌が選ばれ、産業労働者と農民との同盟を象徴的に

▼19 世紀後半にウクライナの町モヒリーウ・ポジーリシキーで用いられていた紋章。ブドウはこの町がワイン生産地域に位置していたことを意味する。方形紋の月と十字架は、この町がポドリアのグベールニヤ（県）にあったことを示す。

▲1918年の皇帝ニコライ2世の没後、皇帝の古い標章は共産主義の星に取って代わられた。

示した。新しい紋章は赤と金という旧来の紋章色を維持したが、社会主義の朝日の前面にハンマーと鎌を配した［図案となった］。最初の地方の紋章は、モスクワの地方行政機関(県)のもので、1924年9月にモスクワのソビエトの最高会議幹部会で承認された。図案には五稜星と1918年に建てられた自由の碑、ならびにハンマーと鎌が含まれた。左右両側には穀物の穂束、下部には鉄敷や杵、電動機を含めて労働者に属する物が配された。モスクワの紋章には完全な公式の説明が存在せず、他のソビエトの地方行政機関が従う見本として定められるはずだったものの、その意向が実行に移されることはなかった。

ソビエト連邦の各種の共和国は、USSRの国章を模範とした。ここでは盾は採用れず、代わりに小麦の穂束の輪が朝日を取り囲み、太陽の上にはハンマーと鎌をあしらった地球が配された。小麦の穂束は赤いリボンで束ねられ、そのリボンには「世界の労働者たちよ、団結せよ」の銘が、各共和国の様々な言語で記された。その紋様全体の上には共産主義の赤い星が輝いた。ほとんどの共和国の紋章が民族的な性格を避ける一方で、地域の特色をどうにか実現したものもあった。キルギスタンは地域の風景の上に朝日を置き、アゼルバイジャンは朝日を背景に油井を配した。どちらも赤い星には支配されていた。

奇妙なことに、皇帝によって与えられた革命以前の都市の紋章は、ボリシェヴィキ

▶ヴォルゴグラードの紋章における共産主義の星。第二次世界大戦中の市民の勇敢さを讃えて「英雄の都市」と宣言された時に提案されたもの。

に廃止されなかった。そうする意図はあったが、命令に署名がなされることはなかった。1960年代にソビエト連邦で多くの新しい町や都市が創られると、都市の紋章に対する関心が高まり、当局によって都市の誇りを高めるのに利用された。ソビエトの代議員たちは、新しいデザインを見つけるために競争を促した。紋章は、独自の愛郷的情熱にあふれる「小さな母国」を集約したような、地元特有のシンボルを含まねばならなかった。1960年代と1980年代の間に数百の新しい都市の紋章が考案された。きわめて衝撃的なデザインもあり、例えばノボクズネックの紋章は、製鋼所の溶鉱炉を熱する石炭の塊をあしらったものであった。

紋章への関心の喚起は、ソビエト連邦中で歓迎されたわけではない。占領されたバルト諸国では、現地の共産主義者の役人たちから民族主義的な熱情を触発するものとみなされ、厳しく抑制されたのであった。

共産主義以降の紋章

1991年末の共産主義体制の崩壊とソビエト連邦の消滅以降、皇帝の時代を思い起こさせる多くのシンボルが再生したが、特筆すべきは帝冠を戴いた双頭の鷲である。ピョートル大帝の帝冠が2つの鷲の頭の間に出現し、胸にはドラゴンを退治する騎手が配置された。鷲は金色であり（帝国の場合の黒色とは異なる）、騎手は帝政後期の紋章における右向きとは反対に、左向きとなっている。人物は単なる馬上の人として描かれているが、ピョートル1世の紋章改革以前に、騎手は聖ゲオルギウスを表

▲1993年の大統領令によって、ロシアの新しい国章が定められた。約1世紀を経て、伝統的なシンボルである鷲と騎手、そしてドラゴンが再び定められることとなった。

すというよりもむしろ、敵を打ち倒す君主の寓意的な表象とみなされていた。

今日のロシアでは、大統領が国家の長として、国家紋章局を通じて自身の紋章に関する義務を遂行している。同局は国家および都市のすべての紋章、旗、公式の標章(インシグニア)の登録簿を管理している。しかしながら、同局が紋章を授与することはなく、著者の執筆時点において、個人が使用するか都市であるかにかかわらず、ロシアには［紋章授与の］権限を有する法的機関は存在しない。もっとも、多様な協会や紋章団体が存在しており、所属するメンバーに対して新しい紋章のデザインについて助言を行っている。これらの組織は、しばしば1人以上の旧帝室の人物と繋がりを持っており、このことが一種の半公式のステータスを与えることとなっている。ただし、国家紋章局がこの結びつきを認めているわけではない。

第8章 世界の紋章 217

共産主義の紋章

階級を均す存在でありながら、共産主義はなお紋章に必要性を認め、その潜在的な力を理解していた。それゆえ紋章は、主義に反するシンボルを内容に含まない限りにおいて許容され得たのである。おおよそそれが意味するところは、宗教的あるいは（国家主義とは異なる）民族主義的(ナショナリスティック)なモチーフの禁止であった。

共産主義の他の諸側面と同様に、ここでも先導役となったのはロシアであった。ハンマーと鎌のシンボルは、1918年の3月と4月に労働者の協同組織の間で好まれた結果、ロシア連邦と様々なソビエト共和国の紋章の図柄となる道が開かれることとなった。

国家の伝統

第二次世界大戦が終わると、数世紀にわたる紋章の伝統を持つ国々がソビエトの統制と影響の下に入った。ポーランドやハンガリー、ブルガリア、チェコスロヴァキアでは、ソビエトによって導入された体制が硬化していくなかで、旧体制と結びつくシンボルの大半がすぐに禁止され、社会主義の赤い星が新体制の修辞的表現として大きく姿を現すこととなった。しかしながら、個々の民族(ネイション)にとってあまりに感情的な性質を持ったシンボルについては、党の機関員ですら干渉することを忌避した。もっとも、ソビエトの指導者たちに最も忠実で従属的な衛星国であったドイツ民主共和国（GDR）では、指導部はソビエトのシンボリズムに文字通りに従った。

GDRの新しい国章はソビエトの紋章のほぼ正確な複製であるが、例外的に鎌がコンパスに替えられ、麦の穂を束ねるリボンはドイツの国の色である赤・金・黒とされた。これらの色はドイツ国家(ネイション)の古来の紋章、すなわち金色の紋地に赤色の爪と嘴を持つ黒色の鷲から採用されたものであった。

他の国々では、それぞれの直近の過去を忘れてしまうだけの理由はなく、各国の共産主義者の重鎮たちは、たとえ過去が王権と密接に結びついていたとしても、過去と戦後の時代がきわめて奇妙に結合する紋章を是認した。その結果、ボヘミア王の二股の尾のライオンは赤い星の下に姿を現し続け、あるいは中世ポーランドを統治したピャスト王朝の最も持続的な国家的標章(ナショナル・エンブレム)である白い鷲も同様であった。後者の場合は、王冠に取って代わった赤い星があまりに目立たなかったため、高貴な鳥の頭に載った兜飾(クレスト)のように見えた。

▲帝政［崩壊］直後のロシアでは、鷲と騎手の旧いシンボルが好まれ続けたが、まもなく一掃された。

▼新しいソビエト連邦のハンマーと鎌を囲んで労働者と農民が一体となっている。

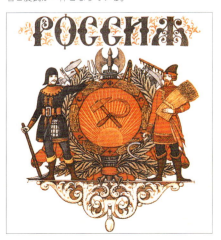

▲ソビエト時代のアゼルバイジャン共和国の紋章では、ソビエトの夜明けの空高くに社会主義の赤い星が見られる。

個人の紋章

伝統的な紋章の使用者たち、すなわち貴族は今やタブーであり、亡命も死去もしなかった人々の大半は、薄暗い刑務所か吹きさらしの強制労働収容所で惨めな暮らしを送った。高貴なる紋章学を追い求めた人々は、ソビエト当局から疑いの目を向けられた。今日では紋章学者というのは、たいていロマンチックで非現実的な過去に憧れる無害な奇人と思われるところだが、1940年代後半と50年代の強硬路線のマルクス＝レーニン主義者たちにとっては、貴族のお遊びに対する関心を公言する者は誰でも、おそらく旧体制の支持者であり、封建的な抑圧への回帰を見たがっている者であった。紋章に熱中した者は秘密警察に悩まされ、「プロレタリアートの利益に反する」活動に参加した廉で投獄されることさえあった。個人の紋章は、まったくもって過去のものとなったのである。

都市の紋章

都市の紋章に関しては、その位置づけはそれほど明確ではない。都市の誇りを持つことは認められ、しばしば養成もされた。というのも、市民の意識を身近な地域に固定的に集中させ、遠くの領域に向けさせないことに役立ったからである。例えば、プ

▲1970年代に考案されたハンガリーのバヤの紋章は、ソビエト時代の地方共同体の紋章に設定された様式に一致している。

▲リトアニアのマリヤンポレ（左）とヨニスキス（右）の都市の紋章。どちらの盾もその宗教的な内容ゆえにソビエト当局によって1970年代に禁止され、新しいデザインに替えられた。

ラハやペルフジモフの古来の紋章は維持され、共和国の紋章が兜飾ないし盾に加えられた。貴族たち自身への仕打ちにもかかわらず、多くの古来の領主たちの紋章は、階級に応じた宝冠（コロネット）をそなえていても、旧所領の都市の紋章に留めることが許された。

ドイツ民主共和国では、都市の紋章は完全に禁止されはしなかったが、公的な目的での使用は許可されなかった。地方の自治体は、代わりに町や都市、郡の名称を記した銘を周囲に巡らせた州の紋章を用いた。

ソビエト連邦では、都市の紋章における聖人や他の明らかに宗教的なシンボルは、英雄的資質や愛国的な労働者を表す図像に取り替えられた。天の摂理の目でさえ金色の太陽に替えられたのである。もし紋章があまりに宗教的で、指導部にとって完全に不快なものである場合には、全面的に変更されねばならなかった。リトアニアの都市ヨニスキスの古来の盾には、聖ミカエルがドラゴンを退治する姿があしらわれていたが、ソビエトの統治期間中に、地方農民の武器である真っ直ぐに伸ばした草刈鎌を8つのギザギザのついた2個の金色の太陽の間に配した赤色の盾に替えられた。

リトアニアの他の例としてマリヤンポレ［マリアの町］は、古来の紋章では聖ゲオルギウスとドラゴンの図像を用いていたが、新しい紋章に加えて新しい名称（カプスカス）まで与えられた。新しい図案は革命の赤の方形紋（カントン）と学問を表す炎を含んでいる。

これらの新しく認められたデザインでさえも、1970年の歌謡祭の後にはリトアニアの共産主義者たちによって禁止された。この時、参加者たちが彼らの都市の紋章を過度に誇示し過ぎたためである。その後ソビエト体制が崩壊するまで、少なくともリトアニアでは都市の紋章は、当然ながら旧国家の紋章とともに禁止された。

新たな紋章の制度

社会主義の魅力の虜となった国々の中で、ルーマニアだけが都市や地方の紋章の公式な制度を実際に発達させた国である。紋章に関する国家の委員会によっ

▼ソビエト時代に、モスクワ地方のクラスノカメンスクのために考案された新たな紋章。宇宙開発競争におけるUSSRの優位は、近代ソビエトの町にとって最適の題材となった。

▲ルーマニアのフネドアラの都市の紋章は、チャウシェスク体制期のルーマニア都市の紋章様式の典型である。

て考案された紋章は、美しいとはみなしがたい。ワラキアとモルダヴィアの古来の領主と長い関係のある伝統的な紋章のシンボル（前者では鷲、後者ではオーロックスの頭）が、石油化学工場や溶鉱炉、織工の杼といった近代産業界を表す図像とともに盾を共有しているのである。さらに両地域の新しい盾には、ルーマニア国家のシンボルと［3つの］色をそなえた盾形紋（エスカチョン）まで描かれている。

ルーマニアの隣国ハンガリーでも、1974年に先進的な新しい方法に同調する紋章計画を強行する試みがなされ、83の町や都市の古来の紋章が社会主義風のものに刷新された。共産主義のルーマニアでは旧体制の紋章の形跡がしばしば残されたのに対し、ハンガリー政権はソビエト連邦のモデルに基づいて［それらを］一掃することを求めたのであり、社会主義の黎明の朝日に向かって手を伸ばす人々が簡素に様式化されて描かれた。両親とよちよち歩きの子供が貴族のシンボルに取って代わり、最上部の赤い星がすべてを支配している。

これは我々が知っているような紋章ではない。それでもそれは紋章であって、たいていは穏やかだが、時に革新的になるものである。共産主義が崩壊した時、それまで50年かそこらにわたって空世辞を送ってきた「紋章」の大半もまた、愛されることも惜しまれることもなく幕を閉じた。

第8章 世界の紋章 219

ポーランドの紋章

ポーランドは他のどの国よりも紋章の「独自性」を維持してきたが、これは主として下級貴族、すなわちシュラフタの性質に由来する。この社会集団は大まかにイングランドのジェントリと同じようにみなせるかもしれない。

この集団を形成した人々は、ルットとして知られる貴族家系に属する人々であった。紋章が到来する以前に、各ルットは固有の標章を付けた棹という形で独自の軍旗を持っていた。図案は単純な図形だが、紋章用語では説明できない。その大半は直線や曲線、XやVの字から成り、そのためにヴァイキングのルーン文字から取られたとする俗信が生まれた。ヴァイキングはポーランド人が接触した数多くの人々のうちの1つに過ぎない。というのも、ポーランドの影響下にあった領域は、交易商人が現在のロシアに向けて東方に向かう街道となっていたからである。

東方からは、より好戦的な人々がやって来た。タタール人や、後のトルコ人である。これらの移動集団は彼ら独自のトーテム的な軍旗を持っていた。すなわち、吹き流し

▼ヴォロニエツキ家の紋章。トルコの三日月を打ち負かすキリスト教のシンボルが見られる。これらの具象図形は、もともとの単純な直線や曲線が、のちになって紋章に組み入れられたものであろう。

▲この系図は、ポーランドの紋章に典型的な部族の紋章を示すものである。こうした文書は、19世紀後半にオーストリア帝国軍の将校になることを望んだポーランド人たちが、貴族の証明として必要とした。

や馬の尾、角笛を付けた棹である。これに似たものは、今日でも「トルコの三日月」ないし「ジングリング・ジョニー」という楽器に見ることができる。これはドイツの軍楽団が使う楽器で、銀のベルや馬の尾をぶら下げた軍旗に似ている。ひょっとすると東方の軍旗とヴァイキングのルーン文字がポーランド人によって結合され、独自の明確な部族の標章になったのかもしれない。

紋章への適応

10世紀の後半、ポーランドの最初の統治者であるミエシコは、人々にキリスト教をもたらし、多くの部族の軍旗の先端が十字架に替えられた。紋章が実際にポーランドに到来した時、シンボルに別の変更が加えられ、矢尻や三日月といった受容可能な紋章の具象図形が作られた。もともとの標章はたいてい金属から切り出されていたため、ポーランドの紋章において金色や銀色でない具象図形を見かけることはきわめて珍しい。盾の紋地は通常ほぼ赤色か青色であり、緑色や紫色はほとんど知られておらず、紋章の毛皮模様は使われない。

各ルットは、ドウェンガやドンブロヴァ、あるいはピワヴァといった固有の鬨の声を持っており、それによって部族の図案が識別されるようになった。鬨の声と図案は実質的に一体化していた。ポーランドのルットが、13世紀までにその古いトーテム的な標章を盾にあしらいはじめた時に、関連する鬨の声で紋章を識別する慣習は存続した。そうした理由で、ポーランドの紋章においては紋章説明の制度の必要性が生じなかった。

単一の紋章（あるいは、ヘルプ）が、ルットの全メンバーによって地位に関わりなく使用された。というのも、すべてのメンバーは事実上平等であったからである。しかしながら、紋章は時に結婚を通じて改変された。シュレポヴロン家の紋章（「盲目の鳥」）の場合は、ポブック家の令嬢との重要な結婚の後、もともとの紋章に変更が加えられた。馬の蹄鉄の上に十字架をあしらったポブック家の紋章の上に、シュレポヴロン家の黒い鳥が載せられたのである。

ポーランドのルットの盾の上に、2つ以上の具象図形を見ることは珍しい。オーディナリーは稀であり、区画や盾持も同様である。いくつかの盾には伝説的な起源が与えられている。例えば、オゴニチクの盾は、半円から矢尻が出ている図案であるが、これはタタール人によって乙女が誘拐された時の逸話に関係すると言われている。一族のメンバーが矢の速さでタタール人を追跡したのである。兜飾は通常、駝鳥の羽根か孔雀の羽根が兜飾冠から飛び出している。兜には決まった型はないが、縦格子の入った馬上槍試合用の兜が最もよく用いられる。

社会組織

伯爵や男爵といった爵位は、ポーランド人には禁じられていた。18世紀と19世紀にポーランドが近隣諸国によって分割されて初めて、ポーランド人は外国の爵位を得るようになった。もっとも、それは非愛国的とみなされたのではあるが。

1つのルットの大きさは如何ようにもなり得るもので、何百もの別々の家族を含み得る。理論上では全員は親族であるが、スコットランドのクランの場合と同様に、時には他の家族もその翼下に含められる。

▲1410年7月15日のグルンヴァルド（タンネンベルク）の戦いで、ポーランド゠リトアニア軍はドイツ騎士団を決定的に打ち破り、騎士団の軍旗の多くを奪取したが、そのすべては、1448年にクラクフにある王家の文書庫のために美しく描かれた。

もし王がある家臣に好意を与えることを望めば、王があるルトに対して、その名前と紋章の下に彼を受け入れるよう依頼することもあった。

時代が下って、シュラフタのメンバーが町や村、あるいは自身の所領に住み着くようになると、彼らは地名の前にzを置いて姓とするようになった。これは、フランス語のdeやドイツ語のvonと同じ方法である。やがてzは名前の最後にski［スキ］やcki［ツキ］を加える方法に代わるようになったが、ルトとの繋がりは姓の前に部族の名称を置くことで維持された。例えば、サス゠タルナヴスキやヤスチェンビエッツ゠マリコヴスキのようにである。

王家の紋章

ポーランドの文化や芸術、学問は、より強大な周辺諸国、特にプロイセンやロシア、オーストリアから大いに称えられて垂涎の的となった。これらすべての勢力は、ポーランド人の国家を領土的野心の障壁とみなしたが、ポーランドも独自の野心を抱いていた。1386年に、ポーランド゠ハンガリーの君主であるアンジュー家のルドヴィクの娘で継承者であったヤドヴィガが、近隣のリトアニア大公ウワディスワフ・ヤギェウォを夫とし、大いなる拡大期の舞台を設定した。1413年にはポーランドとリトアニアの間でホロドウォの合同がなされ、リトアニア貴族の多くがポーランド人部族の姓と紋章の下に組み込まれた。その結合は、ポーランド゠リトアニア君主の紋章に反映された。ポーランド人の白い鷲は、ボレスワフ5世（1227-79）の治世から印章に描かれており、ヨーロッパで最も有名で持続的なシンボルの1つである。中世の時期を通じて、鷲の胸にはしばしば様式化されたクローバーの葉か十字架の先端が付いた半月［の弧］の紋様があしらわれ、中世後期には鷲の頭に冠が載せられた。

リトアニアの紋章は、あらゆる点で魅力的である。図案は敵を追跡する武装した騎手である。この図案の中で、武装して剣を握っている騎手の腕の部分は、ボゴニアとしてポーランド人に知られている。ポーランド゠リトアニア共和国の下で一種の加増紋（オーグメンテイション）として用いられ、ボゴンという別のルトを生むことにもなった。騎手の盾には、しばしばヤギェウォ王朝の横棒二本の十字があしらわれた。のちには、ポーランド゠リトアニアの四分割の盾上の盾形紋（エスカチョン）に、ポーランド君主の王朝の紋章が置かれるようになった。

ヤギェウォ朝の最後となったジグムント2世アウグストは、1572年に死去した。それ以降、君主は貴族たちの全体集会で選出された。国王の権力は著しく弱められ、この「国王の共和国」では貴族によって王権が厳重に監視された。

選出された君主の多くは、ポーランドの敵や近隣の勢力と結びついた様々な党派が黙認するなかで選ばれた。

◀この16世紀前半の挿絵には、ポーランド君主の鷲が描かれており、その［斜め］上にリトアニア大公の騎手が見える。右肩の盾がリトアニアのゲディミナス朝の紋章である。

▼ヴロツワフ（ブレスラウ）の紋章。ボヘミアのライオンとシロンスク（シュレジエン）の鷲、そして都市の守護聖人である洗礼者ヨハネがあしらわれている。

第8章 世界の紋章　221

アメリカの紋章

北アメリカにおけるイギリス人入植者による紋章の発達は遅く、さらに革命によって抑制された。しかしながら、16〜17世紀のスペイン人やフランス人による中西部への入植は、個別に並行して紋章の発達をもたらした。ヨーロッパの主要勢力による大陸の分割は、のちに合衆国となる領域において、紋章の権限の行使に分断を招いた。北アメリカ東部でイギリス人によって運用された紋章規則と、西部諸領におけるスペイン人のものとを比較すると、2つの勢力の植民方法の相違について幾分かの示唆が得られる。

植民地の紋章

1492年のコロンブスの航海と1776年のアメリカ独立宣言の間に、イングランドとスペインの両国は、各々の勢力圏に紋章を導入し、その活用を規制しようとした。1496年のハプスブルク家のフィリップとスペインのフアナとの結婚の際に用いられたシンボルや王権の象徴（レガーリア）のなかには、西インド諸島や15の島々の王国のための紋章をあしらった方形旗（バナー）が含まれていた。新世界にお

▲スペイン人の紋章官たちの手によるアステカ皇帝モンテスマ2世の子孫の紋章。ヨーロッパの紋章の具象図形と先住民のシンボルが混ざり合っている。

けるイングランドによる最初の紋章の授与は1586年で、ヴァージニアのローリーの町、および総督や副総督たちに与えられた。一方で、ニューファンドランドが紋章の授与を受けるのは約50年後のことであった。

こうした初期の紋章授与の際には、現地の風景や野生の動植物、先住民が［図案作成に］利用されたが、特に先住民は紋章の構想において最も強い力を発揮したように思われる。1682年の著作中で、ブルーマントル紋章官補（パーシヴァント）のジョン・ギボンは、ヴァージニアの先住民が戦いの踊りの際に、半ば紋章のような模様を身体に描くことに触れている。「踊り手たちに描かれた模様は、額から足まで、あたかも縦二分割（パーティ・パー・ペイル）で、赤色（ギュールズ）と黒色（セイブル）の紋地に……これを見て私が大いに驚き考えた結論は、紋章というものが人間という種の感覚の中に自然に植え付けられているということであった」。

同じ時期にスペインの植民者たちは、彼らが征服した現地の有力者や王族に爵位や紋章を与えたが、それは16世紀にスペイ

▲新生合衆国のための最初の紋章の図案。却下されたものだが、イングランドを表す薔薇、スコットランドを表すアザミ、アイルランドを表す竪琴、フランスを表す百合、オランダを表すライオン、そしてドイツを表す鷲を含む。

ンの支配者によって課されていた強制労働のエンコミエンダ制から彼らを免れさせる方法としてであった。アメリカ先住民の指導者たちは、スペイン貴族の特権を請求することに成功すれば、これを逃れることができたのである。注目すべき事例は、1480年から1520年までメキシコ中央部を支配したアステカ皇帝モンテスマ2世の子孫の紋章である。スペインのフェリペ2世は1627年にドン・ペドロ・テシフォン・モクテスマ・ド・ラ・クエベに伯爵の称号を与え、イサベル2世は1864年と1865年に他の子孫に男爵と公爵の称号を与えた。その一家の紋章説明は次のとおりである。緑色（ヴァート）の紋地、銀色（アージェント）の5つの薔薇からなる小縁紋（オール）の中に金色（オーア）の隼と虎が縦に並び、赤色の外縁紋（ボーデュア）には30個の金色の宝冠（コロネット）が配される。もしくは、青色（アジュール）の紋地に、金色の帝

冠と銀色の隼と虎がすべて縦に並び、緑色の外縁紋に30個の金色の宝冠が配される。

1984年にアステカ帝位の権利要求者であるドン・ギジェルモ・ド・グラウ＝モクテスマは、私設の紋章官として、アステカ皇室の紋章長官(クロニスタ・レイ・ド・アルマス)を任命した。

イングランドとスペインの紋章官たちは、17世紀と18世紀の間に北アメリカにおける紋章規則を確立しようとした。1705年に[イングランドの]ヨーク紋章官ローレンス・クロンプがカロライナ紋章官を兼任したが、紋章の授与がなされることはなく、10年後に彼の死をもって職務は終了した。[一方]新世界におけるスペインの紋章官の権限は、より効果的に発揮された。1649年に来訪したスペインの紋章官たちは、ロサンゼルス大聖堂に掲げられたスペイン王室の紋章が不正確であるとして、メキシコ大司教を譴責(けんせき)したのである。

独立以後

独立した合衆国とメキシコの初期の指導者たちは、紋章使用の原則に反対はしなかった。メキシコがスペインの統制から抜け出したのは、共和国期ではなく短命の帝国の時であり、紋章を持つ資格のある騎兵隊将校かつ君主となったアグスティン・デ・イトゥルビデの統治下においてであった。また、紋章はジョージ・ワシントンにも尊重されている。彼いわく、「何であれ紋章というものは、公的にも私的にも我々に資するものにならないかもしれないとする意見や、共和主義精神の追求に何ら

▼メリーランドの旗は、中世の紋章のデザインに見事に立ち戻って、創設者である初代バルティモア卿ジョージの紋章を用いている。

▲合衆国大統領の国璽。主要なデザインは1782年のもの。

かの非親和的な傾向を持つ可能性があるとする見解を表明することは、私の意図からかけ離れている。反対に、議会や諸州の慣習からは別の結論が導かれる。それらはすべて、正式な文書を公認するのに何らかの紋章図案(アーモリアル・デバイス)を定めてきたのである」。

1776年7月4日、議会は新しい共和国の紋章を考案する任にベンジャミン・フランクリン、ジョン・アダムズ、トマス・ジェファソンをあてた。最初のスケッチでは、盾は6つに分割されており、第1区画は金色の地に赤色と銀色の二重の薔薇（イングランドを表す）、第2区画は銀色の地に天然色(プロパー)のアザミ（スコットランドを表す）、第3区画は緑色の地に金色の堅琴（アイルランドを表す）、第4区画は青色の地に金色の百合（フランスを表す）、第5区画は金色の地に黒色の帝国の鷲（ドイツ人の帝国を表す）、そして第6区画は金色の地に赤色の左後脚立ち(ランパント)のライオン（オランダを表す）となっている。おそらく幸いなことに、この乱雑な図案は承認されるに至らず、1782年に大陸会議の書記官チャールズ・トムソンが部分的に関わる形で、銀色の地に6本の赤色の細縦帯(パレット)を配し、青色の上帯(チーフ)を持つ有名な紋章が考案された。

紋章の規則

独立した共和国では都市の紋章が繁栄した。今日そうしたシンボルは法によって乱用から守られているが、アメリカ合衆国における個人の紋章については、規制がなされないままにある。それでも、「潜り屋」の紋章の成功が証明するように関心は高く、個人の代理業者や公的団体が現状に対応しようとしてきた。

1928年にボストンのニューイングランド歴史家系学協会の紋章委員会は、アメリカ人に継承され採用されてきた紋章の刊行を開始し、1972年にはアメリカ紋章院(コレッジ・オブ・ヘラルドリ)が設立された。この機関は紋章図案の原則に忠実で、草案の作成や採用された紋章の刊行においてきわめて有効な存在となっている。一方で1980年代の紋章院(コレッジ・オブ・アームズ)財団の設立は、よい先例を作った。

公的なレベルでは、20世紀になっていくつかのヨーロッパの紋章機関が、アメリカ人への紋章の授与とその登録を開始した。ダブリンの紋章局やエディンバラの紋章院は、それぞれアイルランド人とスコットランド人の子孫である傑出したアメリカ人に紋章を授与している。ロンドンの紋章院は20世紀初頭以来、イングランド人の子孫である傑出したアメリカ人に名誉(オノラリ)の紋章を授与してきたが、この慣行は紋章院長官(アール・マーシャル/ジェネラル・ウォラント)の一般認可証なしに始められたものであり、こうした[「名誉の」紋章を与える]文書はアイルランドやスコットランドの当局には認められていない。イングランドの紋章院はまた、アメリカの法人に対して、所属する州の承認を得た上で紋章の考案書(デヴァイザル)を発行している。スペインの紋章局は、かつてスペイン王冠の統治権が主張されたアメリカの諸共和国の市民の紋章を承認する証明書を発行しており、これはアメリカ合衆国の大半を含んでいる。

このように、様々な機関や手段がアメリカ人によって活用されており、このことが彼らの紋章に対する関心を証明している。アメリカ合衆国自体の中心的な紋章当局が存在しないことが、合衆国にとって多くの欠点を生んでいる一方で、現在の法制化されていない状況は、少なくともアメリカの複数の紋章の伝統が有機的に発達することを可能にしている。

スカンジナビアの紋章

紋章が北フランスとフランドルの歴史的中心地から移動する速度は早く、13世紀までにはデンマークやスウェーデン、ノルウェーの貴族によって紋章が用いられた。ちょうどスペインやイタリア、イングランドの貴族たちが、国境に隔てられない共通の目標を共有する社会的集団に属している感覚を抱いていたように、スカンジナビア中の町や都市も、市壁や城、聖人といったヨーロッパ全域で見られる中心的なモチーフの印章を採用し、1つの共通の誇りを示したのである。

フィンランドの貴族家系は、主にスウェーデンに由来した。フィンランドの現地の血統はほとんどなく、また、現地の家門は所領を移転する際に、たいてい家名を変更したため、息子が父親と異なる姓を持つこともあった。フィンランドの家門として侯の爵位を得たのはメンシコフ侯爵家ただ1つであり、このことはフィンランド大公国がロシア帝国の一部であった1809〜1917年という時代を思わせる。

メンシコフ家には、スカンジナビアの貴族に一般的な複合的性質もみられ、スコットランド人やイングランド人、フランス人、ドイツ人の家系をフィンランドの貴族階級の中に同化した。驚くことではないが、スカンジナビアの貴族は、北ドイツの紋章の様式を応用した。そのなかには兜飾（クレスト）に孔雀の羽根を用いることや、家門が上位の階級に昇るにつれて紋章に区画（クォータリング）を加増する方法なども含まれる。しかし、スカンジナビアの紋章は次第に独自の特色を持つようになり、具象図形のなかにはヨーロッパの他の場所ではほとんど類を見ないものもある。例えば、デンマークやスウェーデンでは、貫通する十字によって個々の区画が分けられることがあり、これはスコットランドを除いて他ではめったに見られない慣行である。

紋章を用いた葬儀

16世紀後半からスウェーデンとフィンランド、およびバルト海沿岸の多くの地域では、特有の慣行として葬送行列の際に棹に付けた紋章の盾を持ち運んだ。スウェーデンでは先頭方形旗（フーヴドバーネル）として知られる死者自身の巨大な紋章一式（アチーブメント）が棺の先頭で運ばれ、父系母系の祖先たちの小さめの盾（アンヴァーペン）が両側に並んだ。

最初の頃はアンヴァーペンは個別に用意され、時には16もの数に及ぶこともあったが、1660年頃にヘドヴィグ・エレオノーラ王妃が、そうした壮麗な誇示は王室に限るとの布告を出した。それ以来、持ち運ばれるアンヴァーペンは2つだけになったが、むしろより壮麗なものとなった。それぞれが紋章の家系図の形に発展し、分かれた枝は多くの個別の盾で飾られた。フーヴドバーネルとアンヴァーペンは木彫りのもので、金や銀の葉の装飾が施され、多色塗りであった。

▲デンマークの象騎士団の騎士に叙されたアメリカ合衆国大統領アイゼンハワーの飾り板。

紋章のコレクション

スウェーデンとフィンランドは、それぞれストックホルムとヘルシンキに貴族の館を保持している。今ではその力はかなり弱くなったものの、依然として一定の栄誉を享受しており、数々の家門の紋章の壮麗なコレクションを保管している。いずれの場合も、あらゆる階級と時代の貴族の紋章が一堂に集められている。フィンランドの貴族の館は、フィンランドがスウェーデンの統治下にあった間に設立されたため、スウェーデンの方式に倣ったものとなっている。

スウェーデンのリッダーフーセット（「貴族の館」）は、合計2320個の紋章の飾り板（ブラーク）を収容しており、序列に従って番号が付けられている。そのなかには、ヴァーサボーリユ伯爵家の紋章一式（第5番）

▼エアンフェルド男爵の紋章は、スウェーデンの男爵に認められた2つの兜と兜飾を持っている。区画は十字で区分されており、これはスウェーデンの紋章に特徴的な様式である。

224　第2部　紋章の応用

▲ストックホルムの貴族の館にあるステルテンヒエルム家の紋章の飾り板。具象図形の1つとして、始祖の木製の義足が見える。

があり、冠を添えた2匹の魚という奇妙な語呂合わせの具象図形が描かれている。同家は、グスタヴ［2世］・アードルフの非嫡出の息子グスタヴ・グスタフソンと、マルガレータ・カービルヤウ（カーベリヨは、スウェーデン語で「鱈の干物」を意味する）という名のイェーテボリ出身の商人の娘の子孫である。紋章一式にはヴァーサ家の紋章が含まれるが、非嫡出性を示すために逆細斜帯（ベンドレット・シニスター）が付されている。

多くの家門が語呂合わせの紋章を持っており、それにはトロッレ家の紋章のトロールや、ステルテンヒエルム家の紋章の木製の足、すなわち義足（スティルタ）が含まれる。スウェーデン貴族の紋章には、時々緋色の帽子が現れる場合があり、それは君主の国家評議会のメンバーが被るものであった。また、もし家門の成員のなかで1人でも地方における君主の代表であったことがあれば、家門の紋章に当該地方の紋章を含めている場合もある。

騎士団

外国出身の多くの貴族家系は、17～18世紀の領土拡張主義の戦争の時代に、北ヨーロッパの軍隊で任務に就いていた高位の将校たちに由来する。彼らはまた、デンマークとスウェーデン双方の古来の騎士団の団員の数を増幅させた。

コペンハーゲンの北方にあるヒレレズのフレデリクスボー城内の礼拝堂には、デンマークの2つの騎士団、すなわち（1464年に創設されたと信じられている）象騎士団とダネンブラグ騎士団の騎士たちの紋章の飾り板が収容されている。象騎士団のほうが古い騎士団で、外国人の騎士のなかにはサー・ウィンストン・チャーチルやアイゼンハワー大統領も含まれる。その記章は、5つの板状のダイヤモンドから成る十字をあしらった白い琺瑯（ほうろう）の象で、象使いに操られ、金の塔を背負っている。かつてチャーチルは象騎士団の標章（インシグニア）を身につけているところを見られ、ひょっとして「騎士団の日」ですかと尋ねられたが、否と答えた。実際には、彼はロンドン動物園でちょうど亡くなった象のことを悼んでいたのであった。

1975年以前には、スウェーデンは4つの騎士団を保持していた。その中で1748年にフレードリック1世によって創設されたセラフィム騎士団が最上位を占めていた。各騎士団はストックホルムの王宮に専用の部屋を持っており、部屋の壁は騎士団の頸飾（カラー）で飾られていた。今日でも存続しているのは、セラフィム騎士団と北極星騎士団の2つだけであるが、いずれも王族以

▲スウェーデンのリンシェーピング大聖堂にあるディートリヒ・カグ（1671年没）のためのフーヴドバーネルとアンヴァーベン（姻族の紋章）。

外のスウェーデン市民に勲位が与えられることはない。セラフィム騎士団の勲位は海外の国家の指導者に与えられる場合が最も多い。王室以外の騎士として有名なのはネルソン・マンデラであり、彼の盾には南アフリカの旗があしらわれている。

標章には、金の熾天使（セラフィム）とキリストのモノグラム（IHS）、そして［磔刑（たっけい）の］十字架からの3本の釘が含まれる。騎士団の女性

▼ストックホルムのリッダーホルムシルカの祭壇前に、新しく亡くなったセラフィム騎士団の騎士の追悼の礼拝のために、故人の紋章の飾り板がイーゼルに掲げられている。

第8章　世界の紋章　225

と高位聖職者は、淡い青色のリボンに記章を吊るすが、リボンが紋章［の背後］を包むようにする。女性の君主は、男性の騎士と同じく頸章を持つ。すべての女性の団員の紋章は、楕円形の紋地の上に置かれる。1748年以来、セラフィムの勲位は約800人の男女に与えられたが、そのうち600人以上の紋章一式の飾り板が、ストックホルムのリッダーホルムシルカ（騎士の島の教会）の壁に3列に掲げられている。

個人の紋章

　一般的にスカンジナビアの紋章当局は、個人の紋章よりもむしろ国や王室、軍に関する事柄に関与している。個人の紋章はたいてい商標のように扱われており、そうしたものとして保護されるために登録してもらうことができる。ただし国家当局は、特に紋章説明（ブレイズン）の正しさについては、法人や個人の紋章に助言を与えることになっている。また、紋章協会や財団からも指導を受けることができる。北ヨーロッパの最先端の紋章研究者たちの幾人かが、スカンジナビア紋章協会の後援の下で協力し、年2回発行の紋章学雑誌を出版している。

　スカンジナビアに居住する人々は、スカンジナビアの紋章鑑であるスカンディナビスク・ヴァーペンルッラ［への記載］を通じて、自身の紋章を登録することができる。すべての紋章が正しく扱われることを保証するために、独自の紋章アーティストと顧問が存在している。

明瞭かつ簡素

　スカンジナビアの国々が、それぞれ独自の慣習と様式を有する一方で、20世紀の間に北方の国々の紋章デザイナーと当局の間で注目すべき交流が行われ、紋章の世界で最も活発な部類のやりとりや議論を生んだ。一握りの紋章の職人とデザイナーから最も特徴的な様式が誕生した。特筆すべきは、ノルウェーのハルヴァード・トライテベルグ、およびフィンランドのグスタヴ・フォン・ヌーメルス、アハティ・ハンマール、オーロフ・エリクソンの3名である。トライテベルグの発案は、自国のみならず隣国スウェーデンの都市や地方自治体の紋章にも深い影響を及ぼした。

　ノルウェーには国家紋章官がいないが（職務は国立文書館が引き受けており）、同文書館に務めていたトライテベルグは、紋章官に近い存在とみなされるかもしれない。1920年から彼が死去する1987年までの間に、彼はノルウェーの紋章の背後できわめて影響の強い存在であった。紋章色（ティンクチャー）や具象図形の問題に関する彼の物議を醸す姿勢は、ノルウェーの軍や都市の紋章に依然として強い影響を及ぼしている。

　トライテベルグは数々の紋章の規則を提唱したが、最も際立ったものは、盾に使用されるべき紋章色を1つの基本色（カラー）と1つの金属色（メタル）に限り、それ以上を禁じたことである。彼はまた、単独であろうと複数であろうと、具象図形を1種類だけ用いる考え方を好み、さらに具象図形には陰も影も付けないよう提案した。彼の理論は、今日使用されている紋章のなかで、現代のノルウェーの紋章様式を最も明瞭で最も妥協のないものとした。イギリスの紋章に馴染んでいる人々にとっては、彼の盾は平明すぎるとみなされるかもしれないが、一方でスカンジナビアの紋章学者は、イングランドの都市の紋章の特徴を、雑然として様式を欠いたものと捉えるかもしれない。

▲おそらく現代の様式のなかで最も影響力があるのは、フィンランドの都市の紋章である。このリミンカの自治体の紋章に見られるように、並外れた方法で紋地を分割し、具象図形を組み合わせている。

都市の紋章

　その間フィンランドでは、フォン・ヌーメルスやハンマール、エリクソンが彼らの国の都市や自治体の紋章に革命をもたらし、象徴的表現や簡素な美しさにおいて類をみない盾を続々と生み出した。先見の明のあるこの3人は、彼らが紋章を考案する地域の方言や地理的な珍しさ、民間伝承を考慮に入れ、簡素さという点でしばしば大胆な新しい紋章のデザインを作り出したのである。彼らのアイデアは、当時新設の南アフリカやカナダの紋章当局に、思考の糧を与えることとなった。

　彼らが起こした革新のなかには、異例な方法によるオーディナリーの配置の変更があり、ある時には他の具象図形と組み合わされ、またある時には孤立して用いられた。前者の一例として、［かつての］クイヴァニエミ市の盾では、［通常は両側のはずが］片側だけに置かれた波状の円弧紋（フランチ）と弓なり型のアザラシが並べられており、それによってボスニア湾の沿岸にあるクイヴァニ

◀この2つの紋章は、現代ノルウェーの紋章の簡素さを実例として示すものである。モルセルヴの盾（左）は地域の川を含んでおり、バルデュ（右）の方では、グリズリーが地域の森を表している。

エミの位置を示唆している。他の魅力的なデザインのなかにはピエラヴェシ市のものが含まれ、地元の楽器（樺の樹皮で作った角笛）があしらわれている。

ラップランドのシモの紋章のように、地元の植物や動物が、しばしば最も型破りな形で描かれている。シモは地域のなかで最も古い教区の1つで、鮭の漁業でも有名であるが、その2つの特徴が魚の尾で形作られた十字において巧妙に結びつけられている。

分割線は、国の大部分を覆う樅の木を用いて新しく引かれた。樅の木はトライテベルグやフィンランドのデザイナーたちが最良のモチーフとしたものである。多くの現代スカンジナビアの紋章において、具象図形、とりわけ木々は、単純な形に様式化されている。そうすることで、スウェーデンの国境の町ハパランダの紋章にあるように、新鮮な明瞭さが生み出されている。ハパランダの紋章のデザインには、2本の木に挟まれた国境の標柱が含まれ、その上には深夜の太陽が昇っている。これ[白夜]は、毎年数ヵ月にわたって地域の人々に楽しまれているものである。

この紋章の国でさえ、今やロゴが採用されはじめている。しかし、一般的にはスカンジナビアは都市の紋章を楽しんでおり、それを最大限に活用している。自治体の紋章は、たいてい建物だけではなく地域の輸送機関や市町村の入り口の境界標識にも配置されている。フィンランドの[かつての]州の紋章の多くは、1560年の国王グスタヴ1世の葬送行列の際に持ち運ばれた方形旗（バナー）に現れていたものである。

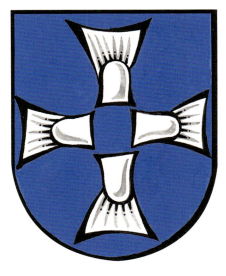

▲ラップランドのシモの紋章では、4つの鮭の尾が十字を成し、ウプサラ司教区を表している。

▲フィンランドのピエラヴェシの自治体の紋章。樺の樹皮の角笛があしらわれている。

▲1969年に創られたリトアニアのザラサイ市の紋章には、紋章上の混成種の見事な例が見られ、森と湖を象徴的に表現している。

▲フィンランドのイナリ市の紋章には、地元の農場と漁場で育てられている2つの種の驚くべき結びつきが見られる。

▲スウェーデンのハパランダの場合のように、多くのスカンジナビアの町や村の入口は、紋章によって明確に印づけられている。

▶フィンランドのスミアイネン市の紋章は、すばらしく単純な語呂合わせとなっている。フィンランド語でスムは「霧がかった」を意味する。

第8章 世界の紋章　227

アフリカの紋章

紋章は何よりもまず西ヨーロッパの貴族に属するものではあるが、そのあまりに魅力的な性格のために、ヨーロッパ人が侵略し、征服し、定住した土地、なかんずくアフリカ各地の植民地にも、彼らによって持ち込まれる運命にあった。

南アフリカ

紋章は、ポルトガル人の探検家バルトロメウ・ディアスとともに、1488年に初めて南アフリカに持ち込まれた。彼がポルトガルの紋章をあしらった石の十字架を建立したのである。ポルトガル人は実際に南アフリカに植民はしなかったが、この地域における先住民への最初の紋章の授与は、おそらく1569年のポルトガル王によるものであり、モノモタパ皇帝に対して与えられた。その紋章説明は、赤色の紋地に、金色の柄と銀色の刃が付いた水平方向のアフリカの鍬、盾の上に東洋の冠、である。

1652年から1806年の間、現在の南アフリカ共和国をなす領域はオランダ人が統治した。その後に続いたのがイギリス人で、彼らは彼ら自身の紋章の伝統を一緒に持ち込んだ。イギリスの統治期間の大部分において、アフリカの紋章は、当時のイギリス人紋章官が植民地に押しつけていた生彩の無い紋章の典型であり、後期ジョージア朝とヴィクトリア朝時代のごてごてした詰め込み過ぎの様式のものであった。

南アフリカ共和国は、1961年にイギリス連邦との結びつきを断ち、付随的にイギリスの紋章官の支配から解き放たれることとなった。約2年後には、プレトリアに南アフリカ紋章局が設立された。同局は長官として国家紋章官を有し、どのような個人ないし法人でも彼に紋章の授与や登録を申請することができる。紋章が授与されると、政府広報で正式に公表される（イギリスで紋章を持つ資格のある多くの人々が、そうした記録を公刊することを紋章当局に要請している）。

スカンジナビアの影響

新しい紋章当局は、スカンジナビア人の方に目を向け、特にフィンランド人の紋章作者であるグスタヴ・フォン・ヌーメルスやアハティ・ハンマールにインスピレーションを求めた。近年では、現代スカンジナビアの様式から主題を採用し、現代の紋章のなかで最も簡素で見事なデザインのいくつかを考案するようになっている。1974年には、国家紋章官のハートマン氏がフィンランドを訪れ、フィンランド人の紋章の専門家に会って現地の様式とデザインの技術に関する深い見識を得た。約5年後には、ハートマンの後継者であるフレデリック・ブラウネルも、その例に倣った。

簡素さが第一の原則となり、その上で地元の建築物や植物相、動物相に基づいた新たな分割線が採用された。革新的なフィンランドのデザインの諸要素が南アフリカの紋章に組み込まれたが、南アフリカでもそれらは適切なものとみなされたのである。

2つの国家の様式の結合は、いくつかの驚くほど簡素なデザインを生み出した。新しい分割線は、ケープにあるオランダ様式の農場家屋の切妻壁や、国の花であるプロテア・キナロイデスを元にしたもので、後者の様式化された花弁は、フィンランドやスウェーデンの紋章に見られる樅の小枝の分割線を思わせる素晴らしく新しいモチーフを創るのに使われた。

南アフリカの先住部族は、色とシンボルを一定の方式で用いて、彼らの卵形の盾に長らく模様付けをしてきたが、その盾は紋章というよりも武具であった。そうしたシンボルは、個人や家門のものというより、「部隊」の識別方式の一部であった。南アフリカの紋章局は、黒人居住区の紋章のデザインに、伝統的な地元の盾を大いに活用するようになっている。

アパルトヘイト後の紋章

南アフリカの紋章局の将来の立場については推測することしかできないが、アパルトヘイト後の政府にとって、最重要でなくとも必要なものである。

ブラウネルと同僚の紋章官たちは、イングランド人とアフリカーナ人、そしてポルトガル人の紋章の伝統と、先住のアフリカ諸族のシンボルを結びつけようとしてきた。しかしながら、[紋章を信条や肌の色の違いを越えたものにしようとする]彼の良き意図にもかかわらず、きっと大多数の人々からは、紋章がかつてのヨーロッパの抑圧の玩具の1つであり、惜し

▲1569年にポルトガル王によって南アフリカのモノモタパ皇帝に授与された紋章。

▲国の花であるプロテアを元にした、南アフリカの国家紋章局による3つの異なるデザイン。

▲ソウェトの紋章。伝統的なアフリカのシンボルと古典的な中世ヨーロッパの紋章が混ざり合っている。

▲ジンバブエ共和国の紋章は、兜飾に社会主義の星、盾の背後に自動小銃を含んでいる。

▼ジンバブエの首都ハラーレの紋章では、伝統的なアフリカ型の盾の上に、紋章の生きる場が見出されている。

南アフリカ共和国の新しい紋章。第二の千年紀に相応しく、紋章を現代的に応用している。

まれずに自然に死を迎えるのが相応しいものと思われているであろう。

　南アフリカ共和国の新しい国章の考案にあたっては、紋章局は回避され、紋章を専門としないアーティストにデザインの依頼がなされた。紋章一式(アチーブメント)は2000年4月に採択された。標語(モットー)には、今は途絶えてしまった言語ではあるが、現地で話されてきたなかで知られる限り最古のコイサン語が使用されており、意味は「多様なる人々一体なれ」である。盾は、知性と強さを象徴化した象の牙と、豊穣と成長を表す麦の穂に囲まれている。［盾には、2人の］人間の姿が、結束を示す姿勢で描かれている。

ジンバブエ

　隣接するジンバブエ共和国では、国家の紋章は伝統的なイギリスの趣を帯びており、中世ヨーロッパの紋章のアイロン型の盾を用いている。しかし、この伝統的な形は、典型的なマルクス主義者の流儀である闘争性と結び合わされ、労働者と農民のシンボルが一緒に並んでいる。20世紀後半の多くの革命闘争の武器となったAK-47突撃銃が、社会主義の赤い星を背景に置かれている。首都のハラーレの紋章では、大ジンバブエ鳥が伝統的な具象図形(チャージ)として使われているが、アフリカ様式の盾の上に置かれている。

紋章の存続

　以前にポルトガルの領土であったアンゴラやモザンビークのように、いくつかの元植民地の領域では、紋章をかつての白人統治者による招かれざる輸入品とみなして、完全に破棄することが望まれている。その一方で、紋章を心から受け入れているところもある。例えば、かつてフランスの領土であったガボンでは、州や県、市町村の紋章を（地元の援助を受けて）創るために、フランス人の紋章デザイナーが雇用された。できあがった紋章では、ヨーロッパに典型的な紋章慣行が、地元アフリカの動物相や植物相、慣習、芸術のうちで最も際立ったものと密接に結びつけられ、良き紋章の見事な例となっている。

第8章　世界の紋章　229

カナダの紋章

すべての国立の紋章機関のなかでカナダのものが最も新しく、1988年に誕生した。紋章を授与する権限は国王大権の1つであるが、君主の法的行為として、女王エリザベス2世がカナダにおける権限の行使をカナダ総督に認めたことを受けて成立した。

カナダ紋章局はスコットランドやイングランドのものとは異なり、最高職として紋章院長官(キング・オブ・アームズ)を持たない。その職務はカナダ紋章長官(チーフ・ヘラルド)によって遂行される。とはいえ、より古くからあるどの国家紋章局にも見られるように、紋章官(ヘラルド)と紋章官補(パーシヴァント)は存在する。

固有の様式

カナダ紋章局（CHA）は、カナダの国民や法人組織から正式な請願を受けた後に紋章を授与することになっており、請願提出の方法はイングランドやスコットランドの個人や法人が各々の紋章当局に行う方法と同様である。しかし、CHAによって授与される紋章は、古来のヨーロッパの紋章の伝統的な教義に従ってはいる

▼カナダ紋章局とその局員の標章（インシグニア）と副紋章をあしらった壮麗なステンドグラスの窓。背景にはカナダの諸州の紋章が配されている。1990年、クリストファー・ウォリスの作。

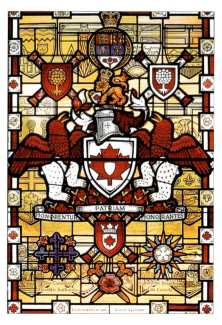

▲何年か前にロンドンの紋章院は、伝統的な中世の戦士の兜に代えてパイロットの兜を認めたが、その問題はカナダ紋章局によって取り上げられ、さらなる展開をみせた。ここにあげた3つの紋章の兜飾は、左上から時計回りに、ノーキー氏のためのインディアンのシャーマンの頭飾り、あるシナゴーグのためのマカベア家の戦士の兜、ノースウェスト準州の元司政官ヘレン・マクサガクのための［先住民の］毛皮の上着のフードである。

ものの、きわめて独特な風味を帯びることも度々である。CHAは最初期から、カナダにいるヨーロッパ（特にフランスやイングランド、スコットランド）の伝統に属するアーティストや歴史家を雇用すると同時に、先住民にもそうした人々を探し求めてきた。西海岸のインディアンやイヌイットの諸族はみな魅力的な歴史やシンボル、民間伝承を持っており、それらは紋章一式(アチーブメント)の構成要素の材料となるもので、適応させて用いることが可能である。

カナダ紋章局自体の紋章一式より他に、現地固有の伝統と外来の伝統との幸福な融合が明瞭に示されているものはない。盾(エスカチョン)には、盾形紋入りのカエデの葉が描かれており、類似のものはスコットランドやイングランド、スカンジナビアの紋章の盾にも見られて慣例的なものではあるが、効果がよく表れている。それに対して、盾持(サポーター)は、その用いられ方や内容において見事に先住民のものとなっている。すなわち、半分がホッキョクグマで半分がワタリガラスという空想的な生き物が力強く踊っており、その姿は西海岸のインディアンの部族集会や彼らのトーテム・ポールに見かけられるものに似ている。

こうした「先住民(ファースト・ネイション)」とヨーロッパの象徴的表現(シンボリズム)の組み合わせは、他の紋章機関にはない図案の豊富さをカナダの紋章官に与えている。例外となるのは南アフリカの紋章局(ビューロー・オブ・ヘラルドリ)で、同じように植民者と先住民のシンボルを組み合わせて用いている。ユーコン準州の司政官(コミッショナー)であるジュディ・ジンジェル氏の紋章でも、トーテム・ポールからそのままとった別の2つの生物が盾を支えており、その盾には伝統的なヨーロッパの紋章の具象図形(チャージ)――

金円紋と波形の細縦帯──があしらわれている。他にも、ホワイトロック市の紋章では、氷山が先住民の表現によるシャチとともに描かれているのを確認できる。

カナダでは、ユダヤ人のコミュニティが通例［紋章で］よく表現されている。ヨーロッパでは、一定の国々（特にイタリア）の紋章において、個々のユダヤ人は長らく記念されてきたが、ユダヤ人のコミュニティが紋章で認知されることはほとんどない。

利便性（アクセシビリティ）と平等性

文化の結合は、紋章の絵画的な表現に限られない。カナダ紋章局によって発給される特許状において、紋章説明（ブレイズン）と公式な授与の宣言は、フランス語と英語の両方で記される。これは、カナダのすべての公文書に法的に求められることである。

読み手の出自にかかわらず、紋章が「1人残らず皆」に周知される必要性は、

▼カナダの団体や個人に授与される紋章の特許状は、通例英語とフランス語で書かれるが、先住民の言語が含まれる場合もある。

▲ジェームズ・ロブソンの2人の子供たち用の続柄標章（ケイデンシー）。左は長男を表す胸懸紋（レイブル）、右は上部両端にアーミン紋が配されており、カナダの続柄識別制度では次女を表すマークとなっている。

CHAによってさらに高められてきた。1999年4月1日に新たに設置されたヌナブト準州に紋章が授与された時、特許状の文言と標語（モットー）は現地に住むイヌイットの人々の母語に完全に翻訳され、その言葉づかいは地元の言語の専門家によって最初に確認がなされたのであった。

イングランド紋章院（コレッジ・オブ・アームズ）やスコットランド紋章院（ロード・ライアンズ・オフィス）と比べると、ほんの赤ん坊のようなものかもしれないが、CHAは紋章の世界における大いなる新星である。CHAはすでに女性用の独自の識別マークを作り出しており、兜や兜飾（クレスト）において男女の差を設けていない。カナダの紋章の受け手は、いずれの性別であろうとも、兜と兜飾を持つ資格を有しているのである。女性はまた、紋章に識別するマークを付けることなくアイロン型の盾や菱形紋（ロズンジ）を使用してよい。カナダの法律では性の平等が正式に記されているため、紋章局が女性を差別的に扱うことは違法とみなされるのである。

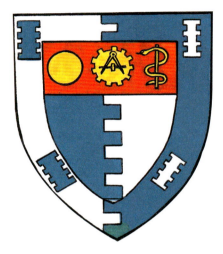

▲ブリティッシュ・コロンビア工科大学の紋章の盾には、コンピュータのシンボルがあしらわれている。

第8章 世界の紋章　231

日本の紋

ヨーロッパ以外の地域では、日本の公家と武士によって、兜飾や副紋章(クレストバッジ)が何世紀にもわたって使用されてきた。それらのしるしは「紋」と呼ばれる。

紋

紋という用語の正確な意味合いを理解するには、その語を構成する2つの日本語の意味を判別する必要がある。すなわち「あや・織模様」と「斑点・しるしづけ」である。言い換えれば衣装を装飾するための刺繍としての起源を持つ徽章である。しばしば西洋の紋章と同じように、日本の紋は、例えば台所用具や扇のような、単純な家内道具をシンボルとして用いた。

これまでに紋章学の説明を試みた多くの人たちが、日本の紋とヨーロッパの紋章とが用法上似ていることに惑わされてきた。というのは、日本の武士は紋を鎧や軍旗に付ける一方で、彼らが公式行事に着用する衣装にも用いたからである。たとえそうであったとしても、日本においてもヨーロッパにおいても、戦闘がはびこっていた時代を通じて、一方の紋章が他方の紋章に影響を与えたことはない。近代になって日本的な多くの事物が西欧に輸入されるのに伴い、ロゴ(シンボルマーク)である日本の紋が、そのヨーロッパ版にあたる紋章を超えて勝利を得る時代が到来した。かつてなら自前の紋章をさんざん弄んで用いていた法人が、最近ではしばしば、それらを棚に上げて、15世紀の将軍の戦場での軍旗に付いていても場違いとは見えないような様式を用いた、法人用標章(エンブレム)を好んで使うようになったほどである。

8世紀にはすでに日本の天皇は、彼らの王朝に結び付けられた特定の標章を用いていた。それに続く支配者たちが行ったことが、彼らの臣下たちや支配者の取り巻きたちによって真似された。すなわち公家たちと朝廷役人である。初期の紋は中国式が好まれた。例えば鳳凰、雲形、孔雀、ドラゴンのような、海の向こうの強力な唐王朝とその宮廷に、日本の公家が感じていた影響力と尊敬を反映する図柄である。

軍事的利用

初期の時代には紋は基本的には、天皇の宮廷の壁の内部に固く閉ざされた特徴的なものであったが、それがそこで使用されていることは、日本の封建社会のリーダーたち、すなわち武士階級からは羨望のまなざしで見られていた。この階級が力を増すにつれて、武士は宮廷内部の公式行事へと入りこみ、公家様式を自らのものへと採用していった。しかししばしば2つの階級はお互いに相手を疑いの目で見ていた。公家は武家の身分を粗野で野蛮なものとみなし、他方武家は公家を女々しく、意志の弱い者とみなしていた。

公家の持ち物や衣装を識別するための標章として始まった紋は、やがて武士の馬飾りと結びつくことになっていった。それを表示する3種の土台が登場した。すなわち1つは旗・軍旗であり、丈が高く幅の狭い旗で、3mに達するものもあった。2つ目は帳(とばり)すなわち布製のカーテンで、野営地で司令官の公的空間を仕切るものであった。3つ目は直垂(ひたたれ)、すなわち絹の綾織物で、もとは鎧の下に身につけられていたが、袖口や裾からはみ出して見える

▲全く異なる2つの象徴的な様式が合体した例。カナダに住む日本出身のジェントルマンに与えられた最近の紋章授与特権状は、ヨーロッパの戦士の盾を土台にして日本の家紋を置いている。

▲陣羽織。タバードないしジュポンに相当する日本の武者衣装。この写真の例では本多家の家紋が刷り込まれている。

▼ヨーロッパの紋章官と紋章作者が紋章鑑を作ったように、日本でも、とりわけ家紋の作成者によって、家紋の来歴と特徴が詳細に研究された。写真はそうした家紋帳の一部分である。

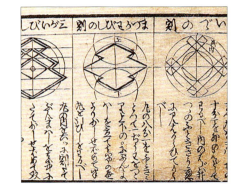

ものもあった。そのほか兜にも小さな紋の付いた旗が取り付けられた。

まもなくヨーロッパ文化の影響が日本でも感じ取られるようになり、ポルトガルやスペインの冒険者たちが着用していた衣服類が、日本の紋章の発展に繋がった。陣羽織は鎧の上に着用される袖なしの着物であった。しばしばそれを着る人の替え紋、すなわち別種の紋あるいは代用とされる小さな紋で飾られていた。紋付衣装は大名や封建領主たちに好まれ、彼らが1400～1416年［原書ママ］の間、日本のほぼ全土を支配していた。陣羽織と、ヨーロッパ中世の騎士たちのジュポン（ヨーロッパの陣羽織）あるいはタバード（紋章入り陣羽織）との本質的な違いは、日本の陣羽織は戦いが始まる前に脱ぎ捨てられた点である。

紋は17世紀後半までは公家と武家の特権的標章と考えられていたのに対して、それ以降はいかなる地位の人であれ、公家や武家と関わる人なら誰にでも用いられるようになり、例えば役者とか侍の愛人たち、また宮廷役人たちがつらい役務を忘れるために用いた。ヨーロッパでは商人階級が紋章へと接近していったのと同様に、日本では、ゆかしい伝統や誉れある地位を誇ることのできない人々によって、貴族の衣装や家紋が僭称されていることを、その当時の批判家たちが不満に思って書き残している。

紋の飾り題材

上級武士の家系の紋はしばしば、彼らの武芸者としての起源を強調するやり方で、公家の家紋を採用している。花は人生のなかでは優雅さと結びつけられるものであるが、その結果、花弁が刀の刃と並べてちりばめられた紋が見られる。武士は蝶や鳥をではなく、日本の武家に飾り物として好まれていた戦斧や鍬形を模式化した文様を選んだ。

紋の意匠は普通はとても単純である。複数の紋章図形が合体することは稀で、2つ以上の異なる図形の組み合わせも稀である。紋飾りの題材はそれ単独で置かれるか、あるいは円、四角、菱形、多角形の枠の中にはめ込まれている（西洋の紋章にとって本質的ともいえる盾形とは対照的である）。

紋はほとんどの場合、単一色で示される。そして単一色か複数色かの選択は背景にかかっている。例えば日本では、黒漆の背景は、家具から武具まで広く用いられるが、その上に家の紋が金色で描かれることが多い。軍旗の場合には白地を背景に、司令官の家紋が赤色か黒色で真ん中に据えられる。もし軍旗が黒色の場合には、紋はおそらく白色になったであろう。

文様がどんな種類のものであれ――鳥であれ、花であれ、幾何学模様あるいは文様文字（漢字）であれ――紋はそれがはめ込まれる枠に合致するようにデザインされている。日本人の生活の多くの部分は迷信的なものの象徴に満ち満ちている。その結果ヨーロッパの紋章とは異なって、めでたさを意味する象徴物から構成されている。例えば「吉兆」とか「長生」のような。

日本の紋の多くは紋章学的な解釈が可能である。紋の縦帯とか細縦帯は、西洋紋章学者なら西洋で言うオーディナリーと同等の仕組みであると認めるであろう。しかし類似性はその点までであり、日本の紋は単純な幾何学文様ではなく、単純に見える文様はその中に、時には何千年もの歴史を込めた象徴的な隠れた意味合いを帯びている。

１つの家系の子孫や分家を示すために、紋章の一部を変えるディファレンス記号についての公的制度は、ヨーロッパの紋章学におけるほどには存在してはいないけれども、日本では１つの家系の傍系家族は、しばしば、本家や主家の紋を修正して採用する傾向がある。正式家紋（定紋）に加えて、それらの家系は替え紋すなわち複数の代替紋をも持つことになった。それが、頻繁にというわけではないが、結婚によって姻戚となった家系に承認されることもあり得た。

▼17世紀に描かれた日本の戦闘場面。日本の家門（この絵の場合は源家と平家）が用いた紋を鮮やかな色彩で緻密に描写している。軍旗と隊旗がはっきりと示されている。

対立する紋章

初期の時代から紋章は対立に付きものであった。ある人のための自由の戦士は、その相手方にとってはテロリストであり得た。その結果相手方の印や象徴は、その人物を思い出すためのあるいは憎しみのための記号ともなり得た。紋章はキリスト教ヨーロッパと近東イスラムとの対立の時代に発展し、紋章がイスラムの標章(エンブレム)に起源を持つと思われる証拠もある。十字や三日月を帯びた盾は十字軍に起源を持つが、そのよ うな文様は、ハンガリーの紋章の縦帯両側に添えられた象徴的文様で、その地の貴族家系は、自らがトルコ人に対立したキリスト教共同体の最後の要塞であると認識していた。少なくとも、ハンガリーの紋章の3分の1はトルコ人の身体を描きこんでいる。

シュヴァルツブルクの諸侯は、ハンガリーのラーブでトルコ軍を破った際の自分たちの功績の結果として、トルコ人の目がカラスについばまれる様子を描いた加増紋(オーグメンテイション)を与えられた。加増紋の別の例では、ホッホピートのバロンたちが、トルコ人の拘束から解放されたキリスト教徒の頭を描いている紋章の例がある。アフリカ、ガボンのオゴウェ・ロロ州の紋章においては、取り壊された拘束が、ヨーロッパ人によって奴隷とされた無数の人々を象徴している。

ヨーロッパ人の対立

もっと近代の対立も、スウェーデンからセルビアに至るまで多くの都市の盾の中に、記念物として残されている。リトアニア人のパンドリスの都市民たちによるロシアからの自由獲得闘争は、片方の翼に血を流しつつ上昇中の鷹という紋章として記録されている。またチェコスロバキアのフロッセンビュルクにあるナチの集結した軍隊による非行は、ホリショフという近くの町の紋章の中に記録され、有刺鉄線を超えて伸びあがる赤い薔薇として描かれている。東西に分裂したドイツという状況は、ニーダーザクセンのヴェネルローデの紋章の中に有刺鉄線を伴って描かれ、そこでは東ドイツの境界地帯にある見張り塔と地下道が、実際に監視区域の端に沿って通っている。ザクセンの紋章に見える馬スタリオンは、人間が作った愚物を容易く飛び越えている。

しかし最近の対立は紋章エンブレム(標章図案)のこのような利用の鮮やかな例を示す。かつてのユーゴスラビア連合の解体の結果、長年眠っていた紋章が熱意をもって蘇ったことを教えている。スロベニアは、 何世紀にもわたる民族的同一性を保っているが、全く新しい標章を採用した。

サホウニカはクロアチア人の白と赤の格子縞紋章であり、彼らの中世以来の誇りの象徴であるが、第二次世界大戦中はティトーによって45年間それは禁じられていた。1991年以後、それは再び各所で、旗、バッジ、指輪、車のステッカーなどに再登場した。それはセルビア人からは憎悪を持って眺められた。その反対に、セルビア人はセルビア人の旗にあった赤い星を、彼らの古い紋章(十字の四隅に4つのキリル文字Cを入れたもの)と入れ替えた。それは憎むべきクロアチア人の格子縞への直

▲神聖ローマ帝国とハンガリーの紋章。ホッホピート男爵家の紋章に描かれた、キリスト教徒の奴隷を解放する政策を指し示している。

▼ユーゴスラビア内戦中のクロアチア特別軍の紋章付認識票。背景にクロアチアの格子状の盾、サホウニカが描かれている。

▲自由のバラがその頭部を、ホリショフの紋章の中の中央キャンプ鉄条網の上に伸び出している。

▼ザクセンの馬が、ヴェネルローデの紋章の中の鉄条網を、自由へと飛び越えている。

▲セルビア軍の司令官がNATO軍による爆撃を非難している場面。背後にセルビア・モンテネグロ（国家連合）の紋章が見える。

接的な反感を示している。そのCは「統一だけがセルビア人を救う」を意味している。

北アイルランド

　紋章図形と激情とが対をなしていることが、北アイルランドほどはっきりしている例はない。アイルランド共和国軍支持者とアルスター・ユニオニスト（大ブリテン・アイルランド連合支持者）はともに、紋章文様の効力を十分に意識している。1960年代から1990年代まで、騒乱の最も鮮明な副産物は「ハウスアート」、言い換えれば、都市紋章を付けた壁画の発展である。両陣営はこれをその歴史の必須のエピソードを示す手段とみなしていた。

　紋章は壁画運動において大きな部分を占めている。共和主義者が、アイルランドを統一されているものとみなすという願望は、これまではしばしばアイルランドの4つの地域、レンスター、コナハト、ミュンスター、アルスターのそれぞれの紋章を1枚の盾の上に提示することで表明されてきた。この例の場合、アルスターの紋章はその名前を持つ共和主義者の地域の紋章である。すなわち赤十字と金色の紋地（バーグ家の紋章）と、オニール家の血色の腕で装飾された中核部分からなる。他方アルスターのブリテン島勢力の支配地は、白色の紋地の上に赤十字を、王冠を上に頂く赤い手で示されている。

　赤い手の起源については、様々な話が語られてきた。その紋章図形を持つ人もいるにはいるが、それは1690年にボイン川の戦いでプロテスタント側について戦った人々によって用いられた図柄ではない。そうではなくてそれはオニール家の紋章にはめ込まれていた図形である。その家系はアイルランドの王であり、その手は彼らの先祖がヴァイキングの侵略軍の一員であったという伝説を記憶にとどめるためであると言われている。ヴァイキングは、誰であれアイルランドの地に自らの手を最初に付けた者が、その正当な支配者であるという決意を持っていた。オニール家の先祖は、競争相手の船が彼の目の前で座礁したのを見て、自分の手を切り取って砂浜へと投げたのである。

　プロテスタント側国王主義者ロイヤリストの英雄はオラニエ公ウィレムで、（ウィリアム3世として）ブリテン国王（1689-1702）となった。ユニオン・ジャックとその国旗が、ロイヤリストの地域では、街灯や道路の縁石を飾るために利用された。そしてロイヤリストの各陣営は、赤い手と王冠を結びつけた副紋章（バッジ）を標示した。境界の壁には、デリーあるいはベルファストの紋章と並んでこの副紋章が、「在地英雄」の肖像画に添えられた。共和国主義者地域では、同地域の紋章を背景にマスクで顔を覆ったガンマンの絵が見られた。

▼北アイルランドでは対立する2つの政治党派は、ともに紋章を通して自分たちの存在を主張している。下は親ブリテン派の紋章で、伝統的な紋章図形と組織番号などの地域のシンボルが組み合わさっている。

▼共和国派のベルファストでは、スペインのカタルーニャ州の自由闘士との連帯意識を表明するために、バレンシア市の紋章が描かれている。

第8章　世界の紋章　235

第9章
紋章の継続性

　紋章の伝統は少なくとも8世紀間にわたって継続してきた。しかしながら、騎士が戦いの真っ只中で自らが識別され得るように、紋章に彩られた盾や兜飾(クレスト)で飾られた兜を身につけた期間は短かった。紋章は戦場におけるその元来の機能よりも長生きした。というのは紋章が別の目的にかなったからである。すなわち高貴な身分であるという主張、どの主君へ帰属するのかの宣言、そして忠誠心を結集させる目的などである。それが持つ比喩的表現と由緒ある伝統は、今もなお説得力を保ち、権威ある紋章機関の数は少なくなったとはいえ、紋章はなお、たばこの箱から潜水艦に至るまで、近代世界が生み出した多くのものに対して、優雅さと権威を貸し与えている。古い時代の紋章がなお展示されていることは、我らの文化的歴史と安定性の鮮やかな証拠となっているし、紋章の長い伝統を維持することを誇りに思う多くの人たちがいることを示す。

◀ロバート・ハリソンの紋章一式。ダン・エスコット画。

紋章の過去と未来

現在でもなお、紋章は貴族の領分のままであろうか。イギリスは一代貴族制度によって、現在でもその貴族制度を更新し続けているおそらく唯一の国家である。むろん、貴族院に議席を占める者の約3分の2がなおも、盾および盾持(サポーター)の許可を、イングランド紋章院に申請している。しかしそれでも、自らの称号保持資格を、わざわざ取得しようとはしない貴族たちの数が増えているのも事実である。そのような人たちの態度を良く証言しているのは、バロネス(女性男爵)のライダー・オブ・ウォーソーである。彼女はスー・ライダーの名で慈善活動をしている人だが、彼女は紋章をつける資格を断固として拒否して次のように述べている。

「紋章官(ヘラルド)という変な人たちが私に、紋章をお望みですかと尋ねたのです。その人たちがその見返りにどれくらいのものを望んでいるのかに気づき、その結果、私はそれだけの金銭があれば、どの程度の食品を恵まれない人へ送ることが出来るかについて考えました。私にはどんな人がそのような時代錯誤についていくのか分かりません」。

理由はともかく、紋章を得ようと行動する人もいるのである。その人たちは紋章院に出かけて、紋章を帯びる許可を得ることにある種の誇りを感じている。その数は、時には1年間に何百人にも上ることがある。

紋章文様の旧と新

紋章資格を得ることを望む人々は、役に立ち、目的に合わせ、そしてその時代の流行によって活気づけられてきた何世紀も続く伝統に、自らも参加しているのである。紋章の盛期には紋章官は、「オーディナリーズ」と呼ばれる紋章鑑を編纂した。紋章はその具象図形に従って分類されている。もし今日の紋章官によって紋章のオーディナリーが更新されて、分類されるならば、その結果は紋章の歴史の全体系を反映したものとなり、「最新の紋章」と並んで「従来の紋章」が同じ紙面上に置かれることになる。

例えば中世人の正装のセンスが、現代人のセンスと混ざり合っているのを見ることもあり得るのである。一例をあげれば、中世の垂袖紋(マーンチ)は、中世の貴婦人の袖の図柄であり、今日もなおヘースティングズ家やカウパー家の盾を飾っている。またオランダのファン・アベンブロウク家は今日なお、一対の銃尾という駄洒落のような紋章を、4世紀前にその家系の者が身につけていたのと同じ様式で使っている。

こうした家系の紋章盾と並んで、20世紀以後にはイングランドのある裁判官の紋章盾が現れる。彼は在地の売春婦たちに対して判決を言い渡さねばならなかった。彼の名前は次のような紋章とともに記憶された。――(彼の死後に)イングランドの紋章官によって授けられた紋章であるが――3本の細縦帯と網タイツを穿き、ガーターを付けた婦人の足6本という文様の紋章である。

紋章は今日まで生き延びてきた。そしておそらく今後も長く生き延びるであろう。紋章が成し遂げたことが貴族階級の馬車の

▲イングランドとウェールズの灯台を統括するトリニティ・ハウスという団体は、テューダー朝時代に認可された紋章をヘリコプターに付けている。

羽目板の上に見られるが、その一方で今日ではスーパーマーケットのチェーン店備え付けの手押し台車にも、あるいはまた都市当局のごみ収集車にも描かれている。かつて紋章盾は、貴族のディナーテーブルの上のディナーの食器類を飾るのに用いられていたが、今日では海辺の土産物店で売られている陶器のティーカップに、あるいはドイツのある地域の紋章が描かれた、白っぽい皿に見かけることもあるであろう。

社会的地位

人々が社会的承認を渇望していることは多くの点で見かけられる。紋章授与承認を獲得することはおそらく、そうした渇望の表れの最たるものであり、それは貴族階級だけに留まるものではない。17世紀フランスでは、中産階級どころか、農民でさえ、紋章を持つことが奨励された(農民の多くはそのような名誉を受け入れるよう強制されたのであり、のちに特権と引き換えに課税されたのではあるが)。スイスでは家庭内的性格の紋章が市民によってごく普通に取り入れられた。すなわち建築者、室内装飾職人、そして葬儀屋の親方さえ、熱心に中産階級にへつらおうとした。彼らの家の切妻には、十字架とか盾の紋章の文様が取り付けられた。その家の所有者に紋章授与を申請する資格がない場合には、彼のイニシャルまたはその家の建築年号が切妻

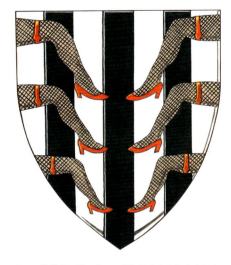

▲この数世紀の間、体の一部を図案化した紋章が多数誕生した。不格好な太ももまでが図柄に使われた。上は現代の例で、売春婦を含む諸事件で裁判長を務めた裁判官に対して死後に授与されたもの。監獄の鉄格子と女性の脚6本が紋章を飾っている。

▲模倣はこびへつらいの最たるものである。たとえそれがコンドームの広告であっても、紋章を使用するということ自体、ある種の敬意を示しているのである。

▲トーナメントの種目の1つである模擬戦闘には参加者全員が参戦した。多くの場合、紋章は対戦相手を同定する唯一の方法であった。

るまで、本物であれ仮託したものであれ、紋章一式によって、伝統的な紋章所有者に連なる敬意を得ることを期待している。タバコ製造業者は、その目的のために紋章を勝手に利用することで悪名高い。

紋章による高貴さの演出という企みは、紋章が知られていない国家の王や貴族たちに壮麗な紋章一式を授けようとする動きに一役買っている。王としての紋章を受け取った人の1人に、彼がそれを望んだか否かはともかく、イギリス統治下のインドの若き総督、ジャイプルのマハラジャ、ドゥリープ・シンハがいる。マハラジャはしかるべき時にブリテン島へと送り出され、1849年、ヴィクトリア女王に対して、彼の財宝から最大の宝石、コ・イ・ヌールと呼ばれる素晴らしいダイヤモンドを「贈呈」することを促された。この宝石は今日ではイギリス王家の王冠に使われている。女王は感謝して若いマハラジャを彼女の家族の一員のようにもてなし、彼のための紋章をイングランドの紋章官に描かせ、その中に聖ジョージの盾形紋（エスカチョン）が含まれるように取り計らった。それは彼を名目上のキリスト教徒へと改宗させる代替行為でもあった。

制服と象徴

その昔、鎧に身を包んで領地を見張った男たちは、胸当てや盾に個人の標章を付けていた。彼らが付けた紋章は、今日では警察隊にもっと強く所属しているようである。すなわち武具を付けた男性は今も存在するが、もはや光る鎧を付けた騎士ではなく、暴徒団に立ち向かう警察隊のメンバーである。かつての軍馬は、今日では戦車や戦闘爆撃機である。とはいえ今日でもドイツの武装した軍隊はなお鉄十字、ドイツ騎士団の有名なしるしを付けているが。

中世の騒乱場面、あるいは騎士や制服を着た兵士が動き回っている舞台での見せかけの戦闘は、その後、取引市場のフロアに取って代わられた。そこでは取引業者集団が色つきの衣装を着て、ルネ王のトーナメントの書に見られるような、あるいはウッチェロの絵に匹敵するような場面で、「馬

に掲げられた。貴族の家の場合には、当人の紋章一式（アチーブメント）が飾られた。葬送儀式に高貴さを醸し出すため、中産階級の棺桶は、盾の形やカルトゥーシュ（バロック期の装飾モチーフで、丸みを帯びた長方形）に象られた。

こうした高貴さの演出は今日まで引き継がれているテーマである。レジャーや娯楽産業に携わる会社の多くは、トランプカード製造業者からコンドーム・メーカーに至

▼イングランドの紋章官によってデザインされた、ジャイプールのマハラジャの紋章一式。イングランド、サフォークのエルヴデン教会の飾り板に描かれている。マハラジャであるドゥリープ・シンハの息子を記念している。ヴィクトリア女王はこのマハラジャからコ・イ・ヌールと呼ばれるダイヤモンドを献上された。

▼中世のトーナメントの模擬試合に近いものとして、シカゴの商品取引所の混雑したフロアが挙げられる。取引所の立会人たちは、各々の会社の制服を着用してお互いを識別している。

第9章　紋章の継続性　239

▲ハンガリーの政党のポスター。共産主義の崩壊が如実に反映されている。かつてのハンガリー王国の紋章盾が、共産主義国家の紋章を粉砕している。

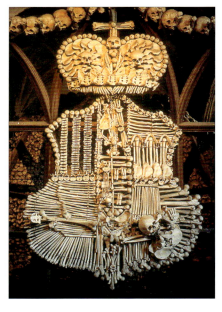

▲シュヴァルツェンベルク公の紋章。1870年にフランティシェク・リントによって人骨を使って作られた。チェコ共和国のセドレツ修道院にある見事な納骨堂に掛けられている。

上試合」や「身振り」をしている。似たような場面は、競走馬の馬主の制服を着た騎手によって、今日の競馬でも演じられている。それは中世の家政騎士が行っていたであろうことと同様である。

イタリアのシエナで行われる、パリオと呼ばれる競馬の大レースでは、観客を中世に引き戻してくれる。各騎手が自身のコントラダ（所属区）の色の服を着用するのみならず、その日1日が壮麗な中世世界となるのである。各コントラダを代表して、15世紀の衣装を着た旗持ちも登場する。

武器としての紋章

何らかの位階を持つ人たちは長く紋章の栄誉に浴してきたが、他方では紋章保持資格がそれほど排外的であったことが示しているのは、貴族あるいは国王という紋章のパトロンたちを軽蔑したいと望む人々がいたということも示している。そしてこのことは中世以来今日まで事実であった。戯画作者やもっと本格的な芸術家たちは、紋章に描かれる動物に喜びを感じていた。つまり獰猛な怪物を、紋章を身につける資格者をそっちのけにして、面白いぬいぐるみへと変えてしまうことによってである。

政治風刺家たちはしばしば、「戦闘で知らしめよ」という主張をその主要部分に持ってきた。気取ったお歴々、自信過剰者、そして人気のない者を、彼らの紋章を示すことで笑いものにした。しかし戯画作者や詩人は時には、受け入れられるか、告発されるか、あるいはもっとひどい目に合うか、ぎりぎりの線を踏まねばならなかった。イングランド15世紀ではウィルトシャー、ブラッドフィールド・マナーのウィリアム・コリンボーンの作品は、彼がリチャード3世と彼の悪友たちによる支配へ警告を書いた時、プランタジネット家最後の国王に対してやりすぎた。コリンボーンの政治警句は、「猫、ネズミ、そして我が家の犬ロウヴェルよ、豚のもとにある全イングランドを支配せよ」という有名なライムを含んでいた。それぞれの名前はリチャードの主要閣僚を指していた。すなわちサー・ウィリアム・ケイツビ、サー・リチャード・ラトクリフ、そしてロウヴェル子爵のフランシスである。サー・ウィリアムの紋章の兜飾は猫であり、ロウヴェルのそれは犬であり、国王の副紋章は白猪、すなわち豚であった。押韻詩の作者は逮捕され、無分別さを理由に1484年に処刑された。

応用

紋章自身は自らを、保守派から精神障害者に至るまでの、応用という世界全体にたいして、身を委ねてきた。後者の突出した事例は、チェコ共和国のクトゥーナ・ホラ近くのセドレツにある元シトー派修道院の納骨堂に見出され得る。4万体に上る人骨の山積に対面した時、現地の当局者はフランティシェク・リントという木彫家に、それらを秩序あるものにするよう委託した。

リントの最初の解決法は、礼拝堂のためのとても風変わりな装飾、祭壇の上の飾りからシャンデリアに至るまでの装飾へと、整頓することであった。1870年に彼は仕事を始め、礼拝堂の新しい所有者である

▼紋章の基本色は、チェコ共和国プラハのヴィート大聖堂にある、ステンドグラスに鮮明に見られる。その絵はシュヴァルツェンベルク公の紋章を標示している。

240　第2部　紋章の応用

▲チェコ共和国のプラハ城内にある土地登記裁判所の会議場。天井と壁には壮麗な紋章コレクションが描かれている。

▲ミニアチュールの紋章は宝飾品のなかで人気のある題材である。写真のブローチは、オーストリアの紋章に使われている皇帝の双頭の鷲をかたどり、ダイヤモンドとルビーがあしらわれている。1550年頃の作品。

▲リヴァプールのアングリカン大聖堂にある、16代ダービー伯（1906年に死去）の記念碑に載せられたスタンレー家の鷲と子供の兜飾。サー・ジャイルズ・ギルバート・スコット原案。

シュヴァルツェンベルク公を記念しようとして、人骨の一部を使って公の紋章一式を創ろうとした。この構造のおそろしい部分は、ハンガリーにおけるラーブの戦い、そこではトルコ軍が敗れたのだが、そこで役割を演じた同家に対する加増部分であろう。セドレツの納骨堂では、加増としてのトルコ人の頭蓋骨図形が、カラスがその眼を啄むようにして、本物の人の頭蓋骨で示されている。

シュヴァルツェンベルク家の紋章はもっと伝統的な形で、プラハの聖ヴィート大聖堂のステンドグラスに描かれている。この描かれた絵は高さ6m、紋章の色という点では七色万華鏡的で、見る人はその構成を十分に理解するには、彼あるいは彼女の紋章のことを知っておく必要がある。

近くのプラハ城には、シュヴァルツェンベルク家の紋章も、他のボヘミア貴族たちの紋章盾と並んで展示されている。城の部屋の中で最良の紋章コレクション部屋は、最も狭い部屋の1つである。土地登記裁

▲紋章はいかなる時代にも順応してきた。このIT会社の図案では、ブリテンの王家の紋章が、コンピュータの部品を使ってそれらしく表現されている。

▲ダービー伯スタンレー家の兜飾。鷲と子供は中世の様式で作られている。

▶現代のイギリスの軍旗。イングランドのアンソニー・ライアン・オブ・バスのためのもの。紋章はホイスト（旗竿に近接する部分）におかれ、兜飾（2ヵ所）と副紋章が描かれている。

第9章　紋章の継続性　241

判所はここで開廷され、貴族の身分に関する事項について決定する。そこの高官にあたるのは裁判官とその補佐役であり、すべて貴族階級であるが、彼らは紋章盾によって表示されている。裁判所の構成員の上下関係は、その構成員の紋章を階層制に従って並べることによって描き出されている。すなわち国王の紋章が最上段に置かれ、その下に上級裁判官の、そしてその下に裁判官補佐の紋章が置かれている。

ステンドグラス、壁画の紋章、そして人骨。紋章が描かれたこれら3種の例は紋章が訴えているものが多様であることを示している。紋章の適応力や発展可能性の強さを示す。

紋章は、あらゆる種類の近代のメディアを使うことによって、紋章の応用物が21世紀へ生き延びるように働きかけている。特に目覚ましく普段とは異なる例は、北ウェールズのレクサムに、レゴというおもちゃ会社のイギリス本部を建設する例である。建物の玄関は、レクサム・ミーラー市の紋章によって飾られている。もちろんレゴブロックで組み立てられている。

それほど以前ではないが少し前に、紋章の研究がそれを最もよく使用する人々、つまり裕福な人々の禁漁区にすることである、とみなされた時代があった。しかし現在では紋章はすべての人に開放されているし、紋章に関する団体は、国家のであれ地域のであれ、また半世紀より短い歴史しか持たないものであれ、盛況である。インターネットの時代には家系に関する検索でヒットする数は、ポルノのサイトの数に次いで第2位である。

家系の紋章の利用

現代の紋章作画者の創造力が問うているのは、21世紀には作画者は、自分でそれを使用する以外に、紋章に対してどんな良い貢献ができるのか、という問いである。好みの良し悪しの間の境界線は狭い。古い家系を持つ多くの人々は、おそらく家系の家紋や兜飾の付いたブレザーと同じくらい、とても大衆的なものの中にその紋章が描かれていたとしても、その人は死んだものとはみなされないであろう。古い紋章は「新しいカネ」に結びつけられるであろう。目立たない印章指輪であっても、家系の兜飾付きで発掘されたならば、どこにおいてでも受け入れられるものとみなされるであろう。それでも、紛らわしいことに、最近発刊された職業面接のガイドブックが示唆しているのは、次のこ

▲イングランドのチードルにあるカトリック教会のドア。A.W. ピュジンはこのドアにトールボット家の紋章を描くにあたり、図柄は当該紋章の紋地にぴったり一致しなければならない、という紋章学の規則を遵守した。

とである。すなわちその指輪はおくとして、紋章が示唆しているのは、「それを付ける人が、ある地位に就くために、他の応募者に対する自分の社会的優越性を示そうとしているということである」。

紋章の付いた旗は、もしあなたがそれをはためかせるに足る立派な家を所有している場合には、素晴らしいものになるであろう。しかし平均的な郊外の家の場合にはそれほどふさわしいとは言えないであろう。とはいえイギリスの荘厳な家の所有者だが、家計が苦しく、壊れかけた大邸宅を公衆に開放して、生計を立てざるを得ない場合には、彼らは、ガイドブックから土産用の陶製マグカップに至るまであらゆるものに、家門の紋章を付けまくるのがよいと感じるかもしれない。傾きつつある家門の資産から考えるならば、彼らの高貴な先祖は（アザンクールの戦いで勝利した司令官とか、もっとありそうな例では、バルバドス島の砂糖プランテーションの所有者とか）兜飾の付い

▲レゴブロックで作られた地方自治都市の紋章。北ウェールズのレクサムにあった、レゴ社オフィスの玄関に掛かっていた。

▶アムステルダム市の紋章を模した広告図案。伝統的な斜十字図形は、モットーを反映した図形に取り替えられている。

242　第2部　紋章の応用

▲紋章はあらゆるニーズと主義主張に適合するように改作されうる。上のモッカータのユダヤ人家系の紋章は、ヘブライ語の祈禱文書の文言で描かれている。

た棺桶にすでに入れられて、家門の貴重品室に寝かされていることであろう。

インチキ紋章業者の紋章

紋章が中世ヨーロッパで確立された時以来、それを持つ権利の所有者と、そうでない者たちとの間に常に対立があった。この連中、つまり勝手に紋章を帯びる地位を称する商人に対して、貴族身分の者からは多くの不満が述べられた。どの時代にも、

▼イングランドのフットボール・クラブの紋章。チームのニーズに合わせて、中世の兜、兜飾、マントが脚色されている。サウサンプトンの後光を示す兜飾は、このチームのあだ名である「聖人」を反映している。

客が誰であれ、紋章をデザインし、さらに実際に製作しようとしたり、あるいはたまたま同じ姓の別の家門に実際に付属している紋章を、そのような客に供給する職人はいた。

そのようなやり口は今日でもまだ存在し、普通は「インチキ紋章業者」の紋章として知られている。それほどそれを欲しがっている人がいるのであろう。しかし「あなたの名前の紋章」と、あなたの親戚の誰かとが、些かでも繋がりがあるというのではないことは、ほぼ確実である。そして紋章は心地よい飾りにはなるかもしれないが、その紋章をあなたの便箋の冒頭部分に使うこと、あるいはその紋章が自分の個人的財産であると仄めかす何らかの方法を取ること、それは間違いなく詐欺である。

承認欲求の強い人たちから金を受け取って、インチキな騎士身分を手に入れるのを手伝う業者組織は山ほど存在する。そのような組織はその会員に興味津々の儀式への参加の機会を提供し、衣装とおかしな帽子を身につけ、金ぴかのバッジと星飾を付ける機会を与える。それらの組織はその騙されやすい顧客から、「身分上昇」の際にさらに金をせびり取る。

それらの組織のなかには害の無いものもあり、そして慈善目的のものもある。なかには亡命した王家の一員を「本部長」として自慢している可能性もある。大半は単純な金儲け企業であり、彼らの稼ぎ場所は、無知な会員志望者にとっては地雷原である。特に現在では正式な騎士道の身分制が存在しない国においては、危険である。

イギリスでは、荘園の領主権に関する事項もある。それはますます売りに出されやすくなっている。荘園の領主権は、単純に言えば土地の所有権についての封建的資格である。問題になっている財産というものは、もしかすると、かつては実際に荘館が建っていたが、今はもうなくなり、小さな芝生地に過ぎないかもしれない。その資格は所有者に議会の議席を与えるものではなく、貴族称号や紋章を本来的に帯びる権利を与えるものでもない(とはいえ、誰にも言えることだが、彼あるいは彼女は紋章院

に紋章下賜申請を出すことはできる)。もしあなたが荘園領主であれば、あなたはあなたの手紙の頭部に称号を付け得る。しかし事情に通じている者からあざけりを受ける危険性があろう。また。自分を「……殿」とか「レディ……」と呼ぶことは、はっきりと常軌を逸しているとみなされる。

▲▼最近では、しばしば紋章に代わって、もっと如才ない図柄としてロゴが使われている。ただし、デザインにあたっては注意が必要である。このレストラン・チェーン用のロゴでは、元の版で見られた人物の手は、後の版では取り除かれている。元のロゴだと残念な解釈──という指摘があったからである。

現代の紋章授与

今日では、個人に対して紋章を授ける公式の紋章機関を、依然として確保している国家はほとんどない。何らかの形で国家が紋章当局を設置している場合には、それは公共団体と軍事の紋章の規制に関する事項を取り扱う傾向がある。それでもなお、カナダ、アイルランド共和国、そしてスコットランドの紋章当局は、個人と法人に対して紋章を授けている。本書では、世界最古の紋章当局であるイングランドの紋章院が、この問題にいかに対処したのかを見ることにしよう。

申請

紋章一式が個人に授与されるには、彼または彼女は制度に則ってそれを帯びる権利を申請しなければならない。もし紋章を帯びる権利が、最初にそれを授与された先祖に由来することを証明することができなかった場合――すなわちイングランドでは最初の被与者からの男系子孫であるという証明が必要であるが――、あるいは現存している紋章を帯びたいとの申請手続きが成功しなかった場合には、イングランドまたはウェールズ国籍を持つ個人、あるいは（カナダ以外の）イングランド人の子孫であれば、「あらゆる名誉の源泉」である王室からの紋章の特権を下賜されるように、公的手続きによって申請しなければならない。

紋章を付ける権利を創造したり授与したりする特権、およびその紋章を子孫に伝える特権は、（王室によって特別の任命状によって指名された）紋章官(ヘラルド)を通して、一定額の支払いののち、王室から授与される。これは中世後期以来イングランドに存在してきた制度である。イングランド国籍所有者あるいはその子孫であれば誰でも、イングランドの紋章を申請しうるが、誰にでも授与されるはずであるというような、疑問の余地のない権利というわけではない。申請者が紋章を帯びるに値するか否かを決める際に、紋章官が参照する基準がある。こ

▲紋章画家アンドリュー・ジェイミソンが、バズ・マニングへの紋章授与特権状を描いているところ。

▼華やかに仕上げられたバズ・マニングの特権状。

244　第2部　紋章の応用

▲アイルランド紋章局によってアイルランド家系学協会に2001年3月に授与された紋章特権状。特権状はゲール語と英語の両方で書かれている。

の基準がどのようなものであるかということさえ、紋章官自身にしか知られていない。約3000ポンドという額、つまり21世紀初めにおける紋章の特権の費用は、うまくいくなら申請を出そうかと考えている人のうち何人かを、思い止まらせるかもしれない。

その特権のための支払業務全体は、いくつかの問題を引き起こす。「紋章とは本当に名誉とみなされるべきなのか。紋章以外のステータス・シンボルと同じように、金銭で購入可能なうぬぼれに過ぎないのか」。このような問いへの回答が何であれ、結果的には自身の申請手続きを取ろうとする人々にとっては、その手続きは以下に述べる線に沿って進行する。

申請者は紋章院に出向いた時、特定の紋章の役人が対応すると思うかもしれないが、しかし最初に訪問した際には、受付役人の誰かとやり取りするだけである。紋章官のうちどの人も、交替で担当役務に就き、役務期間中であればたまたま訪問してきた申請者なら誰に対してでも応対する。その役人がこの申請者は良い人物で、それゆえに紋章を授けられる資格があると考えた場合には、手続きは誠意をもって進められる。

請願書

申請者はまず巧みな用語法で「嘆願書」を、イングランド紋章院総裁であるノーフォーク公閣下へ提出する。彼は紋章院の役人の助言に基づいてその嘆願書に公式に裏書する。その嘆願書には次の文言が含まれる。

「閣下の嘆願書起草者は、紋章が適法な権威を以て確認されるように願っておりますが、紋章規則に従って、以下のような紋章と兜飾(クレスト)とを、それらが彼とその子孫によって身につけられ、使用されるにふさわしいと思われる改変を伴いつつ、授与し付与するという権限をお持ちの総裁閣下の、好意ある保証を願い出る名誉に与かりたく存じます。そして閣下の嘆願者は以下のように祈り……」。申請者は履歴書も提出しなければならない。すべてが整ったのち、申請者が良き人格者であり社会にとって有用であるとみなされた場合には、手続きが先へ進む。手数料が素早く支払われた場合には、手続きは促進されるであろう。とはいえ、申請者が自分の手に特権を入手し得るまでには数年を要するのではあるが。

支払いののち特権が手に入るまでに時間がかかる理由は、紋章院によれば、署名、捺印され登記されるまでに通過すべき諸段階がとても多く、複雑なためであるとされている。それぞれの申請者に割り当てられた（エージェントとして知られている）紋章院の役人は、申請者がある紋章デザインとして受け取るかもしれない様々な意匠を論じ、ふさわしいデザインが最終決定されるまで、そのエージェントは紋章院が所有する紋章のオーディナリーのコレクション、あるいは紋章鑑を点検するよう要求されるのである。それはその予定しているデザインが色つきで表示されても、白黒で表示されても、それが本当に唯一無比の紋章であるかを確認するためである。

申請者は特権に至るまでの諸過程について十分な説明を受ける。そしてもし申請者が自ら（約束を取ったうえで）、紋章院の

▼1992年に故ジョージ・メッサー・オブ・パースに授与された紋章授与特権状。デザインはユニークだが、中世の単純さと明確さを保っている。

第9章　紋章の継続性　245

▲イングランド紋章院から授与された、近年の革新的な紋章デザインの一例。自閉症学生を援助するブライアーズ・コート基金のために、ガーター紋章官頭ピーター・グィン・ジョーンズがスケッチしたもの。ジグソーパズルのピースは自閉症の象徴で、兜飾部分は基金創設者デイム・ステファニー・シャーリーが猫好きであることにちなんでいる。一輪車は子供たちが大好きなスポーツである。

紋章官個人の事務所を訪問することを願った場合には、エージェントの事務所で喜んで迎えられるよう手配される。エージェントはいつも申請者自身の紋章デザインについての要求について、喜んで討論し、そしてひと度同意が得られると、そのエージェントは特権状の上にその紋章を描くよう紋章作画家に製作を依頼する。

紋章をデザインする

誰であれ自分の紋章をデザインしようと思う者なら、紋章デザインとして何が良くて何が良くないかについて、何らかの考えを持つであろう。紋章官、あるいは紋章デザイナーにとっての義務は、相手が個人であれ地方自治体の参事会であれ、彼らのところへ依頼に来る人々を教育することである。紋章有資格者の好みや私見を表す図形を複数取り込むことは簡単であるが、重要なのはその紋章一式（アチーブメント）が同意を得たのち、実際に使用されるときの可能性のあるすべての用途を考慮に入れることである。

盾とか兜飾とかを表示する際に、最もよくある例の1つは、シグネット（小印章）が付いた指輪に見出される。そしてその場合、その紋章が入るスペースに、とても複雑なデザインの図形をはめ込むことが困難である場合もある。特定の方向を指し示す図形は、別の問題を生む。普通なら図形はデクスター（向かって左）の方を向き、印章や小印章にはめ込む場合には、もし捺印した時に正しい向きであるようにするには、これとは逆の向きになる。指す方向を固定しない紋章のほうが望ましい。

デザインする上での教訓

紋章作者、デザイナーであるドイツのアーノルド・ラボウ・オブ・ブランズウィックはしばしば、ニーダーザクセン州にある地域参事会や共同体の参事会のために、新しい紋章をデザインするよう依頼を受ける。彼が紋章のデザインの依頼者にアプローチする仕方は（それが都市当局であれ個人であれ）紋章有資格者と紋章官の双方に経験から得た教訓を伝えることである。

ラボウ氏はまず申請者に面会したいと持ちかけ（普通は都市のあるいは地区の参事会の定例集会の席）そこでその共同体の歴史の詳細について尋ねる。それ以外にも地域特有の慣習、特筆すべき景観、花卉、動物相、興味深い方言のような特に興味を引きそうな点について質問する。集められたそれらの情報について彼が記したノートは何ページにも及ぶことになる。誰もが一言述べたいからである。

それから彼はすでに存在している紋章デザインのうちから3つ提示する。たいていは3枚ともドイツの紋章盾である。1つはラインラント＝プファルツの紋章のように複雑なものである。次に彼は、複数の図形がはめ込まれているが、それほど複雑ではない紋章盾を見せる。最後に単純な紋章盾を見せる。おそらくニーダーザクセンのそれのような紋章で、赤い下地の上に後

▲ラインラント＝プファルツ州の紋章。多くの情報を持つ複雑なデザインであるが、記憶するのは難しい。

▲シュレスヴィヒ＝ホルシュタイン州の紋章盾。さほど複雑なデザインではない。シュレスヴィヒのライオンと、ホルシュタインのイラクサの葉の組み合わせ。

▲ドイツのニーダーザクセン州の紋章。シンプルなので、3つの紋章のうち最も覚えやすい。

ろ脚で立つ 1 頭の白馬の紋章である。ラボウ氏は 3 枚とも片づけてから、評議会員たちにどれを覚えているかを尋ねる。彼らの回答は普通ならニーダーザクセンの紋章になる。

　評議会のその次の集会の際、ラボウ氏の次のステップは、先の集会の際の討論を踏まえて彼がデザインした 3 種の紋章盾を披露することである。最初の紋章案は、はめ込む図形として考えうるすべてのものを含んだデザインである。2 つめの案は最も人気があったいくつかの図形を取り入れたデザインである。そして 3 つめは単純であり、一色、それも金色か銀色で、はめ込み文様は少なめ、時には 1 つだけのデザインである。先の集会の際の教育が効果を表し、申請しようとする人たちは 3 つめを選択する。

　ラボウ氏の着目点がいつも正しいとは限らない。数年前、ヴォルフスブルク近くのある地域共同体から紋章デザインを依頼された時、彼は 1 つの赤いスイレンの図形を入れた紋章盾を提案した。それは彼が複数の理由で、その場所にふさわしいと考えたものであった。しかし、彼がそれを村の長老たちに見せた時、そのデザインは感興と当惑の入り混じった受け取られ方をした。その理由を彼が尋ねると、最後に帰ってきた答えは、そのデザインが、現地のある売春宿の入り口に掛かっている赤いネオンにとてもよく似ているから、というものであった。

然るべきはめ込み図形

　紋章有資格者が訪れるのがどこの紋章局であるにせよ、その人たちは何らかの形式の履歴書の提出を求められる。そこには彼らの趣味、軍務経験、（もしわかるなら）家系図、先祖についての知識、専門職、

▼イングランドの紋章作画家ロバート・ハリソンの紋章。現代で最も偉大な紋章作画家、故ダン・エスコットによって中世様式風に解釈されている。

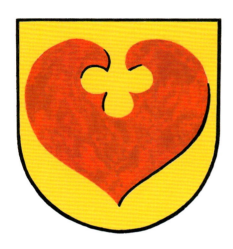

▲この百合の葉の図柄は、ヴォルフスブルク市メルゼ地区用にアーノルド・ラボウがデザインしたものだが、メルゼ地区の評議会は眉をひそめた。

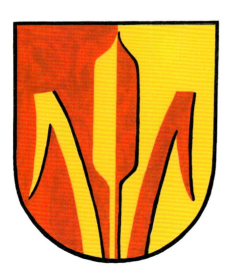

▲完成したメルゼ地区の紋章。「沼地の州」を意味する用語にちなんだデザインになった。

第 9 章　紋章の継続性　247

勇気ある活動、あるいは実際にあることだが、不名誉についても詳細に書くことが求められる。個人的な所有物、それはペットから苗字にまつわる冗談に至るまで（多ければ多いほど良い）それらすべてが、紋章官や紋章作者たちに、その個人の人生や好みの概略を与えるという意味で手助けになる。しかし同時に知識が多すぎることは危険なことでもある。特に紋章に関してはそうである。初期の頃の紋章の原則（紋章は戦場での識別のためであるということ）を記憶しておくのが良い。

驚くべきことだが、今日でもなお、新しい紋章用の単純な幾何学図形のデザインが存在する。そして紋章当局は区域分割の線、紋章区分けの左右上下の入れ替えのようなことにおいて、新しさが現れることを嫌がってはいない。ただしそのデザインが、現存するものと識別可能な程度に異なっている限りにおいてである。ライオン、一角獣、その他の古くからの紋章上の怪物たちも、さらに多様な姿勢や特徴を付け加えられて、独自性のあるものたり得ている。

紋章の中区分けの左右上下の入れ替えの結果、気持ちを新たにするような単純でユニークなデザインにたどり着くことがある。重要なことは中世の条件で思考すること、そしてできるならば紋章の二色素にデザインを絞ることである。1つは基本色、もう1つは金色か銀色。このことは決して新しい図形を締め出すことにはならない。しかしボイラーの煙突とかコンピュータの集積回路が、紋章にふさわしい形で取り込まれて良いものかどうか。どの図形であれ世俗人にも理解可能であるべきで、紋章用の正式な形と色で容易く解釈可能であるべきである。もしそのはめ込み図形が動物ならば、それを紋章化したものも理屈に合っていなければならない。それ自体の足や爪にあたるものを備えていることもあり得るが、鍵とか星といった他の図形を首とか翼に着けるように変えることはあり得ない。

紋章は盾の上に留まるものではない。兜飾は円筒状にデザインされている必要がある。イングランドの紋章官はそう教えられている。とはいえ——いくつかの近代の兜飾は、「紙の紋章」のようなものに見えて——それらが兜の実物の上に付けて被られることはないのであるが。実際の兜飾はヘルムシャウ（「兜の飾り」）の中世の諸場面に描かれているように、特にルネ王のトーナメントの書に見られるように、想像力の産物であり、ちょうど標準的な紋章の図柄にあるように側面からではなく、後ろからも前からも見られるようにデザインされていた。

完全な紋章当局を備えた国家では、紋章官は紋章院でデザインする際に紋章有資格者の道案内をする。紋章官と申請者との間の意思疎通は、まさに新しく紋章を創ろうとする作業に関与する喜びの1つである。すべての過程がなし終えられると、文字通りそれは素晴らしい紋章一式と呼ばれ得るものとなり、紋章有資格者自身のみならず、その子孫、何世紀も過去に遡る伝統の一部としての子孫にとってもそうである。

紋章作画家を選ぶ

もしあなたがその国固有の紋章当局を持つ国に住んでいるなら、あなたは多様な種類の紋章作画家と職人とを使い得る紋章官を通じて、独自の紋章を授与されるであろう。紋章官はあなた自身で関係者と連絡を取るよう告げるか、あるいはあなたに代わって、仕事のすべてを差配するサービスもあると伝えるであろう。紋章特権を得ることができるようにイングランドの紋章官は、紋章院の紋章作画家のうち1人を、彩色の仕事を実行するように選ぶであろう。これらの作画家たちは紋章院の最上階の天井裏部屋に自身の工房を持っており、それは何段にも及ぶ階段を上った先にある。紋章作成に携わる多くの有名な人々も、彩色者と同じように、紋章院の窮屈な天井裏部屋にそれぞれの工房を持つ。一旦任命されると、彼らは何年も仕事に打ち込む。何人かはその仕事場で亡くなった。そのことが理由で、この敬意を払うべき古い部屋にあえて入ろうとするものは少ないほどである（エレベータは無い）。

紋章作画家はしばしばそれほど有名なので、仕事をため込むこともあり、その結果、紋章官は院外の紋章作画家へ仕事を請負に出すかもしれない。その院外紋章作画家が

◀コーンウォールの紋章作画家ダン・エンディーン・アイヴァルの紋章。アイヴァル独自のケルト様式で彩色されている。

▲オランダ人画家ダニエル・デ・ブルーインによる蔵書票。菱形紋がシュールレアリスムの様式で表現されている。

その仕事をこなしうる能力者だと認めた場合にである。もし申請者が特定の作画家を好む場合には、最初にそちらを選択すると明言する必要がある。彼らはそうするに足る能力を完全に備えている。

新しく紋章を申請する、あるいは直近の先祖から、再発見された紋章を継承する喜びの１つは、あなた自身の紋章が作られる方法を、自分自身で選び得るということである。もしあなたが紋章当局の存在しない国に住んでいる場合には、直接作画者と交渉する以外の選択肢はない。

紋章芸術協会

イングランドの紋章作画家にとっての才能を見せる機会としての組織は、イングランドのライギットに本部を置く紋章芸術協会である。その同業会員となるには、十分に仕事をこなしうる特別に高い職業能力を持ち、ステンドグラス作者から蔵書票作者に至るまでの、幅広い守備範囲を期待されている。彼らは様々な媒体で実際に実力を示しているだけではなく、大いに異なる様式を備えている。例えばオランダの芸術家ダニエル・デ・ブルーインのグラフィック様式とか、アンソニー・ウッドやアンドリュー・ジェイミソンのような中世主義から、デニス・アイヴァルのようなケルト式渦巻に至るまで、その様式は多様である。加入申請者は、会員が製作した作品のリストと作品見本を載せている会員の登録簿を受け取り、自ら直接連絡をとることができる。

紋章の様式

特権状に記された紋章の画像は、それが表現され得る唯一の方法というわけでは決してない。紋章はいつも解釈し直し可能であり、１つの紋章が異なる作画家によって再度作画され直すことは、刺激的で楽しい経験であろう。

どの作画家も同じ方法で絵をかくとは限らない。イングランド紋章院のお家芸様式は、スコットランド紋章院のそれとは、はっきり異なっている。イギリスの個々の作画者の様式でさえとても多様であり、しばしばすぐに識別できる。他方、オランダの作画家やカナダの作画家の手による蔵書票は、鮮やかに互いに異なっている。ロシア、スウェーデン、ジンバブエのように離れた地の作画家は、個人的な依頼を満たすことに熱心で、それぞれが異なった紋章解釈を生み出している。

紋章がどのような目的で使われるかによって、授与される方法も様々である。授与状の作画を写し取っただけであるのなら、その紋章を作画した者の創造的技量に関して然るべき判断をし損なったことになろう。そしてそれは状況が違っていれば、こんなはずではなかった、という結果に至ることもあり得る。壁に掛ける彩色された大きな作画として使われるなら、それに付け加えられるべき多くの細かい余地が生じてしまうこともあるだろうし、他方小さな蔵書票として使用される場合には、それを考慮して全く異なって作画されていたであろう。彫刻家用なら彫刻しやすいデザインを描いておきたいであろう。他方、便箋のための単色刷りの挿絵なら、線がはっきりしており、縮尺の小さな印刷状態となることを心においで作画されるであろう。

非常に多くの紋章盾の形が、過去850年間にわたって用いられてきた。そしてそれぞれが紋章に対して異なる雰囲気を与えてきた。紋章の文様や兜飾も可能な限りの多様なデザインを示してきた。それらはいずれも紋章学的には規則通りであるが、しかしそれでも、それぞれは多様で、しばしば独創的である。

▼イングランドの紋章作画家スティーヴン・フライアーの蔵書票。現代の紋章作画家アンドリュー・ジェイミソンの才能の多彩さを示している。

第９章　紋章の継続性　249

訳者あとがき

　13世紀イングランドの年代記作者マシュー・パリスが、その著書『大年代記』において、国王ヘンリ3世の忠臣たちの紋章を絵入りで紹介していることはつとに知られている。また、ヘンリの父ジョンが「マグナ・カルタ」において、軍役代納金の徴収にあたって王国の共通の同意を取り付けることを約束したこともよく知られている。軍役代納金の別名は盾金であり、盾を単位として一定額が課された。ここでいう盾とは実物の盾ではなく、エスカチョンすなわち紋章としての盾を意味している。

　時代は飛んで、15世紀イングランド北部リッチモンドの騎士封や城砦警護者のリストや、各警護者の城砦の持ち場を示す配置図には「美しい紋章」が描かれている（アンソニー・ポラード「イングランドにおける後期封建制」笠谷和比古編『公家と武家の比較文明史』思文閣出版、2005年、385頁）。紋章は家系を示すだけでなく、当時の社会を知る重要な手がかりの1つでもある。

　歴史家にとっての史料である紋章はしかし、それ以外の多くの人々にとって知的興味の対象であり、同時に自己の系譜や社会的地位を知るための有効な手がかりでもある。欧米の書店には紋章（学）のコーナーがあることは常識であるし、日本でも紋章関係の書物が多数上梓されてきた。

　本書はそれらのなかでも網羅性の点では群を抜いている。紋章の成り立ちや独特な紋章学用語の解説はもとより、各時代、各地域の特徴的な紋章を多数収録している。また、紋章そのものだけでなく、紋章が実際にどのように使われていたかがわかる図版資料も豊富である。紋章入りの武具を身につけた中世の騎士にまつわるエピソードも興味をひくものであろう。

　翻訳に際しては既刊翻訳書も参照したが、紋章関係の用語は、日本の読者にその意味や図柄の特徴が伝わるようになるべく漢字の訳語をあてた。たとえば盾に配置される「へ」の字形のシェブロンと呼ばれる図形は「山形帯」とし、盾を縁取る図形の1つであるボーデュアは「外縁紋」としてカタカナのルビを振った（同様に、盾の内側を縁取るトレッシャーは「内縁紋」とした）。また、家長の紋章と長男以下の紋章を識別するための標章であるレイブルは、その形が馬の胸に付けられる飾りに似ていることから「胸懸紋」としている。訳語として熟していないものもあるが、いずれも日本語としてのイメージのしやすさを考慮したものである。趣旨を汲みとっていただければ幸いである。

　本書の訳出にあたっては、わが国では数少ない紋章学専門研究者である岡崎敦氏に主要部分の訳をご担当いただき、英仏独をはじめ、アイルランド、スコットランド、王侯貴族家系、女性史、法制史の専門家には、それぞれにふさわしい箇所の訳をお願いした。なお、原書の翻訳だけでは日本の読者に意味が伝わりにくい箇所には［　］を付し、適宜訳文を補っている。

　本書が専門研究者と紋章に興味を持つすべての人々に、役立つ書となることを期待している。

2019年8月20日

監訳者　朝治啓三

用語集

※五十音順

アーミン紋：毛皮模様の一種で、白い毛皮に黒い（尻尾を用いた）図柄を配したもの。オコジョの冬毛。アーミン紋を基本として、アーミンズ紋、アーミノワ紋、アーミンテス紋などがある。

合わせ紋（インペイルメント）　1枚の盾に2つの紋章を横並びにして統合すること。

インプレーザ　個人を表す副紋章の一種。標語が書き込まれている。

ヴェア紋　紋章に使われる毛皮模様の1つで、青色と白色の模様。

上帯（チーフ）　盾の上部3分の1の部分、またはその帯。

円形紋（ラウンデル）　円形の図柄。イングランドでは色ごとに名称がある。銀円紋（プレート）、金円紋（ベザント）、赤円紋（トゥルト）、青円紋（ハート）、黒円紋（ペレット）、緑円紋（ポム）、紫円紋（ガーブ）。

オーディナリー　①盾において基本となる幾何学図形。②紋章が図柄ごとに分類された紋章鑑。

カーバンクル　盾の中央部に配される車輪のような形の図柄。

外縁紋（ボーデュア）　盾の端部に配置される縁取り。

カウンターチェンジング　2色で分割された紋地の片方に、他方の色を付けた図柄を配する方法。

加増紋（オーグメンテイション）　紋章に新たな紋を追加すること、または追加された紋のこと。加増紋を贈る者の謝意を表す。

忌中紋章（ハッチメント）　紋章所有者の逝去を示す菱形の飾り板。

基本色（カラー）　紋章色の1つ。赤色（ギュールズ）、青色（アジュール）、黒色（セイブル）、緑色（ヴァート）、紫色（パーピュア）。

逆斜帯（ベンドシニスター）　盾に配される斜線。向かって右上から左下に伸びる。庶子であることを示すために使われることが多い。

金属色（メタル）　紋章色の1つ。金色（オーア）と銀色（アージェント）がある。

クォーター　①盾の向かって左側上部の一角を占めるサブ・オーディナリー。②紋地分割。盾を複数に分割すること（四分割とは限らない）。分割された紋地には異なる紋章が入っている。

組み合わせ文字（サイファ）　紋章所有者の頭文字や標語などを図案化したもの。

軍旗（スタンダード）　国章を帯びた仕着せ色の長い旗で、端がすぼまっている。通常は指揮官のテントに立てられる。

毛皮模様（ファー）　動物の毛皮を表す紋章色の1つ。

三角紋（ジャイロン）　楔形の図柄。

仕着せ（リヴァリー）　君主の家来が着用する紋章付き制服。

姿態（アティチュード）　紋章中の動物や人間の体勢や姿勢。

シニスター　盾を持つ者から見て左側（向かって右側）を表す言葉。

斜帯（ベンド）　盾に配される斜線。左上から右下に伸びる。

小盾形紋（インエスカチョン）　盾の中央に配される小さな盾形紋。

小長方形紋柄（ビレッティ）　長方形の図柄がちりばめられた紋柄。

水泉紋（ファウンテン）　円形紋の一種で、青色と白色の波模様が入っている。

星紋（マレット）　通常、5つの先端がある星をさす。

蹲踞姿（シージェント）　（動物が）向かって左側を向いて、背を伸ばして座っている姿態。

台座（コンパートメント）　盾持の足場であり、盾と標語の土台。

縦帯（ペイル）　盾を垂直に二分割する帯。

盾形紋（エスカチョン）　盾の中央部に配される小さな盾形の図柄。

盾持（サポーター）　盾を左右から支える人物または動物。

長方形紋（ビレット）　長方形の図柄。

続柄標章（ケイデンシー）　家長とその子供たちの紋章を区別するために付けられる標章。ブリズールとも呼ばれる。

デクスター　盾を持つ者から見て右側（向かって左側）。

天然色（プロパー）　紋章の基本色、金属色、毛皮模様以外の色。

兜飾（クレスト）　兜の上に冠される立体的な飾り。

トリッキング　紋章説明を簡略的に記述する方法。

内縁紋（トレッシャー）　盾の内側を縁取る帯。帯の幅は小縁紋より狭いが、二重帯の形で用いられることが多い。

斜十字紋（サルタイア）　盾全体に斜め十字形に配される図柄。

二分割統合（ディミディエイション）　紋章を分割統合する方法の1つ。2つの紋章それぞれを二分割して組み合わせる。

花輪、飾り房（リース、トーズ）　兜と兜飾の間に付けられる装飾。

アイロン型盾　アイロンの形をした盾。紋章でよく使われる。

菱形筋交紋（フレッティ）　菱形紋と細斜帯、逆細斜帯の組み合わせ。

菱形中抜紋（マスクル）　菱形紋の中をくり抜いたもの。

菱形丸抜紋（ラッシャー）　中心部が丸く切り抜かれた菱形紋。

菱形紋（ロズンジ）　①菱形の図柄。②女性の紋章であることを示すために用いられる図柄。

副紋章（バッジ）　紋章所有者個人に帰属する図柄。

不浄色（ステイン）　紋章ではふつう基本色としては用いられない。

部隊旗（ガイドン）　戦闘時に旗印として用いられる長い旗。

不名誉の標（アバテメント）　不祥事があったことを示す図柄。

三角旗（ペノン）　個人の旗。端部は丸いか、二股に分かれている。

方形旗（バナー）　正方形または長方形の旗。紋章が描かれている。

方形紋（カントン）　盾の右肩または左肩部分に配される正方形の図柄。盾の4分の1に満たない。

細斜帯（ベンドレット）　細い斜帯。

細菱形紋（フュージル）　菱形紋を引き延ばしたような形の図柄。

細山形帯（シェブロネル）　山形帯の帯幅が狭いもの。

胸懸紋（セミ）　盾に配される識別章。通常は家督を相続する男子の紋章に加えられる。

紋柄（セミー）　小さな図柄が一面にちりばめられている状態。

紋章一式（アチーブメント）　紋章の全要素が揃った表現形式。

紋章鑑（アーモリアル）　各種紋章を掲載した巻物または書籍。通常は、紋章所有者名のアルファベット順に配列されているが、図柄ごとに分類されたものもある。

紋章官服（タバード）　着丈の短いチュニック。紋章官の制服。

紋章色（ティンクチャー）　紋章で用いられる基本色、ステイン、金属色、毛皮柄の総称。

紋章説明（ブレイズン）　紋章の図柄の色や配置を説明する文。

紋章統合（マーシャル）　2つまたはそれ以上の紋章を1枚の盾（紋章）に統合すること。

紋地（フィールド）　紋章色が配された盾の地。

山形帯（シェブロン）　盾の中に配される逆V字型の図形。

百合紋（フルール・ド・リス）　百合の図柄。

様態（アトリビュート）　紋章中の動物や人間が何らかの特徴を有している状態（歯や鉤爪がある、舌があるなど）。

横帯（バー）　水平方向の縞模様。

四つ葉紋（カトルフォイル）　4枚の花弁（葉）を持つ植物の図柄。クローバーの葉に似ている。

両円弧紋（フランチェス）　盾の両側面に配される円弧形の図柄。

矮斜帯（バチュア）　盾に配される細い帯。両端は盾の端に至らない。

索引

あ行

アーサー王　18, 24, 109, 146
アージェント（銀色）　72
アーミン紋　73, 144
アイルランド紋章局　194
アイロン型盾　55, 56
アザミ騎士団　149, 185
アザンクールの戦い（1415年）　33
アスローン紋章官補　193, 194
アメリカ紋章院　223
アルスター紋章官頭　193-195
合わせ紋（インペイルメント）　114-116, 147
一角獣（ユニコーン）　93, 179, 216
一騎打ち競技（トーナメント）　9, 23-25, 55, 56
医療機関の紋章　178
イングランド紋章院　39, 238
　　——総裁　38, 40, 159, 245
印章　12, 43, 58, 64, 125, 156
インプレーザ　28, 31
ヴァート（緑色）　72
ヴィクトリア女王　27, 145
ヴィスコンティ家　31, 59, 60, 103-105
ウィリアム1世（征服王）　12, 15, 71
ウィリアム長槍伯　13
ウィンザー紋章官　39
ヴェア紋　73
ウェールズ大公　190
ウェールズ臨時紋章官　39
上帯（チーフ）　199
栄誉旗（ペンシル・オブ・オナー）　46
エドワード3世　28, 146, 159
エドワード黒太子（ウェールズ大公）　131, 461, 907
MI6（英秘密情報部）　171
MI5（英情報保安部）　171
エリザベス1世　88, 103
エリザベス2世　53, 149
円形紋（ラウンデル）　79, 81
円卓の騎士　24, 146
王冠（クラウン）　53, 62, 63, 136
王家の紋章　136-139, 157, 197, 221
王室射手団（スコットランド）　185
王立ヴィクトリア騎士団　147
オーア（金色）　72
オーディナリー　76, 82
オーディナリーズ（紋章鑑）　36
オックスフォード大学　176
オナー・ポイント（盾の部位）　82
オニール家　192-194, 235
オノレ・ボネ　6, 43
オリフラム（フランス軍旗）　32, 33
オルレアン家　137
女相続人　116, 120

か行

ガーター騎士団　38, 106, 127, 146-149, 158
ガーター勲章　146
ガーター紋章官頭　38, 39, 45, 102, 141, 142, 158
ガーダント（姿態）　85
カーバンクル（図柄）　15, 55
カール5世　44
カール大帝　12
外縁紋（ボーデュア）　78, 122, 123
カウンターチェンジング　80, 81
家系図　42, 43, 111, 188
飾り房（トース）　52, 53, 59
飾り環（サークレット）　146, 186
加増紋（オーグメンテイション）　59, 102-105, 214, 215
家畜（図柄）　87
甲冑　18
甲冑職人　18, 19, 21, 55
カナダ紋章局　67, 120, 230, 231
寡夫・寡婦　49
兜　20, 52, 53, 62, 63
ガマ、ヴァスコ・ダ　103
カルロス1世　206
カンティング　98
騎士団　53, 107
　　各騎士団も見よ
騎士道　16, 17, 36, 107, 146, 152, 204
　　——規則　17
　　——法廷　43
騎士の武装　18, 19, 21
貴族院　38, 140, 161
貴族の階級　140
忌中紋章（ハッチメント）　46, 48, 49, 115, 151
基本色（カラー）　72, 74, 86
逆斜帯（シニスター）　76, 122
逆細斜帯（ベンドレット・シニスター）　79
逆矮斜帯（バトン・シニスター）　122
キャリック紋章官　184
ギュールズ（赤色）　72
教皇　16, 22, 25, 56, 150-152, 177, 200-202
ギルド　180, 181
儀礼用兜　62
銀円紋（プレート）　125
金円紋（ベザント）　79
金属色（メタル）　72, 74, 81
吟遊詩人　16, 17, 37
金羊毛騎士団　37, 148, 149
金欄平野の会見（1520年）　26
杭形帯（パイル）　76
クーシャント（姿態）　85
鎖帷子　18-20
具象図形（チャージ）　12, 214
組み合わせ文字（サイファー）　46, 160
クラレンス紋章官頭　38, 39, 41
クラン制度　186
グリフォン　65, 92, 93, 216

さ行

クレア家　188, 190
黒円紋（オーグリス）　96
軍旗（スタンダード）　31-34, 44, 187, 195, 241
軍旗の記章・紋章　162-169
KGB（ソ連国家保安委員会）　171
頸飾（カラー）　30, 53, 148, 149
毛皮模様（ファー）　73
結婚　45, 49, 110, 112-119
ケンタウロス　92
ケンブリッジ大学　176
権利譲渡書　128, 130, 131
公爵　140-143
侯爵　140-143
コーズ・オブ・クイーンズ・メッセンジャーズ　175
国章　156
黒杖官　158
刻銘（インスクリプション）　69
言葉あそび　98
コムネナ、アンナ　12
コロネル（トーナメント用槍）　24, 25
コロンブス、クリストファー　103
コンパタント（姿態）　85

サーコート　19, 51
サヴォイア家　201
魚（図柄）　90
サブオーディナリー　78, 82
サマセット紋章官　39
サラディン　17
サラマンダー　28
サリー紋章官補　39
三角旗（ペノン）　32, 33
三角紋（ジャイロン）　78, 79
CIA（米中央情報局）　171, 172
シージャント（姿態）　85
ジェームズ1世　44, 145
鹿（図柄）　6, 87
仕着せ（リヴァリー）　28-30, 162
識別標章（ディファレンス・マーク）　120, 121
死後紋章（アトリビューテッド・アームズ）　108
子爵　140-143
侍従　173-175
市章　156
滴紋（ドロップレット）　79
姿態（アティチュード）　84
自動車（図柄）　95
シニスター　51, 82
　　逆斜帯も見よ
爵位の売買　145
斜帯（ベンド）　12, 76
シャルルマーニュ　108
宗教騎士団　152, 153
十字軍　17, 18, 60, 61, 110, 152
十字帯（クロス）　76
十字紋（クロス）　76, 77
修道院　151
修道士　64

守護聖人　156
シュタージ（東ドイツ国家安全省）　171
ジュポン　19
准男爵　145
小縁紋（オール）　78
小盾形紋（インエスカチョン）　78
小長方形紋柄（ビレッティ）　78
小百合紋柄（セミー・ド・リス）　79, 91
ジョージ3世　211
職杖　174
植物（図柄）　90
職務標章　171, 180
庶子　122, 123
女性の紋章　112, 113
ジョフロワ4世（アンジュー伯）　13, 58, 84
神聖ローマ帝国　65, 208, 209, 211
身体（図柄）　88
陣羽織（タバード）　19
スイスの紋章　137, 156
水泉紋（ファウンテン）　79
スコットランド紋章院　120, 184
　　——書記官　184
　　——長官　184, 186
ステイン（不浄色）　72, 107
ステータント（姿態）　85
ステンドグラス　10, 19, 30, 12, 150, 195, 240, 241
スノードゥーン紋章官　184
スポーツ（図柄）　95
スレインズ紋章官補　184
青円紋（ハート）　79
聖ジョージの十字架　33
セイブル（黒色）　72
聖マイケル・聖ジョージ騎士団　147
星紋（マレット）　195
聖ヨハネ騎士団　32, 152
聖ラザルス騎士団　152
セイリャント（姿態）　85
セイレーン　93
赤円紋（トゥルト）　79
世襲貴族　140
セラフィム騎士団　149, 173, 225
船首像　166
選帝侯　208
象（図柄）　87
象騎士団　149, 225
葬儀装飾　44-49, 224
葬儀用甲冑　47
蔵書票　188
双頭の鷲　64, 162, 217, 241
大釜（図柄）　207
戴冠式　27, 38, 63, 136, 143
台座（コンパートメント）　53, 66, 67, 209
楕円紋（オーヴァル）　113
凧型盾　55

た行

盾　52, 54-57

──の区画 82,116
──の構造 54
──の部位 82
──の分割（パーティション） 74,75
縦帯（ペイル） 76
盾形の種類 57
盾形紋（エスカチョン）
78,115,117,121,139,190,209
見せかけの── 116,144,147
竪琴（図柄） 195
盾持（サポーター） 24,53
64-67,102,137,144,156
179,207,209,215,230
ダネンブラグ騎士団 225
ダルク、ジャンヌ 103
タルボット、ジョン 37
垂袖紋（マーンチ） 238
男爵 140-143
ダンジュー、ルネ（レナート１世）
14,40
チーフ（盾の部位） 82
チェスター紋章官 39
チャールズ２世 102
中世の戦争 14,15
チュニック 18,20
長方形紋（ビレット） 78
続柄標章（ケイデンシー） 120
121,195
妻の紋章 49,114,115
ディングウォール紋章官補 46,184
デクスター 51,82
斜帯も見よ
鉄道（図柄） 93
天蓋、天幕（パビリオン） 53
天使（図柄） 64
テンプル騎士団 32,152
ドイツ騎士団 55,153,165,213
胴着（ダブレット） 20
兜飾（クレスト） 14,20,33,43,49
52,58-61,102,111-113,123,185
241
トーナメント（馬上槍試合）
6,9,13,14,17,21-27,36,197
──の女王 17,25
──用の盾 55,56
特権状 128-130
虎（図柄） 86
ドラゴン 65,92
鳥（図柄） 90
トリッキング 73
ドレイク、フランシス 102,103

な行

内縁紋（トレッシャー） 78
ナチスの紋章 212
斜十字帯（サルタイア） 76,123
斜十字紋（サルタイア） 55
ナポレオン 197-199
二分割統合（ディミディエイション）
214
日本の紋 232,233
ネイバル・ナイツ・オブ・ウィンザー

159
ノーフォーク公 39,142,173
ノルマン・コンクエスト 15
ノルマン騎士 12,37
ノロイ・アルスター紋章官頭
38,39,145,195
ノンブリル・ポイント（盾の部位）
82

は行

バース騎士団 147
バーネットの戦い（1471年） 29
パーピュア（紫色） 72
バイユーのタペストリー 12
パヴィアの戦い（1528年） 88
ハウェル善良王 189
伯爵 140-143
白鳥の騎士 24
白頭鷲 66
バシネット（兜） 20
パッサント（姿態） 84,85
ハッチング 73
パッツィ家 200
パドゥア大学 177
馬頭型盾 57,200,202
バトラー家 192
花（図柄） 91
バナレット騎士 15,32,33
花輪（リース） 52,53,59,61
ハプスブルク家 138,149,162,
208,210
葉紋（フォイル） 91
薔薇戦争（1455-85年） 28
ハワード紋章官補 39
ハンガーフォード家 124-127
板金鎧（プレートアーマー）
18-20,54
ビーズメン 159
ビーバー（図柄） 86
飛行機（図柄） 93,94
ピザン、クリスティーヌ・ド
16,43
菱形紋（ロズンジ） 41,49,57,78
116,121,136,144,186
秘密情報機関 170
豹（図柄） 68,85,92,139
標語（モットー） 52,53,68,69
ピョートル１世（大帝） 214
フェス（盾の部位） 82
フェリペ２世 23
吹き流し（ゴンファロン） 33
副紋章（バッジ）18,28-31,33,36,
52,53,128,159
梟（図柄） 90
不死鳥（フェニックス） 93
部隊旗（ガイドン） 44
二股帯（ポール、ペアル） 76
船（図柄） 97,102
不名誉の標（アバテメント）106,107
フランソワ１世 19,24,28,88
プランタジネット家 28,91,240
フリードリヒ３世 104,211
フリーメイソン 181

ブリサ 204
ブリジュア 137
ブルーマントル紋章官補 39,222
ブルゴーニュ公 122,148,149
ブルボン家 137
分割線（パーティション） 80
ベース（盾の部位） 82
ヘースティングズの戦い（1066
年） 12,15,32,54
ヘンリ１世 12,13,84
ヘンリ３世 190
ヘンリ４世 28,136
ヘンリ７世 146,147
ヘンリ８世 19,24,29,91,102,139
宝冠（コロネット） 33,52,53,62
63,136,142,143,186,201
方形旗（バナー）
15,30,32,36,44,52,115
方形紋（カントン）
78,102,137,199,204
帽章（コケイド） 163
ホーエンツォレルン家 138
ポートクリス紋章官補 39
ボーフォート家 122,123
ボーモン紋章官補 39
ポゴニア 104
墓石 48,189
細斜帯（ベンドレット） 79
細十字帯（フィレット・クロス） 76
細縦帯（パレット） 76,123
細斜十字帯（フィレット・サルタ
イア） 76
細菱形紋（フュージル） 78
細横帯（バルレット） 76
北極星騎士団 225
ポット型兜 20
ボナコン 93

ま行

マーシャル 173
マーシャル、ウィリアム 25,26,72
マーチモント紋章官 184
マートレット（メルレッテン）
41,90
マトラヴァー紋章官補 39
マルタ騎士団 152,153
マント 52,53,61,197
ミリタリー・ナイツ・オブ・ウィンザー
159
胸懸紋（レイブル） 121,136,137
142,185,195,250
名誉貴族 142
メーガン妃 142
メディチ家 23,104,200
メンドーサ家 206
紋柄（セミー） 79
紋章
──の起源 12,13
──の構成要素 51-69
──の動物 84-87
──の特権 124
紋章一式（アチーブメント）
44,52,53,144,164,196,209

紋章官
24,35-49,106,160,184,204
──の規則 43
──の仕事 36,37,45,128
244,245,248
──の役職 38,39
──の由来 36
紋章鑑 13,36,205
紋章官頭（キング・オブ・アームズ）
39-41,106,128
紋章官服（タバード） 40,41
紋章官補（パーシヴァント）
37,39-41,184,204
紋章基調色（リヴァリー・カラー）
33,52,187
紋章色（ティンクチャー） 72,82
紋章説明（ブレイズンリー、ブレ
イズン） 74,7682,83,231
紋章陳列棚（栄誉の陳列棚） 48
紋章統合（マーシャリング） 114
紋地（フィールド） 72-74,82
紋地分割（クォータリング）
102,116-119,138

や行

山形帯（シェブロン） 12,76
有爵婦人 140,143-145
ユニコーン紋章官 184
百合紋（フルール・ド・リス）
91,104,164,197
ヨーク家 28,91
ヨーク紋章官 39,223
ヨーマン・オブ・ザ・ガード
159-161
横帯（フェス） 76

ら・わ行

ライオン 84,85,139
ランカスター家 28,91
ランカスター紋章官 39
乱闘（トーナメントにおける）
14,23,25
ランパント（姿態） 84,85
リチャード１世（獅子心王） 17,18
リチャード２世 28,30
リチャード３世 15,36,39,166
リッチモンド紋章官 39
リュイ、ラモン 16
リュスコニ家 31
両円弧紋（フランチェス） 78
ルージュ・クロワ紋章官補 39
ルージュ・ドラゴン紋章官補 39
ルネサンス 63
ロイド・ジョージ 145
ローブ 142,143,197
ロココ様式 56,57,66
ロスシ紋章官 184
ロベール２世（敬虔王） 91
ワイバーン（飛竜） 32,65,92
鷲（図柄） 90

BIBLIOGRAPHY AND ACKNOWLEDGEMENTS

Barber, Richard and Barker, Juliet *Tournaments: Jousts, Chivalry and Regents in the Middle Ages* (Boydell Press, Woodbridge, 1989)

Bascape, G.C. and Del Piazzo, M. *Insegne e simboli* (Ministero per i beni culturali e ambientali, Rome, 1983)

Bedingfield, Henry and Gwynn-Jones, Peter *Heraldry* (Magna Books, Leicester, 1993)

Campbell, Una *Robes of the Realm, 300 years of Ceremonial Dress* (Michael O'Mara, London, 1989)

Carek, Jiri Mestské *Znaky v Cesk'ych Zemich* (Academia, Prague, 1985)

Casas, R. D. *Arte y Etiqueta do los Reyes Catolicos* (Editorial Alpuerto, Madrid, 1993)

Cascante, Ignacio Vincente *Heraldica General y Fuestes de las Armas de Espana* (Barcelona, 1956)

Ceballos-Escalera y Gila de, *A Heraldos y Reyas de Armas en la Corte de España* (Prensa y Ediciones Iberoamericanas, Madrid, 1993)

Collectible Stamps of the Arms of German Districts and Towns (Kaffee Hag, 1900–1930s)

Corswant-Naumburg, Inga von Huvudbaner och anvapen under stormaktstiden (Ödin, Stockholm, 1999)

Coss, Peter *The Knight in Medieval England 1000-1400* (Alan Sutton Ltd, 1993)

Crouch, David William Marshal (Longman, Harlow, 1990)

Csáky, Imre A Magyar királyság vármegyéinek címerei a XVIII–XIX (Corvina, Budapest, 1995)

D'Acosta, Lino Chaparro *Heraldica de los Apellidos Canarios* (Estudios Tecnicos del Blason, 1979)

De-la-Noy, Michael *The Honours System* (Allison & Busby, London, 1985)

Dennis, Mark D. *Scottish Heralds: An Invitation* (Heraldry Society of Scotland, 1999)

Dower, John W. and Kawamoto, Kiyoshi *The Elements of Japanese Design* (Walker/Weatherhill, New York, 1971, revised 1979)

Foppoli, Marco Gli stemmi dei comuni di Valtellina e Valchiavenna (Alpinia Editrice, 1999)

Foss, Michael *Chivalry* (Michael Joseph, London, 1975)

Friar, Stephen *A New Dictionary of Heraldry* (Alphabooks, Sherborne, 1987)

Friar, Stephen and Ferguson, John, *Basic Heraldry* (Herbert Press, London, [1993])

Gittings, Clare *Death, Burial and the Individual in Early Modern England* (Croom Helm, London, 1984)

Given-Wilson, Chris and Curteis, Alice *The Royal Bastards of Medieval England* (Routledge & Kegan Paul, London, 1984)

Godlo i Barwa Polski Samorzadowej (Instytut Wzornictwa Przemyslowego, 1998)

Gonzalez-Doria, Fernando *Diccionario Heraldico y Nobiliaria de los Reinos de España* (Bitacora, Madrid, 1987)

Guerra y Villegas, J. A. de Discurso Histórico Politico Sobre el Origen y Preheminencias de el Oficio de Heraldos, Reyes de Armas, Feciales

y Caduceadores (Mateo de Llanos y Guzmán, Madrid, 1693)

Heim, Bruno *Heraldry in the Catholic Church* (Van Duren, Gerrards Cross, 1978, revised 1981)

Hildebrandt, Adolf M. Wappenfibel, *Handbuch der Heraldik* (Degener, Berlin, 1967)

Hopkins, Andrea *Knights* (Collins & Brown, London, 1990)

Hupp, Otto *Deutscher Wappenkalender* (1900s–1930s)

Innes of Learney, Sir Thomas *Scots Heraldry* (Oliver & Boyd, Edinburgh, 1934, revised 1956)

Janácek, Josef and Louda, Jiri Ceské erby (Albatros, Prague, 1974, revised 1988)

Kissane, Noel, ed. *Treasures from the National Library of Ireland* (Boyne Valley Honey Co, 1994)

Laars, T. van der Wapens, *Vlaggen en Zegels van Nederland* (van Campen, Amsterdam, 1913)

Leaf, William and Purcell, Sally *Heraldic Symbols: Islamic Insignia and Western Heraldry* (Victoria & Albert Museum, London, 1986)

Litten, Julian *The English Way of Death: the Common Funeral since 1450* (Robert Hale, 1991)

Mandich, Donald R. and Placek, Joseph A. *Russian Heraldry and Nobility* (Dramco Publishers, Florida, 1991)

NAF Veibok 2001 (NAF, Oslo, 2001)

Niesobski, Mariusz *Popularny herbaz rodzin i radów polskich* (Tychy, Kadem, [1991])

Nordenvall, Per Kungliga *Serafimerorden* (*Armorial Plaques of the Knights of the Seraphim*), 1748–

1998 (Swedish Royal Orders, Stockholm, 1998)

Nyulásziné Straub, Eva Öt évszázad címerei a Magyar Országos Levéltár címereslevelein (Budapest, Corvina, 1987)

Pastoureau, Michel *Heraldry: An Introduction to a Noble Tradition* (Abrams, New York, 1997)

Pinches, J. H. *European Nobility and Heraldry* (Heraldry Today, Ramsbury, 1994)

Platts, Beryl *Origins of Heraldry* (Procter Press, London, 1980)

Rietstap, J. B. *Armorial General*. Originally published in the 19th century, reprinted several times since, and can be obtained through the services of Heraldry Today, Ramsbury, England.

Rothero, Christopher *Medieval Military Dress, 1066–1500* (Blandford Press, Poole, 1983)

Scheffer, C.G.U. Svensk vapenbok för landskap, län och städer (Generalstabens litografiska anstalt, Stockholm, 1967)

Uden, Grant *A Dictionary of Chivalry* (Harmondsworth, Kestrel, 1977)

Urquhart, R.M. *Scottish Burgh and County Heraldry* (Heraldry Today, Ramsbury, 1973)

Urquhart, R.M. *Scottish Civic Heraldry* (Heraldry Today, Ramsbury, 1979)

Woodcock, Thomas and Robinson, John Martin *The Oxford Guide to Heraldry* (Oxford, OUP, 1988)

Zieber, Eugene *Heraldry in America, 1895* (New York, Greenwhich House, 1984)

AUTHOR'S ACKNOWLEDGEMENTS

For making this book possible and for the hospitality always shown to me, Steve and Kate Friar. For the inspiration to follow the project through, Arnold Rabbow of Braunschweig. To Arnaud Bunel, Sebastian Nelson and Peter Taylor for help with parts of the text. Thanks to William and Mrs Sybil O'Neill for the kindness in allowing me

at all times to make use of Terry's library. Joan Robertson, Karen and John Say, and Margaret Smith for their companionship in the many hours I have bored them silly over escutcheons and hatchments. Baz Manning, without whose help and kindness I would have been unable to complete such a project. Mikhail Medvedev of St. Petersburg for his

answering my many questions on Russian heraldry. Alice Hall for her translating letters to foreign locations. Roland Symons for his delightful and unfailing assistance. Sr Marco and Sra Lia Foppoli for their long and happy friendship. James and Mrs Cathy Constant for the refuge they so often afford me. Robert Harrison for his unstinting encouragement. Sebastian

Nelson, a true friend of heraldry from the United States. The Officers of Arms, College of Arms, London for their kindness and expertise in answering many a curious and obscure question. David Hubber with many thanks for his kindness and his artwork. The staff at QinetiQ Larkhill, most especially Andy Pike for his patience and understanding.

Joanne Rippin of Anness Publishing, whose patience and tenacity have largely been responsible for making sure this work became a reality and Beverley Jollands for her excellent copy editing. Russ Fletcher for the use of his library. Mrs Manning for her excellent deciphering of my scatty notes. Daniel de Bruin for his kindness in giving me access to his splendid collection of grants/patents of arms. Veneta Bullen for finding some of the more obscure pictures.

Thanks also to the following people and organizations for help with information or images: Peter Trier of Warpool Court Hotel, St David's; Lt Colonel Herbert A. Lippert (Retd); Mrs Malina Sieczkowska; Michael Messer; Anthony Ryan; the Staff of HM Security Service; The Central Intelligence Agency of the United States, John Uncles; HH the Prince of Oettingen; Herr Willem Jorg; Herr Gunter Mattern; Anthony Jones; Colonel Carnero, Military Attache, Spanish Embassy, London; Risto Pyykko; Keith Lovell;

Gordon and Jean Ashton; Bruce Patterson, Saguenay Herald and the Canadian Heraldic Authority; Micheal O'Comain, Consulting Herald, Office of the Chief Herald of Ireland; Fergus Gillespie, Deputy Chief Herald of Ireland; Elisabeth Roads, Lyon Clerk and the staff of the Court of Lord Lyon, Edinburgh; Andrew Martin Garvey; Jennifer Marin, Curator, The Jewish Museum, London; Dr Adrian Ailes; Mrs Marian Miles OBE; Distributed Technology Ltd, Robin Lumsden; Dame Stephanie Shirley DBE, and the

staff of the Prior's Court Foundation; Adjutant Luc Binet and the staff of the Service Historique de l'Armee de Terre, Vincennes; Dr. Jan Erik Schulte, Kultur/Kreismuseum, Buren; Bruce Purvis; Martin Davies; David Phillips; Dr Malcolm Golin; The staff of the Haermuseet, Oslo; Lt. Colonel Nick Bird OBE, RA (Retd) and staff of the Royal School of Artillery; Kevin Fielding; Per Nordenval, Riddarhuset, Stock-holm; Anna Lilliehöök, KMO.

And finally, to all bonacons, wherever they may be.

PICTURE ACKNOWLEDGEMENTS

While every attempt has been made by the publishers to credit sources correctly, any further information would be welcome.
AKG London: pp40bl, Erich Lessing; 44t; 46b, British Library, from Rothschild Bequest; 54bl, Erich Lessing, Warsaw Museum; 58tr, Erich Lessing; 62br, Dominige Museo Nazionale del Bargello, Florence, Italy; 108tr, British Library; 110b, British Library, Froissart's Chronicle; 132; 147t; 151b; 153tr; 197t; 208t; 221t&br; 233. **Ancient Art & Architecture Collection**: pp15br, 17tl, R. Sheridan; 111br; 152t; 207t. **Anness Publishing Ltd**, courtesy Daniel de Bruin, photography Jos Janssen: pp42t&bl; 77b; 84tr&bl; 92tl; 115tr; 128 all; 129; 130 all; 131; 149b. Anness Publishing Ltd/ Stephen Slater, photography Mark Wood: pp14b; 25b; 26t; 36t; 36bl, King René's Tourney Book; 42t; 53t; 57t; 62t&bl; 64bl,bm&br; 65bl&tr; 66ml; 68t; 70&89tl; 74tr; 88bl; 90ml; 91tl; 92tr; 102t&bl; 112tr; 113 all; 114bl; 115ml; 120b; 121br; 138b; 139; 140; 143b; 144bl; 146bl&bm; 157t; 162tl,tm&tr; 163tr,mr&br; 164t; 165t&b; 168m&t; 170bl; 171mr; 172b; 196t&b; 206br; 214bl&br; 215t; 218 all; 219ml; 221bl; 224b; 232br; 234 all; 239tr. Anness Publishing Ltd/unattributable: pp56tr&br; 57m; 59bl. Archive of Stato di Massa, Ministero peri Beni le Attivita Culturali, photograph Progra Immagini, Massa: p91br. **Art Archive**: pp7&17tr, Manesse Codex, University Library Heidelberg/ Dagli Orti; 8&24t British Library; 20t, Musée des Art Décoratifs, Paris/Dagli Orti; 23b, engraving by Hogenberg, Dagli Orti; 24t, British Library, from Roman de Petit Jean de Sainte; 26b, Musée de Versailles/ Dagli Orti, copy of anonymous painting at Hampton Court, Friedrich Bouterwick; 28bl, British Library; 43t, Bibliothèque Nationale, Paris; 44br, College of Arms/John Webb, designed by Maximilian Colt, the King's Carver; 141t; 156t; 157b; 158b; 188t; 204br. **Associated Press**:: p235t. **Bridgeman Art Library**: pp19t, British Library, Froissart's Chronicle;

22t, British Library; 22b, British Library, Book of Hours; 38br, William Henry Pyne, Herald, from Costume of Great Britain, William Miller, 1805; 43b, Victoria & Albert Museum, T. Rowlandson and A. C. Pugin; 45b, Bibliothèque Nationale, Paris, Chronicle of Charles VII of France; 158t; 160b; 173t, courtesy St Bride's Church; 174tr. **British Association of Urological Surgeons, London**: pp154; 179tl. **Camera Press**: p142 all. **Collections**: pp178t, 189bl, Oliver Benn. **The College of Arms, London**: p38bl. **Corbis**: pp41t; 161b.**Sylvia Cordaiy**: p166tl. **DERA**, Boscombe Down: p169br. **Ede & Ravenscroft Ltd**: p143tl. **Edifice**: p217tl, Sarah Jackson. **Edimedia**: pp16t, Chronicle of William of Tyr; 16b, British Library; 18b; 24b; 56tl. **Eglinton County Park/North Ayrshire Council**: p27t&b. **Tim Graham**: p159b. **Sonia Halliday Photography**: pp19bl, Church of St Chad, Prees, England, Laura Lushington; 98t, Laura Lushington; 150t; 205t, F.H.C. Birch. **Hulton/Getty**: pp63tr; 212t; 239br, Stone. **Irish Heraldic and Genealogical Office, Dublin**: pp193; 194 all. **The Jewish Museum, London**: p243tl. **Willem Jörg**: pp34; 48bm. **A.F. Kersting**: p25, Temple Church, London. **Leixlip Town Clerk**: p195t. **Gordon Lockie**: p187b. **Lothian & Borders Police photographic unit**: p171tl. **Maltese Tourist Board**: p153b. **Maryland Office of Tourism**: p223b. **Det Nationalhis-toriske Museum på Frederiksborg**: p224t. **Peter Newark's Pictures**: pp20m; 55tr, Codex Balduineus; 136br, from Froissart manuscript; 148t; 166tr; 198t; 223t. **Northern Territories of Australia Government**: p67tr. **Novosti** (London): pp40br; 214t; 215m; 216tl; 217tr. **Orlogsmuseet/ Copenhagen**: p166b. **University of Padua**: p176bl&br. **Press Association**: pp141b; 160t. **Resianische Militara-kademie, Wiener Neustadt**, Austria: p210t. **Photo RMN**, Paris, France: p197b, Arnaudet. **Royal Armouries**: p20bl, IV600.**Royal Palace of Stockholm/ Alexis Daflos**: p225b. **Salisbury and South

Wiltshire Museum**: p28tr. **Scala**: pp17b; p20br; 23t; 32t; 103tl; 180bl; 200 all; 202tr; 207bl; 210bl. **Scottish Viewpoint**: pp184b; 186b. **Mick Sharp**: p189t. **Stephen Slater**: pp10; 13b; 14tr; 28br; 29b, Priory Church, Abergavenny, Wales; 30br; 41bl,bm&br; 45tl, Brunswick Cathedral, Germany; 45tr; 46t, Harefield Church, Middx, England; 47t&b, courtesy the Earl of Rothes and Clan Leslie; 48t, Bruges, Belgium; 48bl, Boyton Church, Wilts, England; 52 all; 56bl, Salisbury Cathedral, England; 59tl; 64t, Trowbridge Church, Wilts, England; 66tl&br; 68bl; 73bm; 87bl, Salisbury Cathedral, England; 90bl; 91bl, Abbey of St Denis, Paris; 94tm; 99m&bl; 109tl; 112bl, 112br, West Lavington Church; 114tm; 115tl&bl; 116tr; 116bl, Harefield Church, Middx, England; 117ml, Westbury Church, Wilts, England; 117bl; 121bl; 123tl; 124tr; 125tl; 126t; 127tl,tr, ml&bl; 134; 136t; 137bl; 144t&br; 145; 146r; 147b; 148b; 149t; 151tl; 162b; 164bl,bm&br; 167bl&bm; 170tr&br; 171tr&br; 172t; 173b; 174bl&br; 175 all; 176t; 177tl&tr; 178b; 179br; 180br; 181br; 182&230tr; 184tr; 185tr,mr,br; 186t; 188b; 190bl&bm; 195b; 202bl; 203b; 205b; 206bl; 207br; 208b; 209 all; 211 all; 219tl,tr&b; 225tl; 229 br; 235bl&br; 239tl&bl; 240 all; 241tl,tr,mr; 242 all; 243 mr,bl&br. **Stockczech**: p87bm, Karla Koruna. **Swiss National Museum**, Zurich: p21tl. **Victoria & Albert Museum**: pp40t, Daniel McGrath; 65br. **Zeiner, Josef**: p86br.
Private Collections: pp213tr & 249t, Daniel de Bruin; 204t, Mr Jim Constant; 177br, Eton College; 89bl, Marco Foppoli; 249b, Stephen Friar; 246t, Peter Gwynn -Jones; 66tr, Lord Hanson; 117t, 226t, 227bl & 247br, Robert Harrison; 59tr, Jan Van Helmont Publishing Company, Belgium/a European Noble Gentleman; 109bl & 248 Denis E. Ivall; 189bl, Tony Jones; 229tr, Mike Mailes; 121bm, 168b, 169tl&bl, 244 all, 245 all, Baz Manning; 187t, William Naesmyth of Posso; 225tr, Mr Naumberg; 29tl, Collection

of the Duke of Northumberland; 181br, Les Pearson; 118, private collection; 215br, Risto Pÿykko; 206t, 241b, Tony Ryan; 220t, Malina Sczieskowska; 106br, Carl Stiernspetz; 179br, Peter Taylor; 74bl, Derek Walkden.

Unattributable: pp12tm&b; 13tl, from John of Worcester's Chronicle; 13r; p15t&ml; 18t&m; p21b; 29tr; 30t&bl; 31tl; 31b; 32br&bl; 32m, Matthew Paris, Chronicle Majora; 33t, Sir Thomas Wriothesley's Book of Standards; 37 all; 38t, Thomas Jenyns' Ordinary; 40ml; 42br; 44br; 48br; 53b; 54t,bm&br; 58bl; 60t; 60b, Biblioteca Trivulziana; 61bl; 63bl; 67br; 69bl; 73br; 79bl&br; 86tr, Zurich Roll; 86bl; 88tl, Ripon Cathedral, Yorks, England; 92bl; 93tl&tr; 95br; 96bl; 102br, Buckland Abbey, Devon, England; 104tr; 106bl; 111tr; 112m; 123tm; 124bl&br; 125tr,ml&bl; 126b; 127br; 136ml&bl; 138t; 150bl; 159t; 161t; 166bl; 171bl; 179m; 185bl; 190t; 192bl&bm; 201bl; 204bl; 210br; 212bl; 213m&bl; 220b; 230 all; 231t&b; 232t&bl; 238t; 241tm&m.

Artworks: Antony Duke: p192tr,m&mr; Dan Escott: pp236, 247br. David Hubber: p238b. Marco Foppoli: pp31tr; 33b; 50 & 69tl; 69tr&br; 79tl; 85 all; 87tl&br; 93br; 100&109tr; 103tr; 105t; 137tl, tm,tr&m; 152bl&br; 153tl; 198b all; 199 all; 201tm,tr&br; 202tl; 203t; 215mr; 216b; 222 all; 246bl,bm&br. Roland Symons: p39 all. Alfred Znamierowski: pp12tr; 19br; 33m; 36br; 49 all; 55tl; 57b & box; 58br; 61m&t; 63tl; 64ml; 66bl; 67tl&bl; 68bm&br; 72 all; 73t&m; 75 all; 76 all; 77t; 78; 80 all; 81 all; 82 all; 83 all; 86tl&m; 88bm&br; 89tr,mr&br; 90tr&br; 91tr; 92mr&br; 94tl,tr,bl,bm &br; 95ml,bl,tr,&tm; 96tl, tr&br; 97 all; 98bl,bm&br; 99tl,tm,tr &br; 102mr; 103bl&br; 104br; 105b; 106t; 107 all; 108ml,bl&bm; 111tr&bl; 114tr&bm; 117br; 119; 120t; 121t; 122 all; 123 bl,bm,br; 151tr; 156bl&bm; 163tl; 167tm&tr; 181tl; 191 all; 212tr &br; 217b; 226b; 227t,m&br; 228 all; 229tl&mr; 231mr; 247ml&mb.

❖著者

スティーヴン・スレイター
（Stephen Slater）

英国紋章協会の評議員。ヨーロッパの紋章学および各地域の紋章に造詣が深く、紋章に関する著作の執筆のほか、各地で精力的に講演活動を行う。

❖監訳者

朝治啓三（あさじ・けいぞう）

［はじめに、第Ⅰ部扉、第8章（pp.232-235）、第9章担当］
関西大学名誉教授。京都大学大学院文学研究科博士課程単位取得退学。博士（文学）。著書：『シモン・ド・モンフォールの乱』（単著、京都大学学術出版会、2003年）、Angevin Empire and the Community of the Realm in England (Kansai University Press, 2010)、『西洋の歴史基本用語集 古代・中世編』（編著、ミネルヴァ書房、2008年）、『〈帝国〉で読み解く中世ヨーロッパ』（編著、ミネルヴァ書房、2017年）、『中世英仏関係史1066-1500』（編著、創元社、2012年）など。

❖訳著

岡崎敦（おかざき・あつし）

［第1章～第3章担当］
九州大学大学院人文科学研究院教授。九州大学大学院文学研究科博士後期課程中退、パリ第一大学第3課程DEA取得。博士（文学）。著書・訳書：ジャック・ル・ゴフ『聖王ルイ』（共訳、新評論、2001年）、『西洋中世学入門』（共著、東京大学出版会、2005年）、『15のテーマで学ぶ中世ヨーロッパ』（共著、ミネルヴァ書房、2013年）など。

頼順子（らい・じゅんこ）

［第4章担当］
佛教大学および京都女子大学非常勤講師。大阪大学大学院文学研究科博士後期課程修了。博士（文学）。論文・訳書：コレット・ボーヌ『幻想のジャンヌ・ダルク』（共訳、昭和堂、2014年）、「14世紀アンジュー貴族の狩猟を通じた人的紐帯：アルドゥアン・ド・フォンテーヌ゠ゲラン『狩猟宝典』を例に」『パブリック・ヒストリー』13号、2016年）、「なぜ狩猟術の写本を所持するのか――中世後期〜近世初頭フランスの三つの「私の」狩猟書」（『待兼山論叢』52号史学篇、2018年）など。

中村敦子（なかむら・あつこ）

［第5章担当］
愛知学院大学文学部准教授。京都大学大学院文学研究科博士後期課程西洋史学専攻（西洋史学）修了。博士（文学）。著書：『中世英仏関係史1066-1500』（共著、創元社、2012年）、Political Order and Forms of Communication in Medieval and Early Modern Europe (co-authored, Viella, Roma, 2014)、『〈帝国〉で読み解く中世ヨーロッパ』（共著、ミネルヴァ書房、2017年）など。

上田耕造（うえだ・こうぞう）

［第6章、第8章（196-199頁）担当］
明星大学教育学部准教授。関西大学大学院文学研究科博士課程後期課程修了。博士（文学）。著書：『西洋の歴史を読み解く 人物とテーマでたどる西洋史』（共著、晃洋書房、2013年）、『ブルボン公とフランス国王』（単著、晃洋書房、2014年）、『図説 ジャンヌ・ダルク』（単著、河出書房新社、2016年）など。

苑田亜矢（そのだ・あや）

［第7章担当］
熊本大学大学院人文社会科学研究部（法学系）教授。九州大学大学院法学研究科博士課程基礎法学専攻修了。博士（法学）。論文：「ベケット論争と二重処罰禁止原則」（『法制史研究』61号、2012年）、「一二世紀イングランドにおける教会裁判手続と起訴陪審制の成立」（『熊本法学』130号、2014年）、「ノルマン征服から13世紀初めまでのアングロ・サクソン諸法集――手書本の伝来状況に着目して」（『法政研究』83巻3号、2016年）など。

西岡健司（にしおか・けんじ）

［第8章（183-187頁、200-231頁）担当］
大手前大学総合文化学部准教授。京都大学大学院文学研究科博士後期課程研究指導認定退学、グラスゴー大学M.Phil課程修了。著書：'Scots and Galwegians in the 'peoples address' of Scottish royal charters', (Scottish Historical Review 87, 2008)、『コミュニケーションから読む中近世ヨーロッパ史』（共著、ミネルヴァ書房、2015年）、『〈帝国〉で読み解く中世ヨーロッパ』（共著、ミネルヴァ書房、2017年）など。

大谷祥一（おおたに・しょういち）

［第8章（188-195頁）担当］
関西大学非常勤講師。関西大学大学院博士課程後期課程文学研究科史学専攻修了。著書・論文：「中世初期アイルランドにおける王位継承と「王家」共同体――イー・ネール王家の例から」（『歴史家協会年報』創刊号、2005年）、「中世アイルランドにおける王国の諸相――『アダムナーン法』の王のリストから」（『史泉』111号、2010年）、『西洋の歴史を読み解く人物とテーマでたどる西洋史』（共著、晃洋書房、2013年）など。